2015 年度中国博士后科学基金面上项目一等资助 "抗战时期华西坝教会五大学的边政研究"（项目编号：2015M580189）

2017 年度国家社会科学基金重大招标项目 "20 世纪 20—40 年代中国人类学'华西学派'的学术体系研究"（项目编号：17ZDA162）子课题阶段性成果

2014 年度四川省社会科学规划课题重点项目 "抗战时期华西教会五大学的边疆民族研究"（项目编号：SC14A021）

四川师范大学学科建设专项 "近代中国边疆研究书系"

近代中国边疆研究书系

抗战建国与边疆学术：华西坝教会五大学的边疆研究

汪洪亮——著

中华书局

图书在版编目（CIP）数据

抗战建国与边疆学术：华西坝教会五大学的边疆研究/汪洪亮
著. —北京：中华书局，2020.1
（近代中国边疆研究书系）
ISBN 978-7-101-14289-1

Ⅰ.抗…　Ⅱ.汪…　Ⅲ.边疆地区-地方史-研究机构-研究-
中国　Ⅳ.K928.1-242

中国版本图书馆 CIP 数据核字（2019）第 265632 号

书　　名	抗战建国与边疆学术：华西坝教会五大学的边疆研究
著　　者	汪洪亮
丛 书 名	近代中国边疆研究书系
责任编辑	吴冰清
出版发行	中华书局
	（北京市丰台区太平桥西里 38 号　100073）
	http://www.zhbc.com.cn
	E-mail：zhbc@zhbc.com.cn
印　　刷	北京瑞古冠中印刷厂
版　　次	2020 年 1 月北京第 1 版
	2020 年 1 月北京第 1 次印刷
规　　格	开本/920×1250 毫米　1/32
	印张 11　插页 2　字数 282 千字
印　　数	1-1500 册
国际书号	ISBN 978-7-101-14289-1
定　　价	68.00 元

丛书总序

近代中国处于梁启超所说的"过渡时代","两头不靠岸",充满变数,"为五大洋惊涛骇浪之所冲激,为十九世纪狂飙飞沙之所驱突,于是穷古以来,祖宗遗传、深顽厚锢之根据地,遂渐渐摧落失陷,而全国民族,亦遂不得不经营惨澹,跋涉苦辛,相率而就于过渡之道。"①中国边疆危机自此更为凸显。19世纪中叶,资本主义列强凭借坚船利炮,打开中国大门。进入20世纪以后,列强得寸进尺,继续蚕食鲸吞中国边疆地区,尤其是日本1931年侵占东三省,1937年更发动全面侵华战争。中国面临空前严重的民族危机,抗战建国成为那时举国之要务。在那个特定时代,中国西部边疆地区成为抗战建国大后方和民族复兴基地。

在这个过渡时代,中国出现过两次边疆研究高潮,分别以晚清西北史地学和民国边政学的兴起为代表。前者代表人物有徐松、沈垚、龚自珍、俞正燮、张穆、何秋涛、魏源、徐继畬等,他们潜心研究西北边疆史地,撰写了不少边疆史地著作。后者则成一时风尚。马长寿注意到,边疆研究本来在20世纪前30年相对沉寂,但在"抗战之顷"反与

---

① 参见梁启超《过渡时代论(1901)》,《饮冰室合集·文集之六》,中华书局1989年,第27—30页。

"其他学科的研究恰然相反,呈现一种空前的热烈与紧张","各科人士皆谈边疆,无论社会学家、历史学家、语言学家,其所学学科与边疆有密切之关系,其谈也固无不宜。然一般不相干的人士,或劳驾远征,或闭门坐谈,亦往往以边事边情为集注之点"。① 不少边疆研究机构次第成立,很多边疆研究刊物应运而生,相关边疆主题的科目也进入高校专业课程设置之中。

面对近代中国波澜壮阔的时代洪流,我们注意到,无论是作为事实的近代中国边疆与边政,还是作为学术的近代中国边疆研究,都打下了时代的深刻印记,都留下了时人的焦灼与努力。保卫国家安全和统一,维护中华民族的整体性,是那个时代边疆事务与边疆学术的重要主题。在当下,研究近代中国边疆、边政及边疆学术仍然具有重要的学术价值与现实意义。

四川师范大学具有边疆研究的学术传统,是李安宅、于式玉工作的最后一站,也是这对学术伉俪的人生落幕之地。在中国民族学史上,李安宅和于式玉是一对重要的学术伉俪和生活伴侣,尤以藏学名世。于式玉极富语言天赋,擅长文献目录,又肯实地调研,为其藏学研究奠定了坚实基础,也为李安宅藏区实地研究提供了重要支持。二人学术生命互相缠绕,堪称藏学界之"天涯同命鸟"。② 李安宅、于式玉的学术思想及人生经历,是中国边疆学界的宝贵精神财富,已成为四川师范大学多位学者的研究对象,并激励着师大学者在边疆研究方面继续开拓。王川教授出版了《〈李安宅自传〉的整理与研究》,汪洪亮教授发表了以李安宅、于式玉为主题的论文十余篇,并拟出版《李安宅人生与学术的社会史考察》《才情未尽与蜡炬成灰——〈于式玉自传〉的整理与研究》。另外,孙勇教授、田利军教授、苏杰博士等发表了相关论

---

① 马长寿:《十年来边疆研究的回顾与展望》,《边疆通讯》第 4 卷第 4 期,1947年,第 1 页。

② 汪洪亮:《藏学界的"天涯同命鸟"——于式玉与李安宅的人生与学术》,《民族学刊》2011 年第 3 期,第 32—41 页。

文阐发李安宅的学术思想。

目前四川师范大学边疆研究已形成鲜明特色,在边疆史地研究、边疆学术史研究及中国边疆学构筑等方面都产出了一批研究成果,如王川教授的近代西藏政局及西康社会研究,汪洪亮教授的民国边政学及边疆学人系列研究,孙勇教授的中国边疆学体系研究,彭文斌教授的中西汇通的西南边疆知识生产研究,凌兴珍教授的边疆教育史研究,田利军教授的边地红色政权及藏区土司研究,黄天华的西康建省及地方实力派研究,都在学界产生了较为广泛的学术影响。更为可喜的是,一批年轻学者,如马磊副教授、何文华副教授、邹敏副教授、朱晓舟博士、王丽娜博士,也都在边疆研究领域崭露头角。这些都昭示了四川师范大学边疆研究必将持续发力,取得更加丰硕的研究成果。

本丛书之设置,初衷即在于集中呈现我们在近代中国边疆研究领域耕耘的收获,留下我们在这个学术领域成长的点滴履迹,希望得到学界同仁的认可和肯定,也希望得到师友们的指导和批评。

汪洪亮

2019 年 11 月

目　录

绪　论

华西坝地处成都城南，华西协合大学（简称"华西大学"）因在此办学而得名。"华西五大学"非今人之提炼，乃当年所习称，系办学之实录。兹录联合办学纪念碑碑文如下：

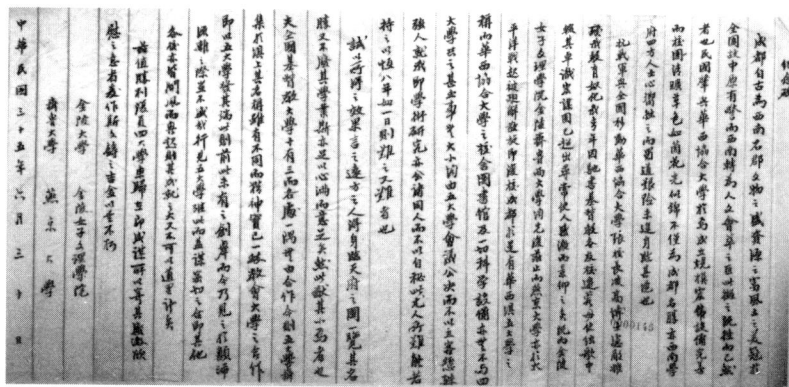

成都自古为西南名郡，文物之盛，资源之富，风土之美，冠于全国。故中原有警，而西南转为人文荟萃之区，此征之既往而已然者也。民国肇兴，华西协合大学于焉成立，规模宏伟，设备完善，而校园清旷，草色如茵，花光似锦，不仅为成都名胜，亦西南学府，四方人士心向往之。而蜀道虽险，未遑身临其境也。

抗战军兴，全国移动，华西协合大学张校长凌高博士，虑敌摧残我教育,奴化我青年,因驰书基督教各友校迁蓉,毋使弦歌中辍。其卓识宏谋,固已超出寻常,使人感激而景仰之矣。既而金陵女子文理学院,金陵、齐鲁两大学均先后莅止,而燕京大学亦于太平洋战起被迫解散,旋即复校成都,于是有华西五大学之称。而华西协合大学之校舍、图书馆与一切科学设备亦无不与四大学共之,甚至事无大小,均由五大学会议公决,而不以主客悬殊,强人就我。即学术研究,亦公诸同人,而不以自秘,此尤人所难能。若持之以恒,八年如一日,则难之又难者也。

诚以所得之效果言之,远方之人得身临天府之国,一览其名胜,又不废其学业,斯亦足以心满而意足矣。然此犹其小焉者也。夫全国基督教大学十有三而各处一隅,无由合作,今则五大学齐集于坝上,其名称虽有不同,而精神实已一致。教会大学之合作即以五大学发其端,此则前所未有之创举。而今乃见之于颠沛流离之际,岂不盛哉。行见五大学维此,而益谋密切之合作,即其他各校亦闻风而兴起,则其成就之大,又不可以道里计矣。

兹值胜利复员,四大学东归在即,咸谋所以寄其感激欣慰之意者,爰作斯文,铸之吉金,以垂不朽。

金陵大学　金陵女子文理学院

齐鲁大学　燕京大学

中华民国三十五年六月三十日①

上述碑文系抗战胜利后内迁的四所教会大学准备复员之际,为表对华西大学感激之情而作。这段碑文对华西坝教会五大学之历史作

---

① 参见罗中枢主编:《四川大学:历史・精神・使命》,四川大学出版社 2009 年,第 186—187 页。本人对碑文的识读与该书略有不同,特此说明。华西大学校史专家张丽萍教授言此碑实未立,仅余碑文。纪念碑碑文图片及本书封面图片均由四川大学档案馆提供。

了简要回顾,蕴藏了丰富的历史信息。抗战军兴,时局艰难,国民政府及众多工厂企业内迁,国家之政治、经济重心西移。西南地区成为国民政府定位的抗战大后方和民族复兴基地。由于大量原先集中在华北和华东地区的高校及科研院所诸机构内迁,大批学者和教育工作者移居内地和边疆,西南地区一时人文荟萃,风云际会,成为高等教育和学术研究的中心。"华西五大学"即于此间产生,乃本居成都的东道主华西大学和先后应邀莅临华西坝的金陵女子文理学院(又常被称为"金陵女大")、金陵大学、齐鲁大学、燕京大学的合称①。

华西坝教会五大学办学规模之大小和学科设置之健全程度,几与北大、清华与南开在云南重建之西南联合大学相当。五大学云集华西坝上,教学资源共享,学生共同选课,互认学分,堪称联合办学的典型。如果将华西坝教会五大学定位为"西南联合教会大学",应该是恰当的。虽然这样的名号未曾传播开来,但也表明华西坝教会五大学与西南联大有着较多的可比性,均系多所学校联合办理,各校既保持了各自办学特色和管理的相对独立性,同时相互之间又有较为良好的沟通和合作,形成了强强联合办学的合力②。

那时就有人将华西坝的办学盛况与西南联大和西北联大相类比:"华西坝是五大学构成的堡垒,华西大学自然是主人,除了齐鲁,还有来自南京的金陵大学、金陵女子文理学院和中央大学医学院。除了中大,都是教会大学,都借助于华大的地方很不少。昆明有西南联大,城固有西北联大,这里也好像一个联大,无怪有从战区来信,封面上写上'华西坝联合大学'"。认为此时的华西坝已成为一个"文化集团"③。此时燕京大学还未迁来。

从上述碑文来看,华西坝教会五大学在办学条件比较艰难的情况

---

① 在燕大迁蓉前,华西坝也有"五大学",包括东道主华西大学及迁来的中央大学医学院、金陵大学、金陵女大和齐鲁大学。这段时期被称为"前五大"时期。

② 汪洪亮:《抗战时期华西坝教会五大学与西南联大的比较研究》,未刊稿。

③ 巨蕾:《齐鲁大学在华西坝》,《学生之友》第2卷第4期,1941年,第43、45页。

下保持了密切合作，广大师生因陋就简，在此安居乐学，总体上相处是比较愉快的。五大学名师云集。陈寅恪、吴宓、顾颉刚、冯友兰、钱穆、萧公权、李方桂、许寿裳、闻宥、徐中舒、蒙文通、吕叔湘、李约瑟、文幼章、徐益棠、柯象峰、刘恩兰等名流学者，都曾在此过从聚谈。而今风流云散，往事已成前尘，但华西坝犹存的建筑与道路，仍诉说着当年的故事，风情依旧沉醉迷人。据齐鲁大学毕业生曹伯恒回忆："抗战时期的华西坝有如天堂，绿草如茵，花木扶疏，前坝大厦林立，饶有欧洲的古典风味，后坝小楼流水，具有乡村恬淡的气息。钟楼高耸，声音清澈，俨然是世外桃源，看不出战时的扰攘气氛。"①华西坝环境优美，物资丰饶，且少有日机袭击；鼓楼坝地处汉中，物资较为匮乏，各方面条件均乏善可陈；沙坪坝在战时首都重庆，重庆系山城，上坡下坎，不可避免，更难受的是日本飞机时常来袭，人们就要经常钻防空洞了。

华西坝教会五大学是抗战时期东部地区沦陷或陷于战火，高校向西部地区迁移的产物。大量高校的西迁，又导致中国学术和高等教育地图的显著变化，改变了此前中国高校集中在华北、华东，而西部高校总和还不如北平一地的布局，为西部地区高等教育的发展打下了坚实基础，同时也推动了中国边疆研究的复兴，并改变了中国边疆研究的格局②。

华西坝教会五大学聚集了一批边疆学者。岑家梧当时即指出："抗战以来，国内人类学者结集西南，专家如凌纯声、陶云逵、吴文藻、杨成志、闻宥、吴定良、顾颉刚、李方桂、史图博诸氏之来滇，卫惠林、黄文山、马长寿之在渝，徐益棠等之在蓉，都极注意实地调查工作。在此等专家指导之下，又有无数青年学者，或从事田野工作，或从事室内研

---

① 曹伯恒：《抗战时期的齐鲁大学》，季啸风、李文博主编：《台港及海外中文报刊资料专辑·教育史资料之一》，书目文献出版社1987年，第80页。

② 参见汪洪亮：《20世纪三四十年代中国学术地图变化与边疆研究的复兴》，《四川师范大学学报（社会科学版）》2015年第2期，第5—15页。

究,成绩极为可观。"①

马曜后来曾回顾:"抗日战争后,国土大部沦陷,不少学术机构及大专院校迁来西南,一批著名的历史、语言、民族、考古、经济、社会等学科专家也来到西南地区,其中如已故的翦伯赞、吴晗、向达、顾颉刚、罗常培、潘光旦、徐益棠、陶云逵、冯汉骥、蒙文通、马长寿、胡汉民(笔者按:或应为胡鉴民)、岑家梧、夏光南等先生,以及现今健在的许多著名学者都对西南民族研究作出过贡献。"②

二人提出名单中的不少学者均在华西坝教会五大学工作,岑所言在滇、在渝学者,其实后来多曾到华西坝工作。这个边疆研究学者阵容非常强大,涉及多种学科。华西坝是抗战时期人类学和边疆研究的中心区域之一。华西坝教会五大学的各科学者积极从事边政研究,创办了多个边疆研究机构和刊物,发表了不少调查报告和论著,留下了大量重要文献,形成了具有华西风格的边疆学术。五校学人密切关注变动时局,积极宣传抗日,发奋科学研究,热衷实地考察等,是那个时代中国学术界和高教领域的缩影,是我们今日观察当时政教(政治与教育、政治与宗教)和政学关系的重要载体。认真梳理他们的边政研究历程及其成果,发掘其边政思想,具有重要意义。

抗战时期大规模的高校内迁乃中国教育史和学术史上极具研究价值,但目前研究还不够充分的大课题。惠世如主编的《抗战时期内迁西南的高等院校》(贵州民族出版社 1988 年)、冯楠主编的《抗战时期西南的教育事业》(贵州文史书店 1994 年)乃介绍性的文史资料。余子侠的《中国近代西部教育开发史——以抗日战争时期为重心》(人民教育出版社 2008 年)、《民族危机下的教育应对》(华中师范大学出

---

① 岑家梧:《西南种族研究之回顾与前瞻》,《青年中国季刊》第 1 卷第 4 期,1940 年,第 238 页。

② 马曜:《我国西南民族研究的回顾与展望》,《云南社会科学》1982 年第 1 期,第 23 页。按:该文为中国西南民族研究学会理事长、云南民族学院院长马曜在学会首届年会成立大会上的报告摘要。

版社 2001 年），对此问题有较为宏观的讨论。侯德础的《抗日战争时期中国高校内迁史略》，是国内第一本专门研究这个问题的学术专著，对抗战时期高校内迁的缘起、路线及其艰难办学的作为与成效作贯通性的研究，不过因其篇幅有限，仍瞩目于大局，较少涉及具体的个案研究①。

　　学界也有一些论著系某些重要高校的发展沿革及相关学科专业的历史研究成果，但较少针对边疆研究方面进行专门论述。对于抗战时期内迁高校的研究，以西南联大最为集中，较有代表性近著有［美］易社强（John Israel）著、饶佳荣译的《战争与革命中的西南联大》（九州出版社 2012 年），谢泳的《西南联大与中国现代知识分子》（湖南文艺出版社 1998 年），闻黎明的《抗日战争与中国知识分子——西南联合大学的抗战轨迹》（社会科学文献出版社 2009 年），谢慧的《西南联大与抗战时期的宪政运动》（社会科学文献出版社 2010 年），杨绍军的《战时思想与学术人物：西南联大人文学科学术史研究》（社会科学文献出版社 2012 年）。关于中央大学的论著有许小青的《政局与学府：从东南大学到中央大学（1919—1937）》（中国社会科学出版社 2009 年）、牛力的《罗家伦与国立中央大学》（南京大学出版社 2015 年）、蒋宝麟的《民国时期中央大学的学术与政治（1927—1949）》（南京大学出版社 2016 年）等。目前尚无专门研究抗战时期内迁重庆办学的中央

---

① 参见侯德础：《抗日战争时期中国高校内迁史略》，四川教育出版社 2001 年。另外一些以"教育史"为题的专著，则多对此语焉不详。相关论文有经盛鸿的《抗战期间沦陷区的高校内迁》（《南京师大学报（社会科学版）》1989 年第 2 期），徐国利的《抗战时期高校内迁概述》（《天津师大学报（社会科学版）》1996 年第 1 期）、《关于"抗战时期高校内迁"的几个问题》（《抗日战争研究》1998 年第 2 期）、《浅析抗战时期高校内迁的作用和意义》（《安徽史学》1996 年第 4 期），余子侠的《抗战时期高校内迁及历史意义》（《近代史研究》1995 年第 6 期），侯德础、张勤的《高校内迁与战时西南科技文化事业》（《抗日战争研究》1998 年第 2 期），熊贤君的《抗战时期内迁高校的西部开发》（《河北师范大学学报（教育科学版）》2003 年第 1 期）等。从题目可见，论题侧重其内迁概况及历史意义。

大学的专著,据笔者所知,重庆师范大学罗玲承担一项国家社科基金课题"抗战时期国立中央大学的学术研究"。另外有谢树强、黄柯云、黄在军著《走过硝烟的大学:浙江大学西迁纪事》(人民文学出版社 2008 年),骆郁廷主编《乐山的回响:武汉大学西迁乐山七十周年纪念文集》(武汉大学出版社 2008 年),复旦大学档案馆选编《抗战时期复旦大学校史史料选编》(复旦大学出版社 2008 年),西北大学西北联大研究所《西北联大史料汇编》,西北大学出版社 2012 年)等出版物搜集了相关高校内迁办学情形的史料,可供参考。笔者此处主要列举论著而未列论文,读者可以自行查阅相关论文。目前关于民国时期边疆研究的成果虽多,但从高校角度切入的研究成果亦甚寥寥①。

　　关于抗战时期内迁高校的个案研究以西南联大、中央大学等公立大学居多;对华西坝教会五大学、西北联大等学校关注甚少。1941 年,王觉源出版了《战时全国各大学鸟瞰》,此乃那时大学概况的汇编②。这本书加上后来出版的惠世如主编的《抗战时期内迁西南的高等院校》,冯楠主编的《抗战时期西南的教育事业》,谢本书、温贤美主编的《抗战时期的西南大后方》,苏智良、毛剑峰、蔡亮等编著的《中国抗战内迁实录》,涂文学、邓正兵主编的《抗战时期的中国文化》等书,均为史料汇编或文史资料性质,对华西坝教会五大学略有涉及③。如收录在《抗战时期内迁西南的高等院校》中的《迁蓉的金陵大学》《迁蓉的金

　　① 参见王振刚:《民国学人西南边疆问题研究》,人民出版社 2013 年;汪洪亮:《民国时期的边政与边政学(1931—1948)》,人民出版社 2014 年。从大学角度切入的边疆研究成果有蒋正虎:《论二十世纪三四十年代大学的边疆研究机构》,《烟台大学学报(哲学社会科学版)》2015 年第 6 期;马玉华:《西南联大与西南边疆研究》,《中南民族大学学报(人文社会科学版)》2009 年第 3 期;梁严冰:《西北联大与边政学研究》,《西北大学学报(哲学社会科学版)》2016 年第 2 期。
　　② 王觉源编:《战时全国各大学鸟瞰》,独立出版社 1941 年。
　　③ 参见谢本书、温贤美主编:《抗战时期的西南大后方》,北京出版社 1995 年;苏智良、毛剑峰、蔡亮等编著:《中国抗战内迁实录》,上海人民出版社 2015 年;涂文学、邓正兵主编:《抗战时期的中国文化》,人民出版社 2006 年。

陵女子文理学院》《迁蓉的燕京大学》三文较为详细地介绍了三校内迁华西坝后恢复办学及学生的学习生活状况，但较少叙述五大学间的办学互动。《中国抗战内迁实录》在"高校内迁"一章介绍了华西坝五大学联合办学、共赴国难、大师云集、一时之盛的情形，但语焉不详。

华西坝五大学都是教会大学。西方基督教会在华设立的 13 所新教教会大学和 3 所罗马天主教大学，是中国近代高等教育的前驱和重要组成部分。因被视为帝国主义"侵华工具"或"文化租界"①，中国教会大学史研究长期得不到重视。1980 年代，这一研究领域因新时期思想解放运动的兴起而逐步解冻，华中师范大学成为最重要的研究重镇，"中国教会大学史研究中心"也于 1994 年在该校成立，在美国鲁斯基金会和亚洲基督教高等教育联合董事会（简称"亚联董"）等机构支持下，致力于联系和推动国内外的相关研究。教会大学史也逐渐变成显学，吸引了众多学者的关注，研究也日渐深入，延伸到政治史、文化史、学术史、教育史、宗教史、社会史、建筑史等广阔领域②。

过去学界对抗战时期华西坝教会五大学向来没有完整的研究。一些研究教会大学史的著作对华西坝教会五大学的联合办学有所涉及，如刘家峰、刘天路的《抗日战争时期的基督教大学》讲述了教会大学内迁经过及华西坝教会五大学的教育活动和社会服务。美国学者卢茨（J. G. Lutz）的《中国教会大学史（1850—1950）》第十章《战争的冲击（1937—1945 年）》对五大学的联合招生考试有所介绍。王忠欣的《基督教与中国近现代教育》中，《抗日战争中的教会教育》一节对内迁

---

① 教会大学在中国立足之初，并没有被中国官方要求立案，而是向国外大学或政府机构注册，其学位授予权也掌握在国外大学或政府手中，其行政管理和课程设置均是英、美大学模式，呈现了鲜明的"异族特质"。外国大学在中国，就成了人们心目中的"文化租界"。参见徐保安：《故土中的"他乡"：民族主义与教会大学学生的爱国情感表达》，《学海》2013 年第 3 期，第 198—205 页。

② 参见马敏、吴和林：《他山之石，可以攻玉——中国教会大学史研究的回顾与展望》，载李灵、肖清和主编：《基督教与近代中国教育》，上海译林出版社 2018 年。

华西坝的几所教会大学的内迁过程进行了概述。上述教会教育史和
教会大学史的专著或论文集绝大多数对内迁华西坝的教会大学均有
述及，但因非专门研究而非常简略①。

　　在中国教会大学校长研究及其传记方面，吴梓明编《基督教华人
校长研究》，周川、黄旭主编《百年之功——中国近代大学校长的教育
家精神》均为通论性的论著。在华西坝教会五大学中，除了齐鲁大学
的刘世传外，其他几所大学校长均属长期任职，对其学校发展居功至
伟。其中金陵大学校长陈裕光、金陵女大校长吴贻芳均受到学界关
注，较有代表性的研究成果有王运来对陈裕光，程斯辉、孙海英对吴贻
芳的研究专著及相关论文②。司徒雷登在教会大学校长中受到研究
最多。郝平《无奈的结局——司徒雷登与中国》(北京大学出版社2002
年)对燕京大学校长、校务长司徒雷登的在华五十年有专门研究，不过
司徒雷登与华西坝复校的燕京大学并没有太大关系，因为那时他被日
本人关押，战争结束后才获释。在成都燕大主持工作的是原燕京大学
文学院院长梅贻宝，此人又是清华大学老校长梅贻琦的弟弟。③　他的
回忆录《大学教育五十年——八十自传》(联经出版事业公司1982
年)，述及其在成都办理燕京大学的情形。华西大学校长张凌高长期
主持校政(1931—1948)，但或因其病故较早(1955年)，学界对其研究

---

　　①　刘家峰、刘天路：《抗日战争时期的基督教大学》，福建教育出版社2003年，第
61—76、114—147页；[美]卢茨著，曾钜生译：《中国教会大学史(1850—1950)》，浙江教
育出版社1987年，第341—374页；王忠欣：《基督教与中国近现代教育》，湖北教育出版
社2002年，第136—140页。

　　②　如王运来：《诚真勤仁　光裕金陵——金陵大学校长陈裕光》，山东教育出版社
2004年；程斯辉、孙海英：《厚生务实　巾帼楷模——金陵女子大学校长吴贻芳》，山东
教育出版社2004年；詹丽萍《吴贻芳高等教育思想研究》，湖南师范大学硕士学位论文
2013年。

　　③　戚荣达：《梅贻宝与燕大1942年在成都复校》，《书屋》2016年第7期，第45—
49页。

甚少①。

华西坝教会五大学的各自校史研究中对抗战时期内迁办学均有所论述，但均以其本校办学为中心进行叙述，且因抗战时期仅为其办学历程中的一小段，故对其他高校旁骛较少，未能展示合作办学与研究的翔实情况。而且，官修校史往往注重办学历程及与时局的互动，常有革命叙事之感，类似于"冲击—回应"模式，恰对高校职能之人才培养、科学研究及社会服务等办学细节不甚措意，至于各校的学人与学术等层面更是少有顾及②。

近年对部分教会大学的专题研究，较少述及抗战时期。如徐保安的《教会大学与民族主义——以齐鲁大学学生群体为中心（1864—1937）》，回溯了近代以来的教会大学中民族主义的思潮，以齐鲁大学为个案，从近代教会大学的主体学生及其思潮入手，研究了教会大学与民族主义的关系。张丽萍的《中西合冶：华西协合大学》将中国基督教大学的中西交流延伸至跨文化的合炉境界，阐释了华西协合大学从筹建到消亡的四十余年中，从"化外"大学，到中国的私立大学，直至本土大学的历程。鲁彦的《金陵大学农学院对中国近代农业的影响》，对金大农学院在农业教学、科研及推广三个方面取得的成就及其影响进行了专题研究。朱峰的《基督教与近代中国女子高等教育——金陵女

---

① 参见秦和平：《张凌高与华西协合大学》，《华中师范大学学报（哲学社会科学版）》1997 年第 3 期，第 28—32 页；周洪宇、刘飒：《在两个 C 之间徘徊与抉择的张凌高》，《社会科学研究》2000 年第 1 期，第 121—126 页。

② 相关校史研究著作有黄思礼：《华西协合大学》，珠海出版社 1999 年；张丽萍编著：《相思华西坝：华西协合大学》，河北教育出版社 2004 年；《四川大学史稿》编审委员会编：《四川大学史稿》第 4 卷《华西协合大学 1910—1949》，四川大学出版社 2006 年；华西校史编委会：《华西医科大学校史》，四川教育出版社 1990 年；郭查理：《齐鲁大学》，珠海出版社 1999 年；张宪文主编：《金陵大学史》，南京大学出版社 2002 年；孙海英编著：《金陵百屋房：金陵女子大学》，河北教育出版社 2004 年；[美]艾德敷（D. W. Edwand）著、刘天路译：《燕京大学》，珠海出版社 2005 年；陈明章：《私立燕京大学》，南京出版有限公司 1982 年；张玮瑛主编、燕京大学校友校史编写委员会编：《燕京大学史稿》，人民中国出版社 2000 年；陈远：《燕京大学 1919—1952》，浙江人民出版社 2013 年。

大与华南女大比较研究》则是对两校办学历史、特色的比较研究。王翠艳的《燕京大学与"五四"新文学》立足中国现代教育史和文学史的交叉地带，对燕京大学与中国现代文学之间的关系进行梳理。①

岱峻的《风过华西坝：战时教会五大学纪》是第一本将五个学校作为一个整体来研究的专著，被认为是"再现另一所西南联大的拓荒之作"②。岱峻注意到，较之西南联大，五大学本不逊色，尤其是中西文化交流、新闻、医学及农学等方面更具优势，但二者的名望判若云泥：学界关于西南联大的研究著作及各类资料汇编均甚多，而华西坝教会五大学却少有人问津。据岱峻分析，1952 年全国高校院系调整，使所有教会大学被关停并转，原有的名称隐没于民间。沪上史家唐振常曾写《战时学术重镇》《当年大学城》，海外史家汪荣祖也写过《四大名旦》等文章以追往忆旧，但终究显得声音柔弱。岱峻认为其原因在于五大学缺乏统一的精神符号，亲历者各执一词，如李约瑟在回忆中称"基督教五大学"，费正清书中称"成都联合大学"；院系调整后，原西南联大之构成部分——北大、清华和南开持续发挥其巨大影响，而中国所有的教会大学早已消失。③ 岱峻该书介绍了华西坝教会五大学联合办学在若干学科和研究领域的努力与成就，但侧重人情风物，颇类纪实史学，在文献搜集及阐发上，尚有继续深入的较大空间。最近他又出版了《弦诵复骊歌——教会大学学人往事》，梳理和呈现了华西坝教会

①　徐保安：《教会大学与民族主义——以齐鲁大学学生群体为中心（1864—1937）》，南京大学出版社 2015 年；张丽萍：《中西合冶：华西协合大学》，巴蜀书社 2013 年；鲁彦：《金陵大学农学院对中国近代农业的影响》，南京农业大学出版社 2005 年；朱峰：《基督教与近代中国女子高等教育——金陵女大与华南女大比较研究》，福建教育出版社 2002 年；王翠艳：《燕京大学与"五四"新文学》，文化艺术出版社 2015 年。

②　王宏波：《风过华西坝：再现另一所西南联大的拓荒之作》，《出版广角》2013 年第 10 期，第 84—85 页。

③　参见岱峻：《风过华西坝：战时教会五大学纪》，江苏文艺出版社 2013 年，"自序"第 5 页。

五大学部分学人与学科往事①。

　　将华西坝教会五大学作为一个整体来研究的学位论文不多。笔者查阅到两篇硕士学位论文，即李娟《华西坝教会五大学联合办学研究》和邬荫《华西坝与抗战文化》。前者简要论述了抗战时期华西坝教会五大学办学始末及其特征、成效、意义；后者系统讨论了抗战时期华西坝文化和文学的发展历程及其风貌特征②。

　　由上可知，学界近年来对高校内迁运动研究较多，但对内迁高校进行专题研究者很少；在教会大学史研究成果中，侧重抗战时期的较少，其研究视角多在"本土化"。相对西南联大，目前关于华西坝教会五大学这个办学联合体的研究过于稀缺。这种极不均衡的研究状况，与这些大学的事业后继者有密切关系。西南联大为北大、清华和南开的联合体，可谓"强强联合"，战后复员后再度各自成为国内最有影响的综合性大学。中央大学作为民国时期政府扶持力度最大，实力最强的大学，在较长时段很少出现在教育史家的笔下，有学者认为原因在其"与国民党政权千丝万缕的关系而受到严重质疑乃至压抑"③，但近年来已经受到应有关注。作为民国高等教育"三驾马车"之一的教会大学，在 1952 年院系调整中关停并转，既往的辉煌湮没无闻，且因其与"帝国主义"的密切联系在很长一段时间受到贬抑。1990 年代以来，学界对中国教会大学史进行了发掘，章开沅、马敏、陶飞亚、顾学稼、徐以骅、吴梓明等都有相关著述，但目前个案研究还不够细致，很少有人

---

　　①　参见岱峻：《弦诵复骊歌——教会大学学人往事》，商务印书馆 2017 年。

　　②　参见李娟：《华西坝教会五大学联合办学研究》，西南大学硕士学位论文 2010 年；邬荫：《华西坝与抗战文化》，四川大学硕士学位论文 2007 年。

　　③　陈平原：《首都的迁徙与大学的命运——民国年间的北京大学与中央大学》，《中国大学十讲》，复旦大学出版社 2002 年，第 62—63 页。

关注到教会大学所做的边疆研究①。

　　关于民国时期的边政与边疆研究,近年来涌现不少研究成果。李国栋的《民国时期的民族问题与民国政府的民族政策研究》(民族出版社 2007 年)侧重研究政府民族思想及政策。段金生的《南京国民政府的边政》(民族出版社 2012 年)从边疆政策、策略、治理结构角度,从政治、经济和文化教育三个方面探讨国民政府的边政实践及其得失。两书着眼点均在政府层面,不在学界和民间。

　　拙著《民国时期的边政与边政学(1931—1948)》则侧重政、学两界对边疆治理及边政兴革的实地调查与对策研究以及建构边政学的学科努力。马玉华的《国民政府对西南少数民族调查之研究(1929—1948)》(云南人民出版社 2006 年)对国民政府及西南几省地方政府的西南民族调查活动进行了系统研究,借此讨论政府的治边思想和民族政策。王振刚的《民国学人西南边疆问题研究》对民国学人关于"具有陆路边境线的西南四省"的研究分成康藏边疆问题、滇桂边疆问题进行评述,并对其成就、局限及其影响做了归纳。孙喆的《江山多娇:抗战时期的边政与边疆研究》(岳麓书社 2015 年)介绍了顾颉刚和新亚细亚学会、中国边疆学会的边疆研究活动,分析了抗战时期边政学"一体"与"多元"的双重内涵。学术界在对具体刊物、团体和学者的研究中,以顾颉刚及其领导下的禹贡学会及刊物成果最多,其他如新亚细

　　①　较有代表性的论著如:章开沅主编:《文化传播与教会大学》,湖北教育出版社 1996 年;章开沅、马敏主编:《基督教与中国文化丛刊》,湖北教育出版社 2000 年;《社会转型与教会大学》,湖北教育出版社 1998 年;吴梓明编著:《基督教大学华人校长研究》,福建教育出版社 2001 年;马敏:《基督教与中西文化的融合》,华中师范大学出版社 2013 年;章开沅:《传播与植根:基督教与中西文化交流论集》,广东人民出版社 2005 年;徐以骅:《教会大学与神学教育》,福建教育出版社 1999 年。

亚学会、中国边政学会及所办刊物也有多篇学位论文关注①。已有研究成果从数量及研究广度和深度上都远不能反映抗战前后边疆研究的盛况。

　　既有关于民国边疆学术史的论著中也少有针对内迁高校而立论者,多着眼于政策、区域、学者和机构,很少以大学为考察单元。据笔者目力所及,目前尚无这方面的专著。笔者曾撰文指出:国民政府内迁,大量高校迁至西部地区,原先远离边疆或并不从事边疆研究的学者有了亲近边疆并研究边疆的机会,客观上推动了边疆研究的复兴,并且改变了边疆研究的格局②。该文偏重宏观论述,对我们思考内迁高校的边疆研究应有助益。马玉华的《西南联大与西南边疆研究》系内迁高校边疆研究个案论文。蒋正虎的《论二十世纪三四十年代大学的边疆研究机构》、张学强的《南京国民政府时期大学的边疆问题研究及其影响》(《西北师大学报(社会科学版)》2014 年第 6 期)、张嘉倪的《二十世纪三四十年代中国高校边政研究述论》(兰州大学硕士学位论文 2012 年)、钟荣帆的《金陵大学的边疆研究述论》(《云南民族大学学报(哲学社会科学版)》2017 年第 6 期)等论文突出大学与边疆研究的

---

①　如关于禹贡学会,有杨军辉:《禹贡学会与〈禹贡半月刊〉研究》,西北师范大学硕士学位论文 2008 年;曲文雍:《〈禹贡〉半月刊作者群的中华民族观》,中央民族大学硕士学位论文 2009 年;尹燕:《〈禹贡〉半月刊的学术世界》,山东大学硕士学位论文 2008 年;刘峰:《现代学术视野下的〈禹贡〉半月刊研究》,北京印刷学院硕士学位论文 2009 年;还有孙喆、王江:《边疆、民族、国家:〈禹贡〉半月刊与 20 世纪 30—40 年代的中国边疆研究》,中国人民大学出版社 2013 年。关于新亚细亚学会,有李海健:《新亚细亚学会与抗战时期的边疆研究》,河北大学硕士学位论文 2010 年;叶罗娜:《〈新亚细亚〉月刊内外蒙古研究述评》,中央民族大学硕士学位论文 2007 年;封磊:《20 世纪三四十年代边政研究的学术转型——基于〈新亚细亚〉与〈边政公论〉的比较研究》,兰州大学硕士学位论文 2013 年。关于中国边政学会,有刘晓光:《〈边政公论〉研究》,云南大学硕士学位论文 2011 年;耿宪文:《时局与边政——〈边政公论〉研究(1941—1948)》,华中师范大学硕士学位论文2011 年。

②　汪洪亮:《20 世纪三四十年代中国学术地图变化与边疆研究的复兴》,《四川师范大学学报(社会科学版)》2015 年第 2 期,第 5—15 页。

关系,但未聚焦内迁高校,所言边疆研究也多为相关制度、机构、学科及人物,对边疆治理与族群认同等具体问题的调查及对策研究涉及很少。

对于抗战时期高校的边政研究,笔者认为可从以下角度深入探讨:一是多关注抗战时期中国大学教育、学术、政治与边疆社会的基本生态与样式;二是进一步梳理抗战时期大学与民族国家建构的关系;三是进一步聚焦于大学教授如何深入边疆实地调查,贡献其边疆治理及族群认同的智慧。换言之,应尽量回到历史现场,拓展资料来源,避免单一视角与研究模式,注重社会史视角、地方史眼光、个案研究与整体关怀结合。通过在文本与语境的互动,我们或可触摸历史的真实及当事人的心境。

史料永远是历史研究的基础。同时,史料还有一手文献与二手文献之分。我们不能仅从已刊各类论著中去寻章摘句,而应更多回到原典,回到历史现场,读取那些历史当事人留下的各类资料,如日记、书信、档案及他们留下的各类作品。

华西坝教会五大学的整体研究,需要有更加丰富的档案史料。五大学除了华西大学外,其他四校抗战结束后先后返回原址办学,相关档案分别存于北京、南京、济南等地。华中师范大学中国教会大学研究中心也富藏相关资料。笔者或自查或托人筹集各类史料,算是煞费苦心。研究近代历史,档案资料不可或缺,尽管我们不能有档案崇拜的思想,认为档案一定可靠,但的确很多史实,比如涉及相关政策、决策的出台,相关管理措施和经费预决算等内容,离开档案就很难说清楚。但过去许多档案无法查看,很大程度上影响了对此问题的深入探讨。中国第二历史档案馆近日开放了金陵大学和金陵女大档案,其他各校档案部分可以利用,为深入发掘资料提供了契机。亚联董档案(Archives of the United Board of Christian Higher Education in Asia)史料的开放,使中国教会大学的研究有了更切实的档案资料支持。

华西坝教会五大学几乎占据中国全部教会大学的三分之一。校史资料相当丰富,如《金陵大学史料集》《金陵大学史》《金陵大学校刊》《华西协合大学校刊》《华西医科大学史》《金陵女子大学校史》《私立燕京大学》《南京大学百年史》等。李森主编的《民国时期高等教育史料汇编》(国家图书馆出版社 2014 年)涉及华西教会五大学的就有第 8 册(燕京大学),第 27、28 册(金陵大学、金陵女大),第 35 册(齐鲁大学),第 46、47 册(华西协合大学),这些校史校刊资料对推动教会大学研究也颇具史料价值。五大学出版了不少报刊和论著,留下了大量历史文献资料。师生回忆录与口述历史也相当重要,能够给我们更加立体全面的认识。当然,作为学术史研究,我们更关注的还是学人的学术选择及其学术论著,从中管窥那个时代学人的时局观念、学术情怀以及他们对改良边政和整合国族的真知灼见。

近年来,民国边政文献整理引起学界重视。马大正主编的《民国边政史料汇编》《民国边政史料续编》,为规模最大者,共 60 巨册,涵盖蒙藏院及蒙藏委员会相关史料,《边政公论》《边疆通讯》等重要期刊,以及那时学者关于边疆地区地理人文政情的部分著述及调查报告。中国第二历史档案馆编辑出版了一些边疆民族地区边政档案。段金生、马玉华、李勇军及本人等根据边政档案和期刊,对民国时期的边政和边政学进行了初步探讨。借助刊物考察民国学人边疆认识和边政主张,成为一些学人的研究新视角。①

---

① 近年来相关研究成果主要有娄贵品:《方国瑜与中国西南边疆研究》,人民出版社 2014 年;汪洪亮:《1940 年代国人对中国边政及其兴革的认识——以〈边政公论〉为中心的考察》,《民国研究》2015 年第 1 期;段金生:《20 世纪 40 年代中国边疆研究的方法与理论——以〈边政公论〉为中心》,《北方民族大学学报(哲学社会科学版)》2010 年第 6 期;孙喆:《全国抗战前夕边疆话语的构建与传播——以〈禹贡〉与〈新亚细亚〉的比较为中心》,《中国边疆史地研究》2013 年第 2 期;谢敏:《〈康藏研究月刊〉与民国时期的“康藏研究”》,《社会科学研究》2014 年第 4 期;王振刚:《从〈边事研究〉看民国学人对西南边疆问题的认识》,《云南行政学院学报》2017 年第 1 期;耿宪文:《时局与边政——〈边政公论〉研究》,华中师范大学硕士学位论文 2011 年;封磊:《20 世纪三四十年代边政研究的学术转型——基于〈新亚细亚〉与〈边政公论〉的比较研究》,兰州大学硕士学位论文 2013 年。

　　华西坝教会五大学的边政研究，是中国人类学、民族学史和民国边疆学术史的一项重要内容。抗战时期以教会五大学为中心形成的华西边疆学派则是中国人类学的重要流派。重拾华西学人边政文献，梳理其学术思想和政治见解，有助于理解那个时期政、学两界对民族国家建构和国家民族整合的理论思考，深化对西学理论中国化及其在边政研究应用中的理解；有助于进一步回顾中国边疆研究和民族学、人类学的学科发展与理论创新，进一步论证少数民族是中华民族的重要组成部分，强化对民国时期最先由顾颉刚发表《中华民族是一个》引发的学术论争的理解，从而体会民国学人致力于民族复兴和国族构建的学术努力。

　　过去学界对民国时期的边疆研究与民族学人类学的研究中，往往关注那些后来留在大陆，又在"文革"后焕发学术新春，且门人较多、学有传承的几位学者（如吴文藻、费孝通、林耀华、马长寿等）。对于那些在民国时期的边疆研究与民族学界声名显赫，具有重要学术影响，但是随国民党败退台湾的，或者在新中国时期没有能够继续从事边疆学术研究，改革开放时又已垂垂老矣，甚至未能等到改革开放即已辞世的学者，却关注较少（如凌纯声、芮逸夫、李安宅、徐益棠、柯象峰等）。华西坝教会五大学中就有不少被忽略被遗忘的民族学与边疆研究大家。

　　本书所欲进行的研究，主要是以五大学学人为中心的边疆学术史研究。抗战时期，不少边疆民族研究机构和大批著名学者荟萃于此，集中了中国人类学华西学派[①]的主要阵容，成为抗战时期民族学和边

---

　　①　以李安宅为核心的华西坝上人类学家，是被誉为"人类学的中国时代"的标志性学者群体之一。因其具有与既往人类学界所指称的南派、北派均有明显差异的学术个性特征，被李绍明称为中国人类学的华西学派，而陈波也以《李安宅与华西学派人类学》为书名，阐释这一命题。参见李绍明：《略论中国人类学的华西学派》，《广西民族研究》2007年第3期；陈波：《李安宅与华西学派人类学》，巴蜀书社2010年。2017年，李锦教授以"中国人类学'华西学派'的学术体系研究"作为国家社科基金重大招标项目选题申报获准，笔者主持其中子课题"'华西学派'形成与发展史"的研究。

疆研究的中心区域之一。各科学者积极从事边政研究，创办研究机构和刊物，发表调查报告、论著，留下了大量重要文献，这是当下我们研究人类学（民族学）[①]学科史、教会大学史、边疆学术史不可或缺的重要史料，亟须整理与研究。以学校尤其是教会学校为单位，对其边政研究相关文献进行整理和分析者，迄今未见。就边疆研究与人类学（民族学）的学科史角度而言，加强对华西坝教会五大学边疆学术史的研究，具有重绘学术地图的重要意义。

教会大学因其出身的"洋化"及其本土化的努力，其边疆研究可以呈现更多的历史文化内涵。在教会大学中，也只有华西坝教会五大学与边疆研究有着不解之缘。在中华基督教会边疆服务运动中，华西坝教会五大学同样是积极的参与者和引领者[②]。华西坝教会五大学的边疆研究，体现了近代中国边疆研究的转型及西学东渐的本土化以及五校学者在国家民族问题上的社会担当和学术自觉。同时，五大学的边疆研究反映了政、学两界构建中华国族的努力和民族文化多元的事实。他们在论证民族文化多元性的同时，很注意寻求其与中华文化同一或相通的一面。五校学者基于边疆地区实地调研提出的众多发展稳定边疆、改良边疆政治的对策方案，对于时人了解和关怀边疆及边疆人民认同国家和中华民族，具有重要意义。五校学者大多兼通中西学，能从跨学科的多元视野考察边疆，能对照历史来审视现实，且常以国外的边政和民族政策来观照中国边政。我们可以借窥基督教的社会福音理论如何与中国实际需要紧密结合，教会大学中的教会学者与非教会学者，外籍学者与中国籍学者如何看待中国的时局与边政。我

---

① 有关人类学、民族学的关系可见张少微：《民族学体系发凡》，《民族学研究集刊》第 5 期，1946 年；黄文山：《民族学与中国民族研究》，《民族学研究集刊》第 1 期，1936 年。在民国学科史上，二者可视为同一学科，但学界存在不同的学科认同表述，本书在相关叙述中，常将二者并称，特此说明。

② 汪洪亮：《抗战时期华西坝教会五大学与中华基督教会边疆服务运动》，《中国边疆史地研究》2019 年第 2 期，第 179—193 页。

们可以在对此问题的研究中,进一步回顾中国边疆研究和人类学(民族学)的学科发展与理论创新,深化对西学中国化及其应用在边政研究中的理解。教会学者和外籍学者在参与投入中国边疆研究中有着怎样的心曲,其实也是值得我们去发掘和分析的。

学术史研究不仅要关注那时的学术思潮、学术机构和刊物,还要研究那时的学者及其作品,关注其思想和行为。如钱穆所言:"历史讲人事,人事该以人为主,事为副",而且"思想要有事实表现,事背后要有人主持。如果没有了人,制度、思想、理论都是空的"①。学术史应该是学术的历史,其主体,不仅要有学术,更应有学人。罗志田注意到史学研究中"人的隐去"的现象,呼吁学术史研究重心要放在人上,学术史完全可以也应该是学者治学的历史,回到"学术"的产生过程中,以避免人的过度抽象化,甚或"物化"②。我们要更多关注人的因素,不仅要关注学者说了些什么,还要关注他们为什么这样说。这或许更能观照学术与政治、社会的互动。以此来看,学界对此还着力不多。本书拟以华西坝教会五大学学人为中心,在构建其边疆研究基本史实的基础上,试图深入阅读时人论著,由学人、学术到思想层面,观察时人对国运时局的观察及其内心的焦灼和思虑。为此,力求从整体上把握华西坝教会五大学边政研究概况,系统梳理相关学科学系、研究机构、学术刊物及著名学者,重点梳理其学术成就,深入分析其学术观点及时代内涵,体察其思考国家民族命运、构建民族自信的心境。我们还要关注学缘、地缘、人缘因素,描述"学术圈"内人的"生活圈",重构抗战后方学术社会的生活画面,揭示其思想碰撞和学术交流对学术成果的催生作用。

需要说明的是,五大学边政研究涵盖甚广,包括人文科学、社会科

---

① 参见韩复智编著:《钱穆先生学术年谱》卷 4,中央编译出版社 2012 年,第 1 117 页。

② 参见罗志田:《学术史:学人的隐去与回归》,《读书》2012 年第 11 期,第 3— 11 页。

学和自然科学,需要研究者具有跨学科的专业素养。本课题重点关注人文社科研究,对自然科学研究,侧重其与国家和社会需要密切的一面,如农学、医学等。研究思路:一是以时间为维度,重建五大学办学历程,讲清其起承转合节点;二是以空间为维度,分别对五校边政研究相关机构和院系、学科和专业进行述论;三是以人为维度,以作品为载体,解析五校边政研究成就及其对时局、边政与国运的观察与认识。本课题所做研究,仅是粗浅的努力,还需要更多学人跟进和批评。

第一章　集于坝上：
华西坝教会五大学联合办学史略

抗战时期华西坝教会五大学的形成，与战争严峻形势导致的国民政府迁都重庆和高等教育机构及科研机构内迁有很大关系。"九一八"事变后，沈阳沦陷，东北高校以东北大学为首被迫迁往关内，东北大学也因此成为近代中国第一所流亡大学。全面抗战爆发后，国民政府辗转迁到重庆，促成了中国政治、经济和文化权势的一次重大转移，西南地区后来居上，成了抗战建国大后方和民族复兴基地，政治、军事地位陡然提升。政府与民间因此对西南地区寄予厚望。很多重要的政府部门、工业设施和教育、科研机构都向内地相对安全的地方迁移，从而促成了中国高等教育与学术地图的显著变化。华西坝教会五大学便是抗战时期高校内迁运动中形成的一个办学联合体，成为那时边疆研究的一支重要力量，汇聚了一批重要学者，成立了不少边疆研究机构，创办了不少边疆学术期刊，推出了系列边疆研究论著。

第一节　弦歌不辍：四所教会大学先后莅临成都

民国时期，我国高等教育在地域分布上具有先天的不均衡性，不管是公立大学、私立大学还是教会大学，大多数都集中在华北、华东、东南沿海沿江地区,布局在中西部地区的高校数量极少。根据中央大学 1936 年统计,北平有北大、清华、北师大、燕京大学、辅仁大学等 16 所,天津有南开大学、北洋工学院等 7 所,上海有同济大学、复旦大学、光华大学等 27 所,南京有中央大学、金陵大学、金陵女大等 5 所,广州有中山大学、岭南大学等 8 所,四川有四川大学、华西协合大学、重庆大学和西南美专等 4 所,其余高校零星分布在若干省份,贵州、宁夏、青海等地,甚至连一所高校都没有①。西部省区高校总数尚不及北平之多,亦不到上海一半,而且学术水平普遍低下。当时的四川包括今天的重庆,高校总数不如前述任何一个城市。这种东众西寡的高校畸形布局,在抗战时期截然改观。

高校云集的华东、华北,是中国经济和文化发达地区,也是日本侵略的重点目标。1938 年,国民政府成立战时教育协会,负责高校迁建,同时对部分高校进行合并、重组。据统计,抗战时期全国累计 100 余所高校内迁,西迁高校多达 80 余所,迁入地主要有三个地区:一是西南地区,有 61 所;二是西北地区,有 11 所;三是部分战区省份,如广东、广西、江西等省相对偏居的内地。内迁高校在西部的分布依然不均衡,西北较少,而西南地区最为密集,在西南地区中,四川名列榜首,达 48 所,主要集中在重庆和成都。成、渝两地高校云集,成为抗战时期中国的文化教育中心,其中成都华西坝、重庆沙坪坝、江津白沙坝和北碚夏坝,因学府毗邻、学子如云,而被称誉为"文化四坝"②。

受益于高校内迁,过去高校数量极少的中西部地区,汇聚了众多学者、学科及学术出版机构,极大地促进了当地高等教育发展和科学研究。而且抗战结束后这些高校复员迁返时,还给当地留下了许多师生、学科及图书设备,从而新建了不少高校。如西北联大,相比西南联

---

① 参见《全国公私立大学、独立学院、专科学校一览表》,载中国第二历史档案馆编:《中华民国史档案资料汇编》第五辑第一编,《教育(一)》,凤凰出版社 2010 年,第 300—323 页。

② 参见侯德础:《抗日战争时期中国高校内迁史略》,第 71—73 页。

大显得默默无闻,但为西北繁衍了西北工学院、西北农学院、西北大学、西北医学院及西北师范学院五大院校,将理、工、农、医以及师范等整个教育体系留在了西北,奠定了西北高等教育的基础①。西南联大在昆明办学 8 年,改变了云南此前仅有云南大学一所高校惨淡经营的局面,且有不少教授在云南大学兼职,为该校提供了优良师资。1946年联大结束时留下了师范学院组建昆明师院,1984 年改名云南师范大学。"九一八"事变后不久就开始流亡的东北大学,1938 年迁到四川三台继续办学,其 1946 年复员时留下的部分师生在原址组建了川北农工学院,成为今日四川师范大学和西华师范大学的共同办学起源。

　　华西坝教会五大学同样极大改变了当地的高等教育布局。抗战时期,与绝大多数国人自办高校一样,多数教会大学也加入了西迁的行列。在 1936 年成立的中国基督教大学联合董事会(United Board of Christian Universities and Colleges in China)制定了"中国基督教大学调整规划"。在后来的迁徙办学中发挥了很好的沟通协调作用。原则上,国民政府鼓励高校迁往内地,是为保存中国高等教育的资源,防止被日本人所利用,但其对中国高校的迁徙,仅有顶层设计,无具体规划。相对于由国民政府和教育部明令改组联合而成的新联大(如上段所言西南联大和西北联大),教会大学的联合主要是一种松散联盟的形式,相互利用各方师资、校舍、设备等进行合作办学,既自成系统,又通力合作②。

　　金陵大学、金陵女大、齐鲁大学和燕京大学四所教会大学迁到华西坝,并不是步伐整齐的,而是先后有别的,因为各校面临的情况有差异,而且兹事体大,路遥人多,绝非朝夕可成。不到万不得已,何须千里跋涉?所以教会大学搬迁,大多一波三折,几经反复。

---

①　参见刘海峰:《历史需要诉说:西北联大的命运与意义》,《高等教育研究》2013年第 9 期,第87 页。

②　参见刘家峰、刘天路:《抗日战争时期的基督教大学》,第 56—76 页。

日军在"八一三"事变后轰炸南京。面对空袭,金陵大学和金陵女大都面临教学设施破坏,生命财产受到威胁的局面。金陵大学校长陈裕光最初筹谋迁址四川万县,后又视线西移,认为成都华西坝更为合适,那里有教会学校华西大学,教学和生活条件都要好很多。陈裕光 8 月 20 日致电华西大学,探询合作可能性,得到华西大学肯定的答复,便着手搬迁事宜。① 后战事稍许平息,金陵大学致电华大,表示推迟内迁。11 月局势恶化,最终金陵大学于 1937 年 11 月 25 日开始内迁,共分三批次,经汉口、重庆,最后到成都。

同一个城市,同一个困扰。金陵女大也要决策何去何从。面对日益恶化的战争局势,经金陵女大内部讨论,校长吴贻芳决定实行分区教学,疏散学生至上海、武昌和成都三个教学点。但日本占领南京后,又剑指武昌。吴贻芳心急如焚,奔走各地,征求意见。1938 年 3 月,吴贻芳在上海与董事会商议学校未来计划,确定要"选择学生和教师群体能够比较方便地与其他基督教大学建立联系的地方从事教学"②。众多高校已经西迁,华西大学也欢迎金陵女大加盟,无疑华西坝是最为理想的办学新址。4 月,金陵女大遂关闭上海教学点,移居成都③。

齐鲁大学所在的济南也在 1937 年 12 月沦陷。在沦陷之前,齐鲁大学就已开始寻思对策,教育部曾建议齐鲁大学迁到西安以西 100 多公里的五公县,但考虑到迁校和建房的成本太高,齐鲁大学并没有行动起来。1937 年秋,校长刘世传(字书铭)召集董事开会商议是否在济南继续办学。董事会主席孔祥熙虽未到会,但他建议在华西大学校园内办学的主张对于齐鲁大学迁址决策产生了决定性影响。华西大学

---

① 参见《四川大学史稿》编审委员编:《四川大学史稿》第 4 卷,《华西协合大学 1910—1949》,第 95 页。

② [美]德本康夫人(Mrs Laurence Thurston)、蔡路德(Miss Ruth M. Chester) 著、杨天宏译:《金陵女子大学》,珠海出版社 1999 年,第 99 页。

③ 张连红主编:《金陵女子大学校史》,江苏人民出版社 2005 年,第 151—157 页。

发出邀请,表示愿意接纳齐鲁大学医学院 3 个高年级班和他们的老师①。齐鲁大学医学院 60 余个学生和 10 个教授率先内迁到达成都华西坝,与华西大学的医学和牙医学合作教学②。11 月中旬,齐鲁大学的文学院和理学院也纷纷迁至成都,唯神学院及护士学校留在济南③。

　　燕京大学在战火中坚持在原址办学,但在 1941 年 12 月 8 日,日本突袭珍珠港,太平洋战争爆发后,美日关系急剧恶化,校园再也无法平静了。燕京大学被强行解散,包括校务长司徒雷登在内的师生员工 30 余人被捕,校园被日军征用为疗养院。各地校友呼吁燕京大学在后方复校。孔祥熙作为燕京大学校董会主席于 1942 年 2 月 8 日在重庆召开校董会,决议在后方继续办学。他们认识到,已有四所教会大学的华西坝是最为理想的校址,最终燕京大学确定新校址选定在成都④。但因迁到华西坝较晚,华大校园早已"客满",燕京大学只得另寻他处安顿师生,后"向业主卫理公会榷商,租妥华美女子中学(月租 1500 元),及启化小学(月租 500 元)"⑤,后又承时任四川省主席张群支持,以华阳县文庙作为男生宿舍。

　　在西行漫漫征程中,唯有金陵大学师生迁徙队伍相对齐整。其他三所大学均因师生散居各地,犹如百川归海,向成都汇聚。其间艰辛乃至危险,在战时中国不难想见。这方面的具体情形,各校的校史及新近出版的岱峻著作《风过华西坝:战时教会五大学纪》有所披露,兹

---

　　①　《四川大学史稿》编审委员会编:《四川大学史稿》第 4 卷,《华西协合大学1910—1949》,第96 页。

　　②　Archives of the United Board for Christian Higher Education in Asia,RG011 - 274 - 4345:0352,The Yale Divinity Library. 本章引文所用亚联董档案,有劳兰曼心同学翻译,特致谢忱。

　　③　参见刘家峰、刘天路:《抗日战争时期的基督教大学》,第 65 页。

　　④　[美]艾德敷著、刘天路译:《燕京大学》,第 304—305 页。

　　⑤　梅贻宝:《记成都燕京大学——北平私立燕京大学成都复校始末记》,载中国人民政治协商会议四川省委员会文史资料研究委员会编:《四川文史资料选辑》第 47 辑,巴蜀书社 2004 年,第44 页。

不备载。但在共聚于华西坝的办学岁月,五大学薪火相传,师生在备尝艰辛中充满了奋斗的激情,在相对安宁的环境中获取了求学的快乐。

第二节　同舟共济:华西坝教会五大学联合办学

中国基督教大学之间早有协调与合作,早在 1920 年代设立的中国共和大学中心办公室,其职能就是实现教会大学间的各项合作,业务范围包括行政、财务、人事等事务。后来中心办公室改组为校董联合会,后又改为中国基督教高等教育联合董事会[1]。在战时,校董联合会暂停募筹基金和设备等经费,设立了战时特殊的"紧急经费"[2]。该经费经常被高校用以平衡财政赤字,比如 1938 年,华西协合大学从校董联合会处得到 17,143.75 美元,将其中 6,373.83 美元用以支付赤字金额[3]。

原本仅有一校学生就读的华西大学校园,显得疏阔,而今五校汇聚,办学资源无疑变得局促。在资源短缺和物价上涨的情况下,假使各校独自运行,办学成本肯定大增。为了整合资源,五校采取多种措施拓展校舍,共享各类教学设施。华西大学尽力缩减本校师生用房,采取共用、租借、挪用、新建等方法,为借居的兄弟学校提供了尽可能的协助。

相对来说,搬迁较早、办学规模较大的金陵大学和齐鲁大学借住

---

　　[1]　参见肖会平:《基督教高等教育合作组织在华活动研究——从中国共和大学中心办公室到中国基督教大学联合董事会(1922—1951)》,华中师范大学博士学位论文 2008 年。

　　[2]　Archives of the United Board for Christian Higher Education in Asia,RG011 - 274 - 4345:0354.

　　[3]　Archives of the United Board for Christian Higher Education in Asia,RG011 - 274 - 4345:0370.

校舍较多，且借得地皮新建了部分校舍。而最晚到来的燕京大学见华西大学校园已经人满为患，只能在租借临近的陕西街华美中学容身。但华西大学的实验室、图书馆也向各校开放。如《华西协合大学校刊》即记载："抗战军兴，迁来本校之各大学，多未带有图书，即有亦属零星，林馆长有鉴于此，遂向学校当局建议，共同合作，彼此交换流通利用，又为集中图书及管理方便起见，特辟本馆南北两隅房舍，为金大及金陵女大之图书馆馆址，遇有重要事件，并可彼此直接面商，而于各校师生借阅时，亦不致感分歧涣散，有劳跋涉之苦。"不仅如此，华西大学图书馆还在多处添设分馆，"本校各学院图书分馆之设置，亦均于林馆长任内先后成立，因本校文、理、医三学院之教室与实验室，散居于城内外，与图书馆相距稍远，林馆长因于城内四圣祠街之仁济医院，与陕西街之存仁医院，以及在校之医牙学院同理学院，陆续添设分馆，以便各该院系之教员学生，依类分科，按其所需要之书籍，就近借阅参考，本校师生莫不交相称誉。"[①]

华西大学图书馆 1945 年的概况中也有介绍："抗战军兴，战区学校源源迁入内地，计借用本校舍寓及校址者，有金陵大学、金陵女子文理学院、齐鲁大学、协合医学院等。惟各校迁出时所携图书甚少，除金大及金陵女子文理学院有一部分图书寄存本馆特为设置外，余皆由本馆供应借阅。"[②]

在那个时代，图书资料和实验室器材是高校师生读书治学的重要凭借。华大此举无疑雪中送炭。金陵大学感慨："幸华大当局恺悌为怀，以该校全部图书开放，许本校师生阅览借用，图书荒藉可少作补救！"[③]齐鲁大学也庆幸："自敝校因战事迫近济南，仓卒迁蓉，图书、仪

---

①　参见《图书馆职员饯别前任馆长林则夫人》，《华西协合大学校刊》复刊第 1 卷第 10—11 期合刊，1944 年，第 17 页。

②　邓光禄：《华西协合大学图书馆概况（1945）》，载任家乐、李禾主编：《民国时期四川图书馆业概况》，四川大学出版社 2013 年，第 90 页。

③　《本校图书馆近况》，《金陵大学校刊》总第 278 期，1940 年，第 3—4 页。

器均陷敌手。五年来幸赖友校之支助，得以弦歌不辍。"①

为统筹校际教学行政管理，五校采取联席会议制，平等协商办学事宜，有效促成在教学、招生、师资及财政等问题的研讨和协同，以集思广益，扩大共识，形成合力，增进了五校的凝聚力，避免主客身份划然悬绝。五校高层沟通顺畅，其最高决策机构是五大学校长联席会议。其下设教务长联席会议，各院系联席会议等，但须校长联席会议认可方可实施。如是顶层设计与基层民主兼顾，办学权利平等，各校精诚合作，利于发挥各校优势共同攻坚克难。在燕京大学来到成都之前，四校已有较为成熟的联席会议制度，统一开学日期，联合共同招生，召开校长例会等，均能协调一致，合作愉快②。为快速传递相关信息和联合工作进展，五大学还设立了"华西联合大学紧急联合委员会"，各学校派出代表以便及时发现联合办学过程中出现的问题，并予以协商解决③。1942 年的华西大学"校董会"年会报告谈到 4 个学校（不含燕京大学），"每周至少四校长例会一次，协商关于行政、财政、教职员待遇及有关公共事宜，以故虽分四校，实合作为一，迄无冲突摩擦之虞；每月有四校教务协会，由四校教务长、注册主任会商关于授课时间规律，招生考试各问题；同样亦有训导长协会，磋商关于学校训导事宜。"④

虽然在校舍及教学设施的使用上，五校办学捉襟见肘，但在课程教学和合作研究上，则是尽享人才红利，有利于降低办学成本，弥补师

---

① 《政治系征募基金》，《齐鲁大学校刊》第 34—35 期合刊，1943 年，第 6 页。

② 参见高时良主编：《中国教会学校史》，湖南教育出版社 1994 年，第 155—156 页；王德滋主编：《南京大学百年史》，南京大学出版社 2002 年，第 629—631 页。

③ Archives of the United Board for Christian Higher Education in Asia，RG011 - 274 - 4345：0374.

④ 王光媛：《抗战时期的华西协合大学》，载中国人民政治协商会议四川省成都市委员会文史资料研究委员会编：《成都文史资料选辑》第 9 辑，成都出版社 1985 年，第 140 页。

资短缺问题,提高教学质量。华西大学本来地处西南,吸纳人才条件先天不足,但因四个兄弟学校逐步迁来,华西坝汇聚了一批国内著名学者,加大了五校联合办学在教学科研层面上安排的自由度,使其课程设置更为从容。五校共有五种学院:文、法、理、医、农,总计 60 多个学科。具体而论,金陵大学有文、理、农学院;金陵女大未设学院,分文理科,下设若干系;华西大学有文学院、理学院、医学院;齐鲁大学有文学院、理学院和医学院;燕京大学有文、理、法学院。

各校既有类似学科和专业,也都有各自优势学科和专业,在课程设置上各有所长,正好优势互补。既然专业有类似,课程安排也就有重复,正好加强整合。他们采取的办法是校际自由选课,相互承认学分,这个举措为华西坝教会五大学师生提供了广阔的知识平台,为学生聆听大师授课提供了极大便利,缓解了部分专业因师资缺乏而影响课程开设的问题,深受学生欢迎。如金陵大学心理学课程,就受到五校学生追捧,其中"海内外素负盛名,在华西坝上尤为妇孺皆知"的蔡乐生教授开设的应用心理学和儿童心理学两门课程,"五大学同学均有选读者,讲解内容极其精邃,听者无不笑逐眉开。"①华西大学安排吕叔湘、闻宥开设语言学、音韵学课程,也深受学生欢迎。再如金陵女大刘恩兰教授开设了地质学课程,而金陵大学农学院却未开设,于是众多金大农学院学生慕名听课,而且参加了刘恩兰率队的暑假边疆考察团,"得益很多,终身受用"②。随着自由选课模式的推开,五校进一步加强合作,相同院系开设的课程也加强整合,如 1943 年成立"五大学中国文学系常务委员会",共商课程开设及分工。外文系甚至统一考试。

在师资方面,华西坝教会五大学实行互聘,一些知名学者在多所

---

① 《心理学》,《金陵大学校刊》总第 288—289 期合刊,1941 年,第 4 页。

② 陆之琳:《追忆华西坝上生活点滴》,载高澎主编《永恒的魅力——校友回忆文集》,南京大学出版社 2002 年,第 289 页。

高校兼课或任职。如齐鲁大学医学教授侯宝璋、陈耀真在华大兼课,萧公权教授受聘于金陵大学、燕京大学和华大;陈寅恪本为燕京大学请来,也受聘为华西大学中国文化研究所特约研究员和金陵大学教授;钱穆本受聘于齐鲁大学,也在燕京大学和华西大学兼职;金陵大学的刘国钧、李小缘和华西大学的蒙文通被聘为齐鲁大学国学研究所的名誉导师,等等。另外,各校还邀请著名教授担任本校研究生导师或指导本校毕业论文等方式来充分发挥教授们的专长①。

在学术研究方面,五校也保持了密切互动,如联合举办学术讲座,创办研究机构,合办学术刊物,合作实验研究,发挥了团队攻关优势,有效整合了各校的研究人员及其学术资源,表现出五校联合的强劲科研实力。不仅校际互邀专家举办各类讲座,五校有时还联合邀请校外专家或政府官员来校讲学,如华西大学和齐鲁大学曾联合邀请教育部副部长顾毓琇讲演《抗战必胜建国必成》,经济部长翁文灏讲演《民族风气》。1942年,华西大学还联合金陵大学、金陵女大和齐鲁大学邀请农林部长沈成章演讲《山东抗日之情形》等。华西大学文学院院长罗忠恕主持的东西文化学社,实以五校学人为主体建立起来的。罗忠恕担任社长,金陵大学教授倪青原担任副社长,五大学校长均为名誉社员,不少教授为"基本社员",钱穆、蒙文通等为常务委员。学社组织了不少学术活动,并邀请英国剑桥大学教授李约瑟、牛津大学教授陶斯德,国内硕儒张东荪、梁漱溟讲学及澳洲驻华公使艾格斯顿等外国政要来此演讲,使抗战大后方的华西坝依然保持了浓厚的学术氛围和畅通的信息孔道②。1941年顾颉刚牵头成立的中国边疆学会,其主体成员也是华西坝五校学者。这个学会和华西大学的两个边疆研究机构——华西边疆研究学会和华西边疆研究所保持了较好的合作,做了

---

① 参见李娟:《华西坝教会五大学联合办学研究》,西南大学硕士学位论文2010年,第12—15页。

② 参见汪洪亮:《蜀中学者罗忠恕人生史研究的学术意义》,《四川师范大学学报(社会科学版)》2017年第4期,第166—173页。

大量边疆民族调查研究工作。

五校在学术研究方面的一个重要举措就是联合编辑出版学术刊物。金陵大学、华西大学和齐鲁大学都建立了中国文化研究所,经三校召开联席会议,校长及三位所长会商,接受了哈佛燕京学社的建议,于 1941 年联合主办《中国文化研究所汇刊》,每校出 3 人组成出版委员会,除三大学校长外,金陵大学有李小缘、商承祚,华大有闻宥、吕叔湘,齐鲁大学有顾颉刚、钱穆,由三校轮流主编。燕京大学在成都复校后,从第四卷起加入该刊编辑工作。1942 年,齐鲁大学杜儒德教授还牵头创办了《中华医学杂志》(英文版),并担任主编。华西大学眼科教授陈耀真、华西大学医牙学院总院长启真道和齐鲁大学病理学教授侯宝璋等担任编委。

五校还联合开展了各类社会活动和校园活动。如齐鲁大学文学院长张伯怀参与设计并实际主持的中华基督教会边疆服务运动,其下相关业务负责人亦多是五校教师及部分毕业生,其中边疆研究的指导委员多为五校教授①。五大学本来就在一起办学,在学生社团、运动会等校园生活层面,更是合作无间,自是不用赘述②。

五校同为基督教会大学,同受中国教会大学联合董事会辖制,原先即经常联系,相互情感接近,在国难当头,办学难以为继的情形下,齐驱华西坝,和衷共济,竭诚合作,共同谱写了抗战大后方办学的篇章。

四所大学内迁华西坝的时间并不一致,战前各自办学特点也有差异。联合办学毕竟不是合并办学,所以在密切合作的同时也存在"分"

---

① 参见汪洪亮:《抗战时期华西坝教会五大学与中华基督教会边疆服务运动》,《中国边疆史地研究》2019 年第 2 期,第 180—182 页。

② 相关情况可以参见岱峻的相关论著及五大学毕业生相关回忆录,有关学术团契活动有两篇论文,即肖高林:《华西坝教会大学的学生团契》,《文史杂志》2003 年第 6 期;石峰波:《抗战时期华西坝五大学的团契研究》,《河北师范大学学报(哲学社会科学版)》2017 年第 4 期。

的情况。这一点在过去的研究中没有得到足够重视。实际上,五大学各自办学仍保持有相对的独立性,在办学成本方面也有分担。各校在财务上是独立的,日常办学经费各自收支,如举办活动、发放教师工资、维护校园设施、支付科研经费等等。需要合作时则根据实际情形按照一定比例分摊。如 1939 年春,四所教会大学合资修建化学楼,并议定战后即归华西大学所有①。金陵女大决定出资 2000 美元②。华西大学为修此楼也开会讨论,校长毕启主持会议,决定华西大学投入不超过 5000 美元③。虽然在课程设置及有关学术活动,各校保持了合作,但各位授课老师的编制和人事没有变动,仍属于原学校,所开课程的工资由原学校承担。其他学校学生选修了某些课程,需要按照选读学生人数支付一定的课程费用。齐鲁大学与华西大学在课程方面合作相当密切,"两校同学合班听讲做实验也不分彼此",为此齐鲁大学"年付该校的款项相当可观,但其互助精神,仍是值得钦佩的"④。针对教员兼职,金陵大学规定:"如有因友校合作关系须兼课者,经学校当局安排,每周以 3 小时为限,且所兼之课程须与在本校所任者相同,而友校所送之薪金,全交金大会计处,往返需要车马费的,由学校酌送"⑤。燕京大学最后迁来,教员缺乏,却表示不聘任坝上其他四校教员,以免破坏其他学校的师资队伍⑥。

---

① 《四川大学史稿》编审委员会编:《四川大学史稿》第 4 卷,《华西协合大学1910—1949》,第103 页。

② Archives of the United Board for Christian Higher Education in Asia,RG011 - 125 - 2600:35.

③ Archives of the United Board for Christian Higher Education in Asia,RG011 - 274 - 4345:0373.

④ 王觉源编:《战时全国各大学鸟瞰》,第 100 页。

⑤ 张宪文主编:《金陵大学史》,第 95 页。

⑥ 梅贻宝:《记成都燕京大学——北平私立燕京大学成都复校始末记》,载中国人民政治协商会议四川省委员会文史资料研究委员会编:《四川文史资料选辑》第 47 辑,第 47 页。

第二章　殊途同归:
华西坝教会五大学的边疆学术传统

在讲述了华西坝教会五大学的形成及其办学情况后,我们有必要对这个办学联合体群聚之前各自的边疆研究学术传统有所交代。也就是说,部分高校在更早时候,就已开展边疆研究,形成了边疆学术团队及相关成果。搬到华西坝后,他们开展边疆研究的条件更加便利,取得了更为显著的学术成就。也有高校原先对边疆研究并不措意,而是到了华西坝后才新起炉灶。具体而言,华西坝教会五大学中其中较早开展边疆研究,且成效较大的是华西大学、燕京大学和金陵大学。

第一节　由外至内:华西协合大学
边疆学者群的形成

金陵大学教授徐益棠 1941 年就曾对民国边疆学术史做过一个精要的概述。他认为,"民国二十年之前夕"尚处于中国"民族学之萌芽"时期,"是时关于边区民族之知识,大都为各自然科学家自边区附带而来。"在 1930 年前后,"科学考察团之纷起","从吾国固有材料中实地寻找问题","不可谓非我国民族复兴史上之一大转折也。"不过在徐益棠看来,那时考察团所注意的,多为自然科学,边疆问题常被视为内政或外交问题而不甚注意，"其时边疆学术之综合的研究，尚无人注意，而民族学在我国之幼稚，在当时亦毋庸讳言也。"①徐益棠的观察，揆诸当时全国边疆学术总体情况，自然是实事求是的，但是就华西大学而言，却不尽然。华西大学边疆研究起步较早，起点较高，早在1920年代初即初具规模，在徐益棠所谓"幼稚"的民族学方面做出了较大成绩。不过，那时华西大学的边疆学者主要是一些担任了教职的传教士。后来，随着华西大学中国化的推进，中国学者渐渐占据该校学术舞台的中心。这也印证了徐益棠对中国民族学和边疆研究逐步成熟过程的论述。

李绍明在《略论中国人类学的华西学派》一文中，也提到美国学者郝瑞与徐益棠类似的一个观点，认为华西大学的早期边疆人类学也应作为中国人类学发展的一个阶段：

> 在现今论及中国人类学的发展历程时，以美国 Stevan Harrell（郝瑞）为代表的一些人类学者认为在20世纪20年代中期以前中国没有人类学。因为那时中国的人类学者还没有完全成长起来。郝瑞所说的确是事实，但事物的发展总有个过程，即以人类学在华西而论，那时中国的学人还不占主导地位，但毕竟有许多外籍学者在此推动这一事业，且这一事业也有一些中国人参与并受到锻炼，这不能不把它看成中国人类学发展的一个部分或一个阶段。这样才能真正反映出整个历史的进程。个人以为20世纪20年代以及在此之前这一段时期，是中国人类学华西学派的萌芽时期、蕴酿时期或积累时期。②

或许是因为华西地区独特的人文地理环境及调查研究的地利之

---

① 徐益棠：《十年来中国边疆民族研究之回顾与前瞻——为边政公论筹备及中国民族学会七周年纪念而作》，《边政公论》第1卷第5—6期合刊，1942年，第51—52页。下文该副标题不再重复引出。

② 李绍明：《略论中国人类学的华西学派》，《广西民族研究》2007年第3期，第47页。

便,华西大学在教会大学中可能是最早投入边疆研究的。华西大学的创办者毕启(J. Beech)就说华西是研究动植物和人种学等的宝库。华西大学创立不久,即于 1914 年筹建博物馆,1919 年正式建成,系中国西南地区最早建立的博物馆,分为古物博物馆(现为四川大学博物馆)、医牙科博物馆、自然历史博物馆。人们习称的博物馆主要是古物博物馆,收藏和陈列中外历史文物,下又分民族学和考古学两个部门①。校长毕启对博物馆建设寄予厚望:"华西协合大学博物馆应该成为世界上研究华西地区汉族和非汉族的最好的博物馆"②。博物馆馆长葛维汉也表示:"华西协合大学图书馆和博物馆应当成为世界上研究华西文明的最好的研究机构。"③

华西大学理学院教授、美国学者戴谦和(Daniel Sheets Dye)任首任馆长,收藏各类有学术价值的文物与标本,并蒙热心人士捐赠,逐步初具规模,经陶然士(T. Toriance)、叶长青(J. H. Edjar)等人协助,至1931 年藏品达 6000 多件,但少有开放展览。郑德坤在介绍博物馆历史时提及:"1914 年,华西大学理学院美籍教授戴谦和征得学校许可,开始收集有关学术之古物,创建古物博物院。因经费欠缺,进展缓慢,标本多为戴氏所采集,或为热心人捐赠。后得到陶然士、叶长青两位外籍教授合作,又有各界人士的热心赞助,捐赠物品,藏品增多"④。

1932 年,葛维汉(D. C. Graham)续任馆长。葛维汉 是美国传教

---

① 安琪:《博物馆民族志:中国西南地区的物象叙事与族群历史》,民族出版社2014 年,第 76 页。

② 四川大学博物馆馆藏档案,案卷号:2010－704－1,转引自周蜀蓉:《发现边疆:华西边疆研究学会研究》,中华书局 2018 年,第 16 页。

③ D. C. Graham,"The West China Union University Museum",*The West China Missionary News*,No. 1,1933,p. 14. 转引自周蜀蓉:《发现边疆:华西边疆研究学会研究》,第 16 页。

④ 参见郑德坤讲演、刘盛舆笔记:《五年来之华西大学博物馆》,华西大学博物馆1947 年铅印单行本,转引自霍巍:《郑德坤先生与四川大学博物馆》,载郑德坤:《郑德坤古史论集选》,商务印书馆 2007 年,第 746 页。

士,1911 年受美国基督教浸礼会派遣到中国传教,1913—1918 年在四川叙府(今四川省宜宾市别称)浸礼会工作,1920 年获美国芝加哥大学宗教心理学硕士学位,1927 年获该校文化人类学博士学位。1932 年到华西大学执教,任古物博物馆馆长(1932—1941),并兼任华西大学文化人类学和考古学课程。他对博物馆的宗旨有过如下设想:

> 博物馆的目的是提供华西地区汉族和非汉族的物品或材料,借此物品或材料说明华西地区汉族和非汉族的文化发展,并以此做更有效的教育项目。它应该是一个实施广泛教育项目的中心,以增强大学学生素养。它也应该成为一个重要的研究中心。用毕启博士的话说,华西协合大学博物馆应该成为研究华西地区汉族和非汉族的世界上最好的博物馆。①

在葛维汉主持工作期间,华大博物馆声名鹊起,藏品增加数倍,参观人数众多。博物馆还开展了大量考古学、民族学研究工作。今日享誉世界的三星堆遗址,其发现和首次发掘工作就是在葛维汉主持下进行的。古物博物馆还对四川部分汉墓及唐宋邛窑、琉璃厂窑进行发掘,并加以科学系统整理和记录。葛维汉多次率队深入川西北藏羌地区进行民族学调查和实物搜集,极大充实了馆藏,积累了民族志资料②。

对于葛维汉在博物馆建设中的贡献及其本人之学术成绩,其继任者郑德坤有如下一番评价:

> 葛氏才学兼长,搜罗宏广,研究精审。在葛氏主持之下,使博物馆之发展,有一日千里之势。其发掘工作使标本有正确之记录,华西考古学为放异彩。其采集旅行,深入边区,使本馆民族学

---

① 四川大学博物馆馆藏档案,案卷号:716—1—755,转引自周蜀蓉:《发现边疆:华西边疆研究学会研究》,第 110 页。

② 陈长虹:《四川大学博物馆:历史与今天》,载中国博物馆学会编:《回顾与展望:中国博物馆发展百年——2005 年中国博物馆学会学术讨论会文集》,紫禁城出版社 2005 年,第 147—148 页。

标本,成为有系统之数据。对于西藏文物,亦极注意,所得资料,多为研究西藏文化所必备。十年来,葛氏发表论文数十篇,刊载于《华西边疆研究学会杂志》及其它国内重要刊物。其汉州遗址、汉墓及唐宋窑址之发掘报告,是为四川考古学开一新纪元。其对于西南区边疆部落之研究成绩,对近代人类学颇多贡献,华大博物馆之有此规模,实葛氏之力也。①

华西大学 1922 年 4 月 21 日成立了华西边疆研究学会(West China Border Research Society),会长是莫尔斯(W. R. Morse)。学会通过了章程,并选举了执行委员会。执委会成员有会长莫尔思、副会长赫立德(G. G. Helde)、秘书冬雅德(E. Dome)、财务总管费尔朴(D. L. Phelps)、会员总管胡思敦 (J. Hutson)。叶长青当选为学会第一位荣誉会员。后来冬雅德回国,布礼士(A. J. Brace)被补选为新秘书,胡思敦辞职,毕启担任会员总管。学会在当日通过的章程对其研究宗旨有所交代:

> 目的是研究华西地区的政治、人文、风俗和环境,尤其是这四个因素对少数民族有什么影响。为达到此目的,协会将通过调查、出借设备、举行会议和讲座、发表论文、出版刊物以及其它各种会员决定支持的办法来促进研究和学习。学会总部设在成都。②

博物馆的建立可能推动了学会的成立。馆长戴谦和是学会的重要创始人,利用博物馆资源为学会的研究活动服务。学会设立在博物馆内,学会成员也为博物馆搜集文物。这种人员高度重合、研究与日

---

① 郑德坤讲演、刘盛舆笔记:《五年来之华西大学博物馆》,转引自霍巍:《郑德坤先生与四川大学博物馆》,载郑德坤:《郑德坤古史论集选》,第 746 页。

② 章程原件藏于四川大学博物馆,案卷号:Ⅰ－Ｃ－２－2230。转引自周蜀蓉:《发现边疆:华西边疆研究学会研究》,第 28 页。

常业务合作的相互依存关系一直贯穿到学会活动结束①。早在 1924
年,华西大学校长毕启即与学会执委会包冉、葛维汉等人达成共识:

> (学会)不必再建立一个博物馆。学校已经有了一个博物馆,
> 欢迎学会在收集标本和文物方面协助博物馆,博物馆收集范围正
> 好是学会的兴趣所在。华西协合大学博物馆可以把收藏品分成
> 不同的几个部分,标签上有捐赠者或借与者的名字以示该物品是
> 学会赠与或是借给博物馆的。一些重要的发现或物品,很难作划
> 分,这时可以新增一个特别的部分或空间来陈列学会的这些物
> 品。该计划可以确保标本和文物得到照管,避免在管理和编目上
> 的重复。目前,学会的副会长(毕启)是华西协合大学的校长,对
> 两个项目都很感兴趣,因此,每个项目都将顺利进行,真正的合作
> 也成为可能。如经同意,边疆研究学会的一个代表将每年安排到
> 华西协合大学图书馆委员会和博物馆委员会服务。总之,要确保
> 两个有着共同兴趣的机构之间的紧密和亲切的关系。

1920 年代,就因为国内民族主义高涨,非基督教运动与收回教育
权运动的兴起,教会大学大多逐步走上本色化道路。华西大学也在
1931 年向教育部立案,并推举张凌高为校长,于 1933 年获批。学会在
1920 年代非基督教运动兴起而导致的华西传教士"大撤退"形势下发
展缓慢,尤其是在 1927 年不少传教士撤离华西,学会的讲座、出版及
研究等各类事宜均告停摆,直到 1928 年底才逐步恢复。鉴于以前那
种仅仅由西方学者参与的办会方式难以为继,学会主动调整战略,一
是扩大学会研究范围,不局限于边疆民族研究,而是扩大到华西地区
所有相关问题研究,甚至包括中华文明各个阶段各个民族文化遗产研
究;二是逐步改变基督教学术团体的略显封闭的身份限制,开始扩大
会员规模,且吸纳中国学者为会员,从而使学会参与者增多,研究范围

---

① 参见周蜀蓉:《传教士与华西边疆研究——以华西边疆研究学会为例》,《宗教
学研究》2011 年第 1 期,第 127—133 页。

也延及中国历史与文化及风俗,并视抢救少数民族文化为己任①。

学会秘书曾在《华西教会新闻》上撰写消息,称学会有一变化,即"居住华西的任何人,只要对这一区域人们的生活感兴趣就欢迎加入本会,即使并没住在华西,也可以成为通信会员。"②学会最初会员仅16人,且多为西人,至1930年会员增至76人。1931年学会修订章程,对华西边疆研究有兴趣者即可入会,中外学者加入者甚多,"二十三年以后,会员日见增加",杂志内容"亦日见精采,国际间亦渐有其相当的地位矣"。徐益棠特别对比地处成都的另一个高校边疆研究发展状况:四川大学在校长任鸿隽治下,法学院成立了西南社会研究所,由胡鉴民主持,但不久任鸿隽去职,研究所遂停止工作。也就是说在川大边疆研究式微之时,华西边疆研究"反于是时积极扩充"。徐益棠不由感慨:"华大与川大同在一城,而两校边疆研究事业之进退如此,吾人于此有深慨焉"③。

目前国内学界对华西边疆学会的研究,以周蜀蓉用力最勤。她认为,华西边疆研究学会是近代中国第一个以研究华西边疆为宗旨的国际学术机构,其中传教士学者在学会创建发展过程中起到了重要作用。据她统计,1920年代学会召开以莫尔斯、戴谦和与赫立德为首的执委会45次,讲座40次,涉及民俗、宗教、民族、卫生、教育及动植物等内容,并且组织了多次川、康、藏考察。学会注重对外学术交流,与海内外49家学术机构建立了学术联系。1930年代学会举办讲座100多次,研究主题也更加广泛,尤其聚焦西藏和汉藏民族研究,组织赴川西北岷江流域和康藏区域考察次数比前期增多,调查范围也更大,云贵地区也有涉及。会刊《华西边疆研究学会杂志》(*Journal of the*

---

① 参见周蜀蓉:《发现边疆:华西边疆研究学会研究》,第31—37页。

② "West China Border Research Society", *The West China Missionary News*, No. 7, 1931, pp. 41 – 43.

③ 徐益棠:《十年来中国边疆民族研究之回顾与前瞻》,《边政公论》第1卷第5—6期合刊,1942年,第54页。

West China Border Research Society）创办于 1922 年，"系英文版的大型综合学术年刊，多为会员在华西边疆进行实地考察后所提交的调查报告和研究成果"，自第 4 卷获得哈佛燕京基金资助后，内容更加丰富，发行量也不断扩大。据周蜀蓉统计，西方学者在该刊发表论文 250多篇，多系传教士撰写，运用现代学科理论和方法，对华西地区尤其是川西北、康、藏、滇等地民族社会文化进行了研究，囊括自然科学与人文社会，其中对藏族等少数民族的人类学研究乃其重点，其中尤以叶长青、陶然士、莫尔斯、葛维汉等人成就最为突出[1]。周蜀蓉认为，该刊物"是 20 世纪三四十年代研究华西地区上述学科的权威性刊物，学术价值高，不乏开山之作，被世界一些著名博物馆、大学图书馆收藏。会刊刊载的大多是学者在实地考察基础上，运用科学理论方法去多视角探究华西社会之作，形成其综合性多元化特色。"[2]

华西大学早在 1913 年就为三年级文科生开设社会学课程，算是开风气之先者。罗成锦（Harold Deeks Rbertson）和罗荣宗承担了早期华西大学社会学大部分课程的讲授。社会学专业在华西大学有时是单列的，有时与哲学、经济学和历史学等专业合并。

根据姜蕴刚回忆，华西大学办校之初即在文学院开设社会学课程，如社会教育、社会学概论、家庭社会、犯罪论、教会改良社会论、社会进化论，授课教授都是外国人。1933 年，文学院正式设立社会学系，添设教育社会学、医院社会工作、人类学、劳工问题、犯罪学、社会研究法、公共卫生、实验心理学等课程，教员增加到 8—10 人，其中外国教师占半数以上。1935 年社会学系与历史学系合并，名为历史社会学系，分历史政治组和社会经济组，开设课程开始出现"边疆"，包括当代

① 参见周蜀蓉：《传教士与华西边疆研究——以华西边疆研究学会为例》，《宗教学研究》2011 年第 1 期，第 127—133 页。

② 周蜀蓉：《中国近代第一份研究华西边疆的珍贵文献——〈华西边疆研究学会杂志〉》，《南方民族考古》2013 年第 9 辑，第 214 页。

社会学说、都市社会学、应用社会学、华西边疆社会、农业知识等①。

美国学者麦克莱恩(Jeff McClain)认为,葛维汉从美国芝加哥大学获得博士学位后,在华西大学开设了人类学概论课程,对后来李安宅领导下的社会学系以边疆研究为重点具有创建性影响②。抗战时期,社会学系成为华西大学边疆研究的主力科系,不过在李安宅来到华西大学之前,对边疆研究投入不多。也就是说,华西大学虽有边疆研究的传统,但基本上研究队伍集中在华大博物馆和华西边疆研究学会,社会学系尚未把边疆社会研究作为主要研究领域。

高伦举曾对社会学系的发展有过比较完整的叙述。这个资料尚少有人引用,姑附后。

> 社会学系历史溯源至民国二年。当时设文科正科,有宗教社会学门,课程偏重宗教,包括社会教育、社会学概论、家庭社会、犯罪论、教会改良社会论、社会进化论,教授均为西人。民六在文科正科改设社会学与经济学门,课程有社会大要、社会进化、社会制度、社会问题、社会心理学、社会进步与教会关系。民七在正科第四组置社会门,民十添设当代社会运动,乃受欧战后社会运动之影响。民十五文科正科改为三组七系,第三组包括社会学系、经济学系及历史学系,社会学系历设家庭研究、儿童研究。民十七设社会科学系,内分社会、经济、历史三组,乃有系主任之设置,添设社会进步学说、社会调查、乡村社会学、社会思想史。民二十二文学院正式设社会学系,添设教育社会学,医院社会工作,人类学、劳工问题、犯罪学、实验心理学、社会研究法、公共卫生,教员

---

① 姜蕴刚:《我对华西大学的回忆》,载中国人民政治协商会议四川省成都市委员会文史资料研究委员会编:《成都文史资料选辑》第3辑,四川人民出版社1982年,第77—89页。

② 参见[美]杰夫·麦克莱恩著,肖坤冰译,彭文斌校:《形塑中国社会:民国时期华西协合大学社会学系的城市工作》,《西南民族大学学报(人文社会科学版)》2011年第5期,第65页。

八至十人，其中西人过半。民二十四社会学系与历史学系合并为历史社会学系，分为历史政治组与社会经济组，全系教员十二，课程有当代社会学说、人口论、都市社会学、社会统计学、应用社会学、华西边疆社会、社会道德、农业知识等。

至民二十九文学院内社会学系重新独立，至今日，斯时有主任教授一人，教授三人（一女），特约教授二人，讲师二人（女），助教一，共有学生八十四（内男五十），由现在英国讲学的李安宅教授主持，建立社会学系的根基，在华西另开生面，而有今日服务社会的专门社工及社会研究人才。①

另有一则《社会学系演进史》，内容与上文大同，但具体到年份上，内容更为细致，可以补充上文的有以下史实。一是1916年，宗教社会学改为通科，社会学则为文科合参课程。二是1917—1918年，文科正科改设社会学与经济学，课程有社会大要、社会进化、社会制度、社会问题、社会心理学、社会进步与教会关系。三是1918—1926年，在正科第四组设置社会，该组另设哲学、历史两门。四是1921年，"添设当代社会运动，乃受欧战后社会运动之影响"。这则材料指出社会学系重新独立的年份为1941年，"系主任现为李安宅，教授冯汉骥、罗荣宗、蒋旨昂、徐蕴辉，研究教授梁仲华、孙则让，特约教授谷蕴玉、葛维汉，助教梁文瑞、赵适、梁献堂，研究实验助理阮立卿、程国辉。学生，本期1年级56人，二年级68人，三年级62人，四年级42人，研究生1人，共229人。各年级组成4个班会，各有教授为顾问，全系组成系会。"②

笔者在这里赘述详情，既为增广读者见闻，也是想说明，华西大学社会学课程的安排及社会学系的设置，都照顾到边疆问题，其中一些学者都曾研究边疆问题。但是在李安宅到系之前，社会学系一直处于

---

① 高伦举：《社会学系》，《华西协合大学校刊》（文学院特刊），1949年，第13—14页。

② 《社会学系演进史》，《华西协合大学校刊》（文学院特刊），1949年。

与其他学科的分合之间，对边疆研究也投入甚少，不成规模。但总体来看，在抗战前，华西大学确已经形成一个边疆学者群，其中国内外学者都有不少。而且学科分布也比较全面，边疆研究和民族学、人类学皆备。比如人类学一般所谓考古、语言和文化等分支在华西大学都有较为全面的覆盖。这点与其他高校相比，人才队伍优势较为突出。

第二节　博古通今：顾颉刚的禹贡学会与吴文藻的社区研究

　　燕京大学早有研究边疆史地的传统。学界熟知的史学家顾颉刚及其主持的禹贡学会即其代表。顾颉刚早在 1920 年代末即已倡导边政研究，是开展西南民族研究的最早提出者。后来被称许为民国时期"边政学"代表性人物的吴文藻、杨成志等，与顾颉刚早在 1930 年前后已有学术交游。1927 年顾颉刚南下中山大学，担任历史系主任，并代理语言历史学研究所主任。1928 年初，顾颉刚与何思敬、钟敬文等创办了中山大学民俗学会，并开设了民俗学传习班，容肇祖、余永梁、杨成志等为授课教师。同年，顾颉刚提出，中山大学设在广州，"对于西南诸省的民族研究实有不可辞的责任"，《语言历史学研究所周刊》出版《西南民族专号》和《广西瑶山调查专号》，其目的在使大众"知道天地间有所谓'西南民族'也者，知道在学问界中有所谓'西南民族研究'的一回事也者。"①同年 7 月，顾颉刚派史禄国②、杨成志等前往云南调

---

　　①　顾颉刚：《跋语》，《国立中山大学语言历史学研究所周刊》第 46—47 期合刊，1928 年。

　　②　［俄］史禄国（Sergei Mikhailovich Shirokogorov），俄罗斯人类学奠基者，现代人类学先驱之一，通古斯研究权威。1922—1930 年先后在上海、厦门、广东等地的大学任教和做研究。1930 年以后在北平辅仁大学、清华大学任教，并到福建、广东、云南和东北等地进行过学术调查。就是在这次云南调查途中，史禄国提前离队，招致非议，杨成志独自一人开展为期两年的罗罗调查工作。关于此事件的辨析，较为周全的研究，参见王传：《民国时期广东学人与中国西南研究》，上海古籍出版社 2018 年，第 82—102 页。

查少数民族,又派容肇祖到北路考察古物①。顾颉刚与吴文藻都是从1929 年开始在燕京大学工作的。二人对时局都很关注,都非常关注边疆研究,曾与李安宅等人共同组织社会考察。他们也都曾以学者身份到党政部门任职,发挥其"智囊"作用。顾颉刚曾担任中组部边疆语文编译委员会主任,吴文藻曾担任国防最高委员会参事并参与中国边政学会工作,杨成志曾担任广东省政府边政指导委员会研究主任②。吴、杨二人恰好都是在参与政府部门工作中对边政研究做了系统的学科性思考,分别写出了《边政学发凡》和《边政研究导论》③。

顾颉刚是边政研究较早的倡导者。他本人从一个"高文典册"的研究者,进入边疆研究领域的心路历程,笔者已在《顾颉刚与民国时期的边政研究》一文中有过分析。顾颉刚组织的禹贡学会和创办的《禹贡》半月刊是民国较早从事边疆研究的学会和刊物之一。顾颉刚曾与冯家昇等人联合发起边疆问题研究会,组织边疆调查活动,进行边疆书籍的整理出版工作;又与戴季陶主持的新亚细亚学会进行了密切合作。顾颉刚虽在禹贡学会时期就注意到民族问题及历史地理研究的重要性,但那时他本人的研究仍偏重古史,"对边疆史地的关心,也是提倡多于实践",多止于观察和建议④。但在此后几年,顾颉刚在边疆研究方面身体力行,不仅组织和参与边疆实地研究,还与国民党内要人保持了边疆工作的合作⑤。

禹贡学会是在顾颉刚和谭其骧的主持下,联合燕京大学、北京大

---

① 参见刘昭瑞编:《杨成志文集》,中山大学出版社 2004 年,第 217—226 页。

② 参见汪洪亮:《顾颉刚与民国时期的边政研究》,《齐鲁学刊》2013 年第 1 期,第42—49 页。

③ 参见汪洪亮:《民国时期的边政研究与民族学——从杨成志的一篇旧文说起》,《民族研究》2011 年第 4 期,第 35—37 页。

④ 彭明辉:《历史地理学与现代中国史学》,东大图书股份有限公司 1995 年,第180 页。

⑤ 本段及以下数段,参见汪洪亮:《顾颉刚与民国时期的边政研究》,《齐鲁学刊》2013 年第 1 期,第 42—49 页。

学、辅仁大学三个学校师生于 1934 年开始筹备的，于 1936 年正式成立。"七七"事变后，该学会工作一度停顿。禹贡学会是我国第一个专门研究沿革地理学的民间学术团体，在边疆研究方面成绩颇丰，除《禹贡》半月刊发表了大量边疆调查及研究论文外，还出版了顾颉刚、史念海所著《中国疆域沿革史》及《边疆丛书甲集》六种、《边疆丛书续编》六种、《游记丛书》五种。

学会刊物《禹贡》半月刊在学会筹备时即创办，仅存 3 年多，出版 7 卷 82 期，发表论文 700 多篇，作者多为顾颉刚、谭其骧的同事及其学生。刊名来源于《尚书·禹贡》——后人称为中国最早的区域地理论著，其中言："禹别九州，随山浚川，任土作贡。禹敷土，随山刊木，奠高山大川。"《尚书·禹贡》对九州、山川、河流、物产、民族等方面均有系统阐述，最早对我国区域和边疆范围做了界定。顾颉刚等人以该文题目为刊名，亦暗示了其动机是要对中国的地理沿革包括边疆地理做一个系统的梳理。地理研究是历史研究的基础，没有对地理的正确认识，历史的人事即无所附丽。

禹贡学会也并非开始就以边疆研究为其旨趣，初期主要关注地理沿革和历史地理。正如《禹贡》半月刊的《发刊词》所言："打开二十四史一看，满纸累累的都是地名。要是一名限于一地，那就硬记好了；无奈同名异实的既很多，异名同实的也不少，倘使不把地理沿革史痛下一番功夫，真将开口便错。我们好意思让它永远错下去吗？"基于此，禹贡学会制定了研究地理沿革的工作计划，包括整理出版《中国地理沿革史》，改编《历代舆地图》，绘制地理沿革图，编写历史地名辞典，考证校补历代正史地理志，整理出版各类与地理有关的史料以作专题研究①。

从《禹贡》半月刊所发表文章来看，前三卷多是关于地理沿革或古地理考订辨伪之作。而后因国势愈紧，"察、绥两省旦夕有继东北四省

---

① 《发刊词》，《禹贡》第 1 卷第 1 期，1934 年，第 2 页。

沦亡的危险,心中着急,想唤起国人共同密切注视边疆问题,以后便将《禹贡》半月刊内容转到了以研究边疆历史和记录边疆现状为主。"①从第四卷开始,相继出版了《西北研究专号》《东北研究专号》《后套水利专号》《察绥专号》《康藏专号》等边疆研究专号;此外,学会还编辑出版《边疆丛书》;组织后套水利调查团;倡导西北调查等等。

禹贡学会及其所办刊物从侧重古史研究的沿革地理转向应对危局的边疆研究,这其实代表了当时的一种学术转向。这种转向与民族主义在处于危局中的国家的张扬有关。顾颉刚很早就关注中华民族是否衰老的问题。他 1926 年在《古史辨·自序》中写道,他一直想解决一个历史问题,就是"中国民族是否确为衰老,抑尚在少壮?"他想把这个问题"作为编纂通史的骨干"②。后来他应商务印书馆邀请编写《初中本国史教科书》,就讲到其目的在于增进中学生"对于自己民族前途的自信力",他想"暗示青年们,中国正在少壮"。实际上,他也找到了历史根据,发现各族的融合使中华民族"永远在同化过程之中,也永远在扩大范围之中,也就永远在长生不老之中。"③他以范仲淹为自己的榜样,"以天下为己任":"本来我的精神是集中在学问上的,从此以后,总觉在研究学问之外,应当做些救国救民的事"④。由此可见,作为一个沉浸于高文典册中的读书人,顾颉刚心里牵挂的是中华民族的前途命运,充满了不甘沉沦,从失望中看到希望的期待⑤。

这种民族主义还体现在文化和学术层面。当中国学人发现外国人在中国边疆研究领域早已遥遥领先,甚至成为外国人侵略中国的学

① 顾潮编著:《顾颉刚年谱》,中国社会科学出版社 1993 年,第 223 页。
② 参见顾颉刚编著:《古史辨》第一册,《自序》朴社 1926 年,第 64—103 页。
③ 顾颉刚:《我为什么要写'中华民族是一个'》,《顾颉刚全集·宝树园文存卷四》,中华书局 2011 年,第 109—110 页。
④ 顾颉刚:《我怎样从事民众教育工作》,《顾颉刚自传》,北京大学出版社 2012 年,第 69—71 页。
⑤ 参见汪洪亮:《顾颉刚与民国时期的边政研究》,《齐鲁学刊》2013 年第 1 期,第 43—44 页。

术工具,而中国人要从事自己国家的边疆研究时还得大量借鉴外国人的相关著述,自然知耻而后勇,产生了奋起直追的念头。杨向奎的感慨最为典型:"东邻日本则由所谓满鲜又至满蒙,笔之所至,枪亦随之,由鲜而满而蒙将底于何处! 今幸国之将士,杀敌守土,然我辈读书之士,犹不能于枪先到处而笔随之,殊可慨惜!"[1]柯象峰、李安宅等人也曾指出中国边疆研究应趁着抗战建国的特殊局面"迎头赶上"[2]。

禹贡学会指出:

> 民国以来,外人之侵略愈急,边藩之地,如东北四省、内外蒙古、新疆、青海、西藏等处,彼等均有详细之调查……吾国国人,对于边疆之情势,非特不知为详确之考查与研究,即欲有所知亦多借助于外人之著述,是犹家主对于自家之田园院舍瞢无所知,每有所事必询之外人,如是而不至国亡家破者盖亦鲜矣。本会同人感念国事日非,惧民族衰亡之无日,深知抱"为学问而学问"之态度实未可以应目前之急,亦非学人以学术救国所应出之一途,爰纠集同志从事于吾国地理之研究。[3]

禹贡学会转向边疆研究之缘由,还可以从顾颉刚撰写的《禹贡学会研究边疆学计划书》借窥。顾颉刚在计划书中提出:

> 以我国今日所处地位之艰危,学术上实不容更有浪费,故定其价值高下必以需用与否作衡量之标准……最初但就学校课业扩大为专题之研究,且搜集民族史与疆域史之材料,分工合作,为他日系统著作之准备耳。而强邻肆虐,国亡无日,遂不期而同集于民族主义旗帜之下;又以敌人蚕食我土,四境首当其冲,则又相率而趋于边疆史地之研究。[4]

---

① 杨向奎:《记察绥盟旗》,《禹贡》第7卷第8—9期合刊,1937年,第99页。

② 李安宅:《实地研究与边疆》,《边疆通讯》第1卷第1期,1942年,第1页。

③ 《本会此后三年中工作计划书》,《禹贡》第7卷1—3期合刊,1937年,第13页。

④ 本段及以下三段,凡未注明页码者,均引自顾颉刚:《禹贡学会研究边疆学计划书》,《顾颉刚全集·宝树园文存卷四》,第215—224页。

　　一个坚守学术本位的学者，提出学术价值要以实用为衡量标准，最可见时局对学术的影响。顾颉刚在《计划书》中拟订了学会的边疆研究计划，包括三个方面：一是搜集材料与提出问题；二是训练调查人才；三是奖励边疆研究。他对边疆史地研究格外重视，认为边疆地区的种种"政治问题无不有其史地之背景存在；史地之背景明则政治问题无不得其解决之端矣"，不过他也注意到实地调查之重要，还应该具备民族、语言、文化习俗及地质、生物等专业知识。

　　禹贡学会所做的边疆研究工作主要侧重边疆沿革地理，也有涉及边疆民族社会文化，在我国边疆史地研究史上占有重要地位。马大正曾指出"禹贡学会所代表的特殊学者群体，在促成和发展近代以来中国边疆史地研究第二次研究高潮中，扮演了重要的角色，起了突出的作用"，"将中国边疆史地研究推进到一个新的阶段。"①可以说，禹贡学会和《禹贡》半月刊是抗战爆发前中国边疆研究团体和刊物的典型代表，不仅具有反对日本帝国主义文化侵略的积极意义，而且造就了一大批历史地理学、民族学人才②。

　　相对于顾颉刚和禹贡学会一众学者在边疆研究方面所付出的努力及取得的成绩而言，燕京大学社会学系在抗战之前就相形见绌。社会学系成立于 1922 年，首任系主任为步济时（T. S. Benlgs），最初教师仅 6 人，全是美国人，且大多是兼职，课程很单薄，内容侧重宗教服务、社会工作和社会调查，曾改名社会学与社会服务学系，可见其办学宗旨侧重应用与服务。从 1924 年开始，中国学者许仕廉、陶孟和、李景汉等人到燕京大学社会学系任教，逐步主导了系系。许仕廉从 1926 到 1934 年担任系主任，倡导创立了中国社会学社，且陆续引进陈翰笙、杨开道、吴文藻、雷洁琼等来系任教。从这段时间社会学系课程安排来看，理论课程比重增加，社会服务方面的课程也在充实。在吴文藻主持系务期间，社会学系一方面引进功能学派，推行社区调查，同时大力倡导社会学中国化，研究领域主要在城市或农村社区研究，对边疆地区不甚措意①。

　　在北平办学期间，燕京大学社会学系没有设立专门的边疆研究研究机构。正是因为在抗战前夕燕京大学社会学系在边疆研究方面乏善可陈，目前学者论述燕京大学社会学系时多关注其社会服务、乡村研究、社区研究等工作对其边疆研究少有提及②。有学者研究燕大社会学系李安宅和林耀华的边疆研究③，但实际上李安宅1938年才开始从事边疆研究，尽管其人事关系还在燕京大学，但其人则主要以甘肃科学教育馆社科组长身份开展工作，且在三年后即受聘于华西大学。林耀华所作边疆研究则是在燕大内迁成都之后。也就是说在北平办学期间，燕大社会学系在边疆研究方面几乎是没有什么计划和作为的。

　　从课程设置来看，燕京大学社会学系在20世纪二三十年代均很

---

　　①　傅愫冬：《燕京大学社会学系三十年》，《社会》1982年第4期，第44—49页。

　　②　目前已有多篇硕士学位论文集中探究了燕京大学社会学系的社会服务类工作。如刘楠：《民国时期燕京大学社会学系的社会服务与改造》，西北师范大学硕士学位论文2014年。论述的重点放在了清河、定县等地的乡村调查和改造，以及城市贫穷、疾病、妇女儿童等问题的社会调查与改造。当然如从长时段角度考察燕京大学社会学系，也会涉及边疆少数民族地区的改良，但既有研究都未把社会学系的边疆研究放在独立的视角进行考察，如王修彦：《燕京大学社会学系乡村建设理念与实践研究》，南开大学硕士学位论文2011年；蒙永才：《燕京大学社会学系乡村建设研究》，北京师范大学硕士学位论文2010年；李怡婷：《功能与区位——1922—1952年燕京大学社会学系的乡村研究》，中国农业大学硕士学位论文2009年。这些文章较多关注了燕大社会学系的社会服务或乡村建设，基本未提社会学系整体的边疆研究。

　　③　关于李安宅有汪洪亮：《李安宅边疆思想要略》，《西藏大学学报（汉文版）》2006年第4期；汪洪亮：《应用人类学视野中的边疆服务运动——以李安宅的相关论述为中心》，《思想战线》2010年第5期；朱慧敏、彭秀良：《李安宅与边疆社会工作研究》，《中国社会工作》2016年第19期。关于林耀华，有潘守永：《林耀华评传》，民族出版社2009年；李军平：《中国边疆建设研究——以林耀华的边疆研究为例》，《四川民族学院学报》2010年第6期；张海洋：《林耀华与少数民族和民族研究》，《中国民族》2001年第1期。

少设置边疆课程。这并非特例。那时大学里的民族学和人类学都没有独立建制，一般都附设在社会学系中，边疆课程很少开设。如 1928 年，燕京大学开设了社会学入门、社会原始及社会演化、家庭、原始文化、原始社会、原始道德、原始宗教、种族问题、群众行为、边疆社会等课程①；1930 年开设了社会问题、犯罪学、监狱学、公共卫生、游戏与娱乐、儿童福利等课程②；1933 年开设了普通社会学、社会学原理、社会心理学、犯罪学及刑罚学、儿童团体工作、公共福利行政等课程③。整个二三十年代，燕京大学社会学系少有与边疆有关的课程设置。就笔者目力所及，仅在 1928 年的课程设置中有"边疆社会"④一门，在其他年份中未见关于边疆的课程，可见边疆研究在那时并不是燕大社会学系的集中关注点。这从该系的学术产出来看，同样如此。

抗战前夕燕京大学社会学系的工作重心在社会学中国化，对边疆研究尚不特别重视。该系初创时，教员全为美国人，课程也局限在宗教和社会服务，而且教材也是直接采用西方教材。许仕廉为该系首位中国教员，提出要建设"本国的社会学"⑤，实际上就是主张"社会学中国化"。他认为社会学应分为理论和服务两项，而社会调查是进行社会服务的基础。实地调查与社会服务一直是社会学系开展的重要工作，贯穿于燕大社会学系三十年的全部历程。1929 年，吴文藻回国任教，后担任燕京大学社会学系主任，一直践行其注重社会调查及社会服务的主张。1934 年，吴文藻引入的社区研究理论，实际上仍是一种社会调查的思路。但不管如何，他们当时对边疆问题关注不够，而更多是将目光停留在北京附近的社区，如清河试验区、定县平民教育试

---

① 《社会学界消息——燕京大学》，《社会学界》1928 年第 2 期，第 297—314 页。

② 于恩德：《燕京大学社会学系概况》，《社会学界》1930 年第 4 期，第 239—243 页。

③ 《燕京大学社会学面面观》，《社会学界》1933 年第 7 期，第 339—340 页。

④ 《社会学界消息——燕京大学》，《社会学界》第 2 期，1928 年，第 301—302 页。

⑤ 《编余》，《社会学杂志》第 2 卷第 4 期，1925 年。

验区、北京的慈善机构、粥厂、妓院、监狱、医院、福利院,并在参与调查
和社会服务的基础之上,师生写成多篇论文作为研究成果,未见关于
边疆问题的相关成果见世①。

不过,在南迁成都之前,燕大社会学系也有教师参与了涉足边疆
的田野考察活动。如1934年7月,受平绥铁路局长沈昌之请,吴文藻
与冰心特邀顾颉刚、郑振铎、陈其田、雷洁琼组成旅行团,7月7日出
发,经土木堡、宣化、张家口、大同、口泉、丰镇、平地泉,18日返回北平。
此行主要是为平绥铁路局作旅行指南,收集塞外故事。8月8日,加上
容庚,旅行团再次出发往绥远,继续收集王同春开发河套事迹,18日由
包头返平②。1937年春,李安宅带领燕大与清华组织的内蒙古参观
团,赴内蒙古考察。不过这些活动基本没留下学术成果,所以后来学
者也少有提及。而在西迁成都之后,除了在成都市区和农村开展社会
服务和考察工作外,还拓展了"边疆社区调查"这一重要工作,社会学
系师生开展了大规模的边疆地区实地调研活动,并据此写成多篇高质
量的边疆研究文章③。

吴文藻本人的学术贡献,就是"开风气育人才",在边疆研究领域
最初并无建树,后来写出了《边政学发凡》这篇具有学科创建性质的重
要文献,再次证明其善于"开风气"。据他回忆,在燕京大学工作期间,
他的学术活动主要是"介绍和评论西方社会政治思想、提倡社区研究、
主张社会学中国化、应用功能主义的理论和方法"。在此时期,他少有
关于边疆问题的研究,即使在解释社区研究时有提到"民族学家则考

① 参见李章鹏:《社会调查与社会学中国化——以1922—1937年燕京大学社会
学系为例的研究》,载黄兴涛、夏明方主编:《清末民国社会调查与现代社会科学兴起》,
福建教育出版社2008年,第47—91页。
② 顾潮编著:《顾颉刚年谱》,第221—224页。吴文藻在自传中记述为1933年,
从前者。
③ 雷洁琼、水世琤:《燕京大学社会服务工作三十年》,《中国社会工作》1998年第
4期,第39—40页。

察边疆的部落社区,或殖民社区",但此时并未开始边疆研究,由他委派去参与社区调查的地域也以乡村为多,未见有边疆地区。1938 年吴文藻转入云南工作,先是在云南大学开设社会人类学课程,组建云南大学社会学系,后又建立了燕京大学与云南大学合作的社会实地调查工作站。在云南期间,他"忙于安排同仁们的实地调查和教学任务,因此未能认真从事著作,仅仅撰写了《民主的意义》(《今日评论》第 4 卷第 8 期,1940 年)和《论社会制度的性质与范围》(《社会科学学报》第 1 期,1940 年)。更遗憾的是,虽身处多民族的地区,却没有把握良机亲身参加实地调查"。在 1941 年转到重庆工作后,吴文藻才算实际从事边疆研究相关工作。他在自传中说道:"1941 年 2 月开始参事工作。我的职责是对边疆的民族、宗教和教育问题进行研究和提出处理意见。同时,还兼任了蒙藏委员会顾问和边政学会的常务理事",至此之后,除逗留于日本的几年,吴一直从事与边疆问题或民族学的相关工作,但主要是在理论和政策层面。① 吴文藻在渝期间写成的《边政学发凡》一文,后来学者多认为该文是边政学的奠基之作。由上,吴文藻较为具体从事边疆研究的大致时间可以确定为 1941 年到重庆之后。

我们再以吴文藻的学生为例,来说明这个问题。林耀华 1928 年进入燕京大学社会学系学习,1937 年进入哈佛大学学习人类学。他的学术生涯始于严复思想研究,此后深入开展以中国农村宗族为主的汉人家族的探索,如《义序宗族的研究》《金翼》都是其代表成果。1941 年 8 月回国,他才转移到中国边疆研究和民族研究的学术领域中来。他把从中国乡村汉人宗族探索到少数民族研究的变化,归因于日本的侵略战争:

> 它中断了中国社会学、民族学、人类学的正常进程,从而断送了这些学科在那个时代取得应有成果的现实可能。我本人研究方向的改变就是一个例子。正是这场战争把我从一个研究汉人社会的社会人类学者变成了主要研究少数民族的民族学者……

---

① 参见吴文藻:《吴文藻自传》,《晋阳学刊》1982 年第 6 期,第 47—50 页。

整个社会对边政学有迫切的实际需求，学术上又有吴文藻等先生倡导，人们对在边疆地区生活的少数民族表现出极大的关注。我既然学了人类学，当然十分渴望到少数民族地区去作调查，因此也就卷进了边政研究的热潮里。①

费孝通在 1936 年出国前关注的主要是乡土中国，而非边疆中国。虽然曾经与夫人王同惠到广西瑶山做调查，"王氏堕谷死难，为吾国民族史上牺牲之第一人，其遗著，《花篮瑶之社会组织》一书，由费氏为之整理出版焉。"②此诚为费孝通从事民族研究之一大痛事。1938 年他回国后任教于云南大学，成立社会研究室开展调查工作，此时才正式与边疆研究结缘。

由上可见，燕京大学社会学系并没有从一开始就关注边疆民族地区，边疆民族研究虽然作为燕大社会学系社区研究的组成部分，但真正具有一定规模则要在 20 世纪 40 年代后，特别是成都复校的燕京大学时期，边疆危机加剧再加上地域便利，边疆研究才成为了燕京大学社会学系社区研究的重要成分。尽管如此，以吴文藻为首的社区研究学派成员不少也成为后来边疆研究的主力军，社区研究的理论和方法也为边疆研究提供了武器。

燕京大学政治学系对边疆研究也有一定投入，其特征是"钻研国际法，考察边疆问题"。1925 年，徐淑希担任燕京大学政治学系首任系主任。徐乃美国哥伦比亚大学博士，博士学位论文 *China and Her Political Entity*，研究中国与朝鲜半岛及中原与东三省关系，论证了日俄对此地区的侵略行为。到系主持工作以后，徐淑希被邀请参加太平洋学会，曾在一次年会上驳斥日本的满蒙政策。徐淑希曾指导多位学生研究中国边疆问题，如卿汝楫写《美国侵华史》，佘贻泽（杨公素）

---

① 林耀华：《林耀华学述》，浙江人民出版社 1999 年，第 57、62 页。
② 参见徐益棠：《十年来中国边疆民族研究之回顾与前瞻》，《边政公论》第 1 卷第5—6 期合刊，1942 年，第 55 页。

写出《中印西藏边界问题》。吴其玉研究西北边疆问题、陈芳芝研究东北边疆问题，均受徐淑希之影响。1935 年徐淑希离开燕京大学，后吴其玉接掌政治系。吴其玉对西北及东亚地区研究颇深，发表作品有《清季收回伊犁交涉始末》《新疆问题史的分析》等[1]。

第三节　文化入手：徐益棠与
金陵大学边疆研究的起步

前两所大学的边疆研究都启动较早，但最初的发动者都不在社会学领域。华西大学主要是在博物学领域；燕京大学主要是在历史学领域。若与前面所述两所大学的边疆研究相比，金陵大学起步较晚，进展也较为缓慢。但也有其鲜明特点，边疆研究一开始就是由中国学者主导的，而且从参与学科来看，一开始就具备了历史学与民族学、社会学联手的格局。这主要源自徐益棠的努力。

我们在回顾民国时期的边疆学术史时，一般能发现各高校边疆研究的主体力量多在社会学系。但在"七七"事变之前，却并非如此，不少大学的边疆研究力量恰在历史学门类。如前述燕京大学以顾颉刚为代表的禹贡学派就是主力军，而该校社会学系则全神贯注于社会学的学科理论与方法的引进与本土化。华西大学以博物馆和华西边疆研究学会为主体（学科背景相对丰富），李安宅也迟至 1941 年才到该校社会学系，力推边疆民族研究。金陵大学起初的边疆研究队伍主要集中在历史系和中国文化研究所。这或许说明在 1930 年代初，很多学人对边疆问题的关注还是在史地研究方面，而各大学社会学系的办学取向，大体是在汉人社会，金陵大学亦不例外。从区位来看，金陵大学研究边疆民族问题，也并不占地利之便。如同城的金陵女大在南京

---

[1]　夏自强：《承传爱国情结，持续边疆研究——记燕大政治系》，载燕京大学北京校友会：《燕京大学办学特色》，未公开出版 2008 年，第 94—97 页。

办学期间就几乎未曾关注边疆问题。

金陵大学中国文化研究所成立于 1930 年春。该研究所是金大最早成立的科研机构，从此，金陵大学形成文学院、理学院、农学院和中国文化研究所"三院一所"的基本格局。但是，由于中国文化研究所与文学院的人员互相兼职，且在教学与科研方面配合非常密切，因此中国文化研究所又可以看作文学院属下独立运作的分支机构①。研究所的宗旨是研究阐明中国文化的意义，培养研究中国文化的专门人才，协助文学院发展"关于本国文化之学程"，"供给本校师生研究中国文化之便利"。研究所人员多由文学院教师兼职，根据从事研究时间多少分成专任研究员和兼任研究员，研究时间超过教学时间约二倍以上者，为专任研究员。王钟麟、吕凤子、李小缘、陈登原、商承祚、徐益棠、史岩、刘铭恕、吕叔湘等都曾任专任研究员②。《金陵大学中国文化研究所概况》对其宗旨及研究人员设置的介绍更为详细：

> 本所以（一）研究并阐明中国文化之意义，（二）培养研究中国文化的专门人才，（三）协助本校文学院发展史学及国文课程，（四）鼓励本校师生研究本国文化为宗旨。本所创立于民国十九年，设执行委员会，以徐养秋先生为主席，负责规划研究事宜。设图书委员会选购图书杂志。其图书参考事宜则以李小缘先生任之。设专任研究员，兼任研究员，助理研究员，事务员。专任研究员及兼任研究员均由本校教授或讲师担任。专任研究员以自行研究及指导研究专心著述为主，并得本其研究心得开设学程。本校教授或讲师授课有余力认定专题，经本所认可从事研究者得为本所兼任研究员。协助研究员做研究工作，并自认题目由研究员指导研究者，为助理研究员。国内学者精研文物，志在以专门著

---

① 张宪文主编：《金陵大学史》，第 151 页。

② 参见金陵大学秘书处编辑：《私立金陵大学一览》，金陵大学秘书处 1933 年，第 40 页。

作发扬本国文化者,本校得聘为特约研究员。①

研究所以整理研究中国文化遗产为首要职责,制定了系统的研究规划及研究人员的方向与课题,如徐益棠即承担有多项课题,有"中国外来民族之文化"、"西南民族史"、"本国历史地理"、"中国考古学史"等,刘继宣则承担有"蒙古史研究"②。研究所立足中国史学,以考古学、目录学为辅助,注重考据等实证研究,并参照国外东方学研究,对中国历史文化进行解读,同时也注重边疆民族历史研究,出版了多种论著,其中与边疆问题有关者,有徐益棠的《非常时期之云南边疆》(中华书局1937年)、李小缘的《云南书目》(金陵大学中国文化研究所1937年)、徐益棠的《雷波小凉山之傜民》(金陵大学中国文化研究所1944年)等③。

金陵大学在1931年创办社会学系(隶属文学院),柯象峰为系主任。该系成立后关注现实社会问题,开设了都市社会学、人口问题、中国家庭研究、社会变迁、贫穷与犯罪等课程,此后很长一段时间,课程基本围绕社会问题展开,对边疆民族问题较少措意。作为社会学系主任的柯象峰,先后就读于金陵中学和金陵大学,后留学于法国里昂大学,1931年回国后建立社会学系,且兼学校教务长。他的研究领域,那时还在人口与贫穷问题。他1935年在正中书局出版的《中国贫穷问题》是这一领域的奠基之作。在抗战时期边疆研究热潮兴起的背景下,柯象峰本人也经历了从社会学向民族学的学术转向,特别关注对西康地区少数民族的研究,对藏彝聚居区做了多次实地考察④。

金陵大学的边疆研究从1930年代开始,与民族学家徐益棠有着

---

① 《金陵大学中国文化研究所概况》,1938年,第1页。著者、出版社不详。
② 参见金陵大学秘书处编辑:《私立金陵大学一览》,第42—44页;《金陵大学中国文化研究所概况》,第12—13页。
③ 参见张宪文主编:《金陵大学史》,第157—165页。
④ 陆远:《柯象峰与20世纪中国社会学——〈柯象峰文集〉编者序》,载《柯象峰文集》,社会科学文献出版社2017年,第9页。

密切关联。徐益棠生于1896年,浙江崇德县(今桐乡市崇福镇)人,少时因家道中落,两度失学。中学毕业后,徐益棠由亲戚介绍,在广州担任非常国会参议院一等书记官,翌年考入东南大学教育系,1925年毕业后先后供职于江苏第五师范乡村分校、河南开封第一师范学校、上海持志大学、上海商务印书馆。1928年,在姑妈徐蕴华、徐自华的帮助下赴法留学,入读于法国巴黎大学民族研究院,师从"20世纪法国民族学之父"马塞尔·莫斯(Marcel Mauss),其博士学位论文为《云南省的三大民族》,运用汉文史料对云南的罗罗(彝)、傣和苗三个民族进行研究,于1932年在法国出版。1933年,徐益棠获博士学位,受聘于金陵大学中国文化研究所,担任研究员及边疆问题讲座教授①。

1931年,金陵大学文学院即与徐益棠商定,请其在法国巴黎大学民族学专业博士毕业后到金陵大学工作,并希望他来主持中国边疆研究。"因工作未了,遂延迟年余"②,徐益棠于1933年3月回国,开始在金陵大学中国文化研究所工作。此后文学院将边疆研究作为学院重点发展的事业:"我国边疆问题之严重,边疆问题研究机关之缺乏,边务人才之亟待培养,特决定自二十三年秋季学期起,以边疆研究为本院此后事业之一。"③

1934年秋,文学院院长刘国钧请徐益棠草拟一份边疆史地讲座的计划,呈请教育部补助经费。教部收悉讲座计划后,"特加赞许,允予扶助"④,并于当年补助其讲席费4000元,设备费6000元,翌年又补助

---

① 参见刘波儿:《愿我同志,共起图之——徐益棠与金陵大学的民族与边疆研究》,《中国民族报》2010年11月12日;徐畅:《中国民族学研究的先行者——回忆先父徐益棠的治学之路》,《中国民族报》2010年11月12日。

② 《中国文化研究所——徐益棠由法来校》,《金陵大学校刊》1933年4月17日。总期号不详。

③ 《金陵大学文学院自二十三年度起现在工作述要》,中国第二历史档案馆藏私立金陵大学档案,案卷号:649—1626。

④ 《文学院新增边疆问题学程——边疆问题概论》,《金陵大学校刊》1934年9月10日。总期号不详。

讲席费 4000 元,设备费 3407 元①。金大的边疆研究得以有资金保障。徐益棠本人也述及此事:

> 二十二年三月,作者自法国归,服务于本校中国文化研究所……翌年秋,本校刘衡如(国钧)先生改任文学院院长,鉴于边疆问题之严重,拟设"边疆史地讲座",嘱作者草计划,请于教育部,部许之,并补助经费年一万二千元……中央对于本校之请设边疆史地讲座,以谋彻底研究,作具体的计划,备极嘉尚。②

徐益棠开设的课程有中国边疆问题研究(1934 年秋季、1935 年秋季开设)、中国边疆问题研讨课(1935 年秋季开设)、中国西南边疆(1935 年春季开设,该课是历史、政治、社会三系学生一起上)③。徐益棠还到民族地区调研,搜集民族史志及实物。如 1935 年夏,中国科学社和中国地理学会在南宁举行年会,徐益棠赴会并参加大藤峡瑶山调研,为期三月,搜集民物 90 余种,照片 80 余帧,并撰写了《广西象平间

---

① 《金陵大学文学院自二十三年度起至现在工作述要》,中国第二历史档案馆藏私立金陵大学档案,案卷号:649—1626。关于 1934 年教育部补助的经费,尚存疑义,据徐益棠回忆是"补助经费年 12000 元"(参见徐益棠:《金陵大学边疆研究事业之经过》,《边疆研究通讯》第 2 卷第 2 期,1943 年,第 1 页),金大校刊则记载是"补助文学院经费 14000 元内"(参见《文学院新增边疆问题学程——边疆问题概论》《金陵大学校刊》1934 年 9 月 10 日)。

② 徐益棠:《金陵大学边疆研究事业之经过》,《边疆研究通讯》第 2 卷第 2 期,1943 年,第 1 页。徐益棠认为:"时中央方亟亟注意于边疆之研究与建设,蒙藏委员会创蒙藏政治训练班,以造就边疆服务人才;参谋部、内政部、铨叙部、教育部,及蒙藏委员会合组边疆政教制度研究会,以研究边疆之一切政教制度;行政院特设新疆建设会,制就新疆建设计划大纲草案;积极进行,不遗余力,而社会方面响应之者尚少;虽有《新亚细亚》《时事月报》《国闻周报》《外交评论》《东方杂志》《大公报》等刊物鼓吹呼号,然研究之学术机关与关注重此种课程之学校,寥寥无几,如北平私立中国大学商学院设边疆经济系,目的以造就内蒙一带商业人才,天津南开大学经济研究所,专对东北四省作经济的研究;然对于全国边疆问题作整个之研究,对于全国边疆服务人才作出整个之训练者,尚无人注意及之。"故教育部对金陵大学计划开展边疆史地研究,给予极大支持。

③ *College of Arts*, Oct. 28, 1935, p. 12. 载 Archive of the United Board for Christian Higher Education in Asia, Microfilm, R11/ B 201/ F3434.

傜民之生死习俗》《广西象平间傜民之饮食》①等文章多篇,载于《边政公论》《金陵学报》等刊物。

徐益棠将是年讲席余款 640 元呈部核准,"指定移作购置边疆问题用品标本之用",购得衣服类十六种、装饰类十五种、贸易运输类二种、嗜好品类六种、狩猎类三种、宗教迷信类十五种、医药植物类九种、音乐歌谣类二种等。他购买中外边疆史地图书,及至 1935 年,有三类:一是中文边疆史地图书及地方志,已购买地志 46 种,计 284 册,其他中文书 44 种,计 105 册;二是西文中国边疆史地图书,已购 91 种共270 册,其中特别重要有巴德利的《俄国·蒙古·中国》第 2 卷(Baddley:*Russia,Mongolia,China*,2V),斯坦因的《古代和田》第 2 卷(Stein:*Ancient Kholen*,2V)、《中日释疑》第 3 卷(*Notes and Queries on China and Japan*,3V);三是地图,以上合计达 1000 余种②。金陵大学因此积累了开展边疆研究的初步资料。

为了壮大边疆研究人才队伍,整合边疆研究资源,金陵大学文学院建议徐益棠"连(联)合历史系政治系等教授共同推进研究"③。徐益棠对此曾有交代:

> 作者本服务于本校中国文化研究所,研究中国民族问题及其文化。教部既准设讲座,衡如先生乃物色海内学人主持其事,良久未得,先生乃嘱作者兼代;作者坚辞再四,未获,乃暂时滥竽,以待贤者。作者以民族学、边疆政治史、边区人文地理为本讲座之基本科目,任本校各学院生选习,以期推动;选习者大部为社会、

---

① 民国时期"瑶"、"猺"、"傜"、"猺",使用并不规范统一,徐益棠本人也经常变换用法,本文将引文、民国著作中"猺"、"猺"改为"傜"。

② 本段均参见《金陵大学文学院自二十三年度起至现在工作述要》,中国第二历史档案馆藏私立金陵大学档案,案卷号:649—1626。

③ 《金陵大学文学院自二十三年度起至现在工作述要》,中国第二历史档案馆藏私立金陵大学档案,案卷号:649—1626。

历史两系同学，其他各系虽亦有之，然专习者尚无其人。①

金陵大学文学院不少师生遂调整研究方向，多人参与从事边疆研究。如中国文化研究所刘继宣教授关于南洋史之研究，王钟麟（古鲁）教授关于海外中国边疆研究成果的译介，李小缘教授关于边疆问题之参考书目等②。文学院将边疆问题作为该院研究事业之一后，学生对边疆问题颇感兴趣，"边疆问题班同学发起组织边疆学会"，并"聘刘国钧院长、徐益棠、马文焕、王古鲁诸教授为顾问"，拟对边疆问题作系统研究③。

徐益棠入职之前，金陵大学的边疆研究仍处起步阶段，尚属薄弱。1934年秋，边疆史地讲座的设立标志着金陵大学边疆研究的正式兴起，徐益棠在其中担任了引领者的角色，带动了文学院和中国文化研究所的部分师生参与其中。这一阶段主要以讲座、讲授及收集民物、资料的形式进行，研究人员以政治、历史两系教师为主，以研究某一边疆区域的政治、历史、地理为主，史地学派的痕迹较为明显。但从徐益棠本人的学术表现来看，他兼具有传统史地研究和西方民族学、人类学理论方法的训练，故能带动金陵大学人类学角度的边疆研究。

第四节　因地制宜：未尝措意边疆的齐鲁大学与金陵女大

齐鲁大学原位于山东省济南，是我国较早的教会大学之一，在北方诸多高等学府中有一定地位。1931年，该校在教育部立案。齐鲁大学是民国时期乡村建设运动的一支重要力量。基督教本是乡村建设

① 徐益棠：《金陵大学边疆研究事业之经过》，《边疆研究通讯》第2卷第2期，1943年，第1—2页。
② 参见刘继宣、束世澂：《中华民族拓殖南洋史》，商务印书馆1934年；［日］白鸟库吉著、王古鲁译：《塞外史地论文译丛》，商务印书馆1939—1940年；李小缘编辑、云南省社会科学院文献研究室校补：《云南书目》，云南人民出版社1988年。
③ 《边疆学会新成立》，《金陵大学校刊》总第142期，1934年。

的先驱,在农业科研、教育和人才培训等方面都做出过突出贡献。刘家峰教授曾经指出:

> 基督教乡建运动在本质上是社会福音思潮运动的一种实践、一种宣教理念,因此,从中国基督教运动的角度来评论基督教乡建,它有三方面的意义:第一,改变了基督教以往重城市、重知识精英的传教战略,开始下移到乡村和最底层的农民,认识到中国乡村对实现"中华归主"的重要性;第二,它开创了新的宣教方法,农业成为继布道、医疗、教育之后的又一重要宣教方法,被称为基督教事业的"第四维"(the fourth dimension);第三,乡建运动促进了中国教会本色化的实践历程。但是基督教所面临的中国近代社会的特殊处境,以及乡村教会经济和人才资源的匮乏,使它实践上并不能胜任乡村建设这样庞大的社会改造。①

齐鲁大学的办学目标经历了从"造就中国基督教领袖人才"到"适应社会需要为宗旨"的蜕变。乡土中国是基督教最为关注的需要改造的社会。基督教社会福音运动的兴起,在中国自然就要把福音传播到乡土社会中去,乡村建设也就成了基督教传播社会福音的重要载体。刘家峰对中国基督教的乡村建设理念与实践做了较为宏观又不乏个案的研究,但对基督教大学如何投入乡村建设则落笔不多。赵祥斌以齐鲁大学为个案,考察了齐鲁大学乡村建设活动与中国社会互动中所充分彰显的与教会乡村建设及世俗乡村建设的不同特点②。齐鲁大学积极投身山东的乡村建设,我们可以从既有研究中窥得究竟。但在边疆研究方面,齐鲁大学在移居成都华西坝之前似并无多少积累,我们在既有史料中难以看到该校在这方面的作为。

齐鲁大学校长刘世传曾说过一段可以佐证笔者观点的话:

---

① 刘家峰:《中国基督教乡村建设运动研究(1907—1950)》,天津人民出版社2008年,"导言"。

② 赵祥斌:《神圣与世俗之间:齐鲁大学乡村建设研究》,山东大学硕士学位论文2011年。

边疆问题，本校过去亦曾注意，但以地域所限，未能积极工作，学校移川之后，地接边区，实干之时机已至，于是与中华基督会教边疆服务部合作，积极推动，该部主任即由本校文学院院长张伯怀先生担任。该部已在松、理、茂、汶及宁属一带，进行边民教育及医疗工作，除在该地设立学校，诊疗所外，并每年暑假组织大学生暑期边疆服务团，边疆视察团，医疗队等，前往工作。最近拟在宁属西昌设立边疆人员训练所，以期培植夷胞医药人才，俾边民卫生所可得部分的根本解决希望，此事明年可成事实。①

刘氏所言，清晰地表达了该校内迁华西坝前对边疆研究不甚措意的事实，亦颇能论证笔者所提出的中国学术地图变化与边疆研究复兴的内在关联。国民政府和众多高校及科研机构的内迁，促成了中国高校与学术地图的显著变化，原先远离边疆或并不从事边疆研究的学者有了亲临边疆并研究边疆的机会，推动了中国边疆研究的复兴，促成了边疆研究格局的极大改观，使西南研究逐步取得了与西北研究可以等量齐观的地位②。

齐鲁大学是民国时期乡村建设运动的重要参与者。应教会本身发展的要求，他们致力于乡村建设运动，尤其重视乡村教育，希望以此造就适合于农民的领袖人才，从而建立起教会在乡村的领导地位。为了实现全国基督教大学的分工建议，1928年齐鲁大学接受中国高等教育计划委员会的建议"今后特别注重乡村及市镇之服务人才的训练"，因此"齐鲁大学得以改为乡村教育的大学"③。这表现在，那时齐鲁大学就拟建立乡村生活研究院和家庭经济系，在文理学院教育系增加乡

---

① 刘世传：《抗战以来的齐大》，1940年12月于齐鲁大学，载《齐鲁大学概况及齐大教职员录（1939年度）》，山东省档案馆藏齐鲁大学档案，案卷号：J109—1—302。

② 汪洪亮：《20世纪三四十年代中国学术地图变化与边疆研究的复兴》，《四川师范大学学报（社会科学版）》2015年第2期。

③ 罗登修：《齐鲁大学与乡村教育》，《中华基督教教育季刊》第5卷第3期，1929年，第72—73页。

村教育课程,在社会学系增加乡村生活与乡村经济课程,在医学院增设公共卫生部,在神学院增加乡村教会系和宗教教育系。

齐鲁大学社会学系 1922 年秋即已设立,隶属文学院。不过该系一直与其他系"合并办理",初与经济系合办,称为社会经济系,1935 年与历史系合并,改名历史社会系,分历史和社会两组。教授讲师 10 人分授两组课程。该系社会组筹建乡村建设试验区,拟在济南近郊实施乡村建设工作,如提倡社会教育、改良农业、振兴工艺、推行合作、宣扬卫生、施行诊疗等,皆为试验区主要业务。社会组历年开设课程有社会学概论、社会心理学、乡村社会学、都市社会学、家族社会学、中国社会问题、现代社会变迁与思想、个案研究、社会团体工作、农村社区组织、社会调查、社会人类学、中国社会制度史、社会工作史、社会统计学、社会思想史、社会机关与实习、社会制度行政工作、近代社会学学说及研究方法、优生学、社会工作、社会工作行政视导、教育社会学、儿童福利、社会福利、社会救济、医药社会学、精神病学、职业指导、中国社会思想研究、西洋社会学者之工作研究、社区研究、个别指导、犯罪学、合作事业、社会政策、劳工问题、农民问题、妇女工作、边疆问题、边疆行政、边疆教育、边疆服务、华侨问题、社会学选读、宗教社会学及论文等 46 种。该系出版著作有 *Chinese Village*、《社会学导言》、《社会学史》、《中国家庭哲学》、《中国古代农民运动研究》、《中国民众教育馆制度之研究》、*Social Group Work Education* 等①。即使上述课程中已经出现几个边疆课程,但所占比例也极低。而且所言"历年开设课程",乃是多年课程的总汇,并非每个边疆课程都是常设课程。但是在乡村社会工作方面,却是另一番面貌,可见明显的倾斜。齐鲁大学社会学系课程不仅是在理论学习,而且在实践教学环节,都对乡村工作非常重视。齐鲁大学迁蓉前就已展开乡村建设运动,组织过乡村

---

① 《齐鲁大学社会学系概况》,《社会建设》(重庆)复刊第 2 期,1948 年,第 80—81 页。

服务社①。其组织结构如下图所示。

图1 齐鲁大学乡村服务社组织图

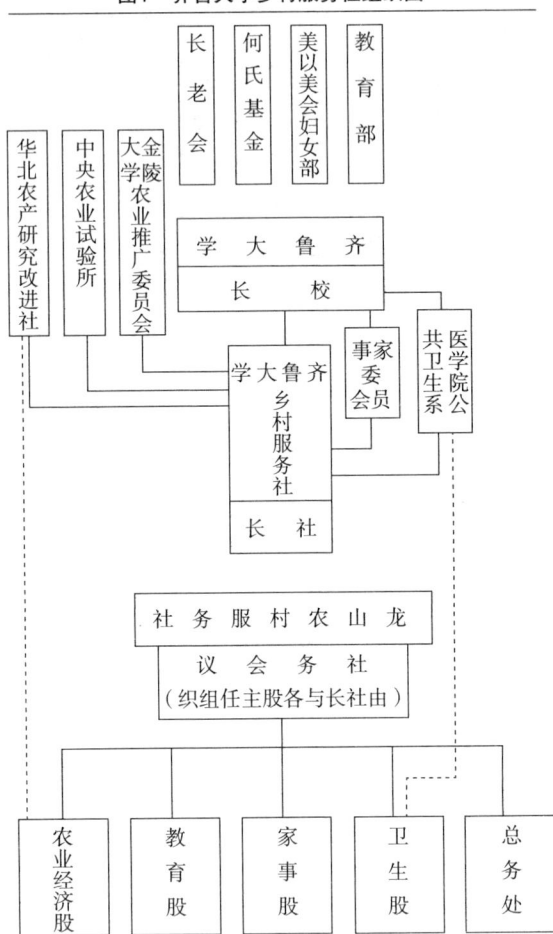

长老会　何氏基金　美以美会妇女部　教育部

华北农产研究改进社　中央农业试验所　金陵大学农业推广委员会

齐鲁大学校长

齐鲁大学乡村服务社社长

家事委员会　公共卫生系医学院

龙山农村服务社服务议会（由社长与各股主任组织）

农业经济股　教育股　家事股　卫生股　总务处

图片来源:《齐鲁大学乡村服务社工作报告》,1934 年 7 月—1935 年 6 月,载乡村工作讨论会编:《乡村建设实验》第三集,收入《民国丛书》第四编,上海书店1992 年,第 304 页。

---

① 《齐鲁大学龙山镇农村服务社工作状况》,《乡村建设旬刊》第 3 卷第 12 期,1933 年,第 12 页。

有学者指出：山东乡村建设缘起于齐鲁大学的龙山乡村服务工作①。当年梁漱溟在山东邹平等地开展的乡村建设实验，也得到了齐鲁大学，特别是医学院的支持。齐鲁大学社会学系也以乡村社会学的教学研究为特色②。

由上可见，齐鲁大学在课程设置上，比较齐备，有关边疆课程也有多种。或因地缘因素，该校虽考虑到边疆研究的重要性，但可能投入具体研究工作不足，其成果主要还是集中在社会学层面。且因社会学专业与历史专业合办的缘故，该系对有关社会问题的关注较为侧重历史的一面。乡村社会学也是齐鲁大学的一大特色，聚集人才较多，如傅宝琛、余天休等都具有博士学位。各个学院都对乡村较为关注，如文学院添设乡村教育学、乡村经济学、乡村政治学、乡村社会学、农业历史等课程。理学院则注重农事试验，聘请金陵大学农学院毕业生多人充任专家和技术员经营数百亩试验田。《田家半月报》的创办也是配合乡村计划的。孙天锡、张雪岩、刘龄九等人负责编辑工作③。

我们知道，不少高校的社会学系所关注的研究领域都有一个从乡村到边疆的转向问题。这个转向，一方面来自客观时局导引的高校内迁，另一方面也有学理的内在牵连，无论是边疆还是乡村，基本上都处于经济文化较为低落的状态，是社会学和人类学等学科应该关注的区域。但是中国高校社会学系的这种学术转向，也是在抗战时期高校内迁边疆研究复兴的语境下发生的。

---

①　参见魏本权、柳敏主编：《青岛模式与邹平模式：民国山东乡村建设模式的比较研究》，山东人民出版社 2013 年，第 1 页。赵祥斌：《神圣与世俗之间：齐鲁大学乡村建设研究》，山东大学硕士学位论文 2011 年；牛和清：《民国时期山东乡村建设研究（1931—1937）》，山东师范大学硕士学位论文 2011 年。

②　参见汪洪亮：《殊途同归：华西坝教会五大学的边疆学术传统》，《四川师范大学学报（社会科学版）》2019 年第 1 期，第 165 页。

③　张士新：《我所知道的齐鲁大学》，载中国人民政治协商会议山东省委员会文史资料研究委员会编：《山东文史资料选辑》第 16 辑，山东人民出版社 1985 年，第 96—99 页。

1930年齐鲁大学即成立国学研究所，加强对中国历史、哲学、文学艺术及宗教等方面的研究。墨学专家栾调甫担任首任所长，其经费来源为哈佛大学燕京学社。但其师资构成明显不如燕京大学国学研究所和金陵大学的中国文化研究所。虽产出较多文史研究成果，但多停留在校注和集解。后来哈佛燕京学社认为教会大学中，燕京大学和金陵大学可以作为研究型大学，其他教会大学则应专注本科教学工作。故齐鲁大学的国学研究成绩较为有限，后来才有张维华邀请顾颉刚来校主持国学研究之举①。正是顾颉刚重视边疆研究，抗战时期齐鲁大学的国学研究所才在边疆研究方面较有成绩。

与齐鲁大学相似，金陵女子大学在边疆研究方面也无学术传统。金陵女大初创时仅设文理科，分别称为哲学组和科学组。后因应社会发展变化及其需求，同时考虑女性特点，金陵女大不断调整系科设置，尤其重视社会学系、医预科、护预科及家政系等系科的建设与发展。在课程设置方面，金陵女大注重理论课程和应用科目兼顾。如社会学系课程，除了公共必修课程外，还有35门专业课程：社会学原理、社会问题、人口问题、社会制度、家庭、都市社会学、农村社会学、社会教育学、宗教社会学、经济社会学、社会变迁、社区组织、儿童福利、社会心理学、社会研究方法、社会调查、个案工作、集团工作、近代社会运动、社会病理学、贫穷与救济、社会机关行政、合作经济、乡村教育、劳工问题、近代社会学原理、犯罪学、社会立法、精神病理社会工作（以上为3个学分），西洋社会思想史（4个学分），中国社会史（4—6个学分），社会事业与行政（3—6个学分），民族学、社会统计学、社会思想史（以上为6个学分）②。由上可见，金陵女大在抗战内迁之前对边疆研究并无特别关照，课程中有关民族学课程，也主要是讨论民族学范围与研究

① 陶飞亚、吴梓明：《基督教大学与国学研究》，福建教育出版社1998年，第201—208页。

② 参见程斯辉、孙海英：《厚生务实　巾帼楷模——金陵女子大学校长吴贻芳》，第88—91页。

方法，与边疆问题并无直接关涉。

那么，很明显，在抗战之前的五所大学中，边疆研究传统有别，力量并不均衡。其中华西大学、金陵大学和燕京大学都有较早从事边疆研究的历史，且各自有其特色。其中华西大学边疆研究历史最为悠久，队伍最为整齐，而且最初是以外国学者为主导，后期则以中国学者为主力；金陵大学虽然注重边疆问题，但更多是服务于教学，从其课程开设及民物购置可以看出，虽然有徐益棠锐意进取，但毕竟同道不多，且多以中国文化研究所学者为主体，也就是文学、历史学者居多；燕京大学以顾颉刚为中心的禹贡学会及其所办刊物，逐渐关注边疆问题，但多是从历史地理研究角度出发，对现实边疆与边政问题涉猎较浅，而社会学系此时重心仍在引进西学并加以改进，研究层面则关注社区调查。齐鲁大学和金陵女大则在边疆研究方面几乎没有积累。但可谓殊途同归，不管此前从事边疆研究的历史长短，积累深浅，在华西坝五校联合办学期间，五大学边疆研究得到了极大推进，且保持了较为密切的互动，在边疆研究甚至边疆服务方面都取得了显著的成绩。

第三章 风起云涌：
华西坝教会五大学的边疆研究

华西坝教会五大学的联合办学，是抗战时期高校内迁运动的一个缩影，也是那时多所学校联合办学被忽略的一个典范。其边疆研究活动的活跃及其成果的丰硕，在那个时期边疆研究学者群体中也是罕有其俦。本章拟简单交代那时边疆研究复兴的语境，再对五校边疆研究的机构与刊物及相关学术活动等基本情况略作述论。

第一节 应时而生：中国边疆研究的
复兴及其格局变化

近代中国出现过两次边疆研究高潮，分别以清季西北史地学和民国边政学为代表。自 19 世纪中叶，中国从天朝上国转变为世界万国之一，甚至还要努力"走向世界"。近代中国面对强敌，多次割地赔款，尤其是在西北地区领土损失最大，故而清季西北研究成为当时绝域之绝学①。用顾颉刚的话说，清代"边疆学之运动"起因"实由外患之压

---

① 参见郭丽萍：《绝域与绝学》，三联书店 2007 年；侯德仁：《清代西北边疆史地学》，群言出版社 2006 年。

迫","彼时群谓足为中国之大患者,以壤地之毗连,必为俄国,而西北受害最先","是故当时学者之精神群集中于西北",而后"及俄患稍纾"而消沉①。日本 1931 年侵占东三省,1937 年更发动全面侵华战争,人们对中国边疆危机的认识更延及对整个国家前途命运的担忧。民国时期边疆研究的兴起,多出于政、学两界对当时国家局势、边疆危机的认真省察,对中国边疆研究缺位于边政需要,落后于外人研究的深刻反省。蒋介石指出:"国于大地,非学胡立。唯国家在敌国外患之中,斯学人更当励雪耻自强之志,抗战建国,无时无事不赖与专家之继起"②。朱家骅认为:"对于边务工作自有总检讨和全盘研究的必要。"③杨向奎则特别强调了边疆研究中的笔与枪的关系:

> 边疆之学向不为中朝人士注意,清季以来虽因《元史》之学而及于西北边疆地理,然终无大成绩,而造成一时之学风。反观东邻日本则由所谓满鲜又至满蒙,笔之所至,枪亦随之,由鲜而满而蒙将底于何处!今幸国之将士,杀敌守土,然我辈读书之士犹不能于枪先到处而笔随之,殊可慨惜!"④

边疆研究在当时的迫切和重要,吴文藻也有深刻的认识,而且他还对其国际意义有所论述:

> 在目前提倡边政学的实用研究,意义尤为重大。只说两点,就可以明白其重要性。第一,在本国的意义:中国这次抗战,显然的是整个中华民族的解放战争,而不是国族内某一民族单位的解放战争……建立一个民族国家,是我们现阶段的理想。而如何促成民族国家的组织,此种伟大事业,一部分就有赖于边政学的贡

---

① 顾颉刚:《禹贡学会研究边疆学计划书》,《顾颉刚全集·宝树园文存卷四》,第 215—216 页。

② 蒋中正:《电祝中研院评议会》,《文献》1939 年第 7 期,第 B7 页。

③ 朱家骅:《边务工作应有的认识和态度》(1942 年 10 月 25 日在边务工作会报席上致词),"中央组织部"边疆语文编译委员会,1943 年。

④ 杨向奎:《记察绥盟旗》,《禹贡》第 7 卷第 8—9 期合刊,1937 年,第 99 页。

献。第二，在国际上的意义：中国是反侵略的先锋，是抵抗强权的领导，亦是被压迫民族伸张正气打倒暴力的表率。这次抗战胜利，对外达到国家独立自由的目的，对内实行各民族一律平等的政策以后，可在和会席上，增高我们的地位，加强我们的发言权。上次世界大战结束，对于少数民族及殖民地问题，解决不得其当，因而种下祸根，使世界重陷于今日空前大战。罗、邱宣言已暗示了民主国家胜利以后的和平条件。自然战后对于民族自决自治，会作公平合理的处置；对于殖民地问题，亦将采取较开明的政策。如何能使世界各国都信守民族一律平等的要义；如何能使吾国的王道文化精神，英、美的委任统治观念，以及苏联的少数民族政策，相互融会贯通，成为一个共同理想，以跻世界于大同，这便是边政学在比较研究时最大的贡献。[1]

在政学两界的倡导和鼓励下，国内兴起关注边疆和边政的热潮。不少学人"暂时放弃了纯学术的研究而去从事于实际工作。至于留在学术界的人物，也渐渐转换了研究的方向。"[2]杨成志和吴文藻都先后发表文章，提倡边政研究，提出了边政研究的系列构想[3]。

徐益棠对民国时期边疆民族研究的历程及业绩做了系统梳理。他将1937年"七七"事变到1941年国民党五届八中全会之间定位为"边疆调查之猛进及民族学科学地位之确立"时期，认为此间"各学术机关亦相继迁至后方"，"颠沛流离，不遑宁处"，"保管中英庚款董事会乃拨款协助科学工作人员，包括自然科学与人文科学两部，人文科学部分，复包括历史、考古、美术、语言、人类、民俗等科，一部分学术界，得安心工作于边区，并获得相当珍贵之边疆民族材料，保管中英庚款

---

① 吴文藻：《边政学发凡》，《边政公论》第1卷第5—6期合刊，1942年，第1—2页。

② 童书业：《序言》，《禹贡》第7卷第6—7期合刊，1937年，第1页。

③ 关于民国时期的边政学，参见汪洪亮：《民国时期的边政与边政学（1931—1948）》。

董事会诸公与有功焉。"①

马长寿注意到，"民国二十五年以前，中国学术界曾一度呈现突飞猛晋的进步，但自抗战军兴，这种进步现象停滞了。国家的财力人力都集中于抗战。"他话锋一转："不过，这种说法不能包括边疆研究在内，尤其是西南边疆的研究，它和其他学科的研究恰然相反，呈现一种空前的热烈与紧张"，"至少由研究的人数上来说，实有'空前绝后'之感"。他指出抗战军兴以后学人"热忱"于"西南边疆研究"，分析其原因有三点，"主要由于政府西迁，人文荟萃于西南一隅"，次因"川康藏滇边区成为中央的要屏"，"西南边区人民在战略上与政治上有举足轻重之势"，"朝野视听"对边疆问题"再不如以前之忽略、羁縻，而须周密考察，以作怀柔训练利赖之资"。再就是抗战时期边疆研究"似乎成为一种显学"，对于第三点他特别强调，清末"名公巨卿好谈西北问题"，"以谈西北为识时务之俊杰"，但抗战时期"各科人士皆谈边疆，无论社会学家，历史学家，语言学家，其所学学科与边疆有密切之关系，其谈也固无不宜，然一般不相干的人士，或劳驾远征，或闭门坐谈，亦往往以边事边情为集注之点"，"以自列于通达之流"。马长寿认为这是西南边疆"千载一时之幸运"②。马长寿此语一方面强调了近代中国边疆研究的区域转向，另一方面也揭示了清末民国边疆研究主体的差异。从西北到西南，从官员到学者，大体可以呈现近代中国边疆研究的变迁历程。

抗战军兴后，原先集中在东部地区的高校和研究机构大量内迁，随之各高校学者云集西部边疆，边疆研究的几个中心地带由此形成。四川（包括重庆）、云南（主要是昆明）以及西北的西安和兰州都汇聚了

① 徐益棠：《十年来中国边疆民族研究之回顾与前瞻》，《边政公论》第 1 卷第 5—6 期合刊，1942 年，第 56—57 页。

② 本段参见马长寿：《十年来边疆研究的回顾与展望》，《边疆通讯》第 4 卷第 4 期，1947 年，第 1—4 页。

不少边疆学者。

表 1　抗战时期边疆学者分布简表

学校	姓名	地方
中央大学	凌纯声、韩儒林、丁骕、戈定邦、胡焕庸、严德一、陈正祥	重庆
复旦大学	沙学浚、言心哲	
中央政治学校（含附设蒙藏学校）	萨孟武、肖铮、江应樑、曹树勋、胡耐安、刘家驹	
蒙藏委员会	周昆田、楚明善、孔庆宗、马鹤天	
教育部蒙藏教育司（1947 年改为边疆教育司）	张廷休、凌纯声、骆美奂、顾树森	
国防委员会	吴文藻	
华西大学	葛维汉、郑德坤、李安宅、闻宥、任乃强、于式玉、蒋旨昂、姜蕴刚	成都
齐鲁大学	顾颉刚、张伯怀、侯宝璋、陈耀真、张维华	
金陵大学	徐益棠、柯象峰、马长寿、卫惠林	
燕京大学	林耀华、李有义	
金陵女大	刘恩兰	
四川大学	胡鉴民、冯汉骥	
中研院历史语言研究所	吴定良、芮逸夫、马学良、凌纯声	抗战时期先迁长沙，再迁昆明，1940 年 9 月迁至李庄
西南联大	陶云逵、向达、陈达、潘光旦、吴景超、李景汉、李方桂、胡庆钧、罗常培	昆明
云南大学	吴文藻、费孝通、杨堃、李有义、白寿彝、江应樑	
西北联大（西北大学）	王文萱、王子云、黄文弼、李式金、王均衡、谢再善、黄国璋	西安

续表

学校	姓名	地方
浙江大学	张其昀、谭其骧、吴定良、严德一	遵义
大夏大学	吴泽霖、陈国钧	贵阳
中山大学	杨成志、岑家梧、王兴瑞	昆明

注：上述人员部分有重复，乃因那时学者（部分也系官员）工作变动较为频繁。资料参见各类工具书及有关研究成果，此不赘。

清代投身于边疆研究的学者几乎是清一色的文史学者型的官员。民国时期，大批留学生自外国学成回国，充实到大学校园和科研机构中去，部分也进入政府部门工作。尤其是社会学、民族学、政治学、地理学等学科学者，不少加入了边疆研究队伍，由此，边疆研究学者的学科背景及研究方向经历了由单一向复异，以史地学者为主向以社会文化学者为主的转变过程。学科构成变化是边疆研究理论与方法转型的外在表现，表明边疆研究已逐步发展成为一个多学科参与的研究领域。如吴文藻指出，人类学、社会学、政治学、经济学、法学、教育学、史学、地理学及国防科学，都是边政学研究所仰赖学科，"非如此不足以建立边政学的学术基础"①。不过按照柯象峰的观察，边疆研究是个综合性的研究领域，"举凡自然科学及社会科学中重要部门之学者，均可参加"，在人文科学中，他认为考古、史学、政治学、经济学等均甚重要，但"研究员中任主角者，据愚意应推民族学及社会学家"②。他对此也做了解释，我们在后文再做介绍。就上表所显示的研究阵容来看，柯象峰这一观察大致不差。

抗战时期边疆研究机构的兴起，使边疆学术研究的内容与形式，组织与运行都发生了极大变化。边疆研究开始从个体行为向群体行

---

① 吴文藻：《边政学发凡》，《边政公论》第 1 卷第 5—6 期，1942 年，第 9—10 页。

② 柯象峰：《中国边疆研究计划与方法之商榷》，《柯象峰文集》，社会科学文献出版社 2017 年，第 281—282 页。

为，从书斋研究为主到实地调查为主转变，促进了边疆社会调查运动的兴起，使边疆研究成为国家边疆开发与建设的"计划政治"的重要组成部分，成为学术活动迅速开展、研究成果较快发表的热门领域。边疆研究机构设立之后，大多创办有学术刊物，便利了边疆研究成果的传播和边疆风景人文及经济政治实况的普及。学术论文成为学者发表研究成果的最重要形式。

抗战时期边疆学术的区域格局也有明显改观。西北研究自清季以来是边疆研究中相对显要的领域。但在抗战时期，西南研究大有后来居上的趋势。民国很长一段时期，政府的边政重心主要在蒙、藏、新等地，对其他边疆地区少有提及，或不将其与蒙、藏等地作为边疆施政区域同等对待。抗战军兴后西南部分省区开发建设问题也日益受到重视，但其"边疆性"仍少有得到确认。在国府内迁后，很多大学和研究机构迁移到了西南地区。一批"有研究勇气和民族自信心的文化工作的导师和朋友在西南团聚了，燃起了学术热情，牢固文化后防"，"如何能使各族心悦诚服而和我们精诚团结，则必须先认识各族。"①西南研究也相应跟进，逐步达到了可以与西北研究等量齐观的程度。江应樑指出："西南民族四字，差不多可以成为研究上的一个新的科学名词，而对西南民族的调查与研究，也差不多成为了一种新的专门学问"②。葛维汉在 1943 年说道："尤其是最近，中国朋友对于中国西部边疆研究，渐加注意，故中国会员，日渐增加，而本会职员，论文著述，学术讲演亦多由中国学者负担起责任。"③西南联大学者和华西坝学

---

① 胡体乾：《序岑著〈西南种族论〉》，《责善半月刊》第 2 卷第 13 期，1941 年，第 4—6 页。

② 江应樑：《评鸟居龙藏之苗族调查报告》，《现代史学》第 3 卷第 2 期，1937 年，第 1 页。

③ ［美］葛维汉：《华西边疆研究学会》，《中央日报·华西大学边疆研究专页》1942 年 1 月 5 日。转引自成恩元、易艾迪《华西边疆研究学会始末记》，《南方民族考古》2015 年第 11 辑，第 194 页。

者对边疆研究尤其是西南边疆研究的行动及其贡献，在近代中国边疆学术史上留下了不可磨灭的印迹①。

　　成都华西坝是抗战时期中国边疆民族研究的中心区域之一。教会五大学资源共享、联合办学，成为战时中国规模最大、学科设置最完整的大学联合体，可谓学界忽略了的"西南联合教会大学"②。五大学建立了不少边疆民族研究机构，集中了顾颉刚、李安宅、徐益棠、任乃强、卫惠林、马长寿、林耀华、柯象峰等众多边疆学者，他们在川西北和康藏地区着力甚多，产出相当多的研究成果。如果说那时各地边疆学者都在关注整体的国族整合和边疆开发问题的同时也在注重在地化的实地调研的话，那么华西坝教会五大学的边疆学者们用功最勤的边疆地区还是在康藏羌彝区域，大致就是费孝通较早提出而学界灌注精力较多的"藏彝走廊"一带，同时也在思虑边疆研究的学科化及边政应用。

　　民国时期的边疆学术趋于群体性和多元化，在研究活动组织、调查经费支持、成果发表途径、人员学科构成及研究理论与方法上，都呈现了前所未有的形态。不仅在边疆问题专家的活动组织、边疆调查的经费支持、边疆研究成果的发表途径上都与此前迥然不同，在边疆研究人员的学科构成、边疆研究的理论与方法上也体现了多元化的趋势。边疆研究机构本身也是边疆学术转型的产物，但其大量出现又极大形塑了盛极一时的边疆学术的内容与形式。民国时期边疆研究机构的兴起及对边疆学术的形塑，实际上是中国现代学术转型在边疆研究领域的突出表现③。华西坝教会五大学的边疆研究无疑就是民国时期边疆学术形态特征的典型案例。

————————

　　①　参见马玉华：《西南联大与西南边疆研究》，《中南民族大学学报（人文社会科学版）》2009年第3期，第66—70页。

　　②　华西坝教会五大学情况，参见岱峻：《风过华西坝：战时教会五大学纪》。

　　③　参见汪洪亮：《民国时期边疆研究机构的兴起及对边疆学术之形塑》，《北方民族大学学报（哲学社会科学版）》2017年第4期，第15—21页。

第二节　和谐共生:华西坝教会
五大学的边疆研究机构

前面我们交代了部分教会大学早有边疆学术的传统,已经知道华西大学、金陵大学及燕京大学在联合办学前均已有与边疆研究有关的课程、机构、人员和学术成果,而齐鲁大学和金陵女大则在边疆研究方面并无特别的积累。但在全面抗战时期,这些学校的边疆研究要么得到了进一步加强,研究队伍进一步扩大,要么因时就势也参与了边疆研究,并取得了不错的成绩。尽管有些抗战之前即参与边疆研究的机构和刊物未能持续,如燕京大学的禹贡学会及《禹贡》半月刊,但是从整体上看,参与边疆研究的学者和新增的边疆研究机构都更多了,且形成了一些联合组织的面向学界甚至社会各界开放的边疆研究机构。在华西坝办学期间,教会五大学成为一个办学联合体,在边疆研究方面,既有各自优势与特色,也有合作与协商,取得了较好成绩。

华西坝教会五大学的边疆研究机构有两种,一种是各校自己创建的,一种则是五大学合作甚至联合大后方学界共同建立的。前者如华西边疆研究所、金陵大学边疆社会研究室,后者如中华基督教会全国总会牵头,长时间由齐鲁大学教授具体负责的边疆服务部,如顾颉刚组织的中国边疆学会及徐益棠实际负责的中国民族学会等。本节以牵头学校为单位,对此时期边疆研究机构的设立与运行情况略作述论,有关学术活动一并加以讨论。

一、华西大学

华西大学本有研究边疆的传统。华西边疆研究学会就延续了近30年。华西大学"毕业同学会"曾总结该校"五大特长",其三便是边疆研究。其词曰:

> 吾校择址成都,邻接边疆,研究边事,首着先鞭,三十年前即

组织边疆研究者，汇聚中西学人，本其素修，发为专论，鸿篇巨构，
堪称珍藏。以是校友同学，不辞艰险，跋涉峻岭、沙漠，甘冒烟瘴
疫疠，躬亲考察，以求真知者殆不乏人，虽不克媲美张骞、傅介子
及玄奘大师，但动机发自个人，揆之今日尚罕其俦。[①]

该文作于1949年，文中所谓"三十年前"，应指1919年华西大学
启动博物馆开始搜集边疆文物和开展边疆调查，尤其是1922年华西
边疆研究学会成立后，中外学人潜心于华西边疆研究。所谓华西边
疆，实以西南边疆为研究重点，特别是康藏地区。

李绍明曾总结：中国人类学华西学者研究领域主要在西南，其重
点在康藏即"藏彝走廊"地区。他认为康藏有两层含义，一种是指康巴
藏区，另外在某些时候又指西藏和西康，西康建省后，我国彝族聚居区
凉山也划入。他指出："华西人类学者把研究的重点放在这一区域既
是当时客观形势需要，也是学术研究的必需"，所以华西人类学者"从
20世纪初即重视这一区域"，如华西大学博物馆、社会学系、华西边疆
研究学会、华西边疆研究所等都以此为研究重点[②]。抗战时期，华西
大学的边疆研究力量有所增强，取得成果更加丰硕。

（一）华西大学博物馆

华西大学博物馆在葛维汉的锐意经营下，在1930年代已成为中
国高校最好的博物馆和西南地区最著名的博物馆。抗战时期该博物
馆主持人换成了中国学者郑德坤，其任职时间为1941—1947年。郑
德坤曾师从顾颉刚、容庚等，1931年获得燕京大学硕士学位，1941年
获得美国哈佛大学博士学位，专攻考古及博物馆学。他认为："华大博
物馆地处古蜀国首都，居川省之中心，在考古学上为未开发之原野，千

① 毕业同学总会理监事：《祝校庆》，《华西协合大学校刊》（三十八年校庆特刊），
1949年。
② 参见李绍明：《略论中国人类学的华西学派》，《广西民族研究》2007年第3期，
第43—52页。

百原始文化遗址，尚无人问津，其能成为人类学研究中心，当可无疑"①。基于此认识，郑德坤上任后就将边疆研究摆在非常重要的位置。他"积极筹划经费与设备，努力于各部门之扩充"②，制定了古博物馆发展 5 年计划，聘请四川省博物馆筹备主任冯汉骥、华西大学中国文化研究所所长闻宥共商馆务。

郑德坤注重边疆研究，筹备成立研究室，成绩较为显著："五年来，共出版手册丛刊 5 种，抽印丛刊九种，专刊一种，翻译丛刊两种"③。他提出系统整理和陈列标本，与文学院课程配合，以提倡实物教学，利用乡土教材以促进教育本位化。

郑德坤还积极推进抗战大后方的考古和民族学资料搜集和整理，先后组织多次考古发掘，包括汉唐墓、永陵和文庙旧址等。在其主持下，华大博物馆开放办馆，吸引社会各界人士前来参观，"达官要员、国际名士、友邦空军，来此一游者为数颇众，盖本馆在无形中已成为本市重要名胜地之一。"博物馆对边疆考古与民族学考察也较为重视，尤其是对藏区文物搜集特别尽力。西藏文物和西南文物是博物馆常设陈列，藏传绘画展、佛教雕刻展也出现在特别展中，使博物馆具有鲜明的地域和民族特色。华西边疆研究所对西藏文化的研究，部分即取材于其馆藏西藏标本。中国文化研究所对西南边疆少数民族语言文字的研究，皆取用馆藏材料较多。博物馆也非常重视学术成果发布，编辑了博物馆专刊和丛刊，郑德坤自己就撰写了《古陶概况》《四川考古学》《中国名纸录》《四川史前石器文化》《四川古代小史》《王建墓》《中国之敦煌》《史前史纲要》《四川古代文化史》等，其中属于边疆研究的成果

①　郑德坤讲演、刘盛舆笔记：《五年来之华西大学博物馆》，转引自霍巍：《郑德坤先生与四川大学》，载郑德坤：《郑德坤古史论集选》，第 746—747 页。

②　韬：《华西大学博物馆民族学部门研究近况》，《文史杂志》第 9—10 期合刊，1945 年，第 43 页。

③　陈长虹：《四川大学博物馆：历史与今天》，载中国博物馆学会编：《回顾与展望：中国博物馆发展百年——2005 年中国博物馆学会学术讨论会文集》，第 149 页。

就有《西藏文化导言》《西藏图画》《理番版岩葬》等多种。他在离任前曾对华大博物馆之将来发展做一展望:"其地位处于古蜀国首都,居川省之中心,在考古学上为未开发之原野,千百原始文化遗址,尚无人问津,其能成为人类学研究中心,当无可疑。"①

(二)华西边疆研究学会

华西边疆研究学会,在抗战时期继续存在。从 1922 年创立起,到 1950 年,学会一直设在博物馆内。最先是由一群美国学者创建起来的,首任负责人是华西大学医学教授莫尔斯,博物馆首任馆长戴谦和也是学会创始人之一。这是个国际性学术组织,具有跨国家、跨学校和跨学科的特点。虽然其宗旨是研究华西地区民族宗教民俗、历史地理等问题,但其工作也包括东西方文化交流方面。

中国学者的加入,推进了学会本土化的进程,学会发展较快,1930 年会员增至 76 人,到 1934 年以后会员迅速增加,到 1943 年会员超过 250 人。② 据周蜀蓉统计,华西边疆研究学会先后有 40 位来自美、英、加及中国的学者担任正、副会长,西方学者 24 人,中国学者 16 人,其中有 6 人曾担任会长。这些表明中国学者已逐步成长为学会的新核心力量。而且从会刊发表文章作者的国籍统计而言,中国学者也从 1930 年代所占比例较少而到 1940 年代已达 60% 以上,成为华西边疆研究领域的主力军③。曾经担任会长的杨少荃还提出,学会应该是华

① 参见郑德坤讲演、刘盛舆笔记:《五年来之华西大学博物馆》,转引自霍巍:《郑德坤先生与四川大学博物馆》,载郑德坤:《郑德坤古史论集选》,第 764—766 页。
② 参见徐益棠:《十年来中国边疆民族研究之回顾与前瞻》,《边政公论》第 1 卷第 5—6 期合刊,1942 年,第 54 页。[美]葛维汉:《华西边疆研究学会》,《中央日报·华西大学边疆研究专页》1942 年 1 月 5 日。转引自成恩元、易艾迪:《华西边疆研究学会始末记》,《南方民族考古》2015 年第 11 辑,第 195 页。
③ 周蜀蓉:《基督教与华西边疆研究中的本土化进程——以华西边疆研究学会为例》,《四川大学学报(哲学社会科学版)》2012 年第 4 期,第 53—59 页。

大、四川大学与成都的四川人士的组织①。可见这个"本土化"已经彻底到"本地化"而非一般意义上的"中国化"了。

抗战时期高校内迁，不少边疆学者来到华西坝，其中就有多位加入了学会。1946 年，学会有材料提及："过去八年里，学会有来自中国各地的学者，得到很大荣誉和利益。学会特别荣幸拥有齐鲁大学的侯宝璋（Hou Pao-chang）教授、张奎（Chang Kuei）教授，金陵大学的李小缘（Li Siao-yuan）教授、徐益棠（Hsu Yu-tang）教授和芳威廉（William P. Fenn）博士，金陵女子大学的刘恩兰（Liu En-lan）博士，燕京大学的林耀华（Lin Yueh-hwa）博士，中研院历史语言所的李方桂（Li Fang-kueh）博士和吴金鼎（Wu Gin-ding）博士。他们不仅积极推进了华西研究，而且对学会有极大的兴趣与关心。"②

有些中国籍学者甚至还曾经担任华西边疆研究学会的会长一职。据周蜀蓉统计，1939—1950 年，学会共选举 11 届执委会，产生 22 位正、副会长，分别来自美、英、加、中等国，11 名会长中，西方国家有 6位，中国学者有 5 位，包括方叔轩（1939—1940）、侯宝璋（1942—1943）、李安宅（1943—1945）、刘承钊（1946—1947）和蓝天鹤（1948—1949）。其中方叔轩、侯宝璋、李安宅多次担任正、副会长，表明中国学者已成为学会核心力量。

学会边疆研究活动非常丰富，开展边疆实地研究，举办边疆文物展览，出版边疆研究成果，受到中外学界关注。我们这里仅就华西坝教会五大学时期学会的边疆学术活动略作梳理。需要注意的是，学会组织边疆考察活动很少，大多是以学者自行前往或参与政、学两界组织的考察团体为主。由于学会会员来源比较复杂，有些是华西坝教会

---

① S. C. Yang, "Presidential Address", *Journal of the West China Border Research Society*, Vol. 8, 1936, pp. 185 – 187.

② "Secretary Writing", *Journal of the West China Border Research Society*, Vol. 16, 1946, p. 222。

五大学学者,我们在相关学校边疆研究中基本也会涉及,所以此处主要介绍学会组织的活动,或者无法归属在相关学校比较成建制的边疆研究机构的零星活动。如华西大学生物系刘承钊自 1938 年至 1944 年曾组队赴川、康、陕、甘、青一带调研两栖动物,出版了以华西两栖为主题的系列论著,对于华西边疆生物与生态有较多研究。冯汉骥 1938 年后多次到川西松理、茂汶一带对藏、羌、彝民族社会做了不少调查,发表了多篇论文。吴金鼎 1941 年担任了中研院史语所、中央博物院和营造学社组织的川康古迹考察团的团长,在边疆考古方面做出了杰出贡献。学会通信会员庄学本 1934 年拟以上海良友画报特约摄影记者身份参加国民政府致祭十三世达赖喇嘛专使行署,但在成都为专使所不允,未能如愿入藏考察,后办理了"开发西北协会调查西北专员"旅行护照,在川西北考察,拍摄了上千张照片并撰写旅行记,在多种报刊连载,后来还出版了《羌戎考察记》。1935 年被聘为国民政府护送班禅回藏专使行署摄影师,在陕、甘、青多地考察拍摄了班禅在青海塔尔寺和甘肃拉卜楞寺的盛大法会及蒙、藏、土等族的社会生活。1938 年他又受聘为西康建省委员会参议(后改为顾问),在凉山彝族地区巡回多地考察,后来出版了《西康彝族调查报告》①。

　　以上仅是举例。更为详细的考察情况可以参见周蜀蓉基于《华西边疆研究学会杂志》第 1—16 卷所刊发考察结束后的讲演与论著所列出的《华西边疆研究学会主要成员考察活动一览表》②。

　　学会的会刊《华西边疆研究学会杂志》的编辑出版工作在抗战时期也呈现了繁荣气象。从 1940 年起,一直到 1946 年,杂志每卷分为 A、B 两编出版。A 编即人文社科版,B 编即自然科学版。这在很大程度上表明学会经费充裕,研究成果也就是稿源丰富。这一时期,学会

---

　　①　参见韩丛耀、赵迎新主编,吴强、刘亚编著:《中国影像史·第七卷 1937—1945》,中国摄影出版社 2015 年,第 261—265 页。

　　②　参见周蜀蓉:《发现边疆:华西边疆研究学会研究》,第 144—151 页。

得到多项国内外学术基金的支持，其中就有哈佛燕京学社（The Harvard-Yenching Institute）基金和华西协合大学中国文化研究所经费。据周蜀蓉统计，1940—1946 年，也就是刊物第 12—16 卷，共刊发文章 95 篇，其中人文社科 42 篇，自然科学 53 篇；外国学者发表 37 篇，包括人文 23 篇，自然科学 14 篇，中国学者发表 58 篇，包括人文 19 篇和自科 39 篇。在这段时期，郑德坤、李安宅、刘承钊先后曾担任该杂志主编。综上可见中国学者已经在学会中占据了主导地位①。

　　华西边疆研究学会的发展轨迹，基本上体现了华西边疆学术的完整历程，也是李绍明提出的中国人类学华西学派的中坚力量。莫尔斯、叶长青、陶然士、葛维汉等大批传教士学者及后来逐步成为学会主力的国内学者，进行了大量实地研究工作，撰写了不少民族志作品，举办了一些边疆器物展览和边疆主题讲座。华西边疆研究学会的边疆研究活动，主要以川西北和康藏民族区域为中心考察区域，就学科布局而言，则广泛涉及各类自然科学和人文社会科学，诸如生物、医学、农学、考古、民族学、宗教、史学、语言、地理等。由于学科涉及面广，华西边疆研究学会的边疆研究活动体现了跨学科交叉研究的突出优势以及整合各种研究力量的成果产出能力。马长寿认为，在众多边疆研究团体中，华西边疆研究学会是"工作最为努力"的，所办杂志也是"最具历史性的"②。徐益棠也对华西边疆研究学会的成绩不吝表扬，认为学会发展较快，办刊"内容亦日见精采，国际间亦渐有其相当的地位"③。时任会长启真道也说学会活动及成员的研究得到中外学者

---

　　① 参见周蜀蓉：《发现边疆：华西边疆研究学会研究》，第 43—44 页。

　　② 马长寿：《十年来边疆研究的回顾与展望》，《边疆通讯》第 4 卷第 4 期，1947 年，第 2—3 页。

　　③ 徐益棠：《十年来中国边疆民族研究之回顾与前瞻》，《边政公论》第 1 卷第 5—6 期合刊，1942 年，第 54 页。

赏识①。

葛维汉是华西边疆研究学会中最值得注意的一个美国传教士。他长期担任博物馆负责人,对边疆研究投入了巨大精力。他十多次前往四川藏、羌地区考察,在《华西边疆研究学会杂志》发表了多篇考察报告,其研究领域涉及非常广泛,包括藏、羌、彝、苗等多个民族,横通考古学、宗教学、人类学等多个专业。李绍明、周蜀蓉选编的《葛维汉民族学考古学论著》就为我们展示了他的研究成果②。其中就有1948年葛维汉退休后整理的著作《羌族的习俗与宗教》,近10万字。实际上其中不少内容是在抗战时期调研和写作的。

该书前言中就提到,早在1925年夏,葛维汉为史密斯·索尼学院到松潘和黄龙考察,途经汶川、威州、茂州和叠溪等羌族地区;1933年夏,葛维汉又为该学院搜集羌族自然历史资料,还为华西大学搜集羌人手工制品;1941年夏又随教育部和中华基督教会边疆服务部派出的暑期服务团到岷江领域研究羌族;1942年夏又被边疆服务部委派"到更远的羌区调查";"在1933年至1948年间,多次到羌区作短期旅行调查"③。可见葛维汉该书的写作,经过了长达20年的多次调研,有丰富的田野资料基础。四川省民族研究所研究员耿静认为该书"涉及羌族地区的主要有两大类,一是图片资料,二是文字资料……这些照片很珍贵,真实地反映了当时的羌民生活和民俗。文字资料十分丰富,有他在羌族地区调查的原始记录、收集的原始资料等"④。

华西边疆研究学会与中华基督教会边疆服务部也有较多合作。

---

① Leslie. G. Kilborn,"President's Addrdss",*Journd of the West China Border Research Society*,Vol. 14,1942,p. 106.

② 李绍明、周蜀蓉选编:《葛维汉民族学考古学论著》,巴蜀书社2004年。

③ 〔美〕葛维汉、耿静译:《羌族的习俗与宗教·前言》,载李绍明、周蜀蓉选编:《葛维汉民族学考古学论著》,第3—4页。

④ 耿静:《在羌族地区的外国传教士》,《阿坝师范高等专科学校学报》2006年第4期,第9页。

1943 年,学会曾与华西大学博物馆和边疆服务部联合举办羌族文物与图片展。葛维汉就是这次布展负责人并发表讲演。葛维汉但任边疆服务部特约研究员,曾多次参与该部组织的边疆考察活动。实际上华西坝教会五大学都介入了中华基督教会边疆服务运动,相关情况我们在后面专设一节介绍,此处就不赘述了。

(三)华西大学社会学系

华西大学成立社会学系较早,开设课程侧重宗教社会学、教育社会学及医院社会工作等。李安宅 1941 年出任社会学系主任后,课程趋于完善。如在社会学下开设藏人历史地理和边疆政策两门课程,在社会行政组必修科目中,设置了中国社会制度史、妇女工作、边疆民族问题、边疆教育和边疆社会工作、边疆行政等课程。据高伦举介绍,1942 年社会学系教师有李安宅、姜蕴刚、梁仲华、冯汉骥、蒋旨昂、曹燕仪、冯德美、许衍梁;1946 年教师有李安宅、冯汉骥、蒋旨昂、罗荣宗、徐蕴辉、梁仲华、孙则让、谷韫玉、葛维汉、梁文瑞、赵适、梁猷堂、阮立卿、程国辉等,可见师资虽有变化,但力量在加强,且术业有专攻,能够覆盖较多领域研究工作[①]。

根据华西大学档案,我们可以查找到社会学系部分年份课程,从中可以管窥其师资知识结构与研究重心。以 1943—1944 学年度为例。李安宅担任课程有社会制度、社会学原理、经济社会学、宗教社会学、农村社会学;姜蕴刚担任课程有中国社会学史、政治社会学、西洋社会思想史;冯汉骥担任课程有人类学、西南民族学、现代社会学原理与方法;任乃强担任课程有康藏史地等[②] 这些课程多为教育部门规定的必修课程,设置较为全面,便于学生系统掌握社会学理论与方法。由于李安宅兼任社会学系主任和边疆研究所主持工作的副所长,系所

---

① 高伦举:《社会学系》,《华西协合大学校刊》(文学院特刊),1949 年,第 13 页。
② 四川大学档案馆藏华西大学档案,案卷号:C. JX. CJD-312。转引自藏乃措:《民国时期华西边疆研究所考述》,陕西师范大学硕士学位论文 2013 年,第 19—21 页。

之间几乎就是"一支队伍,两块牌子",所以社会学系的边疆课程设置相对比较齐全,教师亦多具备扎实的研究能力。

李安宅在美国讲学期间,华西大学社会学系由蒋旨昂主持系务。授课教师有教授冯汉骥、罗荣宗、周励秋,副教授王家润,讲师贾雪心、高绪森,助教贺镜涵、李质明。"学系课程,注意提高读书能力,培养专门兴趣,训练系统思想,育成社会化的态度,并取得文化型类之比较观念,高年级使有实习历练之机会,低年级则预先认识社区,年来所开课程除社会统计、乡村社会学、心理卫生、儿童教育与教法与他系合开外,计有社会学原理、体质人类学、文化人类学、中国社会史、中国社会思想史、西洋社会思想史、社会学理论与方法,社会调查、社会学英文选读,乡村建设运动、政治社会学、经济社会学、道德社会学、知识社会学、家庭制度、宗教社会学、文化学、西南民族学、藏文初步,康藏史地,边疆社会工作,原始宗教心理,苗民社会组织,刑犯学、人口学、劳工问题、农民问题、社会工作、社会行政、个案工作、社团工作、社区组织、医药社会工作、精神病社会工作、社会救济、儿童福利、儿童心理、儿童保育、儿童卫生、儿童指导、儿童心理测验、儿童与学校、社会工作实习、社会机关参观、毕业论文研究。"①这一时期虽已是抗战结束以后,但我们仍可看出其课程设置相当综合,对社会学理论方法等基础课程相当重视,同时对乡村、儿童、边疆等相关专题也有较多关注。

社会学系为了培植边疆工作人才,注重实践能力训练,专门在成都老南门外石羊场建立了社会研习站。关于研习站的构想,李安宅在其《边疆社会工作》一书中有过介绍。他说:"为候补边疆工作员有效训练的机会起见,应该分别委托靠近边地或于边疆研究较有历史的大学,开辟乡村研习站,就近训练。"他在注释中说:"华西大学与中国乡村建设学会合作,在成都老南门外十二里乡间首创'石羊场社会研习

---

① 高伦举:《社会学系》,《华西协合大学校刊》(文学院特刊),1949 年,第 13—14 页。

站'，即根据此意。"李安宅还特别辨析了研习站与服务站或实验区之不同，乃在于研习站以发现问题为主，以服务工作为副。也就是说，在研习站是诊断问题，学习本领，为到边地工作打基础，李安宅认为这是一种"极高明而道中庸的"的训练。他特别注重边疆人才的提前训练，认为只有化于边疆，才能适于边疆，最后才能改变边疆。而这种本领是需要习得的："各人知识固为逐增的，社会经验尤为累计的。固不仅为认识与批判而'研究'"，其在研究方法上，更借助于'实习'"①。

1942 年春，李安宅即曾有意设立研习站，初拟与彭县合作，曾派蒋旨昂率学生参加彭县的干部讲习和民众组训。但因离校较远，往返费时，成本过高，后将目光转向华阳县傅家坝和中和场，仍觉得远，又考虑红牌楼或石羊场，反复权衡，认为红牌楼过近，"已无乡村新区核心作用"，乃裁定设在石羊场。1943 年 4 月 30 日，研习站举行开幕典礼，省政府社会处、华阳县政府均派代表出席。根据《华西大学校刊》记载，该校参与单位有社会学系和边疆研究所。华西大学教务长方叔轩，文学院院长罗忠恕，医学院唐文魁，乡村教育系刘之介，经济系杨佑之，社会学系李安宅、姜蕴刚，边疆研究所郑象铣、陈宗祥等都参加典礼。中国乡村建设学会干事长梁仲华出席会议。另有地方人士多名参加。李安宅主持典礼，向会议报告了设立研习站的意义，随后"政府代表及来宾相继训话演说，情况至为热烈。十二时礼成聚餐。本站遂即开始其使命。"②李安宅报告内容，今不得其详，但估计应与其在《边疆社会工作》一书所宣扬的观点一致。

研习站工作开展也体现了李安宅所言设站的意义所在。社会学系教授蒋旨昂主持该研习站的日常工作，讲师玉文华协助负责。研习站提供图书、报纸、游艺、医药服务等，学生在此以研习为主，华西坝上

---

① 李安宅：《边疆社会工作》，中华书局 1944 年，第 53—54 页。

② 《石羊场社会研习站半年工作简报》，《华西协合大学校刊》复刊第 3—4 期合刊，1948 年，第 11—12 页。

几所教会大学社会学系不少学生也参与到石羊场的暑期服务中,并根据个人兴趣,拟定研究方向,开展实地调研,形成研究报告,如王海宴的《乡村儿童与家庭》、杨树因的《乡村家庭生活》、高郁武的《征属服务》、王德馨的《乡村家庭手工业》、李琦的《乡村民众营养》、俞锡衡的《乡村儿童之玩具》、史怀玉的《乡村驻村生活》、孙珍芳的《一个喇嘛化的佛寺》等。这些题目是相当"接地气"的,非经过实地调研,涉世未深的大学生难以对此类题目进行翔实论述。这些研究报告本是暑期社会实践活动的副产品,但有学生将报告作为毕业论文来打造,可见调研质量还是较高的。截至 1943 年 10 月,华西大学多位学生发表了报告,有胡文新的《小农生活调查》、王海宴的《乡村儿童福利工作》、秦学圣的《乡场与巫术》,贾唯英的《主佃关系调查》、郑怀之的《乡村固有组织》等。另外,寄居华西坝其他教会大学的部分学生也基于调查做了研究报告,如燕大杨树因做了题为《乡村家庭个案史》的报告,燕大高郁武做了题为《征属贷款的效果》的报告,齐鲁大学王德馨做了题为《石羊场丝业与家庭》的报告。从上述选题及后来的正式报告来看,部分学生基于实际调查情况,大多对研究方向有所调整,一般是缩小研究范围,更加注重个案或局部。

除了学生的调查研究,驻站工作人员也大多有研究题目。如蒋旨昂研究乡村社会组织,王勤庄研究乡村土地问题和新县制实施问题,艾西由研究赶场制度和乡村文化事业,玉文华则研究乡村固有组织等问题①。两年后,也就是 1945 年 4 月,多篇论文撰成并发表,包括玉文华的《石羊乡之神会与礼俗》《石羊乡之平安清醮》,艾西由的《石羊场之人口分析》《石羊场之赶场制度》《石羊社区的市场》《石羊社区的瘟火神会》②。这些论文大多围绕石羊场的民俗与文化展开,虽然与边

---

① 本段及上段参见《石羊场社会研习站半年工作简报》,《华西协合大学校刊》复刊第 3—4 期合刊,1948 年,第 15 页。

② 原载《社会建设》(重庆)第 3 期,1945 年,参见《华西协合大学校刊》复刊第 13—14 期合刊,1948 年。

疆问题无涉，但是对生活在都市中的师生而言，对乡村生活的适应、熟悉，是未来到边疆地区研究和工作的基础训练和角色过渡。这完全符合前文提到的李安宅对研习站设置地点的考虑。

事实证明，研习站活动成效不错，其简报云："本站自成立以来，因领导者李安宅、蒋旨昂两先生热心努力的缘故，工作人员刻苦忍耐的结果，已将石羊场这幅园地慢慢地开辟出来了。由于工作的成绩表现，博得地方人士的赞赏，所以一切工作的进行均得他们热情的援助，使工作者感到便利不少"①。石羊场社会研习站在边疆研究和幼儿教育方面都有成效。有报道指出，该站"成立一年半以来，颇著成效，本期更有进一步之发展"：一是玉文华于 7 月参加边疆研究所西康考察团，前往康北担任德格学校校长，"因之，社会研习之种子随而移殖于边疆"。二是"有校友亦应华西协合高中之约，往长训导，培养青年研习服务之精神。本期开始，该站更扩张其范围"。三是社会系助教王海晏开展乡村儿童福利研习，获得四川省社会处补助，华西基督教大学儿童福利人才委员会拨款协办托儿所，名额 30 人，但报名者 3 天不到就超过 50。另外，"该站阅览、医疗、征属贷款、社团活动、专题研究等工作，不但社会系师生仍以往共同努力进行，乡村建设系同学，亦将尽量参加云。"②

当然，研习站只是社会学系的实验实训场所之一。据高伦举介绍：

> 社会学的实验室在社区，不仅了解社区、研究社区，同时也要服务社区，所以在它工作立场上，与社区内各机关间是极端合作的，如医药社工以省立医院、新医院、四圣祠医院之社会服务部为研习场所……社会服务则经市社会服务处、省社会服务处、男女

---

① 参见《华西社工》第 14 期，1947 年，第 53—54 页。
② 《社会系珍闻·研习站开办托儿所》，《华西协合大学校刊》复刊第 2 卷第 1 期，1944 年，第 9 页。

青年会、学生公社等欢迎为研习地点。一般社政则更得省社会处、市社会科之协助。①

可见李安宅主持的社会学系，与地方政府、基督教会和各类事业单位建立了较为密切的合作关系，有效保证了社会学系的实践教学和实地研究的资源空间。

实际上，因为社会学系和华西边疆研究所的主要负责人都是李安宅，二者教师资源和学术资源都是共享和互用的。但相对来说，社会学系必须兼顾教学和研究，也还得兼顾社会学研究的各个分支和华西边疆社会的各个领域。而华西边疆研究所相对目标则更为明确，就是要在边疆社会调查研究上下功夫。李安宅注重边疆工作主要是社会工作，自然前提就是要弄清楚边疆社会特征。正如高伦举所言：

> 社会学系为提高区域研究水准，七年来与华西边疆研究所密切合作。该所校长兼所长，副所长李安宅教授（现正在英搜集有关西藏文献），研究员于式玉（在美耶鲁大学研究）、谢国安、刘立千、黄明信（在甘肃拉卜楞寺实地研究）、陈宗祥、玉文华（在英伦敦大学深造），高伦举。所系之间，对于训练人才，及实地服务之指导，皆有深远配合……社会学系虽然以研究人和制度为中心，其兴趣是多方面的，首先提倡的儿福、乡建以及边疆研习，都已获得他系的支持和发扬，最近更注重人口学，提倡人口的研究。②

（四）华西边疆研究所③

抗战时期华西大学新成立的边疆研究机构有华西边疆研究所。1941 年华西大学聘请人类学家、社会学家李安宅为社会学教授兼社会

---

① 参见高伦举：《社会学系》，《华协合大学校刊》（文学院特刊），1949 年，第 14 页。

② 参见高伦举：《社会学系》，《华西协合大学校刊》（文学院特刊），1949 年，第 14 页。

③ 关于华西大学边疆研究所，陕西师大 2013 届硕士研究生藏乃措曾以《民国时期华西边疆研究所考述》为题写作硕士学位论文，可以参考。

学系主任，并拟成立边疆研究所。该校具有边疆学术传统，但是最初因依托博物馆，侧重自然与考古，后又有华西边疆研究学会之组织，边疆社会与文化也在其关注范围，一些外国传教士学者长期从事边疆调查，1930 年代后也有不少中国学人参与其中。

笔者猜想，华西边疆研究所之成立，在罗忠恕和李安宅等人的考虑中，大概是要在社会学系框架下来考虑边疆研究的布局，同时也有将边疆研究提升到边政研究的学术构想。也就是说，边疆研究的目标是要建设边疆，作为学者就是要作为沟通边疆研究与边疆建设的桥梁，为边疆建设提出基于学理研讨和实地调研的边政建议。《华西边疆研究所缘起》对此略有交代：

> 研究边疆之自动团体名为华西边疆学会，成立亦且二十年，所出杂志十余卷，虽见仁见智容有不同，然与新兴组织相较，多有历史基础则可断言。其自然史与民俗考古两博物馆庋藏之富，地域之宜，亦无过之者。抗战以还，中央大学医学院、金陵大学、金陵女子文理学院、齐鲁大学，更先后迁入华大校址，彼此分工，相互协作，就地理历史等固有条件言，就边区建设工作之重要言，均有创立华西边疆研究所之必要。"①

可见李安宅筹建边疆研究所，既是因为华西边疆研究得天独厚的优越条件，也是基于为边区建设建言献策之目的；同时也是基于两种现实基础，一是华西大学本有边疆研究传统而且具有良好的基础和实力，此前已有华西边疆研究学会；二是华西坝有多所高校办学，边疆研究队伍整齐，而且顾颉刚等已牵头成立了中国边疆学会，所以其建立研究所的设想可谓深思熟虑，肯定也得到了众多学者的支持。

李安宅的大学生涯，先后在齐鲁大学和燕京大学度过。尤其在燕京大学求学和工作期间，他与海内外人类学界建立了较为密切的联系。虽然他在成都华西大学工作，似乎没有在北平燕京大学有那么好

---

① 《华西边疆研究所缘起》，《中国边疆》第 1 卷第 2 期，1942 年，第 10 页。

的学术平台。但是我们应考虑到,那时北平办得最好的大学,如北京大学、清华大学都迁移到相对安全的后方,成都汇聚了多所内迁高校(连他的老东家燕京大学后来也来到了成都,而且邀请他兼任社会学系主任),早已成为一个学术高地,李安宅作为当时的东道主高校的学术带头人,而且一度兼任华西大学和燕京大学两校社会学系主任,在凝聚队伍方面已经具有相当多的优势了。如冯汉骥、孙本文、柯象峰、黄奋生、言心哲、马长寿、卫惠林、胡鉴民、任乃强、许德珩等著名学者及美国的"微肯基金"(Viking Fund)均在李安宅组建华西边疆研究所这个事情上给予了支持。

在体制上,因为李安宅同时担任社会学系主任和边疆研究所主持工作的副所长(校长张凌高担任所长),系所之间即无分彼此。或因李安宅先前在藏区拉卜楞寺做了调研,研究所的研究方向也侧重藏族历史文化与宗教等,其主要研究人员有任乃强、于式玉、刘立千、郑象铣等,多数都是藏学专家。研究所多次派出学者对边区进行实地考察,因成绩突出,研究所被收入大英百科全书1943年年鉴的人类学词条。

根据《华西边疆研究所组织章程草案》,研究所设董事会,负责筹募资金,核定预决算,选派研究所主任,通过研究所计划与报告,核定薪酬标准;研究所设所长一人,由华西大学校长兼任,设主任一人;研究所分文化科学与自然科学两组,各组设组长、研究员、助理研究员若干人,由所长会同主任聘任。不过,从研究所后来运行来看,似乎并没有资料可以证实研究所完全按照这个组织章程执行,也就是说研究所并未发展到可以设立分组的程度。这可能受制于研究所经费缺乏。

华西大学虽然得到部分外国基金,尤其是罗氏基金和霍尔教育基金及微肯基金等支持,但经费到校后往往统筹安排到各院系去,到所经费杯水车薪。张凌高曾向国民政府社会部请求经费拨付,其函云:"本校社会学系成立二十余年,过去与史、哲、经诸科合一,有总括整个社会科学之势,嗣后各科逐渐分立,社会学系遂于三十年度成为纯社会学系,各种社会工作之专一科系。现有专任教授四人,讲师二人,四级学生共八十人，在教授之专业配合与学生人数两方面，均为成都各大学社会学系之冠"①等，请予经费支持。社会学系尚且经费紧张，遑论边疆研究所了。我们在李安宅的个人档案中也能看到，研究所经费也常入不敷出，由李安宅四处筹募。

"文革"期间有人举报李安宅与"蒋匪"及"美帝"特务多有接触的诸多情形，部分即因募集经费需要。如边疆研究所曾从交通部获得五万元资助以协助中印驿运线调查，从教育部（主要是通过边疆教育司司长、民族学家凌纯声）"领得一笔津贴"，且获得奖励，"除了上述的德格调查经费与奖金之外，尚有几笔津贴"。由于边疆研究所经费匮乏，没有办刊物，李安宅到处找刊物发稿子，这个举报稿子中也提到，李安宅曾言："我们所穷，以后调查，只有抓国民党的机枢，我们无经费出专刊，但是有现成的杂志，可以登载。以后有文章就介绍出去。"李安宅所说的现成刊物，就是指的《边政公论》和西康刘文辉系统的《康导月刊》。他还推荐举报人陈某写的拉铁摩尔《中国的边疆》书评等文稿到《边政公论》登载。陈某还说："伪蒙藏委员会听说是拨了一些津贴给华大边疆研究所，津贴的数目和拨款日期都记不清了。"他又指出，蒋旨昂是边疆所的"二把手"，其夫人又是国民政府社会部部长谷正伦之妹，"李安宅也由蒋旨昂的关系，认识了谷正伦。听说蒋旨昂也代边疆研究所搞了点经费津贴。数目是多少呢，我是说不清楚的。"又如："1942—1943年之交，伪四川省政府主席找过李安宅，拨伪币津贴3万元。叫他派人调查川西北黑水芦花的苏永和情况。李安宅曾派蒋旨昂、于式玉至该地调查。"②陈某所言虽多为道听途说，但亦并非捕风捉影，仍可证实研究所经费之窘迫。华西边疆研究所研究的主要对象是西南各少数民族，特别是康藏地区。研究所聘请了任乃强、刘立千、

---

① 四川大学档案馆藏华西协合大学档案：C.ZH－260，参见陈波：《李安宅与华西学派人类学》，第99页。
② 参见陈某：《关于李安宅与蒋匪帮的关系》，未刊稿，1968年11月10、13日。某学院革命委员会政治工作组盖章，并注明：陈某"系右派分子，所写材料供参考"。

谢国安、于式玉等康藏研究专家为研究员。由于李安宅任华西大学社会系主任,又负责华西边疆研究所,所以两者教学研究联系甚多,"华大边疆研究所与社会学系多次邀请专家举办学术讲座,葛维汉、戴谦和、李安宅、林耀华、冯汉骥均是主讲人员。"①

在李安宅的带领下,华西边疆研究所的研究成果较为丰硕。李安宅本人的学术成长,就是理论与实践兼顾,文献与田野并重的。他非常注重实地研究,曾专门写文章倡导实地研究,如 1942 年在《华文月刊》创刊号发表《边民社区实地研究纲要》,1943 年又在《边疆建设》第1 期发表《实地研究与边疆》。自 1938 年起在边疆地区工作以后,他便甘之如饴,多次放弃在都市工作或担任要职的机会②。

在华西边疆研究所,李安宅身体力行,如在西北时一样,喜欢田野工作。1941 年,李安宅对四川、甘肃等地数县进行为期半年的考察,写成《川甘数县边民分布概况》,对汶川、理番、茂县、松潘、夏河、临潭、卓尼和岷县边民的分布和名称作了详细考察和研究。1942 年 7 月 28 日到 8 月 2 日,李安宅和于式玉到甘肃夏河太子山实地研究。两人重返拉卜楞寺,那是李安宅夫妇学术的一个重要圣地。7 月 28 日,二人从拉寺出发,次日来到太子山,观看了 7 月 31 日的山神祭祀活动,8 月 2日下山。李安宅后来发表《藏民祭太子山典礼观光记》。下山后,李安宅夫妇随即考察黑错、临潭和卓尼一带,途径药沟、黑错(今名合作)、洮州(今名临潭)、卓尼,后返回拉卜楞寺。于式玉后来发表《黑水、临潭、卓尼一带旅行日记》,详细介绍了沿途的民俗文化。

华西大学校刊也多次记载李安宅外出实地工作的消息。如 1944年,"李安宅教授受太平洋学会之委托暨教育部、西康省刘文辉之资助,于 7 月间率同研究所同仁任乃强、玉文华二先生,赴西康德格地方

---

① 李绍明:《略论中国人类学的华西学派》,《广西民族研究》2007 年第 3 期,第48 页。

② 参见汪洪亮:《建设科学理论与寻求"活的人生"——李安宅的人生轨迹与学术历程》,《民族学刊》2010 年第 1 期,第 154—160 页。

作学术之研究。缘德格为藏民文化之中心，不但为喇嘛教各宗派之荟萃所，而伟大之印经院尤驰名焉。据李教授谓，八月廿八日一行抵甘孜。"①他在康定还聘请谢国安加入研究所："谢先生为西藏人，除精通藏文外，对英文、梵文、尼泊尔文，亦深有研究，即汉文亦有阅读能力。"②"社会系主任李安宅教授，自七月赴西康德格，从事边疆文化之研究，为时已五月余；前在西康曾聘藏胞宿学谢国安先生加入研究所。至德格后，又遇精通藏文藏事学者，现供职组织部，杨质文先生。……"③李安宅的这次考察，其研究成果也写进了他的代表作《藏族宗教史之实地研究》中。一般认为，该书是作者在拉卜楞寺调查三年的结晶，实际上拉卜楞寺属于格鲁派寺院，故该书仅三四编的内容系写格鲁派，尽管这两编内容在篇幅上占了大半，但其他教派的相关资料则有不少来自这次康区考察。李安宅在德格43天，撰写了《西康德格之历史与人口》，后来分别以中英文发表。

在1944年，李安宅出版了两本书，其中一本就是集其边疆思想大成的著作《边疆社会工作》。《校刊》对此有报道："李安宅主任，为当今研究边疆之权威，来华大前曾在西北藏民区研究多年，对如何到边疆工作颇有卓见，所著《边疆社会》近已由中华书局出版，另一种《知识社会学》为译著，亦由中华书局同时出版。"④

于式玉是藏学家于道泉之妹，而于道泉又为李安宅在齐鲁大学时的同学。由于道泉介绍，在日本留学的于式玉1929年暑期回国，在北平与李安宅相识，并于次年完成学业，回国结婚。于式玉后在燕大图书馆工作，同时担任日文教学工作。1938年随李安宅到了西北，在协

---

① 《社会系珍闻·李主任暑期赴德格》，《华西协合大学校刊》复刊第2卷第1期，1944年，第9页。

② 《社会系珍闻·边研所聘藏儒讲学》，《华西协合大学校刊》复刊第2卷第1期，1944年，第9页。

③ 《社会系近讯》，《华西协合大学校刊》复刊第2卷第3期，1944年，第4页。

④ 《社会系近讯》，《华西协合大学校刊》复刊第2卷第3期，1944年，第4页。

助李安宅作藏族宗教研究的同时，于式玉对藏区经济与社会也多有考察，发表了多篇考察报告。在中国民族学史上，李安宅和于式玉是一对重要的生活伴侣和学术伉俪，尤以藏学名世。于式玉具有良好的语言天赋和学术根基，擅长文献目录，又肯实地调研，为其藏学研究奠定了坚实基础，也为李安宅藏区实地研究提供了重要支持。可惜于式玉将大量精力用在了应对艰难的生活和繁重的家务，才情未尽而蜡炬成灰。二人学术生命互相缠绕，堪称藏学界之"天涯同命鸟"①。

蒋旨昂1934年从燕大社会学系毕业，同年在燕大主办的《社会学界》第8期发表民族志《卢家村》。次年夏到美国西北大学留学，主修社会学，1937年随美国社会学会考察加、德、苏等七国，后在山东、贵州等地从事乡村建设研究工作。1941年到华西大学担任社会学系副教授，曾任乡建系主任，发起成立了华西社会工作学会，自任总干事，出版会刊《华西社工》。抗战时期他出版了《成都社会事业》《战时乡村社区政治》等著作。1946年出版《社会工作导论》。这本书是民国时期社会工作研究的重要著作，虽然篇幅不大，但涵盖了社会工作专业的各个领域。中国社会学史专家杨雅彬在《近代中国社会学》一书中写道："民国二十九年国民党政府社会部的成立，对人才的需求引起社会学界的注意，各校增加社会事业与社会行政科目，这方面的著作也日渐增多……其中蒋旨昂的《社会工作导论》具有学术上的意义。"②蒋旨昂在民国社会学史上具有重要地位，被归为综合学派，其主要贡献在于社区政治及社会工作研究，但其人生与学术尚少为学界所注意③。

①　参见汪洪亮：《藏学界的天涯同命鸟——于式玉与李安宅的人生与学术》，《民族学刊》2011年第3期，第32—46页。

②　参见杨雅彬：《近代中国社会学（增订本）》下册，中国社会科学出版社2001年，第854页。

③　目前仅有发表在《中国社会工作》2012年第18期的《蒋旨昂的社会工作体系探索》及该刊2016年第10期的《蒋旨昂：尝试建立中国社会工作理论体系第一人》两篇论文，均系解读其《社会工作导论》一书之作。

1943 年 1 月,根据李安宅的安排,于式玉、蒋旨昂到川西理番县黑水地区考察当地少数民族,先乘坐汽车到灌县(即今都江堰市),再步行到茂县、黑水,在麻窝停驻将近 1 个月,与黑水头人苏永和会谈,后被苏送到芦花,停驻 20 多天,再到马塘,最后取道杂谷垴回到成都。两人都写了一些考察文章发表在报刊上。于式玉撰成《黑水民风》《记黑水旅行》等文①。蒋旨昂在《边政公论》发表了《黑水社区政治》,在《大学月刊》发表了《黑水头人与百姓》。

任乃强是我国藏学研究先驱之一,早年多次深入康区实地调查,为西康建省做出突出贡献②。早在 1927—1928 年,他就撰写川边 11 县考察报告,并绘制了各县地图。这次考察几乎奠定了他一生的基调:他在瞻化县(今四川甘孜州新龙县)与上瞻对甲日土司之女罗哲情措而喜结连理,决意专门从事康藏史地研究及服务于川边经济开发。1929 年,他回到成都后,又被刘文辉委任为二十四军军部经济建设委员会委员,筹备四川内属各县经济建设事宜,自是年撰写《西康图经》。1935 年秋被委任西康建省委员会委员,后兼任西康县政人员训练所所长,并授课《康藏史地》。1939 年担任西康省通志馆筹备委员会主任。1943 年,任乃强弃政从学,到华西大学边疆研究所担任研究员,次年随李安宅入康考察,还到凉山地区诸县考察,撰成《德格土司世谱》《喇嘛教与西康政治》等论文。在华西大学工作期间,任乃强发表论文有《边疆垦殖与社会工作》(《社会建设》[重庆]第 1 期,1944 年)、《西康地图谱》(《康导月刊》第 6 卷第 2—4 期合刊,1945 年)、《喇嘛教民之转经生活》(《文史杂志》第 6 卷第 9—10 期合刊,1945 年)、《百万分之一康藏

①　田利军:《李安宅、于式玉对民国川西北及德格土司头人的调查与特点》,《中国藏学》2015 年第 2 期,第 16 页。

②　关于任乃强的较为综合的研究,可以参见徐振燕:《任乃强的西南图景——对一位二十世纪前期民族学家的研究》,中央民族大学博士学位论文 2011 年。关于任乃强与西康建省,可以参见任新建:《任乃强先生对西康建省的贡献》,《西南民族大学学报(人文社会科学版)》2010 年第 10 期。

标准地图提要》(《中国边疆》第 3 卷第 3—4 期合刊,1944 年)等。1946年任乃强转任四川大学教授,发起康藏研究社并创办了《康藏研究》月刊。

地理学家郑象铣是边疆研究所的重要成员,发表多篇边疆研究论文,涉及区域包括西北和西南地区,论题涵盖国防、经济、社会与教育,代表性论文有《滇缅南段新订国界》(《边政公论》第 1 卷第 3—4 期合刊,1941 年)、《湟水流域河西走廊之移民问题及其方案》(《文化先锋》第 2 卷第 15 期,1943 年)、《雅茶与边政》(《边政公论》第 1 卷第 5—6期合刊,1941 年)、《塔尔寺"观景":一年一度的酥油灯花大会》(《风土什志》第 1 卷第 1 期,1943 年)、《塔尔寺盛会所见》(《边疆通讯》第 1 卷第 6 期,1943 年)、《西北现况与国防建设》(《大学》第 5 期,1943 年)、《论西北经济之建设基础》(《学思》第 2 卷第 11 期,1943 年)、《湟水流域移民之地理基础》(《边疆通讯》第 1 卷第 11 期,1943 年)等。

谢国安 1887 年生于四川甘孜,为藏族,曾游历锡金、印度,精通藏、英、梵文。1920 年后,谢国安历任康定师范和师专的藏文教师,成为赴康各界人士争相请教的名师。刘立千即因慕其学识入赘其门,并成为谢的学术助手。李安宅聘谢国安为研究员时,谢国安已年过半百,携其女谢建君及婿刘立千一同进入研究所。李安宅入川后写了多篇关于藏传佛教各教派的论文,在资料上多得谢国安之相助。陈宗祥认为谢国安翁婿二人"对世界都有贡献",因为"别人利用他们的资料发表,都要感谢他们,所以他们在世界上都很有名气。"①

1946 年,谢国安和任乃强发起康藏研究社,出版《康藏研究月刊》。这年,聚在华西坝的内迁大学大多已经复员迁走,当年联合办学的胜景不再。谢、任等人也与李安宅分道扬镳。任乃强的公子任新建先生在《康藏研究社》一文中介绍,任乃强 1946 年受聘为四川大学教授,有

---

① 参见陈宗祥答,覃影、张强问:《70 年致力于民族学研究的学者——西南民族大学陈宗祥先生专访》,《民族学刊》2012 年第 3 期,第 11 页。

感于边疆研究应"力谋国家主权之完整，促进康藏同胞之生活改善，推行切实之经建"，主张"大力沟通文化，消除民族隔膜；注重政经问题，实行综合研究"，与谢国安等友人商议后，发起成立康藏研究会（社）的倡议。李安宅对此事表示支持，并与顾颉刚、徐益棠、马鹤天、张怡荪、马长寿等人都有意参加。因经费困难，学社一直惨淡经营。但其所办《康藏研究月刊》在学界仍然较有影响①。

据笔者查阅，李安宅未曾在该刊发表论文。1949 年学社关闭。因该学社是在抗战结束以后成立，本文不作详细讨论。不过在成都解放后，在贺龙动员下，花甲之年的谢国安及女婿等与李安宅夫妇一同参与了西藏工委研究室的工作，并于 1950 年一同随军入藏②。

玉文华、黄明信、陈宗祥等人为边疆研究所的助理研究员。三人都得到了李安宅的提携。玉文华 1939 年毕业于燕大教育系，后到伦敦大学学习人类学，回国后到研究所工作。李安宅一向主张，学术研究应与社会实践相结合，选了四个田野工作站，分别派三位助理研究员负责。第一个点是成都南郊红牌楼农村社会服务站，由玉文华负责。第二个点是德格，1944 年派玉文华担任德格小学校长。第三个点就是李安宅曾经长期调查过的地方——拉卜楞寺，由黄明信负责。第四个点则是小凉山马边，李安宅派陈宗祥去边民生活指导所当主任③。

李安宅在拉卜楞调研的时候，黄明信在青海湟川中学任教，顺便学藏语。他认为藏族的文化中心是寺庙，便想到寺庙附近去。在青海，塔尔寺地处宗喀巴的故乡，影响最大，但因曾参加顾颉刚领导的西北考察团的王树民认为拉卜楞更加重要，黄明信 1940 年秋到拉卜楞。他认为李安宅的研究侧重寺外，再深入则须从寺内进行，便受戒出家

①　任新建：《康藏研究社介绍》，《中国藏学》1996 年第 3 期，第 21—29 页。
②　参见任新建、刘立千、陈宗祥：《我国老一辈藏学家谢国安》，载任新建：《康巴历史与文化》，巴蜀书社 2014 年，第 398—401 页。
③　陈宗祥口述，岱峻访问，参见岱峻：《风过华西坝：战时教会五大学纪》，第 266—268 页。

入寺为僧，1941 年冬进入拉卜楞寺闻思学院。黄明信就如李安宅安排"潜伏"的研究者，依照寺院传统方法，孜孜不倦地研习藏传佛教和佛法哲理 8 年，成为中国早期藏学研究事业的拓荒者和奠基人之一。起初生活条件比较艰苦，但他认识了热心的李安宅。李安宅到华西大学建立边疆研究所后，即聘黄明信为研究所助理研究员，每月寄钱，其生活条件始得以改善。后来经于道泉介绍，黄明信到北京图书馆藏文部工作①。黄明信担任华西边疆研究所助理研究员期间，发表有《西藏学者之中华学术史观》(《边疆通讯》第 2 卷第 9 期，1944 年)、《拉卜楞寺的喇嘛生活》(《康导月刊》第 6 卷第 2—4 期合刊，1945 年)等文。在后文开头，即有提示："请先阅李安宅先生《拉卜楞寺概况》及《闻思堂学制》二文，载《新西北》月刊第五卷一二期合刊及五卷一期《西北文化专号》"。他详细介绍了拉卜楞寺喇嘛的生活实况，指出喇嘛寺是一个很复杂的组织，不能期待所有的喇嘛都能精于研究。

陈宗祥毕业于辅仁大学心理系，同时选修了历史系的《中西交通史》和社会学系的《人类学》。毕业后在辅仁大学社会学系工作，继续读研究生，抄录吐蕃资料。1941 年，日本偷袭珍珠港事件爆发后，日美宣战，北平的辅仁大学、协和医学院及燕京大学等关门大吉。吴丰培介绍陈宗祥到重庆找顾颉刚推荐工作。当时顾颉刚应国民党中央组织部部长朱家骅的邀请，担任《文史杂志》总编。顾颉刚建议陈宗祥不要介入政治，令其投奔李安宅做边疆研究。陈宗祥拿着顾颉刚的推荐信，1942 年 9 月 5 日到华西大学社会学系报到。李安宅看信后即决定了他在研究所工作，并安排其听冯汉骥的人类学课程。李安宅帮助其治学，一是启发式的座谈，二是抄资料，三是听其社会学原理课。他提到研究所经费问题：华西董事会、交通部长张嘉璈提出创办边疆研究

① 参见黄明信口述，黄维忠、央宗整理：《我的藏学人生》，《中国藏学》2016 年第 S2 期，第 4—39 页；丹曲：《黄明信先生与早期拉卜楞文化研究》，《西北民族大学学报》2013 年第 5 期，第 113—118 页。

所，但后来经费中断，李安宅到处跑经费。李安宅的政策是：没有钱出杂志，就利用《康导月刊》和《边政公论》，“没有经费，就利用国民党的单位”。陈宗祥 1944 年去马边“边民生活指导所”，便属此类单位。陈宗祥也借此横越大凉山。次年李安宅安排搞彝族调查，并介绍金陵大学教授马长寿指导陈宗祥搞彝族研究，此后陈宗祥一直跟随马长寿做彝族研究[①]。陈宗祥对康区民族宗教做了研究，发表论文有《西康栗粟水田民族之图腾制度》(《边政公论》第 6 卷第 4 期，1947 年)、《倮㑩的宗教》(《边政公论》第 7 卷第 2 期，1948 年)、《西康栗粟水田民族之图腾制度(续完)》(《边政公论》第 7 卷第 1 期，1948 年)等民族志作品，还发表有诸如《我对于“社会工作”的认识》(《华文月刊》第 6 卷第 4—5 期合刊，1943 年)、《论边疆探险事业》(《旅行杂志》第 18 卷第 5 期，1944 年)等较为宏观的论述。

庸顿嘉措喇嘛是法国人类学家大卫·尼尔的义子，1937 年进藏考察，后滞留康定。李安宅聘请大卫为边疆研究所研究员，庸顿为资料员。随着任乃强和谢国安、刘立千翁婿二人加盟，研究所几乎成了藏学研究所。研究所还断续有些外国学者加盟。根据陈宗祥介绍，德国藏学家石泰安，经华西大学语言学教授闻宥介绍，来研究所“访学”多年，1949 年后被人民政府驱逐出境，后来成为巴黎大学的藏学权威。另有李安宅在加利福尼亚大学人类学系同学，加州大学教授雷兴(Dr. Ferdinand D. Lessing)，在边疆研究所拜谢国安为师，学习藏密仪轨，1949 年底离开成都[②]。他在华西大学曾做系列演讲，内容有“西方佛教研究：历史及其方法”、“喇嘛教的多源创生性”、“佛教仪式中的心性过程”、“艺术在喇嘛教中的地位”、“汉人和佛教中的丧仪”、“佛教和基督教的并列与对比”等专题[③]。

---

① 参见陈宗祥答，覃影、张强问：《70 年致力于民族学研究的学者——西南民族大学陈宗祥先生专访》，《民族学刊》2012 年第 3 期，第 4—18 页。

② 参见岱峻：《风过华西坝：战时教会五大学纪》，第 262 页。

③ 参见陈波：《李安宅与华西学派人类学》，第 113 页。

边疆研究所多次安排对边区进行实地考察，聘请专家来所进行学术讲座，收集图书资料，整理和翻译藏文经典，多次举办边疆文物展览，写成调查报告或论著发表，取得丰硕成果。前面已对涉及边疆研究的学术考察活动有所记述。这些考察活动及其成果的发表，增进了国人对边疆民族地区实况的了解，为改良政府的边政效果提供了借鉴，对内地与边区、汉族和少数民族交流作出了学术层面的努力。就学术交流活动而言，我们已经讲到，那个时期的华西坝上学者云集，学术活动丰富。在罗忠恕的倡导和组织下，华西坝教会五大学众多学者参与组建了东西文化学社，使这个地方充满了东西方文化学术会通的国际性视野①。边疆研究所成立后，也开展了不少学术讲座。如李安宅曾于 1943 年 2 月主讲《四川农稼之介绍与改进》。1945 年 10 月 17 日到 11 月 2 日，社会学家潘光旦来校讲《中国民族与中国文化》。同年 12 月 1 日，印度加尔各答大学教授甘格勒来校主讲一周《印度佛教艺术》。同期，边疆研究所还会同华西大学博物馆和文化研究所及四川省博物馆合作举办西藏绘画展。

（五）中国文化研究所

中国文化研究本非华西大学优势学科，横向比较，不如燕京大学和金陵大学。两校分别在 1928 年和 1930 年就已经成立了中国文化研究所。华西大学中国文化研究所 1939 年才筹备，于次年春成立，由著名语言学家闻宥担任所长。抗战时期因高校内迁，"一共五所教会大学集中一地，显得十分热闹融洽"②，大量学者荟萃于成都，其中就有不少语言学家。西南地区民族多元，各有习俗，语言纷殊，被语言学家视为从事民族语言研究的乐园。他们综合运用语言学、民族学和历史学等学科知识，对民族语言的词汇、结构及其发展变化的社会文化

---

① 参见汪洪亮：《蜀中学者罗忠恕人生史研究的学术意义》，《四川师范大学学报（社会科学版）》2017 年第 4 期。

② 陈裕光：《西迁与复校》，载南京大学高教研究所校史编写组编：《金陵大学史料集》，南京大学出版社 1989 年，第 50—51 页。

因素等问题进行研究,拓宽了语言学的研究领域,并为中国民族学和边疆研究提供了理论和实际的帮助。这些语言学家后来成了华西大学中国文化研究所的主要成员。研究所成立后聘请了吕叔湘、韩儒林、刘朝阳、缪钺等学者担任研究员,陈寅恪、董作宾、刘咸、李方桂等担任特约研究员。

研究所出版了《华西协合大学中国文化研究所集刊》,由闻宥担任编辑部主任,吕叔湘、启真道(Kilborn)、韩儒林均为编纂委员会成员①。该刊内页中英文并存,有些论文是中文,有些是英文。该刊创刊号即发布了《本刊条例》,宣示其办刊宗旨及有关设想,内容如下

（一）本刊所收论文,以关于中国文化之研究为主,而尤侧重于人类、考古、历史、地理、语言等学科。东亚其他地域,如印度、南海等之研究,与中国文化关系极密者,或亦兼采,惟以极少数为限。

（二）本刊论文,以所中同人自撰者为主。所外学人有以性质相符之稿本见赐者,本所当斟酌收受之。

（三）本刊文字,不以国文为限,英、法、德文皆得使用。惟用国文者多附欧文提要,用欧文者多附国文提要,以求国内外学者披阅之便。

（四）本刊约四百五十页为一卷,每卷分四号刊布之。②

由此可见,华西大学中国文化研究所办刊旨趣是以"中国文化"为研究主体,同时又非常注重考古、历史、语言等内容,其中不少内容与边疆(包括陆疆与海疆)研究有关的,如闻宥的《羌语比较文法》、韩儒林《吐蕃之王族与宦族》、李方桂《沙佛,藏汉语系的元音》等。这显然是与华西大学本来地处中国西部,临近西部边疆有着关联。《集刊》自

---

① 其后编纂委员会组成曾有变化。如该刊第 2 卷即显示其编委有闻宥(主席)、刘咸、韩儒林,第 3—4 卷显示其编委有闻宥(主席)、刘朝阳、颜闿、韩儒林。

② 《本刊条例》,《华西协合大学中国文化研究所集刊》第 1 卷第 1 期,1940 年,第 1 页。

1940年发行至其停刊，发行了9卷共发表84篇文章，所述内容大部分与中国边疆少数民族有关，尤以语言文字研究论文最多，有30多篇，分别对白族、羌族、彝族、纳西族、蒙古族、藏族等民族语文进行了深刻而细致的研究。李绍明曾评论："其所载有闻宥著《论民族语言系属》《民家语中同义字研究》《羌语比较文法》；吕叔湘著《释您、俺、咱，嗒，附论们字》《汉语第三代身词说》；李方桂著《沙佛，汉藏语元音》；董作宾著《读方编纳西文字典甲种》和刘念和著《中国古汉语声韵系统之研究》等，皆称语言学一时的佳作"①。

　　总体来讲，华西大学的边疆研究，以博物馆、社会学系、华西边疆研究学会、中国文化研究所、华西边疆研究所等机构为主要阵地。早期以外国传教士学者为主，后期则以中国学者为主力。从学科分布来看，华西大学边疆研究一开始就是以比较丰富的面貌出现的，其学术起点较高，主要原因在于传教士学者较早就成立博物馆和华西边疆研究学会，较早开展边疆田野考察，以现代社会科学理论和方法去推动边疆研究。戴谦和时期的博物馆和边疆研究学会的学者多以文化传播理论为指导思想，"把异民族文化看成时间上的他者"，"把文化进化看成是不同民族和社会相互采借技术、经济、观念、宗教和艺术形式的结果"，"强调用实证资料来确定文化特质的起源和传播途径，以此解释文化相似性和差异性的成因。"②如陶然士假设川西羌族是犹太人的后裔，其判断依据是二者在文化、风俗习惯的类似；叶长青把藏语与英语、闪米特语相比较，明显受到传播学派的影响。在葛维汉主持工作期间，博物馆更多受到了博厄斯学派影响，把民族地区的语言文化、艺术形式的搜集与抢救放在最为重要的位置，奉行"抢救原则"，采集了大量文物。

──────────

① 李绍明：《略论中国人类学的华西学派》，《广西民族研究》2007年第3期，第48页。

② 庄孔韶主编：《人类学通论》，山西教育出版社2002年，第45页。

作为后期华西大学人类学和边疆研究核心人物的李安宅，其思想更是博采众长，兼收并蓄，与燕京学派并不类同。按照陈波的看法，李安宅除了受到以博厄斯为首的德、美人类学派影响之外，还有三个学术渊源，一是来自卡尔·曼海姆（李安宅本人译为"孟汉"）的知识社会学和皮亚杰的儿童心理学；二是来自瑞恰兹（李安宅本人译为"吕嘉慈"）的语义学；三是清代的今文经学研究，经康有为的《孔子改制考》而至胡适之和顾颉刚等人的新史学。[①]　李安宅的确受到顾颉刚影响较大，二人曾经在燕大国学研究所共事。顾颉刚对边疆研究及新史学的推动，对李安宅具有激发和促进的作用[②]。李安宅本人学科背景的丰富性及其学术训练的多元性，也使其能够具有开阔的学术胸怀，从其主持华西边疆研究所，延请研究员并不问来者出身而只问其有无学问来看，可以清晰看到此点。

华西大学边疆研究成果很多以西文的方式呈现。《华西边疆研究学会杂志》是一份英文学术刊物，中国文化研究所出版的《华西协合大学中国文化研究所集刊》不以中文为限，英文、法文、德文都可以使用。如人文科学类文章：叶长青《羌族白石考》（1922 年，英文）、葛维汉《川南古代白人墓穴考》（1935 年，英文）、鲍克兰《贵州安顺坝苗之服装及刺绣图案》（1941 年，德文）、闻宥《嘉戎语中动词之方向前置及其羌语中之类似》（1943 年，英文）。自然科学类文章：戴谦和《四川农业水资源之应用》（1926—1929，英文）、李哲士《汉藏边界金河地区地方性甲状腺病调查》（1933—1934 年，英文）、吴定良《中国人肱骨之初步研究》（1941 年，英文）、颜誾《大花苗体质之初步测量及观察》（1941 年英文）[③]。这些文

---

①　陈波：《祖尼小镇的结构与象征——纪念李安宅先生》，载王铭铭主编：《中国人类学评论》第 3 辑，世界图书出版公司 2007 年，第 158 页。

②　参见汪洪亮：《顾颉刚与李安宅的人生交集和思想学术异同》，《中国藏学》2015年第 2 期。

③　参见周蜀蓉：《中国近代第一份研究华西边疆的珍贵文献——〈华西边疆研究学会杂志〉》，《南方民族考古》2013 年第 9 辑，第 205—235 页。

章涉及西南边疆地区汉、藏、彝、羌等民族的语言文字、宗教信仰、自然地理等各方面,华西大学用西文将中国西南边疆地区古老的文化传播到世界,成为世界了解中国西南边疆地区的重要平台。这也充分体现了华西人类学和边疆研究的国际性。

李绍明先生曾提出人类学"华西学派"一说,他认为"华西"应该指华西大学,这所教会大学培养了一大批边疆研究人才,而且从抗战开始,相当一批高校迁到成都华西坝,多所教会大学与华西大学合作办学,华西人类学和边疆研究的队伍得以壮大。有些学人就以"华西"来称呼这一阶段华西坝上的人类学群体。李绍明认为华西学派客观上是存在的,而且华西学派人类学"具有南北两派的所长,尤其是藏族的人类学研究颇为突出"①。以华西坝上学者为主体的边疆研究群体这一时期活跃在学术界,发挥着巨大影响力。李绍明 2007 年提出这一学术概念时,是征求意见式的尝试性论证,发表后虽然有争议,但也得到不少人认可,陈波干脆将其一本著作的名称就确定为《李安宅与华西学派人类学》,尽管他对华西学派的学术特征并没有清晰的论述,也没有讨论李安宅与华西学派诸多学人的学术联系。2017 年通过的国家社科基金重大招标项目"20 世纪 20—40 年代中国人类学'华西学派'的学术体系研究",其研究目标即是对李绍明提出的这一重要学术见解的进一步充实完善和论证确认。

二、金陵大学

金陵大学长期保持了三院一所的办学格局,即文学院、理学院、农学院和中国文化研究所。中国文化研究所属于校内单设的具有独立性的研究性单位,但是在人员组配上又与文学院有很多交叉,业务上有很多关联,所以也可以理解为文学院中部分研究能力较强的教授们

---

① 李绍明:《略论中国人类学的华西学派》,《广西民族研究》2007 年第 3 期,第 45 页。

的一个学术共同体。抗战时期,金陵大学边疆研究的主要力量集中在中国文化研究所和文学院(尤其是在历史系和社会学系)。

金陵大学对边疆问题保持了持续的关注。西迁成都以后,金陵大学具有研究边疆民族问题的地理优势,且其时边疆学术已成学界新宠,成都也荟萃众多边疆问题专家。金陵大学进一步巩固其原有学术传统,积极发挥徐益棠、柯象峰等人的学术带头人作用,成立了边疆研究的专门机构——边疆社会研究室,并创办《边疆研究通讯》《边疆研究论丛》等刊物,并凭借徐益棠当时实际主持中国民族学会工作的机缘,以学会名义接办《西南边疆》杂志。因为徐益棠的辛劳及其成就,金陵大学在当时中国民族学和边疆研究领域具有较高的地位和声望。这一时期,金陵大学也非常注重实地调查研究,尤以康藏地区为主要调研区域,在研究中糅合民族学、社会学、宗教学、历史学等学科,成为抗战时期边疆研究的一支重要力量。其中最有影响者当属徐益棠、柯象峰、卫惠林等教授。

1938 年,教育部发表训令,鼓励高校积极参与现实问题研究。训令称:

> ……除纯粹学问之探寻外,应随时研究实际问题,以应社会国家之需要。过去各校教授,研究成绩,虽有足多,但对于社会国家所亟需解决之问题,尚未能充分注意,以致学术研究与国防生产等事,缺乏相当之联系,而高等教育,遂未能充分发挥其应有之功能。现值抗战建国期间,全国及各地方有关政治,经济,国防,生产,交通,军事,以及民族,文化等亟待解决之问题,所在皆是。各校所属院系,应各就讲习之所近,选择此项问题,由各教师领导学生,作继续不断之研究,以期得有解决方案,贡献国家;庶几学用结合,教学均增兴趣,而国家社会亦得实受其益。[1]

抗战时期百废待举,高校也应有其责任担当。对照教育部指令,

---

[1]　《教育部训令》,《金陵大学校刊》总第 238 期,1938 年。

金陵大学文学院根据自身院系设置和既往开课情况，有针对性地开设了更多趋向应用性的课程。如 1937 年秋季，经济学系开设了"战时财政"，历史系开设了日本史、边疆问题概论，社会学系开设了人口问题，1938 年春，经济系设有战时经济，历史系设有西南边疆，哲学系设有战争哲学等课①。文学院 1939 年的工作计划显示，在下年度拟开设边疆行政、人文地理、公债论、中国边疆概论、民族学大纲、西南边疆等抗战教育课程，以此来增加学生战时知识及使用能力②。由课程设置可见，边疆问题相关课程在金陵大学文学院课程设置中比例在逐步加大，且涉及面也在加宽和拓深。当然，仅仅是教学层面，还不足以说明金陵大学此段时间对边疆问题的投入。金陵大学在前期民族学研究的积累基础上，着力推动了边疆研究机构的设立和边疆研究刊物的创办。

（一）社会学系边疆研究室

在南京办学时期，金陵大学社会学系虽然有徐益棠积极投身民族学和边疆研究研究，但就整体而言，还是更多专注于都市和乡村社区研究。华西坝办学时期，社会学系采取多种措施加强边疆研究。1940 年秋季，为方便因材施教，社会学系根据"社会学人才之需要"，"教部之规定"，"学生之兴趣"，将学生分成普通社会学组，关注一般社会学理论；都市社会学组，关注都市化问题；乡村社会学组，与农学院合作，注重乡村社会调查研究；边疆社会学组，着重对西南边疆问题进行调查研究；社会福利行政组，传授社会福利知识与技能③。其中边疆社会组为新设，由徐益棠担任研究组主任，增设了民族学和边区调查等课程，其目的在于"适应建国要求，对边区民族文化与边疆问题作有系

---

① 《一九三七年度金陵大学文学院概况及该校迁成都后事业报告（1938.6）》，中国第二历史档案馆藏私立金陵大学档案，案卷号：649—1625。

② 《金陵大学文学院行政计划（1941）》，中国第二历史档案馆藏私立金陵大学档案，案卷号：649—1628。

③ 参见张宪文主编：《金陵大学史》，第 123 页。

统之学术研究"①。

1941 年 11 月 22 日，金陵大学向教育部呈文，自陈学校素来重视边疆研究，入川以来，社会学系教授已三次赴川边考察，获得不少珍贵资料，但"因研究人员不敷分配"，难以产出研究成果，"深感研究工作尚须充实，边疆社会工作之实验更须推动，干部人才尤须积极培养"，故拟扩充边疆社会组，希望教育部补助研究所需经费②。事情虽然公事公办，但也需有私人关系帮衬。校长陈裕光于 11 月 21 日亲笔致信教育部蒙藏教育司司长张廷休，并附上计划书，希望张廷休能转交教育部部长陈立夫，以"鼎力玉成"此事。如此双管齐下，教育部给予经费补助，《私立金陵大学文学院社会学系边疆社会组扩充计划》得以实施③。

边疆社会组扩充计划最重要的措施就是 1941 年 9 月设立边疆研究室（有时也称边疆社会研究室），由徐益棠和卫惠林两位教授主持研究计划。边疆研究室分成若干小组：民族及人类学分组、语言学分组、边疆地理分组、边疆实际问题分组，各个小组研究对象虽有不同，但每年均须出外调查及研究。研究室定位为"金陵大学社会学系边疆研究组主办之研究机构"，其实就是边疆社会组"扩充计划"的具体实施内容之一，以"中国边疆民族文化与边疆社会问题为研究范围"，其人员组成如下：①研究室主任，"由边疆社会组教授中选聘一人兼任之"；②研究员，"聘请本校边疆社会组教授兼任之"，③名誉研究员，"聘请本校以外之边疆研究学者担任之（名誉职），④通信研究员，"聘请各边疆

---

① 《五年来之金陵大学文学院》，载南京大学高教研究所校史编写组编：《金陵大学史料集》，第163页。

② 参见《私立金陵大学文学院社会学系边疆社会组扩充计划》，中国第二历史档案馆藏私立金陵大学档案，案卷号：5—13172。

③ 《私立金陵大学关于讲习、补助、各科研究经费与教育部的来往文书（内有英文）（1935.9—1947.11）》，中国第二历史档案馆藏私立金陵大学档案，案卷号：649—250。

知识分子或长期在边疆工作有特殊研究者担任之",⑤助理研究员,
"聘用本校或其他国立大学社会学系毕业之优秀学生有研究经验者担
任之",⑥研究生,"由本校社会学系毕业生中选拔或公开招考取录
之",⑦助理员及书记①。

边疆研究室工作内容包括四个方面,一是室内研究,包括编制中
国边疆研究书刊及论文目录卡片,搜集与整理中国边疆社会研究资
料,整理与保管边疆民族文化标本,绘制边疆人文地图等;二是实地研
究,包括调查与研究中国西部边疆民族和语文,设计与实验中国西部
边疆社会文化工作,搜集边疆文物标本。三是"出版及学术宣传工
作",其中《边疆通讯》(实际出版时刊名为《边疆研究通讯》)是研究室
"经常搜集研究资料之机关刊物,每两月出版一次";另编辑边疆研究
专刊(实际出版时刊名为《边疆研究论丛》),"实地研究及专门问题研
究之报告,不定期";还包括举办边疆学术讲演及文物展览会。四是边
疆社会文化工作设计与实验,包括边疆教育工作、边疆文化工作、边疆
经济开发工作、边疆社会改进工作等四个方面的设计与实验。为使工
作循序渐进,研究室拟定各个时期的中心工作:1941—1942 年以室内
工作也就是文献研究为主,1942—1943 年以川康地区实地研究和《边
疆通讯》的编辑发行为中心工作,1943—1944 年以甘、宁、青、云、贵等
地区的实地研究及边疆工作的设计实验为中心工作。

由上可见金陵大学社会学系边疆研究的顶层设计非常全面,覆盖
边地范围非常宽广:除了蒙、藏、新及东北以外的西部边疆,皆为其关
注范围,足见金陵大学边疆研究之雄心。其具体工作开展,我们可以
从研究室设立一年来的工作中略窥其貌:一是编制中国边疆研究资料
及论文目录卡片;二是搜集整理中国边疆社会研究资料;三是整理和
保管边疆民族文物标本;四是绘制边地人文地图;五是发行边疆研究

---

① 本段及下段,参见《金陵大学文学院社会学系边疆研究室工作计划大纲草案》,
《边疆研究通讯》第 1 卷第 1 期,1942 年,第 11—12 页。

通讯双月刊。另外，"其正在计划进行中之工作，有①编印边疆研究专刊，发表实施研究及专题研究之重要论著。②举行边疆文物展览会，将实际研究所得之民物标本及照片，举行公开展览会。③实地考察工作暂以康区为第一期工作范围，陆续进行，并与国内各学术机关在工作上取得密切之联系。"①

金陵大学社会学系立足于培植边疆研究人才，开设了系列边疆民族类课程。如大二开设民族学、中国人文地理、边疆地理基础，大三开设有世界民族志、边疆语言一种，大四开设了边区社会组织及行政问题、边区教育问题、边区调查、边区实习服务等课程，并规定边区调查与实习服务为边疆社会组学生的必需课程和培养环节，不及格者不得毕业②。

1943 年，金陵大学社会学系遵照"教部蒙字第 44515 号训令，附发各院校设置边疆建设科目及讲座概况编报纲目"，将原有边疆史地讲座扩大为边疆建设科目，也就是将原来的讲座进一步学科化和体制化，不再是教师在学术研究层面的领域，而是作为人才培养中成建制的教学任务。社会学系在原有的民族学大纲（注重原始民族及其文化，全系必修）、边疆史地通论（中国边疆整体的研究）、东北边疆（偏重东北四省及蒙古）、西南边疆（偏重康、藏、川、滇、黔、桂各省）、西北边疆（偏重新、青、甘、宁各省）等课程基础上，另添设了边疆区语言及民族、边疆社会组织、地理及边政等实用科学，每年约有十人左右选习，大部为文学院学生，少数学生则来自农学院农业经济系及理学院。由此可见，金陵大学的边疆研究相关科目更多开始进入课堂，而不再只是老师们的研究领域和偶尔给学生开设的讲座；也不再局限于起初的史地学科，而是延及社会学、民族学、语言学、教育学等学科，渐变为跨

---

①　《五年来之金陵大学文学院》，载南京大学高教研究所校史编写组编：《金陵大学史料集》，第167页。

②　本段及下段，参见《私立金陵大学文学院社会学系边疆社会组扩充计划》，中国第二历史档案馆藏私立金陵大学档案，案卷号：5—13172。

学科的系统性研究,同时也更加注重实用性。

这一时期,徐益棠仍然是金陵大学最重要的边疆研究者。他学术视野开阔,论著覆盖历史学、民族学和边疆研究,既注重历史研究和理论研究,也非常关注实地研究和实物搜集,同时非常注重教学。他专门编写了《民族学大纲》作为讲义或教材,讲义成型于抗战时期,可以视为华西坝边政理论研究的重大收获。该书共九章,分别为《绪论》《社会形态学》《方物学》《美感的意境》《初民经济现象》《初民的法律与道德》《初民的家庭(族)与婚姻》《婚姻》《原始民族的政治组织》等。他认为民族学是一门相当综合的学科,研究民族学要具备地理学、地质学、考古学与史学、人类学(体质人类学)、生物学与心理学、语言学、动植物学、物理学与化学、政治学与经济学、宗教学、艺术史、社会学等多个学科的相关理论方法知识,对调查者知识的广度和深度都有较高要求。他还详细地指出了民族学材料收集的方法,提出做实地调查要范嗣小、时间长,不能走马观花;要通晓当地民族语言,特别是专有名词;要掌握问答技术,避免使用具有诱导性的反问句;要以科学的方法训练翻译,避免翻译人员在翻译过程中过度加入自己的理解;要注意保留摄影资料,养成记日记的习惯,记录对话和回答要详细而迅速;搜集材料时要"愈多愈好,愈全愈好,愈分析愈好"。但是,不能只注重文字修饰而忽略了事实真相。他对民族学实地调查方法的总结具有很强的实用性和前瞻性,反映了那个时代中国民族学发展的前沿水平,于今看来仍具有重要指导意义①。

徐益棠和柯象峰多次组织边疆考察活动。1938 年夏,应西康建省委员会委员长刘文辉的邀请,柯象峰、徐益棠等率领西康社会考察团,到康定及周边甘孜、道孚、炉霍、泰宁、泸定、汉源等地考察藏族社会,

---

① 徐益棠著、徐畅整理:《民族学大纲》,辽宁人民出版社 2014 年,第 224—225 页。相关评述可参见徐益棠之子徐畅所撰《中国民族学研究的先行者》,《中国民族报》2010 年 11 月 12 日;刘波儿:《徐益棠先生的西南边疆民族研究》,载徐益棠著、徐畅整理:《民族学大纲》,第 222—226 页。

是为"我国学术团体赴康之第一次工作"①。这次考察共收集文物标本 52 件,照片 283 张,为西康建省委员会提供书面报告,指出应立即建省,普及教育,提高人民生活水平,积极发展交通,开发富源振兴工业。1940 年暑假,柯象峰、徐益棠分别担任四川省边区施教团正副团长,率同 20 余人深入雷波、马边、屏山、峨边等县,对当地经济社会、民情风俗、古迹名胜等作了详细调查,汇编成《雷马屏峨纪略》一书,次年由四川省教育厅出版②。考察结束后,徐益棠深入雷波小凉山地区,收集民族文物。在多次实地考察的基础上,他完成了《雷波小凉山之民》《到松潘去》等多种关于凉山彝族地区社会文化研究论著。

徐益棠注重组织边疆团体和编辑学术刊物。早在 1934 年回国不久,他就参与发起中国民族学会并担任理事,又被推举为内政部礼俗司全国风俗普查委员会委员,担任宗教迷信巫术禁忌组的筹备与训练指导工作。民族学会拟出版《民族学报》,徐益棠担任编辑,但因战乱及经费原因,学报计划未曾实现。但在抗战时期学会成员星散的情况下,徐益棠在成都办理《西南边疆》月刊,使成员间"渐通声气","本会会员颇有主张重复旧规,继承前业者"③。中国民族学会在抗战时期,成员数量增加很快,1942 年会员 33 人,1946 年达到 91 人,民族学界及历史学界知名学者大多在其中。徐益棠在其间的组织和凝聚作用不容忽视。

徐益棠、柯象峰、刘铭恕等还参与了中国边疆学会(成都)的筹备工作。柯象峰、徐益棠参加了中国边政学会,担任学会理事,并作为该学会机关刊物《边政公论》的特约撰稿人。据笔者统计,柯象峰在该刊发表论文 2 篇,徐益棠在该刊发表论文多达 13 篇,为该刊发文最多之

---

　　①　柯象峰:《西康纪行》,《边政公论》第 1 卷第 3—4 期合刊,1941 年。

　　②　《五年来之金陵大学文学院》,载南京大学高等研究所校史编写组:《金陵大学史料集》,第 164—165 页。

　　③　徐益棠:《七年来之中国民族学会》,《西南边疆》第 15 期,1942 年,第 55—58 页。

作者。《边政公论》有一批学有专攻、相对稳定的作者队伍。这些人大部分具有丰厚学养、在学界或相关行业有一定影响。仅从这个数据来看，徐益棠在那时中国民族学和边疆研究领域的活跃程度可见一斑。徐益棠不少论文还发表在《边事研究》《金陵学报》《大学》《学思》《青年中国季刊》等刊物，又主编或与他人共同主编了《斯文》《金陵学报》《中国文化研究汇刊》《边疆研究论丛》《边疆研究通讯》《西南边疆》《民族学研究集刊》等学术刊物。1941年，徐益棠获得教育部部聘教授资格，这也是对其民族学研究成果与水平的高度认可①。

社会学系主任兼学校教务长柯象峰原本是个社会学家，主要关注贫困和人口问题，早在1930年代初就出版了《中国贫穷问题》《现代人口问题》等著作。两部著作都具有学术的开创性和系统性，在社会学界具有重要影响。柯象峰不仅是一名优秀的学者，也是一个优秀的学术组织者和高校管理者。早在1929年，他就和杨堃共同发起中国社会科学会②。他还是中国社会学社的重要发起人，曾担任学社副社长。在金陵大学，他还担任过社会学系主任、教务长、校务委员会常务委员等职务。抗战时期，柯象峰积极调整研究方向，投入边疆社会研究。其学术转向自然与时局变迁密切关联，同时邻近边疆的研究地利也能与其社会学研究结合起来。他在西康社会调查研究中，同样延续了社会学的研究路径，故在边疆研究中他更多关注边民生活问题。

在徐益棠和柯象峰的主导下，社会学系着力整合校内边疆研究人才。图书馆学家刘国钧、土壤学家黄瑞采、摄影家孙明经、图书馆学家吕叔湘，开始从不同的角度、领域或关注或研究边疆。如刘国钧对图书馆学、目录学有很高的造诣，著有《图书馆学要旨》《图书馆学概论》等书，也对边疆问题有所关注，曾发表《今后边疆教育应取之方针》

① 刘波儿：《徐益棠先生的西南边疆民族研究》，载徐益棠著、徐畅整理：《民族学大纲》，第226页。
② 中国社会科学会：《留法同学组织中国社会科学会之经过》，《中法教育界》第34期，1930年，第64—66页。

（《西南边疆》第 13 期，1944 年）、《西北今后之图书教育》（《新西北》第 7 卷第 7—8 期合刊，1944 年）等。孙明经是中国影视民族志影视片的早期制作者，是中国将摄影用于科学考察的先驱者之一，1939 年参与川康科学考察团，拍摄了一批反映少数民族风情，体现国情民情的纪实影片和照片，1942—1945 年又参加了云、贵、川科考摄影[1]。史兴庆所著《民国教育电影研究：以孙明经为个案》，对其"地理风光电影"的介绍尤为详细，其中有"两次西康之行"、"西南科考"等，均纳入了边疆影像范畴[2]。学界之前对庄学本多有发掘，誉为影像人类学大师，而孙明经地位与影响与庄相若，在抗战时期的边疆考察也是非常值得关注的。或在考察中有感而发，孙明经还在《西南边疆》（第 14 期，1942 年）发表了《开发西康之意义及其途径》，对西康开发提出了建议。

　　1941 年 9 月，"在好友徐益棠的帮助下"，卫惠林到金陵大学社会学系担任专职教授[3]。卫与徐益棠同期曾在法国巴黎大学攻读民族学专业，尽管徐为博士、卫为硕士，但均系国人在海外，人生有交集。卫惠林到校工作不久，新成立的金陵大学社会学系边疆研究室即由其主持。1942 年 1 月，边疆研究室创办《边疆研究通讯》，卫惠林为负责人[4]。卫惠林在民国民族学界有着重要地位，与黄文山、徐益棠等人都是中国民族学会的发起人，先后担任执行理事、理事会主席，还担任

---

　　① 韩丛耀、赵迎新主编，吴强、刘亚编著：《中国影像史·第 7 卷 1937—1945》，第 266—269 页。

　　② 参见史兴庆：《民国教育电影研究：以孙明经为个案》，中国传媒大学出版社 2014 年，第 101—133 页。

　　③ 卫纪慰：《台湾著名社会学家卫惠林先生》，载中国人民政治协商会议山西省委员会文史资料委员会编：《山西文史资料》第 4 辑，山西人民出版社 1996 年，第 42 页。

　　④ 据卫纪慰称，卫惠林 1942 年任职金大后，开始整理他陆续收集起来的川康地区边疆民族的有关资料，"并且创办了一种小型期刊《边疆研究通讯》，着重研究中国边疆的少数民族"。（参见卫纪慰：《台湾著名社会学家卫惠林先生》，第 42 页）后该刊物在 1943 年停办，恰好此时卫惠林也离开了金大边疆研究室，可断《边疆研究通讯》实由卫惠林负责运作。

《民族学研究集刊》的执行副主编。他的边疆研究也涉及西南、西北等
广袤区域，发表边疆研究论文二十多篇，其中重要的有《中国边疆研究
的几个问题》《边疆文化建设区站制度拟议》《如何确立三民主义的边
疆民族政策》《论边疆建设与中国前途》《青海土人的婚姻与亲族制
度》，从标题可见，他除了实地研究外，还对边疆研究的理论方法和边
疆建设的宏观政策及具体措施都有深入的思考。这些文章非常重要，
集中显示了他对边疆问题的睿见。他从群体角度对民族学进行界定，
认为民族学是研究群体生活的民族而非个人，民族学的主要研究对象
是群体及其文化。所以他对边疆问题的政策性探讨也多在民族文化
层面①。

　　1942 年，金陵大学社会学系又聘请了当时著名的民族学家、社会
学家马长寿担任教授，又曾短暂聘请曾供职于大夏大学的张少微，从
事民族学研究。马长寿学术视野开阔，民族学和历史学功底俱佳。担
任金陵大学教授期间，他多次到川西北和凉山地区考察藏、羌、彝等民
族的历史和文化，发表《康藏民族之分类体质种属及其社会组织》（《民
族学研究集刊》第 5 期，1946 年）、《川康边境之民族分布及其文化特
质》（《边疆问题》第 3 期，1939 年）、《凉山罗夷的族谱》（《边疆研究论
丛》第 2 期，1945 年），这些论文"是他应用近代民族学、人类学的科学
方法，进行民族实地调查，结合文献的研究成果，具有较高的学术水
平，至今仍然有着重要的参考价值。"②他对边政研究也提出了系统的
看法，尤其体现在《人类学在我国边政中的应用》和《论民族社会的性
质》两篇文章中。他提出人类学不应当"浸淫于蛮族学或弱小与少数
民族之学的领域中"，而"应当开拓到人类全体及其文化的整个领域之
上"，这就使人类学研究脱离那种狭隘的研究方向，摆脱其服务殖民的

---

① 　卫惠林：《民族学的对象领域及其关联的问题》，《民族学研究集刊》第 1 期，
1936 年，第 30 页。

② 　周伟洲：《马长寿教授的学术活动和治学方法》，载王宗维、周伟洲编：《马长寿
纪念文集》，西北大学出版社 1993 年，第 57 页。

学术出身，服务于多民族国家建设，从而有了更宽广的视野和领域。他对中国边疆的特点做了精到的总结，认为中国边疆是历代开疆拓土的结果，与近代以来西方列强的殖民侵略有根本不同，"中国只有边疆，没有殖民地"，而且"中国今日所闹的边疆问题，我们当认识清楚是内政问题，不是民族问题。"在他看来，边疆问题有时表现为民族问题，并非本质问题，其原因在于"政治不健全"、"内部不修明"。这与欧美殖民行政问题不同："现代欧美的殖民行政问题，是民族间的接触问题和文化间的接近问题。但中国边疆这些问题应当是过去的了。"他主张从人类学的本土化入手，把握中国民族与社会的特质，建立一套具有中国特色的人类学话语体系来为解决中国的边疆民族问题提供学理支撑[1]。张少微曾发表有《民族学体系发凡》等，对民族学的学科体系陈述了自己的见解。他对边疆社会研究的对象、内容和方法也有讨论，值得认真研读[2]。

　　另有政治系教授高中润，1942 年经蒋介石核定，各部社团推派专家参加国父实业计划研究会所办的第一考察团，到新疆、蒙古一带考察社会资源，为将来实行实业计划提供参考，经中国边疆问题研究会、金陵大学及其文学院商议，一致举荐高中润参加[3]。还有政经系政治组的宓贤璋，研究西南土司制度。为了解决授课教师不足的问题，社会学系还聘请外校教授兼职，如请金陵女大地理学教授刘恩兰主讲边区地理，另聘请了西南联合大学文学士许志致、西南联合大学教育学

---

[1]　参见马长寿：《人类学在我国边政上的应用》，《边政公论》第 6 卷第 3 期，1947年，第 25—28 页。

[2]　参见张少微：《民族学体系发凡》，《民族学研究集刊》第 5 期，1946 年，第 153—156 页；《研究边疆社会之内容发凡及步骤》，《边政公论》第 1 卷第 3—4 期合刊，1941年，第 32—47 页；《研究苗夷族之内容及方法刍议》，《贵州日报·社会研究》第 18 期，1941 年 1 月 15 日。

[3]　《金陵大学教职员为兼校外职务及聘请校外人员来校兼课与有关单位的来往信函(1928.9—1948.3)》，中国第二历史档案馆藏私立金陵大学档案，案卷号：649—150。

学士符气雄担任助教①。

(二)中国文化研究所

因为中国文化研究所与文学院的密切关系，前面所述文学院社会学系的边疆研究活动，中国文化研究所实际上大多都有参与，文学院许多学者也在研究所内任职。该校文学院对此也有介绍：

> 民国 19 年秋，美人霍尔氏捐助本校美金 60 万为基金，其中以 30 万元指定为研究我国文化之用，本校因即设立中国文化研究所。成立以来，对于搜集文化资料，采访文献古迹，鼓励研究工作，努力迈进，每学期均在本院开设有关中国文化课程，而本院中国文学系、历史系、社会学系等，均与该所取得联络参加工作，更注重专题研究。②

与今日之动辄数万人的大学相比，民国时期多数大学规模较小，有三个学院即可具备大学资格。学院之下虽然设若干系，但实际上每个系仅数位或十几位教师，数十或上百学生。这样的系，从人员规模来看，类似今日之教研室。不同教研室教师合作开展研究工作，也是正常合理的。但是从学科角度来说，民国时期大学恰能实现学科会通。那时的大学文学院，往往是将文、史、哲、政、经、法等科赅括其中。各学科虽各自有其轨范，但因学校及学院规模均较小，师生远比今日为高，故教学任务并不重，亦无需承担繁重的评估任务，常能在研究活动中合作开展学术计划。

民国时期教会大学中，燕京大学和金陵大学的中国文化研究实力最强。资料显示，1930 年代金陵大学中国文化研究所已经取得非常显著的研究成绩。研究所开展课题研究的学科类别有历史学、考古学、

---

① 参见钟荣帆：《金陵大学的边疆研究述论》，《云南民族大学学报(哲学社会科学版)》2017 年第 6 期，第 122 页。
② 《五年来之金陵大学文学院》，载南京大学高等研究所校史编写组编：《金陵大学史料集》，第 166 页。

哲学、目录学、东方学和国画研究等多种,除了历史学学科有多种民族史研究项目,如徐益棠"中国外来民族之文化"、"南民族史",刘继宣"蒙古研究史"等以外,其他研究项目均与边疆民族无涉①。可见在迁来成都前,该所以整理和研究中国传统文化遗产为首要职责,对边疆研究投入并不足。

随着内迁,研究所人员减少,学术工作受到较大影响,但仍有所推进。继出版《金陵大学中国文化研究所丛刊》甲种后,研究所又出版了乙种5部,其中王伊同的《五朝门第》、徐益棠的《雷波小凉山之㑩民》系在成都办学时期出版。另外,徐益棠还在开展"古代民族之地理问题"、"中国历史地理资料"的研究课题。研究所随校西迁,因史籍和文物均较缺乏,所内从事考古研究的商承祚、刘铭恕教授等人只能就地取材,走出书斋,转向田野考古,关注西蜀文化,开辟了学术新领域。如商承祚在《金陵学报》1940年第10卷第1—2期合刊发表《四川新津等地汉崖墓砖墓考略》,在《说文月刊》1942年第3卷第7期发表《成都白马寺出土铜器辩》等。刘铭恕在《边疆研究论丛》1945年发表《南诏来袭与成都大秦景教之摧残》,在《说文月刊》1943年第3卷第9期发表《关于四川古代之井制》。1942年,商承祚离开金大,刘铭恕利用他们搜集整理的珍贵考古资料,写成《崖墓稽古录》《本所所藏之西蜀砖甓研究》等论著,丰富了文化研究所的文物收藏,对西南地区考古研究也有开拓性贡献②。

张宪文主编的《金陵大学史》指出,边疆问题研究是中国文化研究所"独具特色的研究领域"。边疆研究尽管也是社会学系的研究方向之一,但因徐益棠同时也是研究所专任研究员,且创办学术刊物《边疆研究论丛》是挂靠在中国文化研究所的,所以在研究所内边疆研究也

---

① 参见金陵大学秘书处编辑:《私立金陵大学一览》,第42—44页;《金陵大学中国文化研究所概况》,第12—13页。

② 本段及下段参见张宪文主编:《金陵大学史》,第165—166页。

是个重要的研究方向。四川为中国最大的羌区和彝区及第二大藏区，为金陵大学边疆研究提供了非常便利而丰富的民族学研究资源。所内徐益棠对彝族社会文化的研究，商承祚对四川汉墓和邛窑的调查，史岩对西南壁画的考察，均有较为突出的研究成绩。

《边疆研究论丛》创办于1941年，由金陵大学中国文化研究所发行，哈佛大学燕京学社经费支持，负责人为徐益棠，在其"稿约"中规定，该刊"专刊本校师生关于我国边疆特殊问题研究之著作"，"校外学者惠稿，亦极欢迎"①，其中闻宥、胡鉴民、徐益棠、陶云逵、岑仲勉、马长寿、刘铭恕先后为该刊撰稿，到1948年停办时，共出了3卷本②。

除了这两种由金陵大学创办的边疆学术刊物外，校内的其他刊物，如《斯文》半月刊，《金陵学报》等刊物，也都先后发表过本校师生的边疆民族研究成果。此外，另有本校教授负责的校外边疆学术刊物，如徐益棠主编的《西南边疆》。

三、金陵女子文理学院

金陵女大系科设置相对简单，只有文理科，抗战时期该校社会学系和家政系成为品牌专业。社会学系主任龙冠海为著名社会学家，先后在美国斯坦福大学和南加州大学留学，获得社会学博士学位，1935年回国后任金陵女大社会学教授。其主要研究方向为社会行政及人口问题研究等，对边疆问题关注较少。抗战期间，金陵女大学生多撰写有调查报告，1939年，龙冠海将学生所作调查报告汇编为《社会调查集刊》，分上下册出版，其中关涉边疆民族问题者甚少。或因该校属女校，金陵女大的学术研究大体上与粗犷、遥远的边疆相距稍远，关注较多的是文史之学与都市社会。就边疆研究而言，地理学教授刘恩兰是

---

① 《边疆研究论丛稿约》，《边疆研究论丛》1941年，封底页。
② 《五年来之金陵大学文学院》，载南京大学高教研究所校史编写组：《金陵大学史料集》，第166页。

个例外。

刘恩兰是中国第一位环球考察北美及欧亚社会地理和风土人情的女地理学家。1925年,仅20岁的她就在金陵女大毕业留校,4年后到美国克拉克大学读自然地理,获得硕士学位后,又到芝加哥大学读书半年,然后历时三月,完成了穿越北洋、大西洋、西欧和欧亚大陆12国的地理考察。1932年回国后,她在金女大创办地理系,参加了任鸿隽、丁文江等人组织的中国科学社,1934年她同竺可桢发起筹建中国气象学会和地理学会。1938年,因校长吴贻芳的建议,她到英国牛津大学攻读博士学位,博士学位论文为《中国农业气象》,1941年回到华西坝,在金陵女大和华西大学授课。她讲授的课程有地理、地质和农业气象等①。

刘恩兰的专业素养很深,除了编写了《普通地质学讲义》和《普通地史学讲义》之外,还在一些重要杂志发表了不少学术论文,如在《地理学报》发表《我国之雨量变率》,在《科学世界》发表《温度与植物的关系》《地学与理化及生物学之关系》,在《科学杂志》发表《地理教学法的趋向与地理教学者的当前任务》,在《地理》发表《小气候与几种作物之关系》等论文。刘恩兰注重野外考察,先后带领学生考察川西北各地自然与人文地理,其间风餐露宿,历经艰险。借助这些一线积累的大量资料,刘恩兰在《地理学报》发表了《四川理番高地四土之社会经济》《川西之高山聚落》,在《边政公论》发表了《理番四土之政治》《理番土壤概述》《理番之开发问题》;在《新中华》发表《四川西北边区民族之检讨》等重要论文。她除了撰写学术论文外,还勤于写作考察日记,并在《文化先锋》发表《羌民戎官的九子屯》《罗族杂居之理番县》《访草坡官寨》,在《妇女新运》《妇女文化》等杂志发表了《黑水之行》《神秘的雪龙

---

① 参见王静:《中国第一位女海洋学家——刘恩兰》,载钱焕琦主编:《金女大校友口述史》,南京师范大学出版社2015年,第16—22页;滕叙兖:《大海的女儿——记海洋地理学家刘恩兰教授》,《名将名师:哈军工"两老"传记》,当代中国出版社2013年,第38—55页。

包》等边区考察游记多篇。如上,刘恩兰的边疆考察点主要是指川西北,其关注领域重心在于地理,但也关涉人文与政治。这既充分体现了她扎实的专业素养,也充分展示了她广阔的学术视野。她的边疆研究实绩与当时华西坝上其他学者相比,毫不逊色。尽管金陵女大对边疆研究的投入不大,没有像其他高校那样成立相关机构,但仅凭刘恩兰的个人成就,在华西坝五大学的边疆研究中,金女大就已不再缺席。

四、齐鲁大学

前面我们已有交代,在山东办学时期,齐鲁大学在边疆研究方面近乎空白,缺乏这方面的学术传统。但是在华西坝办学时期,该校的边疆研究别具特色。特别值得介绍的是齐鲁大学国学研究所和办事机构设置在齐鲁大学的中华基督教会全国总会边疆服务部。齐鲁大学在山东办学就有乡村建设的传统,注重社会学的本土化应用。在华西坝办学期间,齐鲁大学致力于边疆服务,在学术传统上仍有一以贯之的延续。在精神实质上,边疆服务与乡村建设并无二致,只是场域的转移。虽然边疆服务部在人事体制上与齐鲁无关,但其历届负责人却都是齐鲁大学教师。在边疆服务运动的人员组配、制度安排中,齐鲁大学都发挥了主导性作用。关于边疆服务运动的情况,我们会在下一章讨论。这是因为虽然齐鲁大学主导该运动,但实际上边疆服务的许多工作,尤其是其中的边疆研究工作,是由华西坝教会五大学共同参与的。

《齐鲁大学校刊》(复校号)上介绍:"本校原有文、理、医三学院,及医学院研究部、文学院国学研究所、无线电专修科、高级护士学校。抗战西迁后,文、理、医三学院及国学研究所、寄生虫学部仍照常设置。"①三学院一所一部基本上是齐大在蓉期间的常设机构,这些机构或单位都不同程度地参与了边疆研究。

_____

① 《现有院系及将来发展计划》,《齐鲁大学校刊》(复校号),1946年,第2页。

（一）国学研究所

齐鲁大学国学研究所建立于 1930 年秋。国文系教授、墨学专家栾调甫为首任所长,聘请了老舍、张立志、范迪瑞、张维华等入驻研究。从人员组配来讲,与燕大、金陵大学相比,齐鲁国学所研究人员的知识结构和学术产出能力都有很大差距,审时度势之下栾调甫认为要错位竞争,特色发展,将齐鲁文化研究作为国学研究所的研究重心①。

华西坝办学期间国学研究所的运行,与齐鲁大学毕业生张维华和原燕京大学国学研究所研究员顾颉刚有密切关联。"七七"事变后,顾颉刚接受中英庚子赔款董事会邀请,考察设计西北教育,戴乐仁②、郭子杰③、梅贻宝等人同行。云南大学校长熊庆来拟聘顾颉刚为该校教授。顾颉刚于 1938 年 9 月离开兰州,经西安、成都、重庆等地,于 10 月 22 日到达昆明。10 月 26 日即与闻宥、吴晗、张荫麟等人赴路南维泽村调查夷人风俗。在云南大学工作期间,顾颉刚主要担任经学史、中国上古史课程教学,并组织边疆调查,并在昆明《益世报》上创办《边疆周刊》,后发表《"中国本部"一名亟待废弃》及《中华民族是一个》等文章,引起政、学两界高度关注,成为学术史上难以被忘却的一次论争④。

张维华 1928 年毕业于齐鲁大学,先后在济美中学和齐鲁大学教

---

① 参见《齐鲁大学文学院国学研究所 1934 年报告书》,山东大学档案馆藏齐鲁大学档案,案卷号:J9－3－3。

② 戴乐仁(J. B. Tayler,1878—1951),英国传教士,曾任天津新学书院院长,燕京大学经济系教授、主任。

③ 郭有守(1900—1978),字子杰,四川人,曾任四川省教育厅长。

④ 近年来关于这一论争,有多位学者发表论文讨论,如周文玖:《关于中华民族是一个学术论辩的考察》,《民族研究》2007 年第 3 期;马戎:《如何认识"民族"和"中华民族":回顾 1939 年关于"中华民族是一个"的讨论》,《中南民族大学学报(人文社会科学版)》2012 年第 5 期。笔者在《民国时期的边政与边政学(1931—1948)》一书中也有专门讨论。最近马戎专门编辑了《中华民族是一个:关于 1939 年这一议题的大讨论》(社会科学文献出版社 2016 年),搜集了关于此议题的当时讨论和后来研究成果,值得参考。

书，后来到燕京大学国学研究所深造，获得硕士学位，其间加入顾颉刚创办的禹贡学会。在燕京大学毕业后，张维华回到齐鲁大学；1936 年又应顾颉刚邀请参与禹贡学会工作，参与边疆调查，编辑《禹贡》半月刊。卢沟桥事变后，张维华到河南大学任教，在萧一山创办的经世学社主编《经世》杂志①。顾颉刚兼任主任的北平研究院抗战时期迁到云南后，张维华转到云南工作，白寿彝、宓贤璋、徐炳昶等也在滇参加北平研究院的工作。

1939 年 5 月 3 日，张维华与齐鲁大学校长刘世传一同拜访顾颉刚，筹划发展齐鲁大学国学研究所，欲聘其主持工作。6 月 9 日，顾颉刚致张维华长信，提出三个条件：一是不教书，二是作集体研究，三是作边区调查。因为顾颉刚在云南大学有教学任务，北平研究院则"困于经费不能作集体研究与边区调察"，如果齐鲁大学能满足这三个条件，顾颉刚就有充分理由向云南大学和北平研究院提出辞职②。刘校长求贤若渴，当然满口答应。7 月 7 日，顾颉刚致信刘世传，感怀其知遇之恩，告知："国内文史学者大都认识，经廿年来之酬酢，其学力高下亦均默识于心，诚能将本所经费划出一部分作为稿费，刚有能力约集第一流人才为本所撰文著书"，提出为免"人事之扰"，"乞许刚移家近县，间若干日到校一次"，并希望逐步引进钱穆和汤用彤等教授，"惟此二人均为北大台柱，如果一时俱去，则文学院失其重心，学生亦无所仰望，故此事只得迟迟为之，即宾四先生先来。"得到刘世传允诺后，顾颉刚移驾成都华西坝。

顾颉刚 20 世纪 30 年代开始关注边疆问题，自称"半路出家"，但实际上他在民国边疆研究领域"扮演了倡导者和组织者的角色"，不仅提出了一系列有利于边疆研究和建设的主张，还发起成立了多个边疆

---

① 张维华：《张维华自传》，载文史哲编辑部编：《考据与思辨：文史治学经验谈》，商务印书馆 2013 年，第 410—412 页。

② 本段参见顾颉刚：《顾颉刚全集·顾颉刚书信集卷三》，中华书局 2011 年，第117—123 页。

研究团体,参与创办了多种边疆刊物,组织了一系列实地考察①。顾颉刚因口头表达功夫远不如其如椽大笔的力量,又因世事纷扰,极大耽搁其研究的精力,故极愿多做研究。但是齐鲁大学做国学研究的条件远不如燕京大学和金陵大学。顾颉刚的工作理想与齐鲁大学所能提供的条件后来有些差距,加上其老领导——他在中山大学工作时期的副校长、时任国民党中央组织部部长朱家骅召唤,顾颉刚在抗战时期多数时候在重庆工作。继任者钱穆主持国学所工作,同样注意在边疆史地研究领域发挥作用。在顾和钱的主持下,国学研究所主要开展了以下几方面的工作。

一是整理搜集资料。资料搜集整理是人文社科学术研究的重要基础。顾颉刚重视搜集与整理边地史料,列出了一揽子计划,包括编纂《中国民族史料集》《中国边陲史料丛书》等②。研究所四处采购图书资料:"本所自山东迁来,图籍缺如,重建以来,七八月中,多方采购。"③图书编纂工作也有进展。有新闻报道:"编纂工作已在进行中者,有《中国民族史材料集》,先后就正史、别史、经、子、方志、金石及外国撰述中整理出其有关中国民族史之材料,并为作表、注及索引等,分类编纂,其他有《中国学术史材料集》《中国宗教史材料集》《中国边陲史料丛书》,皆在计划进行中,该所并计划于二十九年春出版季刊,又于该年度内出版关于中国通史之书籍一二种,每年并招收研究生若干名,予以生活津贴,指导其作国学之高深研究。"④

齐鲁大学经费并不宽裕。国学所面临经费短缺等困难。李鉴铭

---

① 参见汪洪亮:《顾颉刚与民国时期的边政研究》,《齐鲁学刊》2013年第1期,第42页。

② 《齐鲁大学重建国学研究所》,《读书通讯》第9期,1940年,第7页。

③ 《私立齐鲁大学国学研究所概况》,《史学季刊》第1卷第1期,1940年,第136页。

④ 《齐鲁大学国学研究所工作近况》,《图书季刊》第2卷第1期,1940年,第133页。

在西康考察期间就多次给顾颉刚汇报:"彼辈所读经典不唯汉人不知,即康人知之者亦甚少。独往调查一次,至少需费七日时间,费用金钱至少二十元左右。倘搜购佛菩萨铸塑画像、法器、经典,更不知耗费多少",而且与政府统购相比,若机关或私人零购,则价值几乎加倍,搜购只能有所侧重,"可先请经藏论藏,律藏则可暂缓;不然,亦可按本所工作目标而决定所购书籍,如偏重历史则多购史传"。地方偏远、交通不便,使古籍文物运输成为难题。此外边区文献常非国语写就,缺乏翻译就如同天书。李鉴铭就介绍了他在西康欲翻译宗教经典的种种困难:"(红教)彼愿与生闭关三年,共译《时轮金刚》为汉文。生以经费无来源,未敢允许。有人介绍生与白教合作……生以翻译太快,学而不修,于己无益,且未详其设备若何,故亦未敢允也……黑教经典来源,生已知其地名,但未详位于现在何处。"①

二是倡导实地考察。顾颉刚在云南大学时就借助文献与实地考察,撰写了不少有关西南史地的学术随笔,如其关注罗罗文字"爨文"、分析川甘的羌人、青海蒙古人、西藏的藏人之间的关系、考证古文献中四川境内的河道水文等,都有论文发表②。在顾颉刚支持和组织下,不少年轻学者也投入边地考察。1941年,黄和绳受顾颉刚之命将在西康的旅行见闻写作文章,始有《西康旅行记》③。江应樑在顾颉刚的支持下考察凉山,并分别从学术立场和实际问题角度提出开发凉山、开化罗罗的两大问题④;刚来四川不久的杨向奎受顾颉刚嘱托,实地考证了李冰和二郎神的故事⑤。李鉴铭发表了根据实地考察介绍西康

---

① 参见李鉴铭:《西康通讯》,《责善半月刊》第1卷16期,1940年,第19—22页。
② 顾颉刚:《浪口村随笔》,《责善半月刊》第1卷第23期,1941年,第15—17页;顾颉刚:《浪口村随笔(十续)》,《责善半月刊》第1卷第14期,1940年,第17—19页。
③ 黄和绳:《西康旅行记》,《责善半月刊》第1卷第21期,1941年,第20—23页。
④ 江应樑:《大小凉山之行》,《责善半月刊》第2卷第13期,1941年,第19—20页。
⑤ 杨向奎:《〈李冰与二郎神〉自序》,《责善半月刊》第1卷第19期,1940年,第4—7页。

地区宗教分布、土著康人的神话传说、婚俗、日常生活习惯、假日节庆的《康俗杂记》①。李得贤撰文《青海杂话》，介绍了青海省的民风信仰、神话传说、山川物产②。王树民根据实地考察经历写成《陇岷日记》，介绍了甘肃风物③。

三是延聘研究人员。国学所陆续延揽钱穆、汤用彤、胡福林、杨向奎、王育伊、栾调甫为研究员，并加聘吕思勉、蒙文通、童书业、赵贞信、钟丰年、赵泉清、萧一山、金毓黻、韩儒林、夏光南、方国瑜、李镜池、成觉法师、白寿彝、容肇祖、顾廷龙、闻宥、高亨、于道泉、吴晗、刘朝阳、陈钟凡、龙沐勋、方豪等资历深厚的学者为名誉研究员④，取得了令人侧目的学术业绩。1940 年，齐鲁大学向教育部申请招收文学部和史学部研究生，后取得招收历史专业研究生资格，当年 10 月正式招生，录取学生 11 人，但因哈佛燕京学社对齐鲁大学办学定位与顾颉刚等人认识差异，不予支持，齐鲁大学 1942 年后停止招收研究生⑤。

四是组织中国边疆学会。民国时期的边疆学术史上，有三个同名的中国边疆学会，分别设在榆林、成都和重庆，后来三会合一，总会设重庆，另两地为分会。再后边疆学会又设若干分会。情况大致如下：重庆中国边疆学会设立于 1940 年 7 月 10 日，主要负责人有黄奋生、赵守钰、罗桑坚赞、吴云鹏等；榆林中国边疆学会于同年 8 月 1 日成立，主要负责人有马鹤天、徐之佳、经天禄、史念海等；成都中国边疆学

①　参见李鉴铭：《康俗杂记（一则）：歌咒打禾》，《责善半月刊》第 1 卷第 23 期，1941 年，第 22—23 页；《康俗杂记》，《责善半月刊》第 1 卷第 24 期，1941 年，第 16—18 页；《康俗杂记（一则）：新年同乐》，《责善半月刊》第 2 卷第 12 期，1941 年，第 20—21 页。

②　李得贤：《青海杂话》，《责善半月刊》第 2 卷第 13—14 期，1941 年。

③　王树民：《陇岷日记》，《责善半月刊》第 1 卷第 2—3、8—10、14 期，1940 年。

④　《国学所加聘名誉研究员》，《齐鲁大学校刊》第 2 期，1940 年，第 2—6 页。转引自杜教科：《顾颉刚与驻蓉时期的齐鲁大学国学所》，《西华师范大学学报（哲学社会科学版）》2015 年第 1 期，62 页。

⑤　参见陶飞亚、刘家峰：《哈佛燕京学社与齐鲁大学的国学研究》，《文史哲》1999 年第 1 期，第 97—103 页。

会则成立稍晚,由顾颉刚约集华西坝教会五大学相关学人发起,于1941 年 3 月 1 日成立,主要负责人有顾颉刚、黄文弼、韩儒林、徐益棠、郑德坤等。三个学会中,重庆中国边疆学会成员组成最为复杂,国民党及军政人物,还有一些地方实力派皆在其中,成都中国边疆学会成员组成最为单纯,基本上是一个学术共同体。但是在边疆研究的目标和路径基本相通。顾颉刚曾感叹:三个边疆学会"会名是一致的,宗旨是一致的,准备担负起的任务也是一致的","这真可说是一桩奇巧的事情。然而这是奇巧的,乃是时代的需要如此,不容我们不如此;这需要太迫切了,它逼得我们非接受这任务而立刻发动不可";而"个人纵有微劳,然而太渺小了"①。

同年 6 月 1 日,国民政府社会部以三个学会同名要求三会合并,总会设在重庆。赵守钰本是个军人,曾任国民联军第八军军长、河南剿匪总司令、陕西省建设厅厅长、国民党特派护送班禅回藏行署专使等职。学会负责人大多有官方背景,对学会开展工作有利。原先分会负责人也都进入总会负责人行列。合并后的中国边疆学会以赵守钰为理事长,顾颉刚、刘家驹、黄奋生、黄次书、石明珠、闵贤邨、马鹤天、王则鼎、吴云鹏等为常务理事,赵佩、姜蕴刚、张伯怀、杨干三等为理事,孙元良、柯象峰、张廷休、陈耀棠、杨质夫、周昆田、陈文鉴、王殿之、罗友仁等为监事。另外学会还邀请不少党政军界高层人士担任名誉会长和名誉理事。上述人员中,顾颉刚为齐鲁大学国学研究所主任,姜蕴刚为华西大学教授,张伯怀为齐鲁大学文学院院长,柯象峰为金陵大学教务长、社会学系主任,韩儒林为华西大学中国文化研究所研究员。总会发行《中国边疆》月刊。1942 年 3 月 12 日,地处成都的中国边疆学会改组为四川分会,选举顾颉刚、柯象峰等为理事,洪谨载、韩百城等为候补理事,孙元良、郭有守等为监事,郑德坤等为候补监

---

① 参见顾颉刚:《中国边疆学会丛书总序》,《中国边疆》第 2 卷第 1—3 期合刊,1943 年,第 3 页。

事。1946 年，中国边疆学会迁回南京，后因赵守钰主持黄河委员会，中国边疆学会推举顾颉刚为理事长。

《顾颉刚书信集》现存一封致时任社会部部长谷正刚的信函，其中即讲到边疆研究之重要、边疆学会创设之动机及三会合一之情况。其文如下：

> 季常部长先生道鉴：
>
> 　　开发边疆，陶钧族类，既以供今日抗战之需要，且以奠他日建国之基础，为绝不可缓之工作。而入手之术则在鼓吹与研究二端：鼓吹所以起共同之觉悟，研究所以导深远之进展。待其养之有素，意志交融，视听咸属，然后济以人力、财力，则各种事业之举办必涣然而理顺矣。颉刚与赵守钰、马鹤天诸先生生于飘摇之日，游于荒漠之乡，目睹其蕴藏之丰富，民众之果敢，与夫外人谋我之亟，下情上达之难，隐忧丛生，心伤涕下。用是邀得同志创立中国边疆学会，以树鼓吹与研究之规模，业在钧部立案，早蒙察核。半载以来，设总会于重庆，会员得二百余人；设四川分会于成都，会员亦二百余人；设陕西分会于榆林，会员得百余人。汉、回、蒙、藏集于一堂，分工合作，幸获小成，足见全国人民对此问题措意已多，团结亦日臻密切，边疆事业行将大有发展，是可告慰廑注者也。惟是创办之初，需费已巨，经常支出尤不容亏。过去开销，都由同人节衣缩食而来，当兹物价高昂之际，同人生活自顾不暇，已不复有余力办此。伏念时代需要之迫切如彼，而同人力量之薄弱又如此，为之踌躇无计；素仰钧部关心国本，助力社团，拟恳按月补助二千五百元正，以利进行。呈文业已由会送达，倘蒙鉴其愚诚，允予颁发，则本会各种预定计划皆得陆续实现，而同人救国之忧亦得藉以稍抒，本会幸甚，国家幸甚。专上，敬请政安！①

信函落款为 1941 年 11 月 16 日，文中也提到"半载以来"，足证时

---

①　顾颉刚：《顾颉刚全集·顾颉刚书信集卷三》第 156—157 页。

间无误。1942 年 3 月 20 日，中国边疆学会以副刊形式在《党军日报》发行《边疆周刊》，截至 1943 年 8 月 5 日，发行 56 期。刊物主要针对西南边疆问题及其治理，发表了不少著名学者的边疆研究成果。择其要者，有李安宅《安多藏区几种特点》《边疆教育与教育边疆——四川省教育厅第卅八次学术播讲稿》《论西北藏民区》《论边疆创化教育》，王拱璧《解决夷务问题的历史检讨》《解决夷务问题的关键》，蒋旨昂的《苗夷汉区服务回忆录》，姜蕴刚《边区与边政》，徐益棠《康行杂诗》《介绍边地纪实影片"西康"》，刘恩兰《四川西北边区》《汶川瓦寺土司的今昔》《到汶川的沿途见闻》，宓贤璋《滇西芒市土司》《芒市土司之经济与社会制度》《耿马土司世系》，江应樑《略谈西南部族之类别》，郑象铣《康定甘孜间牛厂房屋与壤土》《康定甘孜间之地理景观》《垦殖河煌区与青海建设》，于式玉《西北藏民食谱》《黑水人为什么爱喝酒》，金鹏《嘉戎人的汉化》，陈宗祥《敦煌千佛洞佛文写经》《西藏史断代之商榷》等。或因系报纸文章，周刊所载文章大多并不太长，其中既有严谨的学术研讨，也有边地民风的记录，但都与边疆问题有关。

顾颉刚主持编辑的《责善半月刊》也发表了不少与边疆问题有关的论文，涉及多个领域：如岑家梧对西南边疆民族艺术的研究[1]，李荫亭、金鹏翻译的关于边疆地区宗教研究的《西藏佛教源流总说》[2]，廖友陶对云南罗苏（罗罗）族风俗的研究成果也都刊登在《责善半月刊》上[3]。

(二)《田家半月报》

齐鲁大学教授、教务主任孙恩三是近代中国基督教乡村建设的重

---

[1]　岑家梧：《西南边疆种族艺术研究的意义》，《责善半月刊》第 2 卷第 3 期，1941年，第 2—4 页。

[2]　李荫亭、金鹏：《西藏佛教源流总说》，《责善半月刊》第 2 卷第 1—2 期合刊，1941 年，第 18—20 页。

[3]　廖友陶：《罗苏族的火把节》，《责善半月刊》第 1 卷第 14 期，1940 年，第 8—10 页。

要推动者之一，曾经担任中华全国基督教协进会乡村干事，抗战时期还在重庆与晏阳初合作，负责璧山乡村建设试验区，并担任中国乡村建设学院社会系主任，与实业家卢作孚也成为好友，被聘为民生公司顾问。孙恩三在齐鲁大学工作期间和张雪岩一道主持的《田家半月报》就以乡村建设为主要内容。该刊并不是边疆研究成果的发表园地，但是因为地处华西，对华西坝教会五大学在川康地区的边疆服务和边疆研究还是比较关注的，单是发表相关信息报道即有40余篇。编辑刘龄九还曾短期代理边疆服务部主任。

（三）中华基督教会全国总会边疆服务部

重视乡村建设传统在迁蓉之后的齐鲁大学依然存在，长期的实践经验使齐大在成都办学时期仍然寻觅合适的乡村建设基地。该校和中华基督教会全国总会边疆服务部的合作也非常顺利。边疆服务部之成立与运行，与齐鲁大学有着非常密切的关系。齐鲁大学文学院院长张伯怀是边疆服务的创始人之一，长期担任边疆服务部主任，后来因边部事务渐多而辞去了文学院长职务。张伯怀在齐鲁大学很早就对乡村工作有极大的兴趣和抱负，并一度主持过中华基督教会山东大会的平民教育事业。同在齐鲁大学文学院工作的崔德润也是边疆服务部在川西区的"领袖"之一，后来也接替张伯怀担任边部主任，在其赴美期间则由刘龄九代理。也就是说，边疆服务的主导权一直在齐鲁大学，未曾旁落。他们领导下的边疆服务部多次与华西坝教会五大学合作成立了暑期服务团或服务队，利用暑期时间到川康边区村寨服务。关于这方面的工作情形，下章还有详述。

（四）医学院

医学是齐鲁大学的支柱学科之一，初设医科附设医院，在学校申请政府立案后将医科改为医学院。1931年12月，齐鲁大学方被教育部核准立案。1934年医学院增设公共卫生系。齐鲁大学迁到四川成都后，医学院部分人员随迁。

医学院在配合边疆服务部展开边疆地区医疗卫生工作，尤其是在西南地区疾病的调查研究中发挥了重要作用，其主要服务形式是组织边疆卫生队。1940年边疆服务部联合齐鲁大学医学院组织了到西康旧宁属边荒区域作医疗和调查工作的暑期边疆卫生队，该队共9人，由当时医学院院长张剑涛、教授张冠英和张伯怀领导，徒步由成都出发至雅安，经越巂到边地①。1941年，在政府的资助下，边疆服务部计划与齐鲁大学医学院合作在西昌开办一个中心医院，两个卫生院，三个卫生站，四个卫生队为川康边区服务②。

1942年，边疆服务部与齐大医学院合组的边疆卫生队，到川西南的西昌所属各县对边胞进行医疗卫生服务，由于时值雨季，加上路途遥远，路上耽搁时间太多，卫生队到西昌不久即折回成都。为了开展工作，张伯怀携医师于子欣，转康定，同西康党政领袖进行商洽。可见，这次卫生服务因天时地利等因素进行得并不顺利③。从后来的报道中发现，医学院在川康的医疗考察工作并未止步，1943年夏医学院侯宝璋教授发现四川确实有黑热病，所以"亲赴威州理番等处作实地调查，往返一月"④，发现这一带黑热病的传染媒介是一种叫白蛉子的昆虫⑤。

除了组织服务边疆的卫生队外，齐鲁大学医学院师生常在《田家半月报》等一些报纸杂志上宣传普及一些医疗卫生知识。如医学院教授郎建寰介绍白喉的防治、侯宝璋教授介绍牙齿病害防治、如何健康

---

① 《成都大学生暑期服务团徒步出发》，《田家半月报》第7卷14期，1940年，第6页。

② 《边疆服务部西康区卫生事工新计划》，《田家半月报》第8卷第4期，1941年，第10页。

③ 《边疆卫生队成功归来》，《田家半月报》第7卷第17期，1940年，第6页。

④ 侯宝璋：《四川的黑热病之调查》，《现代医学》第1卷第1期，1944年，第25页。

⑤ 《病理学上的新贡献：齐鲁大学教授侯宝璋发现黑热病传染媒介》，《西南医学杂志》第4卷第2期，1944年，第28页。

饮食等①。甚至有段时间,《田家半月报》上的《医药问答》和《卫生副刊》栏目由齐鲁大学医学院定向供稿。医学院教授侯宝璋还与同仁一起组织创办大后方医学季刊《现代医学》,不仅介绍国内外医学新知,对西南地区的常见疾病和多发疾病特别关注,如对川南痹病的研究②。有关这方面的活动,我们在下一章还会介绍。

五、燕京大学

前面我们已有交代,燕京大学本有边疆研究的传统,但研究队伍基本上并不在社会学系,而是顾颉刚领导的禹贡学会及其所办《禹贡》半月刊。不过抗战时期,禹贡学会工作停止。顾颉刚也远走西北、西南。燕大边疆研究传统的这一支已经中断。在抗战时期,社会学系开始在边疆研究领域发挥其社区研究的学术优势,取得了显著成绩。

1942年西迁成都之后,燕京大学社会学系增设了西南边疆、边疆语言、边疆民族等课程③。据笔者所见,燕大社会学系除了在1928年开设了边疆社会课程外,其后并无与边疆有关之课程,直到在蓉办学时期才开设连续性和规模性的边疆类课程,并在1945年10月复校北平后一直保留延续,如1947年开有林耀华主讲的"初民社区"④,1948年有初民社区、边疆社区等课程⑤。燕京大学社会学系除了在成都城乡开展社会服务和考察工作外,还拓展了"边疆社区调查",进行大规

---

① 参见《可怕的白喉》,《田家半月报》第6卷第3期,1939年;《关于牙齿问题》,《田家半月报》第9卷20期,1942年;《青菜豆腐保平安》,《田家半月报》第8卷第3期,1941年。

② 杜公振:《痹病:川南之严重地方病》,《现代医学》第1卷第1期,1944年,第6—13页。

③ 傅愫冬:《燕京大学社会学系三十年》,《社会》1982年第4期,第45页。

④ 《各大学社会学系系讯·北平燕京大学社会学系概况》,《中国社会学通讯》第4期,1947年,第6页。

⑤ 《社会学界消息·燕京大学社会学系概况》,《社会建设》(重庆)复刊第1期,1948年,第84页。

模边疆地区实地调研，据此写成多篇高质量的边疆研究文章①。

傅愫冬《燕京大学社会学系三十年》一文分成四个时期回顾了燕京大学社会学系的办学历程，认为 1922—1926 年为初建时期，其特点是宗教性和社会服务性，1927—1933 年为成长壮大时期，"相对稳定"；第三个时期是 1934—1949 年，为深入发展时期，摆脱了前两个时期宗教性和外国性的特点，而走向了"中国化"。这个时期又分四个阶段：一是 1934—1938 年，主要活动是加强农村调查和农村建设实验，与清华、南开、协和医院、金陵大学和定县平民教育促进会等机构合作在济宁进行乡村建设实验，在原有开设的农村社会学和中国乡村运动等课程的基础上，增设了农村教育、农村合作、现代欧洲农业经济等课程。另一个重要活动是引进功能学派，推行社区调查。二是 1938—1941 年，燕京大学在北平沦陷的情况下坚持办学。三是 1942 年迁校成都到 1946 年迁回北平，重点开展边疆民族调查研究和战时社会服务活动。其中也提到："迁校成都以后，开始由李安宅兼理系务，至一九四三年由林耀华任系主任。他们带领师生多路进军，克服了交通不便、生活艰苦等重重困难，深入到少数民族聚居的西南边境地区进行调查研究。由系主任林耀华领导助教同学深入大小凉山倮倮区、康北藏民区及四川嘉戎区进行考察，吴文藻教授指导进行新疆的考察和云南地区的考察，由李安宅教授指导拉卜楞、西康德格社区藏民宗教语言的考察，取得了大量第一手材料。师生先后写出多篇有关少数民族情况的著作，毕业生写出了毕业论文 3 篇②。

抗战时期，燕京大学社会学系学者的学术研究范围也在向边疆研

---

① 雷洁琼、水世琤：《燕京大学社会服务工作三十年》，《中国社会工作》1998 年第 4 期，第 40 页。

② 傅愫冬：《燕京大学社会学系三十年》，《社会》1982 年第 4 期，第 42—46 页。这里的表述有些问题，吴文藻那时已在重庆国防最高委员会和中国边政学会工作，但因其在燕京大学的地位，对燕京大学社会学系还是有很大影响。李安宅从事拉卜楞调查则是在来到华西大学之前，当然此间他安排了黄明信驻寺考察。特此说明。

究方向拓宽和转变。前一章以吴文藻和林耀华为例已有说明。吴文藻在燕大工作期间，对边疆问题研究并无投入，既未倡导与组织研究活动，也未安排其同事与学生参与其中。但根据他与顾颉刚的交往情况，其对边疆研究应该是比较关注的①。就是在云南大学工作期间，虽然他参与组建社会学系，建立实地调查工作站，但其本人"虽身处多民族的地区，却没有把握良机亲身参加实地调查"②。在重庆期间，虽然吴文藻兼任蒙藏委员会顾问和边政学会的常务理事，担任国防最高委员会参事，作为学者对边疆民族事务提出处理意见，但其本人并未发表有关边疆民族研究的学术文章，仅发表一篇倡导"边政学"的发凡文字，其中提到"在目前提倡边政学的实用研究，意义尤为重大……中国这次抗战，显然的是整个中华民族的解放战争，而不是国族内某一民族单位的解放战争……建设一个民族国家，是我们现阶段的理想。而如何促成民族国家的组织，此种伟大事业，一部分就有赖于边政学的贡献。"③这充分体现了吴文藻的治学风格，目光如炬，心如明镜，乐于引进西学和培养学生，至于深入实地做具体研究则非其所长。他对实地研究实际上是比较强调的。他对功能学派的引进，即因为考虑到："近两年来自己常常感到国内社会科学材料内容的空虚，颇想利用此派的观点和方法，来尝试现代社区的实地研究"，想以社区为一个"整体"，在这个立足点上"来考察它的全部社会生活"④。

　　尽管吴文藻对实地研究鼓吹较多，亲自操作较少，但他在抗战时期也较多参与边疆工作。一是到边疆地区工作组织边疆研究。吴文藻1938年秋离开燕京大学，南下昆明，在中英庚款董事会支持下，在云南大学设立人类学讲座，组建云南大学社会学系和燕京大学与云南大学合作的实地调查工作站，即"魁阁"，研究领域主要包括"云南农村

①　参见汪洪亮：《顾颉刚与吴文藻的学术交往》，待刊。
②　参见吴文藻：《吴文藻自传》，《晋阳学刊》1982年第6期，第50页。
③　吴文藻：《边政学发凡》，《边政公论》第1卷5—6期合刊，1942年，第1页。
④　吴文藻：《吴文藻自传》，《晋阳学刊》1982年第6期，第49页。

经济生活、基层社区、少数民族历史现状和风俗、城乡关系的变迁、小农经济社会和现代工厂之间的问题、现代工业管理中人的关系和作用"①等方面。在其主持下，魁阁产出不少边疆研究成果，如田汝康《芒市边民的摆》和李有义《汉夷杂区经济》。二是参加政府层面的边疆工作。1940年后，因中英庚款董事会受阻，加上应重庆清华同学之邀，吴文藻年底抵达重庆，担任国防最高委员会参事，"负责研究边疆的民族、宗教和教育问题，并提出意见"②。他还兼任蒙藏委员会顾问和中国边政学会常务理事，有助于他对有关学者边疆研究工作的协调。1943年初，吴文藻参加中国访问印度教育代表团，考察了印度的民族和印度教与伊斯兰教的冲突问题；同年6月参加由罗家伦担任团长的西北建设考察团，担任新疆民族为主的西北民族问题调查。1944年，赴美参加战后对日处理问题的讨论。1945年底回到南京，1946年初前往日本，直至1951年秋回国，任教于中央民族学院③。三是大力鼓吹边疆研究，参与边政学会和《边政公论》杂志，并在其上发表《边政学发凡》，对边疆研究起到了引导和鼓舞作用。

林耀华的学术生涯始于严复思想研究，此后进入以中国农村宗族为主的汉人家族研究，如《义序宗族的研究》《金翼》为其代表作。他曾表述：1941年回国后，"整个社会对边政学有迫切的实际需求，学术上又有吴文藻等先生倡导，人们对在边疆地区生活的少数民族表现出极大的关注。我既然学了人类学，当然十分渴望到少数民族地区去作调查，因此也就卷进了边政研究的热潮里。"④此后林耀华一直从事中国

---

① 杨绍军：《"魁阁"和"边疆人文研究室"之比较研究》，《贵州民族研究》2011年第1期，第111页。

② 冰心：《我的老伴——吴文藻》，《民族教育研究》1994年第2期，第72页。所言清华同学，或是朱世明，待考。

③ 关于吴文藻生平主要动向，参考吴文藻：《吴文藻自传》，《晋阳学刊》1982年第6期；冰心：《我的老伴——吴文藻》，《民族教育研究》1994年第2期；张玮瑛等主编、燕京大学校友校史编写委员会编：《燕京大学史稿》，第1113—1115页。

④ 林耀华：《林耀华学述》，第62页。

边疆研究和民族研究。他自己就讲到，日本侵华"中断了中国社会学、民族学、人类学的正常进程，从而断送了这些学科在那个时代取得应有成果的现实可能。我本人研究方向的改变就是一个例子。正是这场战争把我从一个研究汉人社会的社会人类学者变成了主要研究少数民族的民族学者。"①

也就是说，燕京大学社会学系并没有从一开始就关注边疆或民族地区，边疆民族研究虽然作为燕京大学社会学系社区研究的组成部分，但是该校真正成规模地研究边疆问题要在 20 世纪 40 年代，特别是成都燕京大学时期，成为民国时期边疆研究的学术重镇之一。

燕京大学西迁成都之际，系内早期学者多由于局势原因，发生了较大规模的变动与流失。许仕廉、步济时、李景汉早在"七七"事变之前离开燕大，吴文藻南下昆明，李安宅西去甘肃，雷洁琼奔赴江西主持妇女工作，赵承信留驻北平，杨开道离去长沙，严景耀南往上海，陈永龄西上新疆，李有义（1944 年赴西藏）和杨堃南下昆明。系内早期学者在西迁继续留任的已无几人，何论边疆研究学者。1942 年抵蓉后，暂由李安宅兼任系主任，不久由留学归来的林耀华接任。此时系内教师有林耀华，随燕京大学南下的关瑞梧、李槐春，新疆归来的陈永龄，以及新聘的廖泰初、徐雍舜、周励秋、赵慰祖等人②。

李安宅 1938 年受陶孟和与顾颉刚之邀，任职于兰州甘肃科学教育馆，在拉卜楞寺考察近三年，发表《拉卜楞寺的护法神——佛教象征主义举例》《拉卜楞藏民年节》《拉卜楞寺概况》《拉卜楞寺大经堂——闻思堂的学例》《藏族宗教实地考察》《拉卜楞寺调查报告》等调查报告③，1941 年任华西大学社会学系主任，组建华西边疆研究所。他在拉卜楞期间的工作关系仍然在燕京大学，尽管上述研究成果多发表于

---

① 林耀华：《林耀华学述》，第 57 页。

② 傅慵冬：《燕京大学社会学系三十年》，《社会》1982 年第 4 期，第 44—49 页。

③ 汪洪亮：《李安宅、于式玉先生编年事辑》，《民族学刊》2013 年第 6 期，第 66—68 页。

华西工作期间，也可以算是燕京大学的边疆研究成果。

在吴文藻的安排下，林耀华回国先任教于云南大学，后因燕京大学南下成都，遂于 1943 年北上成都任教于燕京大学，后接替李安宅担任社会学系教授兼主任，开展多次边疆民族地区的实地考察活动。1946 年燕京大学在北平复校，林耀华继任北平燕京大学社会学系主任。燕京大学社会学被撤销后，一直任教于中央民族学院①。

陈永龄(1918—2011)，1937 年进入燕大新闻系学习，两年后转入社会学系。1941 年考取燕京大学社会学系研究生。同年，燕京大学关闭，陈永龄转入重庆，经吴文藻介绍去往新疆开展少数民族调查。1944 年 11 月来到成都燕京大学继续其研究生学业，师承林耀华。在此期间参与了多次少数民族调查有活动。1946 年燕京大学北平复校后，继续开展调查活动。1952 年陈永龄随民族学系调到中央民族学院，继续开展少数民族调研活动②。

另外，燕京大学社会学系从事边疆民族研究的学者还有杨堃(1901—1998)。"七七"事发后，杨堃进入燕京大学社会学系任教，在燕京大学停留四年(1937—1841)，接替吴文藻讲授原始社区、社区研究等课程。其研究方向集中于民俗学和民族学，除了著有《边疆教育与边疆教育学》《罗罗研究西文书目》《民人学与民族学》等相关文章，还指导《彝族之研究》《贵州的苗族》《瑶族研究》《西藏族研究》等学士论文。不过，杨堃并没有来到华西坝工作。

燕京大学社会学系的边疆研究主要就是以上述五位学者为主。其中，吴文藻和李安宅之学术地图较为广阔，先后历经不同的学校和

---

① 主要参考林耀华：《林耀华学述》，第 215—220 页；张玮瑛等主编、燕京大学校友校史编写委员会编：《燕京大学史稿》，第 1117—1119 页；林宗锦、潘守永：《林耀华学术行年简谱与主要著作目录》，《广西民族大学学报(哲学社会科学版)》2010 年第 3 期，第 33—37 页。

② 侯仁之主编、燕京研究院编：《燕京大学人物志》第 2 辑，北京大学出版社 2002 年，第 115—116 页。

团体,但究其真正开始边疆研究的时间,却都在 1938 年离开燕京大学后(李安宅 1941 年任职华西大学前人事关系还在燕京大学)。抗战结束以后,燕京大学迁回北平,还有黄淑聘、王辅仁、宋蜀华、李有义等人先后在社会学系学习,该系边疆研究逐渐被民族研究取代,且燕京大学很快被撤销,相关学者或并入中央民族学院或流入其他学校,毋庸赘言。

林耀华是成都办学期间燕京大学社会学系边疆学者的重要代表。我们以他的边疆学术活动为例,略作管窥。

1943 年从 7 月 2 日起,林耀华率队前往凉山地区实地考察,时长两个多月,学生胡良珍、校工老范、翻译王举嵩与胡占云,还有一位黑夷保头同行,9 月 26 日返回成都。考察活动主要围绕大小凉山内(重点考察以雷波县城为中心,包括附近的多个村落)自然环境、夷人体质测量、宗教巫术、语言、物质文化、社会组织、亲属关系、经济制度等方面进行,考察成果主要记录在 1947 年出版的《凉山夷家》一书中,此外还先后发文,有《大小凉山考察记》《大小凉山考察记(续完)》《大凉山倮倮的阶级制度》《川康滇交界的罗罗夷区》[①],以及胡良珍所作《开发大小凉山问题》[②],对凉山考察之行及考察内容都有论及。林也因其所著《凉山夷家》被认为是"研究罗罗社会之权威"[③]。

1944 年 7 月暑假,林耀华率梁畏三等同学前往西康省北部康定、甘孜、炉霍等藏族地区实地考察,历时两个半月。此次考察主要围绕藏族人的物质文化(住、衣、食、行)、社会组织(阶级、村落、墓宫、家族、亲属、婚姻)、宗教生活(念经、礼佛、丧葬、寺院)三大方面进行。此次考察后,林耀华写成《康北的社会状况》系列文章(分上、中、下、续完四

---

① 前三文载于《边政公论》第 3 卷第 5—6、9 期,1944 年。第四文载于《西南实业通讯》1946 年第 3—4 期合刊。

② 胡良珍:《开发大小凉山问题》,《边疆通讯》第 2 卷第 5 期,1944 年。

③ [日]鸟居龙藏:《〈凉山夷家〉书评》,转引自张海洋:《林耀华教授的学术生涯》,《民族教育研究》2000 年第 2 期,第 35 页。

篇），连载于 1945 年《流星月刊》第 1 卷第 1—5 期之上。

1945 年暑假，林耀华再度深入边区。此次随行者有刚从新疆回来的陈永龄，以及外语系教授李方桂和学生张琨。不过，李、张二人仅在杂谷脑进行语言调查，林、陈二人则深入摩梭、卓克基、松岗、党坝四个嘉戎地区进行藏族社会文化调查。此次考察后，林耀华写成《川康北界的嘉戎土司》《川康嘉戎的家族与婚姻》两文和专著《四土嘉戎》，同行的陈永龄以此为材料在 1947 年写成毕业论文《四川省理县嘉戎藏族土司制度下的社会》。

一般学者都知道林耀华在彝族研究方面的成就，对其藏学研究方面则少有注意。对于上述两度藏区调查，林耀华在自述中曾有回顾：

> 1944 年夏季，我去当时西康省北部进行调查藏族人民，写了一篇长文，题为《康北藏民的社会状况》，并在四川出版的《流星月刊》杂志上陆续发表。1945 年夏季，我又到四川省理县北部大小金川一带对"嘉戎"进行实地调查，写成《四土嘉戎》一书。这本书，可以说是《凉山彝家》的姊妹篇。该书完稿后有两份底稿，一份解放前交商务印书馆，至今下落不明。另一份在十年动乱中散失了。目前流传下来的只有几篇有关四土的嘉戎土司、家族与婚姻、英文稿嘉戎的亲属制度以及考察纪行等文，分别在当时杂志、报章上发表了。[1]

回顾林耀华的这段学术史，我们自然会感觉遗憾。如果林耀华的这些著述没有遗失，对于我们完整地解读林耀华的学术思想自然有着极大的助益。

1946 年燕京大学复校北平后，社会学系的边疆实地考察工作并未中断，甚至在燕京大学被撤销后也继续进行，以林耀华和陈永龄为例。1950 年，林耀华和陈永龄带领燕京大学、清华大学、北京大学三校师生

---

[1] 高增德、丁东编：《世纪学人自述》第 4 卷，北京十月文艺出版社 2000 年，第 64 页。

组成了调查团,前往内蒙古呼伦贝尔考察,集体写成论文《内蒙古呼纳盟民族调查研究》。1951年,林耀华参加西藏科学工作队,著有《西藏社会概况》。1953年7月,陈永龄参加中央民族学院研究部甘青地区民族调查工作,后又有1956年凉山调查、1957年广东北部瑶族地区考察、1958年青海调查。1975年,林再度入凉,写《凉山彝家今昔》。1984年,林三上凉山,写了《三上凉山——探索凉山彝族现代化中的新课题及展望》。其他如宋蜀华,于1951年参加西藏科学工作队,1953年参加甘肃、青海民族调查,1955年参加贵州民族识别,1956年参加云南少数民族社会历史调查等活动。不过这些内容已溢出本文所论之时域①。

在中华基督教会全国总会发起的边疆服务运动中,燕京大学因来到华西坝较晚,参与边疆服务部组织的边疆研究活动也相对较少。但是燕京大学社会学系也同其他在蓉高校一样,与边疆服务部商定了合作研究计划,与其他几所教会大学合作开展研究。如林耀华也作为"主要训练导师",参与了凉山抗建服务团的训练培训工作②。1945年夏,成都8个大学生到川西区服务,其中燕京大学陶增启负责调查理番喇嘛寺组织。成都燕京大学师生所开展的边疆服务运动多是以五大学合作的性质进行,成为在蓉期间华西坝教会五大学边疆研究的显著特征。相关详情,我们会在下一章介绍。

燕京大学社会学系所开展的边疆研究活动,考察区域有凉山彝区、嘉戎藏区、康北藏区等等,都集中于少数民族聚居区,调查成果也以少数民族为中心,围绕其宗教、经济、阶级、婚姻等方面展开。燕京大学社会学系的边疆研究更贴近民族之边疆。燕京大学社会学系的

---

① 有关林耀华的调查活动,参考林耀华:《林耀华学述》以及孙庆忠:《林耀华教授和他的凉山彝族研究》,《中央民族大学学报》2006年第6期,第8—11页。关于陈永龄的活动,参考王建民、王珩:《陈永龄评传》,民族出版社2009年。关于宋蜀华的活动,参考杨筑慧:《宋蜀华评传》,民族出版社2009年。

② 《最近消息(总部)·凉山服务团出发前后》,《边疆服务通讯》第2期,1945年。

边疆研究主要集中于成都燕京大学时期，以林耀华教授为代表的学者借地利之便，持续开展边疆实地考察，写成大量边疆实地考察报告，亦是"边政学"号召下的全国性边疆研究的有机组成部分，推动了边疆研究的进程。从当时来说，系内师生不顾环境恶劣和艰险，开展以边疆实地考察为主基调的实地考察，写成的一系列调查报告，取得了国人了解边疆、开发边疆珍贵的第一手资料，推动了边疆研究的进一步展开。特别是林耀华据凉山调查写成的《凉山夷家》，被认为是"中国学者对凉山首次进行系统调查研究的重要著作"[1]，影响辐射远至海外。

从长远来看，燕京大学社会学系自许世廉开始，就致力于社会学的中国化，其后经吴文藻主张，社会学已经逐步走上了中国化的道路，系内学者运用社区研究的方法，进行边疆实地考察，加深了民众对边疆社会的了解，构成了社会学中国化的构成部分，推进了社会学中国化的进程。此外，燕京大学社会学系培养了大批的边疆研究人才，如吴文藻、李安宅、林耀华、陈永龄为代表，其后的黄淑聘、王辅仁、宋蜀华、李有义等学者，都渊源于燕京大学社会学系。因此，燕京大学社会学系的边疆研究对民国时边疆研究人才的培养以及新中国成立后民族学研究人才都有不可忽视的培养孕育作用。总之，燕京大学社会学系在边疆研究方面所做的工作及其影响，在 20 世纪三四十年代全国性边疆研究热潮中占着举足轻重的作用，应该给予充分的肯定。

第三节　文以载道：华西坝教会
五大学的边疆研究刊物

民国学界具有学术社团和研究机构作为学者汇聚和交流的学术平台，还有用于发表学术成果，发布学术消息的学术刊物，这些都是现

---

[1]　参见杨雅彬：《近代中国社会学（增订本）》下册，中国社会科学出版社 2001 年，第 687 页。

代学术的重要特征。华西坝教会五大学或自办刊物,或合办刊物,为教会五大学的学人们提供了学术交流和成果发表的重要载体。学者们以文会友,表达学术见解和思想主张,促进了学术交流和信息传递。其中也有不少边疆研究刊物,成为抗战时期边疆研究的重要学术平台,刊发了不少重要边疆研究成果。这些成果展示了五大学边疆研究者的知识视野和思想境界,也体现了民族学和人类学等西学的本土化实践以及多种学科在边疆研究中的运用情况。

华西边疆研究学会创办的刊物是英文学术刊物,名为 *Journal of the West China Border Research Society*。刊物 1922 年创刊,持续到 1946 年终刊,共发行 16 卷 20 册,发表文章 339 篇。该刊论文包括中国西南地区的民族学、考古学、历史学、语言学、宗教学、地理学、生物学等多种学科,其中不少属于边疆研究成果。这个刊物最初是以外国学者为主,其中多数又具有传教士身份。葛维汉在 1943 年曾提到:"华西边疆研究学会……最初一年……工作目标乃在□研究中国西部边疆汉人以外□风俗习惯、社会环境等。嗣后会员逐渐增多……而研究目标亦扩大为研究整个中国西部边疆的自然环境和文化。"①

李安宅有关藏传佛教寺院和藏族历史文化的调查报告《喇嘛庙概说》《萨迦派喇嘛教》,考古学家冯汉骥对成都及周边民族地区的考古学论文《成都平原之大石文化遗迹》,就发表在该刊。语言学家闻宥对藏羌彝等族语言有开创性研究,中国首个自然地理学女博士刘恩兰对华西地区的自然环境和民族文化的研究独树一帜,也有多篇在该刊发表。至于其他有关考古及自然科学研究的成果就不用赘述了②。周蜀蓉评价该刊是"20 世纪三四十年代研究华西地区上述学科的权威性

① [美]葛维汉:《华西边疆研究学会》,《中央日报·华西大学边疆研究专页》1942 年 1 月 5 日。转引自成恩元、易艾迪:《华西边疆研究学会始末记》,《南方民族考古》2015 年第 11 辑,第 195 页。

② 参见周蜀蓉:《基督教与华西边疆研究中的本土化进程——以华西边疆研究学会为例》,《四川大学学报(哲学社会科学版)》2012 年第 4 期,第 53—59 页。

刊物，学术价值高，不乏开山之作，被世界一些著名博物馆、大学图书馆收藏。会刊刊载的大多是学者在实地考察基础上，运用科学理论方法去多视角探究华西社会之作，形成其综合性多元化特色。"①而且杂志属于英文刊物，它将华西的文化传播到世界，沟通了华西与世界，同时为大批优秀学者提供了一个很好的平台，可以说，《华西边疆研究学会杂志》与华西学者们相互成就，共同为华西大学的边疆研究做出了努力与贡献。

抗战时期金陵大学创办了《边疆研究通讯》和《边疆研究论丛》两种边疆学术刊物，成为华西坝教会五大学边疆学者的学术园地。

边疆社会研究室由卫惠林主持，《边疆研究通讯》亦由卫惠林创办②。1943 年卫惠林辞职金大，此刊也停刊。《边疆研究通讯》系双月刊，1942 年 1 月 20 日创刊，1943 年 4 月 20 日停刊，共出版 2 卷 8 期，历时一年有余③。刊物发表有关中国边疆史地、边疆民族文化及边疆社会问题的论文，并介绍边疆地区人口、地理、语言及风土人情，刊发边疆学术动态和书刊评论，其设置的主要栏目有边疆研究资料、边疆学术消息、书评等。其主要撰稿人有柯象峰、徐益棠、卫惠林、马长寿、

---

① 周蜀蓉：《中国近代第一份研究华西边疆的珍贵文献——〈华西边疆研究学会杂志〉》，《南方民族考古》2013 年第 9 辑，第 214 页。

② 学界也有认为《边疆研究通讯》是金陵大学中国边疆问题研究会所办的刊物，如张宪文、方庆秋、黄美真主编《中华民国史大辞典》（江苏古籍出版社 2001 年）、万仁元、方庆秋、王奇生《中国抗日战争大辞典》（湖北教育出版社 1995 年），可能系同名刊物，或曾短暂存在，但笔者未见该刊。《金陵大学校刊》曾刊发更正消息，称《边疆研究通讯》是社会学系边疆研究室所编，而非边疆问题研究会所编。参见《金陵大学校刊》总第 299 期，1942 年，第 2 页。可见，至少在 1940 年代初，《边疆研究通讯》应该是"只此一家，别无分店"。

③ 也有认为《边疆研究通讯》创刊于 1942 年 1 月 12 日，停刊于 1943 年 6 月 29 日，共出版 2 卷 3 期，共计 9 期。参见丁守和、马勇、左玉河等主编：《抗战时期期刊介绍》，社会科学文献出版社 2009 年，第 862—862 页。该刊实则创办于 1942 年 1 月 20 日，1943 年 4 月 20 日第 2 卷第 2 期发行完后即停刊，前后共发行 2 卷 8 期，其中 1942 年第 5—6 期合为一期发行。

芮逸夫、贺觉非、闻宥、方国瑜等。

最能体现一个刊物创办原因及其旨趣者,莫过于发刊词。《边疆研究通讯》的《发刊辞》由柯象峰撰写。我们不妨原文照录,以供学界朋友解读:

> 我国版图辽阔,边区民族,亦复庞杂。历代靖边,未能彻底,留意边政者有若凤毛麟角,时至今日更感藩篱易撤之苦。抗战以还,学术界人士之迁徙边区者甚众,其间亦颇不乏急起直追从事边疆之同志。亡羊补牢,或亦未为晚乎?!

> 本校前在首都时,从事于边疆社会之研究亦已有年,且承教育部拨款协助,设立边疆问题讲座。入川以还,地邻边区,研究益形便利,四载来,迭经各方鼓励,曾组织西康社会调查团,专赴西康作学术之考察,继后组织峨边调查团,及参加四川省政府边区施教团,赴雷峨、马屏一带研究,虽获有些许资料,然终嫌微薄。本年度社会学系,为扩充该系工作计,对于边疆社会组更稍事充实,乃附设边疆社会研究室,一方面整理各地业已刊布文献,一方面拟搜集边区各地现实之资料,公诸于世。惟我国边区范围至广,事态至繁,断非一人力财力有限之研究机构所能胜任愉快,势必集合各方面人士之贡献以完成之。而多方面之消息或资料,又或需一刊物作交换之工具,是则本通讯之问世,或亦不为无故欤?

> "学术贵在求真"。有价值之科学巨著,应基于真实事项之罗列。故本刊,所载之文章,当以刊布第一手最真实之文章材料为第一原则。终冀此区区之真实材料,得有于海内学人,著述时之参考焉。

> 惟创刊伊始,诸多未周,人力财力均有不逮,念学术之为公物,端赖海内达人,协力匡助,本刊同仁得以追随其后,则幸甚矣。[1]

---

[1] 柯象峰:《发刊辞》,《边疆研究通讯》第 1 卷第 1 期,1942 年,第 1 页。

柯象峰所言甚明,金陵大学本有边疆研究之传统与基础,入川后更加重视边疆研究,为扩充社会学系,成立边疆研究室,整理文献和田野考察相结合,同时希望掌握各地边疆研究讯息,提供相关边疆研究机构相互交流的渠道。所以,实际上该刊也承载了边疆研究室与校内外其他机构、刊物、人员之工作联系的功能①。而其所谓第一原则,则为发表"第一手"的"文章材料",从其实际操作来看,似更重"材料"和"信息"。

兹将该刊征稿条例引述如下,大致可见其办刊的主要内容及用稿要求。

一、本刊以研究中国边疆民族文化,边疆社会问题为范围,兹分类如下:

甲、边疆史地:1.民族或地区的历史记述或考证;2.民族分布及迁徙;3.各民族住区的地理环境。

乙、民族文化:1.语言文字;2.生活方式(衣、食、住、行);3.生产方式(生产品之种类与技术等);4.社会组织(婚姻、家族、地方组织、政治组织、经济组织等);5.宗教习俗;6.艺术(绘画、织绣、音乐、歌舞、戏剧、雕刻等);7.生活习尚(生、冠、婚、丧、装饰、嗜好、游戏等)。

丙、社会问题:1.政治问题(地方政治、民族关系等);2.经济问题(资源开发、生产改良等);3.社会问题(人口、卫生等);4.教育问题(语言、教科书内容等)。

丁、其他:1.游记;2.通信;3.边地文献介绍。

二、本刊内容分下列各栏:1.专论;2.资料;3.游记或通讯;4.学术运动消息;5.书刊介绍。

三、本刊文稿体裁,以叙述为主,宁采资料,不取空论。

---

① 《金陵大学文学院社会学系边疆研究室工作计划大纲草案》,《边疆研究通讯》第 1 卷第 1 期,1942 年,第 12 页。

四、本刊为学术机关刊物，对外文稿，以不致酬为原则，酌赠本刊及本室其他出版物以表谢意。

五、本刊对长期担任通讯撰述者，除赠书刊外，并偿还邮资及材料费。

六、凡已经发表过之文稿，本刊概不登载，本刊所登文稿，其他书刊如有转载或采用者，请注明"转载本刊"。

七、外稿无论登载与否，除特别声明者外，概不退还，赐稿请寄"成都金陵大学文学院边疆社会研究室"。①

由上可见，《边疆研究通讯》以研究中国边疆史地、民族文化、社会问题为主要内容，既强调学术，又注重实际，学术研究与学界报道是此刊的一大特色。不过由于该刊存在时间不长，并未达到上述预期。据统计，该刊总共登载专论、书评、边疆学术消息、资料、游记、通讯等各类文章或资讯 60 篇（条），其中专题论文并不多。下表仅列举该刊所发表之专题论文，供有心学人择取参考。

表 2　《边疆研究通讯》专题论文发表简况表

作者	时任职务	论文题目	卷期	年份
卫惠林	金陵大学教授	《中国边疆研究的几个问题》	第 1 卷第 1 期	1942
芮逸夫	中央大学教授	《西南民族的语言》	第 1 卷第 1 期	1942
卫惠林	金陵大学教授	《中国民族分类论略》	第 1 卷第 2 期	1942
于式玉	华西大学教授	《藏民妇女的一生》	第 1 卷第 2 期	1942
贺觉非	西康省理化县长	《昌都帕巴拿呼图克图事略》	第 1 卷第 2 期	1942
潘景衍		《滇南边区行记》	第 1 卷第 2 期	1942

---

① 《边疆研究通讯征稿条例》，《边疆研究通讯》第 1 卷第 1 期，1942 年，第 12 页。

续表

作者	时任职务	论文题目	卷期	年份
林名均	华西大学博物馆副馆长	《威州的民歌》	第 1 卷第 3 期	1942
黄楚三	内蒙古乌拉特前旗防守司令部上校参谋长	《乌兰察布盟旗民农活习俗》	第 1 卷第 3 期	1942
闻宥	华西大学中国文化研究所所长	《关于法俉字典之作者邓明德神父》	第 1 卷第 3 期	1942
徐益棠	金陵大学教授	《腾冲附近之兵要地理》	第 1 卷第 4 期	1942
白永达	金陵大学农业经济系学生	《佳山寨来函》	第 1 卷第 4 期	1942
许文超	西康省巴安县长	《西康的妇女》	第 1 卷第 4 期	1942
王一影	西昌行辕新闻检查室主任	《西康宁属边民的分布》	第 1 卷第 4 期	1942
刘远东		《云南澜沧之老缅族》	第 1 卷 5—6 期合刊	1942
龙取直		《访问倮俉学者罗文笔》	第 1 卷 5—6 期合刊	1942
马长寿	金陵大学教授	《川康民族分类：四川博物馆川康边疆民族文物标本说明》	第 1 卷 5—6 期合刊	1942
章松涛		《羌民的建筑》	第 1 卷 5—6 期合刊	1942
张少微	《中央大学教授》	《谈"坐月"》	第 2 卷第 1 期	1943
刘远东		《从腊戎到澜沧》	第 2 卷第 1 期	1943
卫惠林	金陵大学教授	《建设西北的基本问题》	第 2 卷第 1 期	1943
徐益棠	金陵大学教授	《金陵大学边疆研究事业之经过》	第 2 卷第 2 期	1943

续表

作者	时任职务	论文题目	卷期	年份
汤定宇	东北大学讲师	《东北夷与燕赵长城》	第2卷第2期	1943
符气雄	西南联大教育系学生	《边疆民族人口及其分布中心》	第2卷第2期	1943

卫惠林初来即主持刊物，也发表若干文章在刊物上。他发表在1942年第1卷第1期的《中国边疆研究的几个问题》，1942年第1卷第2期的《中国民族分类论略》，1943年第2卷第1期的《建设西北的基本问题》，显示了他较为宏阔的知识视野和扎实的学术功底。另外较为重要的专题论文还有芮逸夫《西南民族的语言》、闻宥《关于法倮字典之作者邓明德神父》、徐益棠《腾冲附近之兵要地理》、马长寿《川康民族分类》、符气雄《边疆民族人口及其分布中心》等。不过，《边疆研究通讯》所发论文并不多，基本上每期只有两三篇，余为边疆学术之各类信息。这与其刊物定位有关。该刊所登载的"边疆学术运动消息"每次发布十多条，汇总当时全国各地、政学两界关于边疆研究的消息，内容涵盖极广，举凡国民政府的边疆政策、边地官吏各类举措、学术团体及学者个体调查活动及有关边疆研究成果发布等信息，均有报道，另外该刊还介绍了当时出版的有关边疆研究的刊物（如《边政公论》《边疆通讯》《华西大学中国文化研究所集刊》等）和《中国回教史鉴》《摆夷的摆》等论著，充分体现了"通讯"性质。

《边疆研究通讯》先后刊发了两篇文章介绍金陵大学的边疆研究情况。一篇是《金陵大学文学院社会学系边疆研究室工作计划大纲草案》，另一篇则是徐益棠撰写的《金陵大学边疆研究事业之经过》。两篇文章，前者着眼于未来，交代了研究重点及实施步骤，后者着意于历史，讲述了金大倡导和参与边疆研究的历程及成绩，有助于学界了解金陵大学边疆研究的前世今生及后续动作，从而也利于学界协同推进边疆研究工作。徐益棠在文献研究和实地研究都有显著成就，还特别注意梳理民族学和边疆研究的学术史。他对中国民族学会成立之后的活动和 20 世纪 30 年代的边疆研究都做过很详细的梳理和总结①。

《边疆研究通讯》既是金陵大学师生发表边疆学术成果的重要阵地，也是金陵大学边疆学术的宣传载体，又是当时边疆学术资料和资讯的发布平台。教育部蒙藏教育司司长凌纯声就曾称赞《边疆研究通讯》"吉光片羽，尤为脍炙人口。"②

《边疆研究论丛》创办于 1941 年，由徐益棠负责编辑，金陵大学中国文化研究所编印。据笔者掌握资料，该刊仅出版三期，前后历时 9 年，1941 年出版第 1 期，1945 年出版第 2 期，1949 年出版第 3 期（后两期封面分别标注有"民国卅一年至卅三年"、"民国卅四年至三十七年"）。卫惠林对该刊之创立及第 1 期内容曾有介绍，其文曰：

> 本书为本校中国文化研究所对中国边疆研究上有计划的贡献之一种，徐益棠先生主持该所民族学研究并在本校主讲民族学已有数年之久。他是中国民族学会的书记兼《西南边疆》的编辑，其对中国民族学上的成长，颇著劳绩。此论丛的计划，预定每年出一期至两期，与本刊可相互为用，以发表长篇论文及研究报告为目的……最后附刊最近数年来边疆研究论文目录，可供留心研究者之查考。③

可见《边疆研究论丛》与《边疆研究通讯》办刊宗旨不同，前者侧重精深而专门的研究，所刊全为长篇专题论文，撰稿人几乎都是教授（仅

---

① 参见徐益棠：《十年来边疆民族研究之回顾与前瞻》，《边政公论》第 1 卷第 5—6 期合刊，1941 年，第 51—64 页；《中国民族学之发展》，《民族学研究集刊》第 5 期，1946 年，第 158—171 页；《七年来之中国民族学会》，《西南边疆》第 15 期，1942 年，第 55—58 页。

② 《私立金陵大学关于讲习、补助、各科研究经费与教育部的来往文书（内有英文）(1935.9—1947.11)》，中国第二历史档案馆藏私立金陵大学档案，案卷号：649—250。

③ 卫惠林：《书评：一、边疆研究论丛（民国卅年）》，《边疆研究通讯》第 1 卷第 2 期，1942 年，第 10—11 页。

一人不是）。具体情况见下表。

表 3　《边疆研究论丛》作者作品一览表

作者	作者简介	作品	刊期
闻宥	华西大学教授	《西藏缅甸系语文略说》	第 1 期
胡鉴民	四川大学教授	《羌族之信仰与习为》	第 1 期
		《苗人的家族与婚姻习俗琐记》	第 2 期
徐益棠	金陵大学教授	《㑩㑩道场图说》	第 1 期
		《广西象平间倮民之宗教及其宗教的文献》	第 1 期
		《广西象平间倮民之婚姻》	第 2 期
		《广西象平间倮民之饮食》	第 2 期
陶云逵	云南大学教授	《几个云南藏缅语系土族的创世故事》	第 2 期
		《车里摆夷之生命环》	第 3 期
岑仲勉	中研院研究员	《楼兰土著民族之推测及其文化》	第 2 期
		《突厥马之输唐与 Tamga》	第 3 期
丁骕	中央大学教授	《吐谷浑之世系与名义（吐谷浑研究之二）》	第 2 期
刘铭恕	金陵大学教授	《南诏来袭与成都大秦景教之摧毁》	第 2 期
		《忽必烈之首猎拭血礼》	第 3 期
		《蒙古之髀石游戏》	第 3 期
		《㑩民战争和解条件之骨价与盟誓》	第 3 期
马长寿	金陵大学教授	《凉山杂剧中所见之祆教》	第 2 期
		《凉山罗夷的族谱》	第 2 期
史岩	金陵大学教授	《阳关探访记》	第 2 期
任诚	曾任扬州五师校长，当时身份待考	《党项及与弥语原辨》	第 2 期
张绍梅	金陵大学学生	《摆夷婚姻习俗之初步研究》	第 3 期

《边疆研究论丛》共刊文 21 篇,作者 11 位,以金陵大学师生为主,徐益棠和刘铭恕各发表了 4 篇。文章篇幅较长,采用标准的学术论文注释,陶云逵的遗著亦在该刊发表。若与《边疆研究通讯》相比,更能看出两者的功能区分:《边疆研究通讯》重在沟通信息,立意在普及;《边疆研究论丛》则重在研究,用心在提高。

除上述两种刊物外,金陵大学尚有《中国文化研究汇刊》《金陵学报》《斯文》等学术刊物,这些刊物也曾刊载过金陵大学教授的边疆民族研究成果。如徐益棠《凉山倮民之类政治的组织》《广西象平间瑶民之占卜、符咒与禁忌》,闻宥《汶川瓦寺组羌语音系》《川滇黔罗文之比较》《记西昌夷语的元音》《论嘉戎语动词之人称尾词》等论文就发表在齐鲁大学、华西大学和金陵大学三校合办的《中国文化研究汇刊》上。这些学术刊物,为金陵大学的边疆研究提供了丰富的资源,使得本校学者边疆研究成果得以顺利发表。同时,还能通过公开发行、吸收校外来稿来增强它在边疆研究领域的学术影响力。

中国边疆研究学会总会曾办刊《中国边疆》,其发刊词也值得注意,兹引其文中关涉边疆研究之动机及其办刊思路之内容如下:

> 民国过了三十年,许多的边疆问题,还未能得到满意解决的结论,这是中国致力学术文化者重内轻外畸形发展病态的反映;许多的边区地方的情形,内地人士,十九还是茫然,这是中国国民漠视边疆,召致外侮的重要因素;因此在积极方面处理边事,感到棘手,建设边疆,诸多窒碍。所以边疆学术的研究工作,在抗建时期,尤觉迫切需要! 年来边疆学术文化团体的成立,及边疆刊物的发行,日见其多,这是建国中的好现象;我们中国边疆学会编行本刊,想追步同志同道之后,分担起边疆学术研究的使命。而我们的中心目标,在下列各点:

> (一)建立治边理论 本刊在这方面,特别注重,愿根据三民主义及国父遗教关于边疆政策及治理边疆原则的召示,作理论上的阐发探讨,希望可能的成为解决边疆问题的健全的理论基础。

（二）研究建边方案　在建国的国策下我们想依据每一个边区情形,作各种建设方案的研究,作为施政者的参考。

（三）介绍边地智识　我们想将边疆政教史地社会各方面的情形,介绍给内地人士明了,我们尤希望大中学校的青年学生诸君,对这方面多加吸取,以充实边疆智识。①

齐鲁大学孙恩三和张雪岩一道主持的《田家半月报》以乡村建设为主要内容,也有大量涉及边疆研究及服务的内容。该刊隶属华北基督教农村事业促进会文字部,1934 年 8 月在齐鲁大学创刊。虽属教会刊物,但该刊主要内容是反映农村生产生活。1937 年,刊物迁到长沙,由刘龄九代理。1938 年随齐鲁大学迁到华西坝。在成都首次出版时,编者表示:"决心要结交我川省乡间的父老兄弟,帮助川省的男女同胞,能明了本身责任的重大,肯负起救国建国的重担"②。刊名虽称"报",实为半月刊,每期 20 个页面,七八个栏目,有时出专号或特刊。

抗战时期的《田家半月报》栏目丰富多彩,并积极应对时局要求,克服经济困难,采取各种措施扩大发行量。该刊物对基督教的传播、农村社会的改良和宣传抗战救国有一定的影响③。虽然是基督教会向农村传教的刊物,但其栏目涉及宗教、时事、儿童家政、医疗卫生、农业等与农民日常生活息息相关的方面。如有介绍稻麦的选种、收割、谷仓生虫的治理、杀虫药 DDT、肥料制作等指导农业生产的文章④;有

① 《发刊词》,《中国边疆》创刊号,1942 年,第 1 页。

② 《本报迁川的意义》,《田家半月报》第 5 卷第 21—22 期合刊,1938 年,第 1 页。

③ 参见王京强:《抗战时期在四川的〈田家半月报〉》,《宗教学研究》2006 年第 4 期,第 192—193 页。

④ 周明懿:《稻麦的选种》,《田家半月报》第 6 卷第 6 期,1939 年,第 14—15 页;《稻子收割后的螟虫防治法》,《田家半月报》第 6 卷第 19 期,1939 年,第 11—12 页;《谷仓生虫怎样办》,《田家半月报》第 6 卷第 19 期,1939 年,第 12 页;《杀虫新药 DDT 行世》,《田家半月报》第 12 卷第 5—6 期,1945 年,第 15 页;《蒸制骨粉肥料浅说》,《田家半月报》第 8 卷第 10 期,1941 年,第 12 页。

普及天花、霍乱、牙痛、瘟疫的防治方法①等普及医疗卫生知识的文章。这对农耕技术的提高、农作物防虫病害、日常饮食、卫生知识进步实有益处。除了传授农业技能和卫生知识，提高大后方生产力和生活水平外，《田家半月报》还介绍国际新闻、传播抗日消息，号召后方青年自愿参军、捐款捐物支援前线，鼓舞抗日救亡运动；宣扬国家统一和民族团结，誓死守卫我国神圣山河、寸土不容分割。抗战胜利后，《田家半月报》还面向全国征集抗战建国史料，并分类编印成民众抗建史集②。

---

① 《快种牛痘》，《田家半月报》第 6 卷第 11 期，1939 年，第 13 页；鲁德馨：《霍乱防治法》，《田家半月报》第 6 卷第 11 期，1939 年，第 13—14 页；《牙痛是大病》，《田家半月报》第 7 卷第 17 期，1940 年，第 11—12 页；《怎样预防瘟疫》，《田家半月报》第 7 卷第 14 期，1940 年，第 11 页。

② 《征集民众抗建史料》，《田家半月报》第 12 卷第 13—14 期，1946 年，第 23 页。

第四章 三位一体:华西坝教会五大学的边疆学术圈和社会服务

　　现代学术的一个重要特征就是学者组织化。"学术社会"在近代中国成为不少知识人的诉求。学者群体已构成一个重要的社会力量,他们的活动已经形成一个联系紧密的网络化空间。现代学术,如果离开学会、社团和各类研究机构,离开出版社和期刊社,很难想象是什么情形。正是因为学术共同体的形成与学术交流和发布渠道的畅通,促成了学术产品的层出不穷及其快速传播。抗战时期大后方的学术社会建构同样在进行中,而且由于知识分子的聚焦效应,成效更为显著。那时全国最优秀的学者大部分都已集中到了相对安全的西部地区,用社会学家孙本文的话说,抗战期间,"高级知识分子十分之九以上西迁;中级知识分子十分之五以上西迁,低级知识分子十分之三以上西迁"①。成都华西坝同样聚集了大批杰出学人,他们之间形成了非常有效的学术互动。我们通过对罗忠恕与东西文化学社的研究,可以证明那时华西坝的学术氛围相当浓厚,不少国内外学者在此间举行了很

---

① 孙本文:《现代中国社会问题》第 2 册,商务印书馆 1947 年,第 261 页。

多学术活动①。我们要完整地建构这方面的情形,可能会比较困难。但是我们可以根据其时部分学人日记及相关文献所载,略窥其貌。华西坝教会五大学与中国基督教会全国总会边疆服务运动的密切联系,恰好也是华西坝学人学术互动频繁,各科学者群起向边疆研究的例证。

第一节　同气相求:华西坝教会五大学 边疆学人群的学术互动

抗战时期以四川为目的地的政治和文化迁徙,极大改变了中国政治和文化的空间格局。重庆成为国民政府的战时首都,而成都也成为仅次于重庆的内迁中心。迁来的高校和文化科研机构大多在四川获得了长足发展,也为四川文化的繁荣创造了新的生机。四川成为抗战时期的学术文化中心,在 1941 年、1943 年教育部所聘 42 位教授中,有一半以上在四川各大高校任教。1948 年评出的民国首批院士,近半曾在四川工作②。这是很能说明问题的一组数据。

前文已述及,抗战时期华西坝聚集了五所教会大学,众多优秀学者在此相逢,营造了浓厚的学术氛围,促进了各学科学者的学术交流。如果再加上毗邻的四川大学,那时成都学术界真可谓人文荟萃,群贤毕至。我们还要考虑成渝间的距离并不遥远,那时重庆又是国民政府陪都,政治、文化和学术资源均甚丰富,迁来高校同样云集,两地也保持了较好的学术互动。顾颉刚在去重庆工作前,就常到重庆赴会或应邀讲学,如参加边疆教育委员会等活动。李安宅也时常到重庆开会,

---

①　参见汪洪亮:《蜀中学人罗忠恕人生史研究的学术意义》,《四川师范大学学报(社会科学版)》2017 年第 4 期,第 169—170 页。

②　魏红珊、冯光宪、马晶:《四川抗战文化地理学研究》,中国文联出版社 2015 年,第 422—424 页。

或因边疆研究所经费问题拜会相关人士①。

华西坝教会五大学的学术互动情况,我们可以从东西文化学社的成立,略窥其概。钱穆曾撰文介绍学社缘起,其文称:

> 罗君忠恕游学海外,有心此事,曾于民国二十八年之冬季,两次在英伦牛津、剑桥两大学发表其对东西两大民族应对双方文化各作更进一步之发挥与相互融贯之工作之演讲,颇蒙彼中有识者之同情,并在牛津、剑桥两大学成立中英学术合作委员会,且发表宣言,赞同此事。此外国际知名学者,如爱因斯坦、杜黑舒、怀特黑、杜威、罗素诸氏,均通函问,愿赞斯举。罗君返国,因发表中国与国外大学学术合作之建议一小册,略道其梗概,同人等对罗君意见甚表赞同,因感有共组学会,共同努力之必要,遂发起一东西文化学社,草拟简章,将本此广征国内同志集力进行。②

1942年夏,罗忠恕发起成立东西文化学社,"以推进中西文化合作运动",并在11月19日召开成立大会,选举负责人员,拟定出版"中西文化"刊物,开展公开演讲、设立图书馆及"我国文化对外所"等③。不过,囿于经费,有些设想并未得到实施。

罗忠恕担任东西文化学社社长,其社员多为知名学者。根据《东西文化学社简章》所附"通讯",其核心成员应有倪青原(金陵大学)、何文俊(华西大学)、钱穆(华西大学)、罗念生(四川大学)、于斌(南京教区驻渝办事处)、王云五(商务印书馆)、唐君毅(中央大学)、冯友兰(西南联合大学)、刘崇鋐(西南联合大学)、朱光潜(武汉大学)、张其昀(浙江大学)等,又邀请外国知名学者艾格斯顿、李约瑟、齐尔门、达兹等加入。为获得官方及各界支持,罗忠恕还聘请孔祥熙、张群、孙科、顾维

---

① 参见汪洪亮:《顾颉刚与李安宅的人生交集和思想学术异同》,《中国藏学》2015年第2期,第41—42页。
② 钱穆:《东西文化学社缘起》,《旅行杂志》第17卷第7期,1943年,第91页。
③ 《东西文化学社十九日正式成立》,《燕京新闻》第9卷第8期,1942年。

钧、张嘉璈等为名誉社长，华西坝教会五大学校长及张伯苓、黄季陆、朱经农、郭泰祺、蒋梦麟、何北衡等为名誉社员①。

东西文化学社成立后，罗忠恕首开"文学与大学教育"讲座，此后多场学术讲座次第举行。在当时硝烟弥漫的中国，抗战大后方依然有着浓郁的学术氛围。仅 1942 年春夏之间，罗忠恕邀请了近 10 位学者。国内学者林语堂、张东荪、冯汉骥、梁漱溟、陈白尘等亦曾在此登台亮相演讲②。大批外国专家学者来此讲学，如牛津大学教授托德斯、剑桥大学教授李约瑟、印度加尔各答大学教授甘戈理。其中李约瑟来华演讲次数最多，在 1943 年 5 月就演讲 12 场，涉及生物、化学、中西方科学史等多方面，反响热烈。西方访华团来蓉，常到华西坝访问教会五大学，设在华西坝的东西文化学社亦常被政府作为接待单位。1942 年 12 月，以艾尔文爵士为团长的英国议会访华团一行访问成都，罗忠恕陪同并为其翻译，代表团员卫德波在华西大学广场向成都各大学同学作题为《战后的问题》的演讲，力主中英长期合作，政治上成立同盟，商业上尤须发展，中英永远为世界和平而努力。同日，学社出面举行茶会招待该团，成都各大学校长及教授、社员 40 多人，英曼彻斯特报及路透社记者均出席茶话会。澳大利亚首任驻华公使艾格斯顿爵士、波兰驻华大使卡宁吉都曾来蓉演讲③。

为筹集活动经费，罗忠恕与孙科、孔祥熙、张群、刘文辉等政界大佬往来颇多。抗战时期，东西文化学社邀请李约瑟、陶德斯（牛津大学教授）、罗士培（英国文化委员会驻华代表）、任义克（德尔汉大学英国文学教授）、孙斯顿（澳洲公使）、梁漱溟、任鸿隽、邵力子、冯友兰等学界名流到成都讲学。抗战结束后，因高校复员回迁，学者星散，加上 1946 年罗忠恕再赴海外，学社因活动减少而逐步停办。

---

① 《东西文化学社简章》，四川省档案馆藏敌伪政治档案，卷宗号：9-2-10645。
② 罗忠恕：《关于我反革命罪行的坦白》，1955 年 12 月 15 日，未刊稿。
③ 岱峻：《风过华西坝：战时教会五大学纪》，191 页。

　　华西坝教会五大学边疆研究学人的学术互动,更集中地体现在中国边疆学会和民族学会的活动中。顾颉刚日记中对此问题有较多反映。笔者曾经指出,顾颉刚是民国时期边政学潮流中一位贯穿始终的中心人物,曾组织边疆学术社团,编辑边疆研究刊物,在当时边疆研究中起到了非常重要的引领作用。后来被称许为民国边政学代表性人物的吴文藻、杨成志等,皆与顾颉刚在 1930 年前后已有学术往还,在抗战时期也多有互动。笔者将专文论述顾颉刚与吴、杨等人的学术交往,此不赘述。他们在抗战时期也都不同程度地参与了政府层面的边疆工作。顾颉刚曾担任中组部边疆语文编译委员会主任,吴文藻曾担任国防最高委员会参事并参与中国边政学会工作,杨成志曾担任广东省政府边政指导委员会研究主任①。

　　华西坝教会五大学边疆研究学人在中国边疆学会和中国民族学会中都有重要地位,或担任负责人,或担任理事、监事等重要学术职务。1940 年,齐鲁大学国学研究所主任顾颉刚与韩儒林等人在成都开始筹备中国边疆学会。据其日记所载:11 月 23 日时召开了中国边疆学会第一次筹备委员会②,此后又召开数次筹备会议③。其 1941 年 2 月 27 日的日记载:"作边疆学会宣言讫,凡千五百言。"④提出该会要旨:"同人不敢避时代之使命,用自忘其谫陋,成立本会,欲以认识边疆之实际情况及其所含蕴之问题,共筹适宜之对策,唤起国人之注意。"⑤1941 年 3 月 1 日,中国边疆学会成立大会隆重举行,到会人员85 人,顾颉刚被选举为该会理事长。据《顾颉刚日记》载,当日与会有:

　　① 参见汪洪亮:《顾颉刚与民国时期的边政研究》,《齐鲁学刊》2013 年第 1 期,第 42—49 页。
　　② 参见《顾颉刚日记》,1940 年 11 月 23 日。按:本书引用《顾颉刚日记》,均出自顾颉刚:《顾颉刚全集·顾颉刚日记》,中华书局 2011 年。
　　③ 参见《顾颉刚日记》,1941 年 2 月 1 日、2 月 22 日、2 月 28 日。
　　④ 《顾颉刚日记》,1941 年 2 月 27 日。
　　⑤ 顾潮编著:《顾颉刚年谱》,第 350 页。

"柯象峰、任映苍、黎光明、孙元良、洪谨载、王抱冲、雷轰夫妇、李自靖、赵廉、王树民、李金声、黄和绳、蒙思明、姜蕴刚、傅葆琛、林名均、罗忠恕、张伯怀、李幼乔、沈遵晦、郭普、李得贤、陈家芷、韩儒林、张维华、魏洪祯、林少鹤、郭有守、张剑涛、刘笃、胡晓升、蒋翼振、韩伯城、张云波、孙次舟、侯宝璋、刘叔遂、宓贤璋、李通甫、韩笑鹏、朱惠方、黄辕孙、冯汉骥（共到八十五人）。"①这些参会者虽然学科背景不一，但大多在学术界都已有成就和声誉，且不少就在华西坝教会五大学任教。据顾颉刚言，学会成立后，"币值日跌，捐来的款无济于事，各会员又为生活压得喘不出气，无心研究，加以轰炸严重，图书疏散，收集参考资料极端困难，要组织旅行团更谈不到，所以一天天的消沉下来"②。

因在顾颉刚成立中国边疆学会前，1940年7月，黄奋生、赵守钰等人已在重庆成立了中国边疆学会。黄、赵二人都在国民党宣传系统或政府部门工作，这个学会也因此具有更明显的官方色彩。国民政府社会部也以学会名称相同为由，令成都的中国边疆学会改名。顾颉刚在日记中写道："社会部以'中国边疆学会'已有赵守钰之组织，令改名。又谓总会应设重庆，此大给我辈打击。"③此事其实反证了政府层面对边疆研究的重视。社会部将榆林、重庆、成都中国边疆学会合并，并将总会设于重庆，并于1941年6月1日发表《中国边疆学会宣言》④，并以戴季陶、于右任、孔祥熙、冯玉祥、吴忠信、许崇灏、贺耀祖、陈立夫、朱绍良为名誉会长；以傅作义、邓宝珊、谷正伦、马步青、马步芳、马鸿逵、刘文辉、沙克都尔扎布、喜饶嘉措、章嘉、策觉林、森且堪布、龙云、

---

① 《顾颉刚日记》，1941年3月1日。
② 顾颉刚：《顾颉刚自传》，第97页。
③ 《顾颉刚日记》，1941年4月20日。
④ 《中国边疆学会宣言》，《蒙藏月刊》第1卷第13—14期合刊，1941年，第7—8页。该宣言共五点：一、促进民族团结以实行三民主义；二、研究治边建边方策提供政府采择；三、整理历代边疆政教制度编纂丛书；四、发行刊物宣传边疆知识劝导移民殖边；五、切实考察边疆物产鼓励实业家投资开发。

吴鼎昌、黄旭初等为名誉理事。会长为赵守钰，常务理事有赵守钰、顾颉刚、刘家驹、石明珠、闵贤邨、黄次书、黄奋生等人①。顾颉刚私下表示了愤慨与郁闷，但在公开场合却表示，几个同名学会的不约而同成立，宗旨也一致，"然而这是奇巧吗，乃是时代的需要如此，不容我们不如此；这需要太迫切了，它逼得我们非接受这任务而立刻发动不可。"②在合并后的中国边疆学会理事监事中，华西坝教会五大学人同样占据了很大比例。边疆学术团体的发展壮大，为边疆研究者的交流提供了便利，也有利于扩大华西坝教会五大学学者的学术影响。

中国民族学会也是边疆学者汇聚的一个学术团体。学会的主要创办者和主持者，不少是华西坝教会五大学人。金陵大学徐益棠与中研院凌纯声，中央大学孙本文、何联奎、胡鉴民等人参与了学会的筹备工作。1934 年 12 月 16 日，中国民族学会在中央大学举行成立大会，选举产生了学会的理事与监事成员。徐益棠还当选为理事会主席③。该会以"研究中国民族及其文化"为宗旨，并确立了四项任务：研究；调查及搜集；讲演及讨论；编行刊物④。

抗战爆发后，学会活动难以为继。一些会员在大后方分头组织开展人类学和边疆研究工作。如 1938 年夏，在西康省政府支持下，金陵

---

①　理事：赵守钰、顾颉刚、马鹤天、王则鼎、吴云鹏、刘家驹、赵佩、姜蕴刚、张伯怀、石明珠、杨干三、闵贤邨、恩久、黄次书、贾永琢、黄奋生；候补理事：李鸿音、白凤兆、张西铭、傅葆琛、庄学本、孙次舟、侯宝璋、王心正、程文瀚；监事：孙元良、柯象峰、张廷休、徐益棠、杨质夫、周昆田、陈文鉴、王殿之、罗友仁；候补监事：刘鸿宾、蒙文通、韩儒林、袁腾、夏桑登。参见《中国园艺学会中国植物病理学会中国地政学会等团体组织给金陵大学的文书材料（1933.8—1948.3）》，中国第二历史档案馆藏私立金陵大学档案，案卷号：649—124。部分人员与《中华民国史档案资料汇编》第五辑第二编《文化（二）》略有出入，其中恩久误写为思久。参见中国第二历史档案馆编：《中华民国史档案资料汇编》第五辑第二编，《文化（二）》，江苏古籍出版社 1998 年，第 436—438 页。

②　顾颉刚：《中国边疆学会边疆丛书总序》，《顾颉刚全集·宝树园文存卷四》，第 331—334 页。

③　《中国民族学会在京成立》，《时事汇报》第 3 期，1934 年，第 36 页。

④　徐益棠：《七年来之中国民族学会》，《西南边疆》第 15 期，1942 年，第 55 页。

大学的刘国钧、徐益棠、柯象峰等人就组织了西康社会考察团。1940年夏，在四川省政府支持下，柯象峰和徐益棠又组织了四川省边区施教团，分任正副团长，调查成果汇集成《雷马屏峨纪略》一书，在文物采集和民族志撰写方面都有突出成绩①。

由于徐益棠等人的学术努力，学会会员之间渐通声气。原本集中在华北、华东一带的会员大多西迁，如在重庆的何联奎、胡焕庸、黄文山、庄学本，在云南的方国瑜、凌纯声。迁居成都的学者最多，有徐益棠、吕叔湘、卫惠林、柯象峰、林民均、芮逸夫、马长寿、胡鉴民、刘咸、韩儒林、任乃强、顾颉刚等，基本都在华西坝教会五大学工作。1941年秋，中国民族学会恢复工作，迁至成都华西坝，由徐益棠暂时担任书记一职，其通讯处设于金陵大学徐家。原本在云南出版的《西南边疆》也迁到成都，由徐益棠主持编辑，俨然成了学会刊物②。

1942年1月18日，徐益棠、卫惠林、吕叔湘、柯象峰、林名均、凌纯声、芮逸夫、马长寿等部分会员在成都座谈，讨论关于民族学会复兴事项。10月，徐益棠代表学会向国民政府社会部呈递学会章程及会务活动报告书等材料，其间提到学会活动有研究、调查和搜集、讲演、讨论及编行刊物，设立常务理事有徐益棠、何联奎、商承祖和凌纯声等四人。徐益棠在总结学会成立7年来的工作时，在对学会发展现状不满意的同时也看到了希望：

中国民族学会成立于民国二十三年十二月，屈指计算，仅有九个年头，实足年龄，且只及七年零四个月。以言学术史上之地位，瞠乎后矣。此七龄之幼童，诞生于国难严重之际。自哺乳以致提携包负，却已煞费苦心，而社会迄未加以注意。今者有志之士，竟注意于边疆建设，民族研究亦渐为学术界所重视，同仁呼号

① 徐益棠之子徐畅写有《中国民族学研究的先行者——回忆先父徐益棠的治学之路》，对此也有记述。

② 徐益棠：《七年来之中国民族学会》，《西南边疆》1942年第15期，第57页。

奔走,惨淡经营。至今日始稍获精神上之慰藉。[1]

华西坝上华西、金陵和齐鲁三大学都各自办有中国文化研究所,都较为关注边疆研究。1941年1月17日,华西大学校长张凌高办公室里,迎来了金陵大学校长陈裕光和齐鲁大学校长刘世传及三校中国文化研究主任闻宥、李小缘、顾颉刚。大家商议决定,"接受哈佛燕京学社之提议,设立三大学中国文化研究所联合出版委员会,以九人组织之,每校推出三人,一人为行政人员,二人为研究员",分别为华西大学的张凌高、闻宥、吕叔湘,金陵大学的陈裕光、李小缘、商承祚,齐鲁大学的刘世传、顾颉刚、钱穆,并推选张凌高为主席。会议还决定合办《中国文化研究汇刊》,"三大学研究所轮任编辑汇刊之次序,用抽签法决定之,当抽定为(一)齐大(二)华大(三)金大"。次月常会出台中国文化研究汇刊条例,决定"不收外稿",只发表三校研究所人员所撰文章,"内容暂时偏重于中国西部之研究",文章体裁可为考证论文、调查报告、重要史料、书报评论等[2]。汇刊的创办及组稿也能体现华西坝边疆学者互动的情形。

我们可以从顾颉刚在华西坝的学术圈略窥那时边疆学人的互动情况。顾颉刚在日记中经常为自己忙于事务和人事纠葛而叫苦不迭。钱穆也有察觉,在其晚年回忆录中写道,顾颉刚"交际日广,应接日繁,有日不暇给之苦。又其时生活日清苦,颉刚气体不壮,力不从心,更感不安。"[3]1941年间,在齐鲁大学国学研究所进修的严耕望注意到顾颉刚:"喜欢办学术事业,客人也多,一天忙到晚。"[4]顾颉刚为盛名所累,来访者应接不暇,再加上事务繁忙,经常困倦而又失眠。反复权衡之

---

① 参见徐益棠:《七年来之中国民族学会》,《西南边疆》第15期,1942年,第55页。

② 本段内容可以参见:《金陵、华西、齐鲁三大学中国文化研究所会议记录及中国文化研究所联合出版委员会简章(1941.1—1941.3)》,中国第二历史档案馆藏私立金陵大学档案,案卷号:649—1646。

③ 钱穆:《八十忆双亲·师友杂忆》,岳麓书社1986年,第209页。

④ 严耕望:《治史三书·钱穆宾四先生与我》,上海人民出版社2008年,第241页。

下，他在 1940 年 6 月发表启事，表示除了保留齐鲁大学国学研究所职务，其他职务都辞掉，"决意舍去都会生涯，移家村落"①。国学研究所也一度迁往距城廿里的成都北郊崇义桥赖家院。

　　顾颉刚筹办及主持中国边疆学会期间，与华西坝教会五大学同人时常聚会商议。顾颉刚周旋于学、政、商界中，人事、交游频繁。此间其日记当中记述的交游方式主要为聚谈、开会、互宴、互访、讲座、出游、看戏等。日记中关于宴请的记载，直接反映了其人事繁忙的程度。顾颉刚在成渝期间宴请记载粗略统计如下②。

表 4　顾颉刚成渝时期宴请简况表

时间	参加宴席次数	独自和联合宴请次数
1939.9.22—12.31	58	11
1940	137	33
1941	246	51
1942	181	56
1943	193	30
1944	196	58
1945.1.1—8.15	140	20

　　无论是应邀赴宴还是做东请客，顾颉刚的饭局真不少。这几年间，顾颉刚平均每 2 天参加宴席 1.3 次，其事务之繁忙，可见一斑。尤以 1941 年为最多，这年恰好是其筹备组织中回边疆学会的一年。顾颉刚的宴饮对象广泛，涉及政、商、学三界人士。顾颉刚担任齐鲁大学国学研究所主任期间，与华西坝教会五大学人员过往甚多，如齐鲁大学的校长刘世传和张维华、钱穆、汤吉禾、孙次舟、胡厚宣、王育伊、杨

①　顾潮编著：《顾颉刚年谱》，第 342 页。
②　四川师范大学 2017 届本科生黄晓芳协助笔者根据《顾颉刚日记》进行统计，谨致谢忱。

向奎、胡厚宣等学者；金陵大学的校长陈裕光和商承祚、陈钟凡、李小缘、朱惠方、柯象峰等学者；华西大学的校长张凌高和闻宥、吕叔湘、韩儒林、方叔轩、李安宅、马汉骥等学者；另外还有四川大学的蒙文通，武汉大学的叶圣陶等知名学者，都是顾颉刚的座上嘉宾。

顾颉刚在齐鲁大学的国学研究构想难以得到校方全力支持，其在中山大学工作时的老领导，已经担任国民党中央组织部部长的朱家骅多次敦请顾颉刚到重庆协助工作，顾颉刚1941年6月到重庆办理《文史杂志》。此后一段时间，他时常奔走在成渝两地。他的工作安排非常紧凑，其中部分为边疆工作。如当年6月，顾颉刚出席教育部边疆教育委员会第二次全体会议并作提案，与黄次书、黄奋生等商议成、渝两地边疆学会合并事宜；出席十三经新疏编刊会议，并作《十三经新疏编刊缘起》；7月出席教育部史地教育委员会第二次全体会议并作提案，为国民党中央组织部作《中国边疆文化协会缘起》；受蒋介石接见，谈整理中国古籍事。此后顾颉刚往返成渝，终在次年4月辞去齐鲁大学国学研究所职务，由钱穆接任。1941年3月，朱家骅在国民党中央组织部成立边疆语文编译委员会，自任主任委员，顾颉刚任副主任委员。顾颉刚设想该会要邀请"许多蒙、藏、阿拉伯、暹罗、安南诸种语文的专家，先译《三民主义》，次则准备译《论语》《孟子》等书，希望边疆各族及和我国接境的各族能了解中国文化及其前进的道路。"[1]同年11月31日的日记中写道：

> 到了重庆，方知事业之无望，骝先（朱家骅）之不足与谋，予决心随孟余进中央大学矣。自骝先助予，通俗读物得二万元，禹贡学会得万五千元，予方认彼为知己。本年拉予赴渝，谓边疆语文编译委员会，将来可扩大为亚洲史地研究所，隶中研院，予方欣然接受副主任委员职务。然彼会实际负责者，李永新也，予又何必为此傀儡乎？

---

[1] 顾颉刚：《顾颉刚自传》，第116页。

1943 年 1 月,顾颉刚推荐韩儒林到会中任职,自辞副主任委员职务。此后他在重庆多所大学工作。1944 年间,齐鲁大学校长汤吉禾屡邀顾颉刚回任国学研究所主任,顾颉刚提出研究所语言文字部门留蓉,由胡厚宣主持,史学部门移至北碚,由他主持,并且每年到学校讲学一段时间,校长答应了顾颉刚的要求。故 11 月,顾颉刚抵达成都,在齐鲁大学教授中国地理沿革史、春秋史两门课程,并恢复研究所主任一职,为研究所作组织、工作纲要及预算书等。次年 1 月底,齐鲁大学便起风潮,校长汤吉禾被迫下台,顾颉刚离开成都。

通过梳理《顾颉刚日记》,我们发现顾颉刚与华西坝五大学边疆研究学者互动非常密切,其中不少学者都是中国边疆学会或中国边政学会的理事或会员。如金陵大学社会学系主任柯象峰,在抗战时期与顾颉刚多有交流,常一同出席会议,与会者又多为从事边疆研究的学者。1937 年 3 月 6 日,同会者有陈念中、陈礼江、孙时哲、董彦堂、罗喜闻、凌纯声、柯象峰、卫惠林;1939 年 12 月 2 日,同席者有刘国钧、柯象峰、张西山(即张维华)、张国安、汤吉禾、龙冠海、陈斠玄、姜蕴刚、徐益棠(以上客)、汤茂如(主)。

自顾颉刚倡导成立中国边疆学会后,与柯象峰、张伯怀等华西坝边疆研究学者往来更密,在 1941 年 3 月 3 日的成立大会上,同会有李幼孚、沈遵晦、柯象峰、韩伯诚、蒋翼振、李金声、王树民、洪谨载、王栻、韩儒林,顾颉刚担任主席。1942 年 2 月 2 日同会学者有柯象峰、李安宅、张伯怀、陈文仙、王抱冲、李幼孚、沈遵晦、王树民、姜蕴刚、洪谨载、冯汉骥、任映沧等;1944 年 12 月 30 日,"开中国边疆学会理事会,出席者柯象峰、徐益棠、于式玉、洪谨载、刘龄九(代张伯怀)、冯汉骥等"。再如徐益棠与顾颉刚交往也较为密切,如《顾颉刚日记》载 1940 年 5 月 15 日,同席者有曾省之、赵守义、金孔章、洪应朴、单寿父、徐书简(以上客)、陈觉玄、余竹平、徐益棠(以上主)。1940 年 10 月 26 日,与顾颉刚同席者有钱穆、方叔轩、闻宥、吕叔湘、徐益棠、罗忠恕、侯宝璋、韩儒林、张维华(以上客)、李小缘、刘国钧(以上主)。1941 年 7 月 29

日,下午同会者有凌纯声、芮逸夫、谢冶英、马长寿、罗常培、郑毅生、李珩、方叔轩、韩儒林、李小缘、刘国钧、孙次舟、闻宥、吕叔湘、徐益棠、冯汉骥,晚上同席者有凌纯声、芮逸夫、马长寿、谢冶英、徐益棠、蒙文通、冯汉骥、李小缘、庄学本、林民均、吴禹铭(以上客),顾颉刚(主)。

因手头掌握资料有限,我们无法复原其时学者们的具体学术活动。我们仅以《顾颉刚日记》为例,通过这个名单,可以判断当时以顾颉刚、柯象峰、徐益棠、李安宅等人为代表的边疆学者之间的学术互动是比较频繁的。那么,我们也有足够的理由推知,在一个并不广袤的校园,聚集了众多对边疆民族研究非常热心的杰出专家学者,以及大量边疆研究机构和学术发表平台,而且,华西坝教会五大学在教学、科研、师资、教学设备、资料资源上都高度共享,此五所大学边疆学术互动自然是会相当密集的。

华西坝教会五大学的边疆学者跨校兼职兼课,不乏案例。如李安宅就曾兼任燕京大学社会学系主任、教授。徐益棠的本职工作是在金陵大学,但连续三年在燕京大学社会学系兼课,1943年为燕京大学社会学系学生上中国边疆社会课程,1944年在燕京大学主讲中国人文地理、中国社会史课程;自1945年第一学期开始,徐在每周一、三、五下午为社会学系学生上中国社会史和中国边疆地理两门课程,及至第二学期,又担任中国民族史和西南边疆两课程[①]。他还为华西边疆研究所举行"瑶民"专题边民文化讲座[②]。再以其他学者为例。1944年秋,柯象峰为齐鲁大学历史社会学系三年级学生讲授社会调查课程,每周

---

① 《华西、齐鲁、燕京大学给私立金陵大学的课程参考表》,中国第二历史档案馆藏私立金陵大学档案,案卷号:649—478。

② 《云南大学、私立华西协合大学等院校呈报设置边疆教育研究计划用费预算及设置边疆建设科目讲座概况纲目的有关文书(1941.6—1943.7)》,中国第二历史档案馆藏档案,案卷号:5—13172。

一、三、五第二节授课①。金陵女子文理学院地质学教授刘恩兰也被聘到金陵大学讲授边区地理②。交互聘请师资的好处在于优势互补，有效弥补各校师资建设和课程建设中的罅隙，使学生在相关领域都能接受到在这个领域较有成就和影响的学者的亲自传授。教员既然可以跨校兼课，学生当然也可以跨校选课。如 1944 年马长寿担任金陵大学社会学系的中国边疆民族志及边疆建设问题等科目，除本校社会学系学生主修外，"金陵女子文理学院学生选修者亦甚踊跃"③。

　　在边疆民族研究方面，五大学也有加强联系的需求。1941 年，金陵大学文学院为充实边疆课程，"拟与四大学（华西坝）合作教课，设法采集民族标本，并招待来省之边民"④。1943 年，教育部指示金陵大学，"以'康藏问题之研究'为中心，研究川、康、青等省之羌、戎、番等边胞文化，并应与私立华西协合大学取得密切联系"⑤。这些都说明五大学在边疆民族研究领域的广泛合作。这种学术合作不仅促进了边疆民族领域上教学与学术的校际、人际间交往，也使得抗战时期的中国民族学得到长足发展，"华西坝因而被视为中国的民族学基地"⑥。

---

　　①　《华西、齐鲁、燕京大学给私立金陵大学的课程参考表》，中国第二历史档案馆藏私立金陵大学档案，案卷号：649—478。

　　②　《金陵大学校长陈裕光邀请学者名流来校讲演的函件底稿（1934.4—1939.6）》，中国第二历史档案馆藏私立金陵大学档案，案卷号：649—2。

　　③　《私立金陵大学关于讲习、补助、各科研究经费与教育部的来往文书（内有英文）（1935.9—1947.11）》，中国第二历史档案馆藏私立金陵大学档案，案卷号：649—250。

　　④　《金陵大学文学院行政计划（1941）》，中国第二历史档案馆藏私立金陵大学档案，案卷号：649—1628。

　　⑤　《私立金陵大学关于讲习、补助、各科研究经费与教育部的来往文书（内有英文）（1935.9—1947.11）》，中国第二历史档案馆藏私立金陵大学档案，案卷号：649—250。

　　⑥　林耀华：《林耀华学述》，第 194 页。

第二节　学以致用：华西坝教会五大学 与中华基督教会边疆服务

　　边疆服务运动是中华基督教会全国总会发起的服务边疆地区的社会服务活动，是中国基督教发展史上具有重要意义的事件。边疆服务部（以下简称"边部"）负责具体筹划与组织，在川康民族地区积极开展医疗卫生、文化教育、生计改良和边疆研究等工作。边部曾经设想将运动扩展至整个西部边疆地区，但受制于经费、人才等各类因素，并未实现其理想，即使是在云南开辟了一个服务区，也仅半年而中辍①。那个时代国人，将很多不在国家边界但非汉族群集中的地方也看作是"边疆"，川康民族地区显然就属于此类②。

　　华西坝教会五大学积极参与了边疆服务运动，大批著名学者也介入了边疆服务运动，他们利用服务边民之机会积极从事边政研究，取得了非常显著的学术成绩。从人事安排来看，边疆服务运动与华西坝教会五大学就有着密切关联：其发起人和主持者张伯怀是齐鲁大学文学院院长；边疆服务委员会的委员中，华西坝教会五大学中有四所大学校长名列榜中（燕京大学 1942 年才迁来华西坝，也参与了边疆服务工作），金陵女大校长吴贻芳是边疆服务委员会主任；边疆服务的不少重要工作部类均由五大学教授领衔或承担，就连边部组织的暑期服务团，其主力也是五校学生。不少教授在边疆服务运动兴起及发展过程中充当了发起人、领导者和参与者的角色，积极参与边疆服务部的实地服务和调查研究。历史学家顾颉刚和人类学家李安宅，即是其中的

　　① 　参见汪洪亮：《中华基督教会全国总会边疆服务运动研究》，四川师范大学硕士学位论文 2004 年；杨天宏：《救赎与自救——中华基督教会边疆服务研究》，三联书店 2010 年。

　　② 　关于民国时期国人对"边疆"的认知，参见汪洪亮：《民国时期国人对"边疆"、"边政"含义的认识》，《中国边疆史地研究》2014 年第 1 期，第 21—30 页。

典型①。

目前学界对教会大学参与社会服务已有相关研究,但较少关注其在边疆地区的作为;对华西坝教会五大学办学状况及某些学科有所关注,但较少注意到五校与边疆服务运动的密切关联②。教会大学和边疆服务运动都为中国边疆研究及边政改良作出了贡献。因论域所限,本节介绍华西坝教会五大学与边疆服务运动,侧重其边疆研究工作。

一、华西坝教会五大学与中华基督教会边疆服务运动的人事关联

边疆服务运动自始至终与张伯怀这个名字联系在一起。张伯怀本为齐鲁大学神学院教授、文学院院长,也是中国基督教会全国总会的青年执行干事。他早在 1938 年即随齐鲁大学内迁,来到了华西坝。边疆服务运动是他与中华基督教会全国总会总干事诚静怡在重庆聚谈时共同提议的。1939 年夏,诚静怡为募捐贵州难民救济费由贵阳入川,沿途目睹民生多艰,深感西南民族地区应成为教会工作的覆盖区域。张伯怀认识到:"今日农村已成崩溃的颓势,挽救亟须更大努力。教会如果习于故常,偏重城市,苟安城市,无决心加紧在广大农村,继续不断,下苦功夫,福音决难在中国土地上扎进深根。"③诚静怡和张伯怀可谓英雄所见略同,一起商议教会事业路在何方,话题逐步聚焦在边疆工作,决心掀起以"边疆服务"为宗旨的运动④。

---

① 参见汪洪亮:《应用人类学视野中的民国边疆服务运动——以李安宅的相关论述为中心》,《思想战线》2010 年第 5 期,第 8—12 页;《顾颉刚与中华基督教会在西南边疆的社会服务运动——以顾颉刚日记为中心的考察》,《西南民族大学学报(人文社会科学版)》2013 年第 11 期,第 11—15 页。

② 参见刘家峰:《基督教与近代农业科技传播——以金陵大学农林科为中心的研究》,《近代史研究》2000 年第 2 期,第 117—204 页。

③ 《中华基督教会全国总会边疆服务部总部会议记录》,四川省档案馆藏四川省宗教事务处档案,案卷号:建川 50—436。

④ 刘龄九:《边疆服务部工作简报》,载《中华基督教会全国总会第五届总议会议录(苏州)》,上海市档案馆藏档案,案卷号:U102—0—16。

1939 年 8 月，张伯怀在重庆参加第一次边疆服务委员会议，被聘负责筹备边疆服务部。在运动筹备工作紧锣密鼓进行之际，11 月 5 日，诚静怡突然因病逝世，"边疆服务"成了"未出世的孤儿"，面临胎死腹中的危险。诚静怡主张的中华基督教会全国总会西移计划中辍。继任总干事崔宪详，聘张伯怀为总会驻华西代表，继续筹备边疆服务运动。张伯怀是齐鲁大学文学院长，两处上班多有不便，经请示齐鲁校方，获准兼职，边部即在齐鲁临时校舍内办公。在边部筹设、服务区开辟、经费筹措、人员延请等工作中，张伯怀都是主持者；在卸任边部主任后，他依然关注和支持边疆服务。他对边疆服务的开创之功及运行之劳，无人堪比。边疆服务最早的参与者之一张宗南曾言：

> 抗战以来，中华基督教会全国总会的几位领导者即在推动各种战时服务工作，如救护负伤将士、救济被难同胞等；本会所属各团体直接间接参加这几种服务工作的为数甚多，最为艰巨而重要的服务工作莫过于边疆服务。首先感觉到这件事工之伟大迫切的便是独具慧眼的先知先觉故总干事诚静怡博士，而实际筹备并主持本部工作者是张伯怀先生。[①]

华西坝教会五大学积极介入边疆服务运动的筹备和开展工作。1942 年，张伯怀曾称中华基督教会全国总会合办大学有八处，包括燕京大学、齐鲁大学、金陵大学、金陵女大、华中大学、华西大学、岭南大学与福州协和大学[②]，恰好前四所大学均为抗战时期内迁华西坝的大学，除燕京大学来坝稍晚，华西大学及另外三所内迁学校均在边疆服务运动之始即参与了组织筹划，并担任边疆服务委员会的各项领导或指导职务。边疆服务委员会以孔祥熙为名誉主任，由金陵女子大学校长吴贻芳为主任，齐鲁大学校长刘书铭（刘世传）、华西大学校长张凌

---

① 张宗南：《边疆服务部工作概况》，《边疆服务》第 1 期，1943 年，第 4 页。

② 张伯怀：《中华基督教会之特质与使命》，《公报》第 14 卷第 5—6 期合刊，1942 年，第 1 页。

高、金陵大学校长陈裕光等均为委员。委员会下设卫生、社会、宗教、教育、研究调查等 5 个设计委员会。杭立武、顾颉刚、杨开道、刘书铭、张肖梅等同为研究调查设计委员会成员。

著名史学家顾颉刚就是边疆服务运动前期的策划人之一。顾颉刚与边部人员的交往，始于其应聘齐鲁大学。"七七"事变后，顾颉刚离开北平，到甘肃、青海考察边疆教育，后任教于云南大学。1939 年 5 月，因当年学生张维华牵线，齐鲁大学校长刘书铭邀请担任该校国学研究所主任，顾颉刚 9 月到任。顾颉刚和张伯怀成为齐鲁大学文学院同事。在齐鲁大学期间，他创办《齐鲁学报》《国学季刊》及《责善半月刊》，创立中国边疆学会，团聚了大批学人关注传统文化和边疆研究。1941 年 6 月后，他应朱家骅之邀到重庆编《文史杂志》，次年 4 月辞去齐鲁大学职务，1944 年 11 月至次年 1 月，应齐鲁大学新校长汤吉禾之邀任国学研究所主任。

在齐鲁大学期间，顾颉刚与边部相关人员有较多往来。齐鲁大学是教会大学，张伯怀为文学院院长。张伯怀和顾颉刚都是齐鲁大学校长刘世传器重之人，二人在诸种重要场合均同校长出席。二人不仅是同事，过从甚密，而且都关注边疆问题并亟思改进之道。这为顾颉刚介入边疆服务运动提供了条件。顾颉刚在日记中提到，1939 年 9 月 23 日在华西大学，与齐鲁大学校长刘世传及张伯怀等会面。11 月 1 日，顾颉刚"到边疆服务部访张伯怀"。据崔德润回顾，边部"于一九三九年十二月正式成立"①。顾颉刚的日记可以旁证设在华西坝齐鲁大学校内的边部早已运作，且顾颉刚作为齐鲁大学教授也参与了边疆服务运动。边部及边疆服务委员会虽然都是在 1939 年 12 月成立，但从《顾颉刚日记》来看，此时边疆服务虽尚在筹备中，但边部名称及办公

<hr>

① 崔德润：《边疆服务部简史》，四川省档案馆藏四川省宗教事务处档案，案卷号：建川 50—435。

场所均已确定。顾颉刚在 11 月 1 日的日记中已明确提到"边疆服务部"①。

　　顾、张二人首次会面应该是在 1939 年 9 月 23 日。顾颉刚到成都翌日即步行至华西大学，"晤刘校长、傅钜生、张伯怀、西山等"。24 日，顾颉刚赴刘校长宴，同座有侯宝璋。侯为齐鲁大学病理系教授，是边疆服务医药卫生工作的重要推动者。顾与张最初晤面似不多，11 月始接触渐繁。有日记为证：11 月 1 日，"听张伯怀谈导师制"；同日下午，"到边疆服务部访张伯怀。"3 日，"写张伯怀信。"6 日，"与宝璋同到校，参加纪念周，演说边疆问题半小时，到伯怀、矩生处。"8 日晚张伯怀宴客，同席有张宗南、萧兴汉、张品三等。这段时间顾颉刚频繁会见张伯怀等人，显然与洽谈边疆服务有关事宜有关，他也应是此间接受列名为边疆服务委员会研究调查设计委员会成员。此后顾颉刚与张伯怀等人过从甚密，因为张伯怀兼任齐鲁大学的文学院院长，二人碰头可能部分事务应属校务，但不排除也在商议边疆服务运动的相关事宜，尤其是边疆调查研究方面的工作。

　　我们不妨从《顾颉刚日记》中掇拾相关记载，或可见顾颉刚与边部同人交往之大略。

　　1939 年 12 月 18 日，顾颉刚"到研究所，李金声、刘龄九来。"②1940 年 1 月 8 日，"张君劢来，邀至华大会议室谈话。张伯怀同座。"10 日午，顾颉刚与张君劢、张伯怀、张维华、王育伊等同席；12 日晚，顾颉

---

　　①　本节谈顾颉刚与边疆服务，说详汪洪亮：《顾颉刚与中华基督教会在西南边疆的社会服务运动——以顾颉刚日记为中心的考察》，《西南民族大学学报（人文社会科学版）》2013 年第 11 期，第 11—15 页。

　　②　刘龄九和张雪岩是《田家半月报》的编辑。在《顾颉刚日记》中，此段时间常有"刘缨九来"之记载，应为"刘龄九"之笔误（可能系"缨"与"龄"音近而误）。《顾颉刚日记》常是数天偶记一次，一记就是数天，少有中断，难免有误记之处。如 1940 年 3 月 3 日，汤吉禾宴客，顾与齐鲁大学董事崔宪章、张伯怀、崔德润等同席。此处"崔宪章"，应为"崔锡章"即崔宪详之误，也是音近而误。前文已有介绍，崔是总会继诚静怡之后的总干事，是边疆服务事业在教会内的重要支持者。

刚与刘书铭宴请张伯怀、张君劢等人。2月1日晚与侯宝璋、张伯怀等同席;8日,"崔德润、李树秀、张心田、赵化程来。"3月7日上午,顾颉刚"参加文学院院务会议",张伯怀、崔德润等出席。5月17日,"在研究所,与张伯怀谈",此后连日有同刘龄九的往来记录。6月1日,与张伯怀、崔德润等谈话。中午张凌高、刘书铭宴客,顾颉刚与张伯怀、闻宥(字在宥)、罗忠恕等同席;5日,"伯怀来";6日,"刘龄九来"。9月5日、8日,皆遇崔德润。10月1日,"崔德润亦来。同到泰华寺看屋。还,参观本所。罗希成来,又参观。希成出,予与德润散步至陈家碾。归。留德润饭。七时半,开会欢迎德润,谈理番茂县情形,九时三刻散。"2日,"与崔德润作长谈,讨论边疆工作事。张伯怀亦来谈。"5日,"与伯怀等同行"。13日下午,"心田、伯怀、雪岩来"。后"到泰华寺,邀冰洋等来,宴客。张伯怀来,予加斥责,又致失眠,服药。"此时边疆服务川西区工作已初步站稳脚跟,崔德润时与成都有关人士接触,汇报边区服务情形,顾颉刚乐观其成。至于顾颉刚为何"斥责"张伯怀,日记未载,其因不明,但也表明二人关系密切,无须太过客气。这个月20—30日,顾颉刚大概住在边部,几乎每日都在部内早餐。据其日记,20日,"五时许到四圣祠边疆服务部,留宿,由林冠一招待吃饭。与林冠一、熊自明、张雪岩、刘龄九等谈。今晚同席有刘龄九、张雪岩、徐伦初、熊自明、边部及《田家半月报》同人、林冠一。"22日,"与伯怀谈",晚上刘书铭(刘世传)宴请钱穆及张、顾二人。24日,"与伯怀、雪岩同步归。"当晚张伯怀宴请顾颉刚与罗忠恕、钱穆、张雪岩、刘书铭等。27日,"伯怀、雪岩邀至广东食品公司吃点","与伯怀乘车至农业改进所,在赵所长家吃饭。"后回边部开会,请庄学本、周志拯、谭健常(慕愚)演说边疆状况,在边部晚餐。28日,在边部出席纪念周,与伯怀到谭健常处。29日,到庄学本处看照片,与"伯怀长谈"。30日,到刘龄九、张雪岩处谈。本段近乎繁琐的铺陈,已足以证明顾与张、崔、刘等边部核心人员过往甚密,就边疆工作开展多次晤谈。

顾颉刚与边疆服务委员会主任吴贻芳及担任委员的华西坝教会

大学校长们常有晤面，与各界地方人士偶有过从。如 1940 年 1 月 9 日,中午同席有陈裕光、吴贻芳、刘书铭、张凌高、张伯怀等。5 月 19 日下午"到教育院,参加边疆服务部会,见贺秘书长及胡、郭二厅长,看松潘电影。"23 日午,刘书铭宴客,顾颉刚与陈裕光、罗志希(罗家伦)、吴贻芳、方叔轩、张伯怀、侯宝璋等同席。31 日中午张凌高宴客,顾与罗忠恕、刘书铭、张伯怀、方叔轩等同席。顾颉刚还与不少边疆问题学者时有过从,这些学者大多参与了边部组织的边疆调查研究工作。如 1939 年 12 月 2 日,顾颉刚即与姜蕴刚、柯象峰、徐益棠等会面,三人及稍后来到华西的李安宅,分别是华西大学和金陵大学社会学教授,均为当时国内知名的民族学家和边疆学者,且后来均担任了边部组织的大学生暑期边疆服务团训练导师。1940 年 6 月 6 日中午,顾与张宴请李安宅、傅述尧等。7 日,顾颉刚到罗忠恕家访李安宅,当晚罗忠恕宴请顾颉刚与李安宅、蒙思明、闻宥、张伯怀等人。8 日,宴请戴乐仁、李安宅、徐雍顺、张伯怀。22 日,到闻宥处,晤徐益棠等。1941 年 2 月 11 日,"文藻、伯怀"来;12 日晚刘书铭和张伯怀宴请吴文藻、吴贻芳、赵望云、张凌高、陈裕光、钱穆、张雪岩、张西山(张维华)等人。

顾颉刚与张伯怀等人一道筹备边部成立事宜,应邀担任边疆服务研究调查设计委员会成员。他与华西坝教会大学的校长们及边疆问题学者如姜蕴刚、柯象峰、徐益棠及稍后来到华西大学的李安宅等过从甚密。此数人后来均担任边部组织的大学生暑期服务团训练导师。作为著名边疆问题学者和边部的调查设计委员,顾颉刚对边部工作必然有许多建设性建议,当毋庸置疑。曾经在川康边区广为传唱的"边疆服务团团歌",即为顾颉刚受托于张伯怀而作。据其日记 1940 年 6 月 24 日,顾颉刚"作边疆服务团团歌";次日"修改服务团歌"。所谓"服务团",当为即将启动之"暑期大学生边疆服务团"。其词曰:

　　天何苍苍,野何茫茫,宇宙宽大容徜徉。以幕为屋,以酪为浆,到处都好作家乡。莫分中原与边疆,整个中华本一邦。施医为复健康,立学为造贤良,为民服务总该当。'天下一家,中国一人'，孔墨遗训非虚诳。千山不隔，万里一堂，团结起来强更强。①

作曲人李抱忱（1907—1979），1930 年燕京大学毕业，抗战中任重庆国立音乐学院教授兼教务主任、重庆五大学访蓉合唱团团长兼指挥等职。从《顾颉刚日记》可见，1940 年 6 月，顾多次与李会面，如 18 日先后到闻在宥处、到张伯怀处，中午与李应、郑成坤、郑德坤宴。19 日，郑成坤、李抱忱来。中午与张维华宴请郑成坤、李抱忱、罗忠恕、杜丛林。或可推测，二人均大致在 6 月受托于张伯怀，为边疆服务团作词谱曲。

顾颉刚一生作序题词无数，但对这首团歌却格外看重，在其文集中以该词压轴，"用来标明本册的中心思想"，可见其对此团歌内涵之看重。1943 年郑逢源创办史学书局，邀顾颉刚编文集，次年顾将关于边疆的文字辑为两册，第一册收入 29 篇。第二册是其《西北考察日记》和《补助西北教育设计报告书》。郑逢源 1945 年病逝，书局停业，《顾颉刚文集》当时未出版。该文集第一册的压轴之作，即是该团歌。在该书"序录"中，顾颉刚说明："成都中华基督教会办有边疆服务部，在茂县、西昌等处办有医院及学校，每逢暑假即举办旅行团，就华西坝五大学学生中召集。二十九年六月将出发时，主任张伯怀君嘱为作团歌一首，备朝夕歌唱，由李抱忱君制谱。听其歌声，颇为雄壮，他们到边地后常唱此歌，边民听得多了，也和起来了。今取作本册的结尾，就用来标明本册的中心思想"②。

团歌内容及意象非常丰富，其间既描述了边疆民族地区的自然环

---

① 均见《顾颉刚全集·顾颉刚日记》。目前虽无其他材料证明团歌确为顾颉刚所作，但此系其日记所载，全文当时即已收录。顾颉刚一生作序题词无数，又长期关注边疆，撰写团歌对其而言，无论是从文字表达还是内容展示，都可谓轻车熟路。《顾颉刚日记》大多是系日记事，三言两语，从无赘言，涉及其著述也是相当坦诚，凡有他人代作初稿或纲要而由其修改或补充而完成者，皆在日记中有交代，他也为部分政要代拟过一些文稿，亦载于日记。故该团歌应为顾颉刚亲手创制，应无疑义。

② 顾颉刚：《序录（一）》，《顾颉刚全集·宝树园文存卷四》，第 19 页。按：该文原为《顾颉刚文集》第一册"序录"，初稿起草于 1944 年 6 月 20 日，同年 11 月 7 日定稿。

境和生活方式,也表达了顾颉刚的国族情怀。中国边疆地域寥廓,生活方式粗放,衣食住行均与内地不同,第三句则明确提出中华一邦,"天下一家",到处都是我们的家乡,也就是弥合族群,强化国家观念。顾颉刚在歌词中希望边部工作人员能够尊重边民文化及生活方式,以团结互助的心态帮助边疆建设发展,共同实现抗战建国和民族复兴。这与张伯怀等人制定的中华基督教会全国总会边疆服务部工作规程中所言也是一致的。团歌第四句则介绍了边疆服务的主要内容,即医疗卫生和文化教育。这也是边疆服务几项工作中最能触及边疆民众思想观念的工作。最后两句则立足于传统文化和当前实际,呼吁大家团结起来。

　　顾颉刚在五四时期因对旧古史系统的大胆质疑为学界侧目,其后在古史考辨和古书整理卓有建树。1934 年顾颉刚曾会见内蒙古"自治"运动主要领导人德王,开始关注边疆与中央关系及与帝国主义关系,但此时关注点多在边疆史地研究。抗战军兴,因战争的残酷,顾颉刚无法安顿宁静的书桌,辗转中国西北与西南,接连遭受丧父丧妻之苦痛。他也不再是单纯的专家学者,参与了大量的社会活动,其中不少都与边疆事务有关。他对边疆问题的关注和成就,既有纯学术的边疆考释,也有对边疆的实地考察,如其所言,"苟欲洞悉边情,一赖实地调查,一在考究典籍"[1],缺一不可。

　　顾颉刚对边疆研究是有统筹规划的。他不仅自己撰著边疆问题评论文章,而且为禹贡学会、中国边疆学会拟写边疆研究计划,在有关报纸创办边疆专刊并写发刊词,其间皆表述其对边疆研究的长远计划。如禹贡学会研究边疆之计划有三项:第一,搜集边疆学材料与提出问题;第二,训练边疆调查人才;第三,奖励边疆研究[2]。1939 年 6

---

① 《发刊词》,《禹贡》第 1 卷 1 期,1934 年,第 2—5 页。
② 顾颉刚:《禹贡学会研究边疆学计划书》,《顾颉刚全集·宝树园文存卷四》,第215—224 页。

月 30 日，顾颉刚在日记中写道："近日在床无事，或中夜忽醒，每思年已如许，苟学不确立，便将终身无成矣。"对其"述作之事"做了一个预计，包括撰著古史论文、古史材料、中国通史、国民读本、中国边疆问题、杂著和自传等 7 种，及编辑各类专书 7 种，"此十四种书如均能完成，则我易箦时当含笑而逝矣，否则死了口眼也不闭的。"其撰著《中国边疆问题》，"主旨为团结国内各部族，计分四编：一、边疆地理与现状；二、边疆各族历史；三、帝国主义国家之侵略我边疆略史；四、当前边疆应有之工作。"顾颉刚在中国边疆学会成立宣言中曾指明其工作有五项：一是促进民族的团结，二是考察边疆的情形，三是研究建设的方案，四是编纂边疆丛书，五是发行边疆期刊①。

顾颉刚那时强调要慎重使用"民族"，认为"凡是中国人都是中华民族——在中华民族之内我们绝不再析出什么民族——从今以后大家应当留神使用这'民族'二字"。他接连在《益世报》发表《"中国本部"一名亟应废弃》和《中华民族是一个》等文，认为"中国本部"这个名词是敌人用来分化我们的。而"五大民族"这个名词，其危险性同"中国本部"一样，"是中国人自己作茧自缚"。顾认为，中华民族不组织在血统上，也不建立在同文化上，"我们被称为汉人的，血统既非同源，文化也不是一元，我们只是在一个政府之下共同生活的人，我们决不该在中华民族之外再有别的称谓。"②这些文字在当时引起了强烈反响，也引起学界对此观点的论争③。如果不从当时国内时局和国族建构的整体语境来检讨这次论争，很难体会那时学界中人对此问题的复杂心态，因非本书之论述重点，笔者拟另文讨论。

需要指出的是，顾颉刚创作的边疆服务团团歌，既是受命于张伯

---

① 顾颉刚：《中国边疆学会边疆丛书总序》，《顾颉刚全集·宝树园文存卷四》，第331—334 页。

② 参见顾颉刚：《中华民族是一个》，《益世报》1939 年 2 月 13 日。

③ 详情可参阅周文玖、张锦鹏：《关于"中华民族是一个"学术论辩的考察》，《民族研究》2007 年第 3 期，第 20—30 页。

怀所作,自应与边疆服务的精神相契合,同时符合个人的边疆民族理念。

从边疆服务的工作计划大纲和工作规程来看,其宗旨是:"以基督服务精神,本中央抚圉边民之德意,对边疆民众从事各种服务,藉以启发边民知识,救济边民疾苦,改善边民生活,促进边民团结,充实国家能力。"其服务信条是:"三民主义为立国行政之根本大道;四海兄弟为民族团结之理想目标;边疆服务为国家民族之迫切需要;立己立人为服务运动之哲学基础;吃苦耐劳为服务精神之自然表现;实事求是为服务人员之正当作风。"①其服务原则有:1. 为纯粹宗教团体,"绝无政治及党派关系";2. 以服务为唯一目的,以基督之爱,行爱人之道;3. 主张万民平等,对于边民团体概不存种族、文化及宗教的自大心理;4. 对于任何边民固有文化,均抱欣赏学习之态度;5. 服务人员以国文、国语为主要工具,但须尽力学习边民方言与文字,藉以明了并赏识其文化与生活;6. 服务人员须学习注音字母,以便将本无文字之边民言语记录,并以之传授边民,教育边民;7. 不限地域籍贯,在全国各地广为征求基本干部;8. 中级干部尽量由接近边民之各省延揽;9. 为造就地方领袖,对于下级干部优先在边民中设法训练。

就边部自身表述来看,其根本目标在于促进边民团结,充实国家能力,其指导思想是三民主义和四海兄弟,与当时国家政治需要是吻合的,与顾颉刚的团歌中心思想也是一致的。只是边部的服务原则与宗旨,本身就有难以合辙之处。边疆服务实际上担负着双重使命:既要传播基督的"神恩",又要宣扬政府的"德意"。边疆服务以医疗卫生、文化教育、生计改良为主,"社会福音"即蕴涵在具体的各项服务工作中。在实施过程中,边疆服务与政治结伴相随,不仅为传教服务,也

---

① 《中华基督教会全国总会边疆服务部工作计划大纲》,四川省档案馆藏四川省宗教事务处档案,案卷号:建川 50—436。

为政治服务。所以,服务并非其唯一目的,边部也并非毫无政治关系①。就时局需要和政府要求来看,"整个中华本一邦"恰是当时亟需宣扬和巩固的重要观念。边部在川康民族地区开展的各类社会服务,都有"化导边民"的初衷在内。特别是在教育工作中,强调要灌输边民"国家意识"、"公民意识"和"汉夷一家"的思想;还提倡"根据边地实际选用教学内容,诸如培养爱国主义、集体主义,养成清洁、劳动习惯"②。很显然,这与顾颉刚的边疆工作理念是一致的。边疆服务的传教效果如何,顾颉刚应该不太关心。他所关注者,无非也是边疆服务在国族构建中的努力及成效。

顾颉刚和张伯怀保持了密切互动和合作,还体现在张伯怀也参加了顾颉刚在成都牵头成立的中国边疆学会。1940 年 11 月 23 日,中国边疆学会第一次筹备委员会即在边部举行,张伯怀、林冠一、张品三等边部工作人员也参加了会议。1941 年 2 月,顾颉刚多次到边部与张伯怀和林冠一等人晤谈。据《顾颉刚日记》,中国边疆学会宣言也是在边部印刷的,3 月 1 日,顾颉刚"到服务部取宣言印本,与伯怀谈"。同日在华西大学礼堂召开了中国边疆学会成立大会,同会者有黎光明、王树民、蒙思明、傅葆琛、罗忠恕、张伯怀、韩儒林、张维华、郭有守、蒋翼振、侯宝璋、冯汉骥等 85 人。顾颉刚、张伯怀、柯象峰、陈碧笙、姜蕴刚、任映沧等被选为理事。3 日,学会召开理事会,分别由张伯怀和顾颉刚担任会议主席。10 日,顾颉刚与张伯怀、柯象峰、李鸿音、蒋翼振等十余人召开边疆学会第一次理事监事联席会议。1942 年 2 月 2 日下午开边疆学会理监事会,同会者有柯象峰、李安宅、张伯怀、姜蕴刚、冯汉骥、任映沧等。可见顾颉刚参与了边疆服务运动的前期设计,张

① 参见汪洪亮:《变动时局中的中国基督教会——基于中华基督教会边疆服务运动的历史考察》,《历史教学(高校版)》2009 年第 11 期,第 34—39 页。
② 吉第依和:《边民教育的几个主要问题》,《边疆服务》1947 年第 18 期,第 4—6 页。

伯怀也积极支持中国边疆学会筹备工作。

据《顾颉刚日记》,1941 年 6 月 12 日,顾在重庆参加教育部边疆教育委员会,并主持关于"各种边疆学术机关之设置"的改组议案,同会者有杭立武、张伯怀、吴文藻、黄文弼、李永新等人。此后顾颉刚较多时间在重庆工作,与张伯怀等人的联系自然减少。他较少参与边疆服务活动,不过与张伯怀等仍偶有书信往还或面议诸事。如 1942 年 8 月 22 日的顾颉刚日记仍有给张伯怀写信的记载。9 月 11 日,顾颉刚先后到中英庚款会访胡颂平,到商务印书馆访王云五等,又访张伯怀,但未见。1944 年顾颉刚再次应聘齐大国学研究所,11 月 15 日到成都,与侯宝璋、姜蕴刚、郭有守、李安宅、蒋旨昂、张凌高、罗忠恕、陈寅恪等均有应酬。11 月 24 日,到边部"晤伯怀"。29 日,"刘龄九来"。12 月 31 日,到边部"与伯怀长谈"。张伯怀 1941 年主要精力在边疆服务工作上,已逐步淡出齐大文学院院长角色,其本人研究多在神学,对古史涉猎不多;而顾虽曾在教会大学工作较长时间,但非基督教徒,与教会人士亦无太多交往。故张、顾二人的频繁往来,应与边疆服务有着直接关联①。需要说明的是,顾虽担任边疆服务的研究调查设计委员,但因在成都停留时间不长,在齐鲁大学一年后,即因多种原因与齐鲁大学若即若离,很少待在成都,且其自身定位主要还是史家,故对边疆服务介入并不太深,也未曾深入川康边地进行调研。这点他与当年的燕京大学同事、长居华西的人类学家李安宅有着较大的区别②。

---

① 汪洪亮:《顾颉刚与中华基督教会在西南边疆的社会服务运动——以顾颉刚日记为中心的考察》,《西南民族大学学报(人文社会科学版)》2013 年第 11 期,第 11—15 页。

② 参见汪洪亮:《顾颉刚与李安宅的人生交集和学术异同》,《中国藏学》2015 年第 2 期,第 37—45 页。马琴:《顾颉刚与齐鲁大学(1939—1945)》,四川师范大学硕士学位论文 2016 年。

边疆服务委员会由当时国民党内与基督教有关联的高级官吏、教会大学校长及其他社会知名人士组成。其中华西坝教会五大学校长及教授在委员会中占据较大比例。如金陵女大校长吴贻芳为主任委员，行政院政务处长蒋廷黻为副主任委员，齐鲁大学校长刘世传、华西大学校长张凌高等为委员。委员会下设教育、宗教、卫生等事工设计委员会及研究调查设计委员会①。教育委员会主席是金陵大学校长陈裕光，委员有吴贻芳、张凌高、晏阳初和华西大学乡村建设系主任傅葆琛。宗教委员会主席是齐鲁大学社会学教授孙恩三，委员费尔朴（Dryden L. Phelps），美国人，为华西大学英国文学教授。卫生委员会委员陈志潜为华西大学医学院教授，兼任四川省卫生处处长，毕天民系华西大学医学院教授。社会委员会章之汶是金陵大学农学院院长，丁克生（Franke Dickinson），加拿大人，华西大学生物系教授，邹秉文曾为金陵大学农学院教授。研究调查设计委员会主席是中英庚款董事会总干事杭立武，成员有齐鲁大学校长刘世传和国学所主任顾颉刚，燕京大学法学院长杨开道。

张伯怀担任边部第一任主任，至1948年卸任。在其领导下，边部先后建立了川西、西康和云南三个服务区，曾在边部所辖服务区工作人员在400人以上，兴办有学校、医院、农场、畜牧场、教堂和各种职业训练班②。1948年，张伯怀辞去边部职务，由原齐鲁大学文学院副教授、时任边部川西区部主任崔德润继任；因崔德润赴美进修，为期一年，暂由边部秘书刘龄九（曾担任社址就在齐鲁大学校内的《田家半月报》的编辑）代理职务。崔德润1949年春回国后继续担任边部主任，直到1955年边部工作全部结束。由上可见，边部历届主任均由齐鲁大学相关人士担任，实际上在边部工作人员中，身处要职者亦大多为

① 参见《中华基督教会边疆服务部人员名册、工作计划、川西区工作报告、暑期服务团筹备经过》，四川省档案馆藏四川省民政厅档案，案卷号：54—1—2。
② 参见刘吉西、李栋、赵永吉编：《四川基督教》，巴蜀书社1992年，第579页。

山东籍。

　　边部骨干工作人员中，具有高学历者不少，其中不少是教会大学毕业生。我们不妨列表说明。

表 5　中华基督教会全国总会边疆服务部部分工作人员简况表

序号	姓名	籍贯	简历
1	张伯怀	山东临淄	齐鲁大学毕业，曾留学英美，齐鲁大学文学院院长，边部主任。
2	崔德润	山东潍县	齐鲁大学毕业，兼任齐鲁大学总务，男生部主任。
3	林冠一	山东滨县	北京大学史学系毕业，曾任西南联合大学中日战争史料征集会编辑，后任边部秘书。
4	许纶初	山东临淄	山东省立第四师范学校毕业，边部会计兼事务员。
5	张品三	山东临沂	金陵神学院毕业，曾任川西区代主任。
6	萧兴汉	湖北汉阳	华中大学社会学系毕业，川西区社会教育干事。
7	张宗南	浙江定海	华中大学教育学系毕业，川西区学校教育干事。
8	张楚望	辽宁海城	东北大学史地系毕业，川西区社会教育干事。
9	马锡山	山东益都	周村复育高级护士学校毕业，川西区卫生干事。
10	张钟祈		辽宁医学院毕业，川西区主任医师。
11	耿笃斋	山东博兴	齐鲁神学院毕业，川西区宗教干事。
12	邵云亭	河北通县	北京神学院毕业，川西区宗教干事。

续表

序号	姓名	籍贯	简历
13	于道荣	山东临沂	齐鲁大学医学院毕业，西康区主任医师。
14	张广	山东齐东	山东医学专科学校毕业，西康区卫生干事。
15	张问樵		齐鲁大学毕业，西康区教育干事。
16	张锡瑕	江西	燕京大学毕业，留美，川西区主任，曾任齐鲁大学教授。

由上可见，在边部担任较为重要职务者，多为山东籍，且多具有较高学历。边部工作人员中有部分四川人，则多为中学毕业，担任事务员或服务员工作①。

二、华西坝教会五大学师生与边部开展的社会服务工作

华西坝教会五大学师生从业务指导、实际工作和调查研究等各个层面参与了边部组织的社会服务工作。如李安宅担任边疆服务顾问、辅导委员和董事会委员，多次为边部工作人员宣讲边疆的理论和实际问题，亲率学者前往康藏地区调查，并在边部所编刊物上发表了不少论著，对该部工作给予了切实指导和大力鼓舞。这些文章大多后来整理收录在《边疆社会工作》一书中，可见该书部分内容即是其参与边疆服务的经验提炼，为我们观察边疆服务提供了重要视角②。

华西坝教会五大学不少学者都参与了边部的业务训练工作。如1945 年边部组织凉山服务团，即先在华西坝开展培训，"国内边疆问题

---

① 《中华基督教会边疆服务部人员名册、工作计划、川西区工作报告、暑期服务团筹备经过》，四川省档案馆藏四川省民政厅档案，案卷号：54—1—2。

② 参见汪洪亮：《应用人类学视野中的民国边疆服务运动：以李安宅的相关论述为中心》，《思想战线》2010 年第 5 期，第 8—12 页。

学者如李安宅、徐益棠、柯象峰、刘恩兰、马长寿、林耀华、冯汉骥、蒋旨昂等为主要训练导师,宁属地理、历史、经济及俅民社会组织、边疆社会工作等,为主要训练课目"①。这些导师均是华西坝五校教授,如李安宅、冯汉骥、蒋旨昂是华西大学教授,徐益棠、柯象峰、马长寿是金陵大学教授,刘恩兰是齐鲁女子大学教授,林耀华是燕京大学教授。同年8月,边部举办理番县师资培训班,即请铭贤学院农学教授、四川省农改所督导室主任兼华西大学理学院教授刘国士做专题演讲14次②。

在边区文化教育工作方面,因为办学层次主要是小学,边部工作人员基本能够胜任。在福音传播也就是传教工作方面,华西坝教会五大学也参与甚少。办学宗旨已经世俗化和本土化、教师群体多为中国人的教会大学,在具体的传教工作上较少介入。而且在"抗战建国"的时代氛围下,中国很多大学都在搞好教学科研的同时,积极参与地方文化和社会建设以体现"学术救国"的责任。

在医疗卫生和生计工作方面,边部有赖于华西坝教会五大学教授们的指导和参与。如齐鲁大学计划辅助边部建设医疗设施,先在川康服务区各设中心保健院或医疗院一处,再在每区增设两个分院,经费由边部筹措,院长由双方商选;暑期由医学院教授带队,选择高年级学生组织卫生医疗队到服务区作"卫生教育及医疗工作";专家调查地方疾病,边部协助搜集标本材料③。借助边部及齐鲁大学医疗资源,西昌卫生院1944年扩建为中心医院④。基于"欲求医术之进步,必须与医学团体有密切联络",医院拟请齐鲁大学医学院"轮流派遣医学专家

---

①　《最近消息(总部)·凉山服务团出发前后》,《边疆服务通讯》第2期,1945年,第3页。

②　《川西动态:刘杰三专题演讲》,《边疆服务通讯》第5期,1946年,第5—6页。

③　《边疆服务部二十九年五六月工作报告》,中国第二历史档案馆藏私立金陵大学档案,案卷号:649—336。

④　《工作报告·西康区卫生工作一瞥(1944年1—10月)》,《边疆服务》第7期,1944年。

来医院工作,一方研究本地及附近危及民众健康之疾病,同时并可协助训练各级医护人才"①。

在生计改良领域,边部 1944 年之前所开展的工作零星而乏善可陈。1944 年,刘国士应聘边部,对川西区进行农牧调查,后接受边部邀请,主持设立威州畜牧改良场,并商请四川农改所合作进行川西麦病防治②。1944 年 12 月 5 日,张伯怀与华西大学畜牧学教授吕高晖、许纶初到考察川西畜牧改良场选址问题,认为川西区畜牧工作已经"树立了坚固的基础"③。此后生计工作在川西区和西康区,分别由王贯三和李应三主导,逐步打开局面。这些都充分体现了专家教授在专业知识上的造诣对边部具体工作的促进作用。

华西坝教会五大学的学生也参与到边疆服务运动中。鉴于边疆服务人手和经费均嫌不足,边部"为引起各界注意边疆工作,促进青年服务之兴趣","每年暑假组织大学生暑期边疆服务团","藉以改进边胞生活,增进边地文化"④,联络当时在蓉教会大学,组织师生组成学生暑期服务团。服务团一般由教会大学教授和学生为主体,边部人员陪同,到川西区和西康区实地服务和调查研究。一篇署名"三麦"的调查报告在序中就讲到了五大学教授对其研究工作的指导:"本文的材料,是 1942 年夏季随边疆服务团工作,在理番县戎民区搜集的",作者初次做"异民族的实地研究工作",又面临时间短促、语言障碍及文化理解等困难,"幸得冯汉骥、姜蕴刚、李安宅三位教授指正,并蒙张宗南

---

① 《西昌中心医院计划大纲》,载《边疆服务部二十九年五六月工作报告》,中国第二历史档案馆档案藏私立金陵大学档案,案卷号:649—336。

② 《调查川西农牧》,《边疆服务通讯》第 1 期,1945 年,第 2 页;《刘杰三牛羊第一》,《边疆服务通讯》第 2 期,1945 年,第 13 页。

③ 《张主任年来行动》,《边疆服务通讯》第 1 期,1945 年,第 9—10 页。

④ 《总部三十一年度大事记》,《边疆服务》第 1 期,1943 年 4 月,第 10 页;《中华基督教会边疆服务部人员名册、工作计划、川西区工作报告、暑期服务团筹备经过》,四川省档案馆藏四川省民政厅档案,案卷号:54—1—2。

先生供给大量材料加以补充,赖以完成。"①大学生暑期边疆服务团在
川康地区活动情况大致如下。

表6　中华基督教会学生暑期边疆服务团历次组织及其活动情况表

时间	参加院校及人员	活动情况	备注
1940年夏	华西大学、金陵大学、金陵女大、齐鲁大学、中央大学、铭贤农学院、华西神学院、华西协中等校教职员16人,学生81人②。	7月5日,赴茂县、理县、汶川藏羌村寨作抗战宣传、医疗卫生、农业推广及社会调查等工作。服务团实际工作时间为6个星期,返蓉后,向各方面报告边地情形。	华西大学教授蒋翼振为团长、边部川西区部主任崔德润为副组长,分9个分队,有农、医、文、理各院系学生,分任具体工作。每队最少有女队员2人,以便做家庭妇女工作。
1940年暑假	由张伯怀与齐鲁大学医学院张剑涛(惠泉)院长、教授张冠英率队,成员主要为齐大医学院在校学生。	组成"暑期边疆卫生队",到西康省宁属边区作巡回医疗及疾病调查工作③。	原计划半年,但因物价飞涨及当局"剿夷",服务团提前结束工作④。

　　① 三麦:《五屯嘉戎之婚丧仪礼季节活动》,载何一民、姚乐野主编《民国时期社会调查丛编(三编)四川大学卷》中册,福建教育出版社2014年,第861页。

　　② 《边疆服务部学生暑期服务团筹备委员会与四川省卫生处处长唐志潜的往来函件》,四川省档案馆藏四川省卫生处档案,案卷号:113—30。关于人数,有资料记载,1940年4月,边部征集在蓉各大学对边疆有兴趣的学生,于暑期前往川西一带服务,参加者有一定生活补助,初次报名就达400多人,经过学校和边部初步甄别,录取半数,经过6月下旬的集中训练,从中选拔120人以内参加。参见《教会消息·暑期学生边疆服务团准备出发》,《田家半月报》第7卷第11期,1940年,第6页。

　　③ 《成都大学生暑期服务团徒步出发》,《田家半月报》第7卷第14期,1940年,第6页。

　　④ 《总部消息·凉山服务团安然归来》,《边疆服务通讯》第3期,1945年,第2页。

续表

时间	参加院校及人员	活动情况	备注
1941年夏	中央大学、金陵大学、齐鲁大学、华西大学、金陵女大、江苏医学院、边疆学校等校教员10人及学生47人参加。	分考察组和服务组。服务组共三队，分赴佳山寨、理县及杂谷脑。考察组约20人，考察事项分文化、经济、农林畜牧、地理、生物、医药卫生等7类，各组报告汇编入《川西调查记》，由教育部出版①。	边部与教育部联办。教育部拨款5万，并派边疆教育委员会秘书王文萱担任团长，崔德润为总干事②。
1942年夏	华西坝教会五大学教授4人，团员32人③，齐鲁大学教授张雪岩任团长。理县70余名小学教师参加。	理县政府与边部在佳山寨小学合作举办"小学教师训练班"。齐鲁大学社会学系教授张雪岩、金陵女子大学地理学教授刘恩兰、齐鲁大学医学院教授栾汝琏、华西大学植物学教授胡秀英等任教。	行前在华西协合神学院举行"团员训练班"，随后分赴川西④。
1943年夏	由金陵神学院杨占一教授，率领团员共计4人，华西神学院学生2人，华西大学医学院学生2人。	1943年7月12日出发赴川西区萝卜寨从事服务及调查工作一月半。工作多为协助边部川西服务区所办学校改进教学。	

---

① 行政院新闻局印行：《边疆教育》，1947年，第10—11页。

② 行政院新闻局印行：《边疆教育》，第10页。

③ 《总部三十一年度大事记·组织暑期学生边疆服务团》，《边疆服务》第1期，1943年，第21页。崔德润在1952年所写《边疆服务部各种工作的发展》中认为学生教工共35人，因其系多年后之回忆，故本文以当时刊物所记为准。又《暑期大学生边疆服务团功成归来》一文则称是20余人，来自4个教会大学（《田家半月报》第9卷第17—18期合刊，1942年，第14页）。

④ 《中华基督教会全国总会边疆服务部工作计划大纲、川西区工作报告、眼疾调查医疗报告及举办抗建展览夏令营妇女职业介绍献金义卖等情况》，四川省档案馆藏四川省卫生处档案，案卷号113—1—30。

续表

时间	参加院校及人员	活动情况	备注
1944年夏	边疆服务部西康区与西昌学生救济会联合举办。	西康区部组织康专及中学生参加者共计43人,组织有巡回剧队16人和巡回卫生队5人,深入彝区公演话剧并为彝民治病,并作有关抗日救国汉彝合作以及破除迷信等宣传,以提高边民知识,增进汉彝感情;其余21人,分赴小黑箐、北山、河西、高笕槽、高草坝等处协助办理夏令儿童学校、民众学校或与当地政府合作,对乡村修路造林、房舍建筑、生产方法等加以辅导;兼做社会调查和乡村布道等工作①。	活动缘于西昌学生救济会及被救济学生有服务边疆之志愿。
1945年3—5月	1945年初,张伯怀发起组建"凉山抗建服务团",成员共14人,其中成都6位、西昌8位。	服务团深入凉山少数民族地区,以卫生、教育为服务手段,宣传"抗战建国",并调查彝区情况,计35天,里程逾450公里,开辟工作点12个,服务对象约1380人,诊病870人。对服务团工作,昭觉县"各机关均热烈欢迎,岭邦正、岭光电及安树德土司等尤表欢迎"。	3月初在华西坝训练。课目有宁属地理、历史、经济、倮民社会组织、边疆社会工作。西康省主席刘文辉和西昌委员长行辕主任张伯常在3月10日结束典礼上训话②。

① 《西昌学生暑期服务团工作经过》,《边疆服务》第5期,1944年,第19—20页。
② 《最近消息(总部)·凉山服务团出发前后》,《边疆服务通讯》第2期,1945年,第3页。

续表

时间	参加院校及人员	活动情况	备注
1945年暑期	8个大学生到川西区服务,为期一月半(7月15日到8月底)	金陵大学胡兴宗、中央大学向荣林、陈康霖等负责畜牧调查推广工作,华西金陵神学院张钟琦、沈立强、刘兴汉等担任教育及宗教宣传,燕京大学陶增启调查理番喇嘛寺组织,中央大学医学院马泰协助卫生工作①。	
1946年暑期	边部"特约"正在齐鲁大学就读的孙家俭在理县举办。	民众图书室和夏令儿童读书会。7月21日图书室开放,每日约30人阅览。读书会8月1日行课,课程有国语、作文、算术、常识(史地及自然)、故事、音乐和游戏等②。	10月齐鲁大学开学,读书会结束。

三、华西坝教会五大学师生参与边部工作区域的边疆研究

从前文所述,我们可以知道,华西坝教会五大学师生参与了边疆服务的很多具体工作。其实,他们同样是边部开展的边疆研究工作的主干力量。边疆服务大致可分为实地服务和实地研究。前者包括文化教育、卫生医疗、生计改良及其他社会工作;后者则是边疆地区社会文化调研。

边部宣称:"调查研究是决定服务方针的根据,可以解决服务时的

---

① 《总部消息·边疆暑期服务》,《边疆服务通讯》第3期,1945年,第3页;《中华基督教会全国总会边疆服务部三十四年度工作报告》,载中国第二历史档案馆编:《中华民国史档案资料汇编》第五辑第二编,《文化(二)》,第852页。后文中川西方面说是有9人,中大有4人,但《边疆服务通讯》中点名指出中大仅3人,总数为8人,暂从其说。

② 家俭:《理县夏令儿童读书会记》,《边疆服务》第12期,1946年,第22—23页。

许多困难",可促进服务工作科学化,还可为学术研究奠定基础①。边部要求每个服务区的实地工作"尽量与当地、中央及地方机关合作",调查研究方面"尤应尽力与附近之学术机关合作"②。张伯怀强调工作人员应多培养"研究兴趣","为了使服务的方法合宜,使若干的效率增加,我们必须有研究精神,有研究才能认识边胞疾苦的真象而拟定妥善的服务方法,不然便是傻干,而不是服务",他要求服务人员养成编写报告的习惯和技术,要加紧学习当地边胞的语言,以提高研究素养③。他敦促服务人员在"自己本行的事情之内作进一步的尝试","附带的作调查和研究工作"。比如从事医疗卫生服务,可顺便调查当地疾病情形、治疗方法及其应用之器械药材;从事宗教工作,可搜集当地流行的节日庆典、民间崇拜、宗教信仰情况;从事社会工作可调查民歌、民谣、民俗、民间故事、民众游戏与娱乐;从事生计工作可研究当地农、工、商业和工艺制作的情形④。边部负责人三令五申加强研究工作,这既是工作所需,大概也与张伯怀本身就是高校学人,具有强烈的研究意识有关。

成都各大学研究边疆问题的学者,均以边部工作区域为理想的边疆问题研究场所,因藉服务而与边民建立联系,可使调查研究事半功倍。边部与各大学或研究机构商定合作研究办法。华西坝教会五大学的社会学系先后与边部商定合作开展边疆问题调查与研究。其中,李安宅主持的华西大学社会学系和边疆研究所与边部合作最为密

---

① 张伯怀:《中华基督教会全国总会边疆服务部工作报告(三十二年十月二十日在成都广播电台广播)》,载中华基督教协进会发行:《协进》复刊第 2 期,1943 年,第21—22 页。

② 《中华基督教会全国总会边疆服务部工作计划大纲》,四川省档案馆藏四川省宗教事务处档案,案卷号:建川 50—436。

③ 张伯怀:《本部的回顾与前瞻》,《边疆服务》第 4 期,1943 年,第 7 页。

④ 张伯怀:《本部同工应有的心理建设》,《边疆服务》第 26 期,1948 年,第 4 页。

切①。边部曾通报:

> 根据本部同华西大学边疆研究所的合作原则,华大社会系主任兼边疆研究所副主任李安宅先生已允担任本部研究调查指导工作。李先生是本部委员,是边疆工作的真同志,更是边疆问题研究的权威,各地同工如有任何有关工作和研究的问题,都可直接向李先生请教。②

华西大学社会系分别与中国乡村建设学会和基督教女青年会全国协会合作,在成都石羊场设立社会工作研习站和征属福利工作站。边部川西区主任崔德润在研习站两周年纪念及征属福利工作站开幕式上对边地服务与学者的关系作了一番妙喻:"我们在边疆工作好比在地下凿井,是靠着井上的人供给各种材料,是相信井上的人不会把我们放下去就不管了,今天到会的专家学者都是井上的人,都是我们的后台。"③这是边部和华西坝教会五大学合作关系的最好诠释。

边部先后创办了《边疆服务》和《边疆服务通讯》两种期刊,以方便相关学者和边部工作人员发表论著和调查报告。张伯怀在《边疆服务》的《卷头语》中也希望深入边地的工作人员与内地注意边疆问题的人"藉此发生一种文化的连索和精神的合作"④。

华西坝教会五大学和边部的边疆研究可以分为两个层面,一是直接服务于边部工作的应用性研究,二是学者们根据自身专业特长所做的基础研究。前者主要集中在医疗和卫生方面,后者如边疆语文、民俗、宗教研究,对于边部工作人员了解和尊重边民、拉近心理距离也提供了较大帮助。其边疆研究力量比较雄厚,研究领域也十分宽泛,如边疆史料及文物搜集,边疆论著的编译,边疆文化、经济与社会研究等。

---

① 《近讯一束》,《边疆服务》第 1 期,1943 年,第 25 页。

② 《最近消息·研究工作指导有人》,《边疆服务通讯》第 2 期,1945 年,第 3 页。

③ 《最近消息(总部)·参观华大石羊场工作》,《边疆服务通讯》第 2 期,1945 年,第 2—3 页。

④ 张伯怀:《卷头语》,《边疆服务》第 1 期,1943 年,第 1 页。

如李安宅所论:"为要有长久的计划,必得先有深入的研究。必是认识清楚,才能产生可用的方案。"①边部开展工作之初,多从研究入手。如生计工作初期未能深入开展,相对于卫生和教育明显滞后,为此边部特邀刘国士到川西进行农牧调查,发现小麦线虫病及腥黑粉病的分布规律,发现川西区适宜发展畜牧业。于是边部又聘他为生计干事,主持威州畜牧改良场和小麦防治工作。又如卫生方面,边地疾病流行,死亡率高,边民传统医药观念很难打破,边部卫生工作举步维艰。怎样打开被动局面?边部选择了"技术攻坚",特聘医学界专家对边地某些疑难病症做病理研究,为有效施诊奠定坚实基础,取得边地民众信任,使卫生工作带动其他工作开展创造了条件。

边部卫生调查研究工作大多系边部发现边地病情,而后由华西坝教会大学专家率队调研,而后边部工作人员循例而进。边部发现川西眼疾普遍,"十人九病"。1944 年 9 月,齐鲁大学、华西大学眼科教授陈耀真与医师汤佩青,边部所派之马锡山、孙自宽、李长珍等组成医疗队前往诊疗,"兼作科学考察"。根据眼病调查和医治情况,陈耀真、汤佩青写成《川西北眼疾调查之经过》,提出了预防及治疗措施。在川、康民族地区行医治病过程中,边部发现并确诊了多种流行地方疾病,如黑热病、回归热、甲状腺肿大、肠寄生虫等。1943 年夏,齐鲁大学医学院病理系主任侯宝璋应边部邀请指导调查边民的食道疾病②。次年夏,侯宝璋及医师孙绍廉偕同边部卫生人员,研究黑热病分布情况,并沿路调查一般疾病状况③。侯宝璋后来发表《汶川理番一带最常见的

---

① 李安宅:《研究服务训练要连合起来》,《边疆服务》第 4 期,1943 年,第 9 页;《边疆社会工作》,第 58、66 页。

② 《本部近讯(川西区近迅)·调查特种疾病》,《边疆服务》第 4 期,1943 年,第 19 页。

③ 《工作简讯(总部)·调查川西区重要疾病》,《边疆服务通讯》第 1 期,1945 年;崔德润:《边疆服务各项工作的发展》,载《中华基督教会边疆服务部 1951 至 1953 年工作报告及申请结束报告》,四川省档案馆藏四川省宗教事务处档案,案卷号:建川 50—436。

几种病症》，阐述了边区多种病症产生的原因及应采取的治疗措施①。边部卫生工作人员在专家指导下，提升了业务水平，结合工作经历及考察发现，在边区特种疾病调研也取得了一定成绩。如马锡山对"黑热病"（Kala-azar）的发现，即为显例。他发现松、理、茂、汶一带，儿童死亡率高，当地将其死因归于"恶浊"，认为此病可能是庄学本所谓"热病"，"商请齐鲁大学医学院病理系主任侯宝璋前来作该病的病理研究，并请成都华西齐鲁联合医院代为查血诊断"，后因国际救济委员会赞助购得显微镜，确诊 7 例黑热病患者，发现病原体寄生虫中华白蛉，证实中国黑热病分布不仅限于北方。在《黑热病的发现及治疗经过》研究报告中，马锡山分析了黑热病在汶川、理番、茂县三县的发布及其病原、症状与诊断方法②。

边部生计工作也是在农学专家川西区农牧调查的基础上发展起来的。1944 年秋，刘国士踏遍川西服务区所有村寨，在地方富藏资源、农作物病虫害等方面均有所发现③。他掌握了服务区小麦种子线虫病、腥黑粉病的感染危害程度及其区域分布情况④。在高山地带发现较为严重的线虫病害，是川西农作物病害调查记录中的首创性成果。刘国士因此担任边部川西区部生计干事。在其牵线搭桥之下，1945 年10 月，边部与四川省农业改进所病虫害防治团合作，在理番、汶川开始了"川西边地有史以来的第一次麦病防治工作"，为边部畜牧改良及麦病防治奠定了基础⑤。此后川西和西康两个服务区的生计工作分别在王贯三和李应三的主持下，均有较大进展。1949 年，川西区防除小

---

① 参见侯宝璋：《汶川理番一带最常见的几种病症》，《边疆服务》1944 年第 7 期。

② 马锡山：《黑热病的发现及治疗经过》，《边疆服务》第 7 期，1944 年，第 12—15 页。

③ 《调查川西农牧》，《边疆服务通讯》第 1 期，1945 年，第 2 页。

④ 刘国士：《四川十六区麦病调查报告》，《边疆服务》第 20 期，1947 年，第 3—29 页。

⑤ 《川西消息·防麦病巧夺天工》，《边疆服务通讯》第 4 期，1945 年，第 6 页。

麦黑穗病工作得到农复会资助,与华西大学合办,防治范围为汶、理、茂、松四县,拌种 40 余石,播种可足千亩之用。李应三乃金陵大学毕业生,来西康前曾主持铭贤学院农场达 13 年,工作经验丰富①。在其主持下,西康区农牧业及其它生计工作均取得一定成绩。

　　文化教育是边疆服务的重要内容。对边地教育现状的深入了解,对边疆教育实施的原则和方法的具体把握,是教育工作卓有成效的前提。李安宅认为"边疆教育是解决边政与避免或减轻军费的惟一根本大计"②。边部认为,在边疆从事教育,根本目的在于培养"现代化之国民"。崔德润认为边地"形同化外",政府采羁縻或弹压政策,糜费浩大而收效甚微,"所谓根本解决不是征服或歼灭,而是施以教化,使之成为现代化之国民。政府若以用兵的费用来办教育,提倡文化,收效定较今日为大"③。但是他们也注意到,边民对学校的猜疑和畏惧心理根深蒂固,认为那是"软化他们的法宝";边地农民生活困难,家长不愿意孩子入学;边地辽阔,学校很少,"很难找一个人口够密集的中心为设立学校的地址",路途遥远艰险,导致生源严重不足④。如果说上述问题出现在客体层面,那么边地教育还存在主体问题:内地来的老师大多浅尝辄止,少有扎根边区者;从教学语言来说,多用国语,能用当地语言或愿花工夫学习方言的都很少;从教学内容来看,与边区生活隔膜,无法调动学生的兴趣等等。由此,边部认为,归根结底要"多训练本地人做师资,充实经费,强迫教育,编选适合于边情的课本"⑤。换言之,即边部一贯强调的,其所做工作多为"表证示范",其目的在于培养当地人,让他们能自行完成边地变革。

　　①　《李应三携眷赴任》,《边疆服务通讯》第 2 期,1945 年,第 12 页。
　　②　李安宅:《谈边疆教育》,《边疆通讯》第 4 卷第 2 期,1947 年,第 1—2 页。
　　③　崔德润:《黑水三番行记》,《边疆服务通讯》第 9 期,1946 年,第 9—10 页。
　　④　刘龄九:《边疆服务部工作简报》,载《中华基督教会全国总会第五届总议会议录(苏州)》,上海市档案馆藏档案,案卷号:U102—0—16,第 159、169 页。
　　⑤　侯慕渔:《忆川西理番》,《边疆服务》第 16 期,1947 年,第 24 页。

边地民族宗教调查研究是华西坝教会五校学者关注的重要内容。尽管边部强调是以"宗教的精神从事服务"，是"为服务而传教"，而不是"为传教而服务"①，但作为一个基督教团体，宣教布道是其应有之义，正如总会执行干事高瑞士所说，"边疆工作的推进，必须各方面密切联系互为一体，才能有成功的可能，而宗教工作尤须与整个工作计划沆瀣一气，密切配合。"②站在宣教的立场，"虽然生计，医药，教育都重要，可是我们能得到一个真正基督徒，就是增加了我们一份生力军。"③边地宗教环境复杂：边地少数民族杂居，各自信仰状况不尽相同，部分少数民族区域，其传统宗教势力极为强大，对外来的宗教势力极为排斥。基督教欲进边地传教，等于是和该地传统宗教"竞争"，其间冲突也就难免。边部也承认基督教势力很难进入青海、西藏等地，因为这些地方"喇嘛教组织严密，它有着外在的压迫力和内地的反对力联合抗拒。"④在边地传教，只有对该地宗教环境细作考量，才能寻找出最佳的布道方略。

华西大学教授、美国学者葛维汉，在四川生活、工作 30 多年。他1941 年夏曾随学生服务团至川西区参观，加入边部为义务研究员，作羌民礼俗宗教之研究，次年夏又去川西搜罗材料⑤。他用羌族语言与端公交流以了解羌人信仰。"端公"，羌语称"释比"，即汉人所说的巫师，是代表人与鬼神发生关系的人。羌民没有文字，其历史文化率由端公时代口耳传承，其民间传说和咒语即为拜神经典。葛维汉后著成《羌民的习俗与宗教》一书（*The Customs and Religions of the*

---

① 张伯怀：《本部的回顾与前瞻》，《边疆服务》第 4 期，1943 年，第 7—8 页。

② 高瑞士：《我对于边疆服务部工作的观感》，《边疆服务》第 24 期，1948 年，第8 页。

③ 《川西动态·圣诞节好礼物》，《边疆服务通讯》第 5 期，1946 年，第 7 页。

④ 刘龄九：《边疆服务部工作简报》，载《中华基督教会全国总会第五届总议会议录（苏州）》，上海市档案馆藏档案，案卷号：U102－0－16，第 164 页。

⑤ 《总部三十一年度大事记·葛维汉边疆研究兴趣浓》，《边疆服务》第 1 期，1943年，第 20 页。

Chiang），对羌族的宗教特别是敬神仪式做了生动的描述①。1943 年
5 月 15 日，边部与华西大学博物馆、华西边疆研究学会在华西大学联
合举办羌民文化演讲会与展览会，展览内容分羌区风光、羌地古物、羌
民宗教、羌民生活四组，葛维汉受邀在展览会上演讲"羌民的习俗"②。

在他们带动下，边部对羌族礼俗宗教的研究也颇有成绩。张宗南
深入汶川萝卜寨，结识该寨端公张华山，获悉大量有关端公与羌民社
会及宗教信仰的情况，其值得称道之处在于其对"端公的训练"的记
载③。边部川西区宗教干事范文海在《边疆服务》开辟"异域风闻录"，
发表了不少岷江流域羌民生活情况调查报告④。西康区部主任马鸿
纲对川康"倮胞"（即彝族同胞）的宗教情况及其改造方法作了探讨。
他认为彝人的"宗教"，"完全是原始时代的鬼灵信仰"，"若置之不理，
那就对于边疆建设工作大为不利。"如何改造彝人的信仰？他认为"用
基督教取而代之"是"最上之策"⑤。需要指出的是，这种改造彝人信
仰的所谓"上策"，掺杂了基督教传播福音的功利性考虑，违背了宗教
信仰自由的原则，也忽视了彝人信仰本就多元的实情，从而注定了是
劳而少功的。边部的宗教工作在彝族地区几乎无甚进展，亦能说明
此点。

华西坝教会五大学和边部组织和倡导的边疆研究成果中，除以上
与边疆服务实地工作关系较为密切者，还有部分对边疆地区的民族、
语言的研究与记载。就语言研究而论，1942 年，语言学家金鹏受边部

---

① ［美］葛维汉著、孙家俭译：《羌民的宗教》，《边疆服务》第 15 期，1947 年，第 5—
10 页。

② 《本部通讯·本部与二团体联合举办羌民文化展览》，《边疆服务》第 2 期，1943
年，第 23 页。

③ 张宗南：《萝卜寨羌民的端公》，《边疆服务》第 2 期，1943 年，第 17—21 页。

④ 范文海：《汶川县城之天官会》，《边疆服务》第 15 期，1947 年，第 17—18 页。另
有《羌区火葬目睹记》等文，见《边疆服务》第 18 期，1947 年等处。

⑤ 马鸿纲：《川康倮胞的宗教及其改进——边疆服务的一见》，《协进》第 2 卷第 2
期，1943 年，第 9 页。

委派在理番杂谷脑研究嘉戎语言，历时一年，搜集大量材料，编成《戎语会话》一本，以国语注音符号与国际音标译音①，因川西区服务人员的急需应用，在正式修订刊发之前油印成册分发②；另外他还整理了嘉戎语汇与嘉戎语文法，编著《嘉戎语（杂谷脑方言）研究》。燕京大学阮怀昫在李安宅指导下写作毕业论文《理番羌民的宗教》，便是在边部协助下调研完成，于1944年1月通过答辩。同年9月，阮受边部委托继续研究该项课题，住在克村寨嘉戎领袖杨绳武家中，并协助办理该村小学③。西康区也很重视彝族语言研究，邀请华西大学中国文化研究所傅兹嘉教授在宁属地区研究彝族经典与神话，编辑《倮语会话》手册；成立了夷语研究班，区部工作人员全体参加；编辑《汉夷旬报》，既作教材又可作宣传材料④。他们的研究，对边部在川西羌藏区域开展服务工作提供了重要便利；而且从语言学的角度为国人认识作为嘉戎藏族的语言以及日后民族识别工作提供了参考。

华西大学社会学教授罗荣宗1938年深入贵州苗区考察苗民社会，对苗族的族群历史、婚姻丧葬娱乐等均有研究，在《苗族考》中提出了汉苗同祖同源的见解⑤。他应边部之邀在《边疆服务》发表《苗族之语言》，从语言的角度梳理了苗族与汉族的关系，进一步论证了"汉苗同祖"的观点⑥。边部工作人员傅正达、范文海、张征东等也对边地传说故事作了搜集整理，并写成文章发表⑦。

华西坝教会五大学的边疆研究成果中，有一部分是针对当时国人

① 《川西区三十一年大事记》，《边疆服务》第1期，1943年，第22页。
② 《近讯一束》，《边疆服务》第1期，1943年，第25页。
③ 《戎语研究》，《边疆服务通讯》第1期，1945年，第2页。
④ 《积极研究夷语》，《边疆服务通讯》第1期，1945年，第7页。
⑤ 罗荣宗：《苗族考》，《国师季刊》第5期，1939年，第49—52页。
⑥ 罗荣宗：《苗族之语言》，《边疆服务》第12期，1946年，第5—9页。
⑦ 傅正达：《宁属土司起源的故事》，《边疆服务》第12期，1946年，第9—10页；范文海：《牟托温土司》，《边疆服务》第16期，1947年，第13—14页；张征东：《傈傈宗族之人类来源传说》，《边疆服务》第24期，1948年，第3—4页。

关注的边政问题。1940 年四川省政府组织四川边区施教团,由金陵大学教授柯象峰、徐益棠任正副团长,深入雷波、马边、屏山、峨边等县,作广泛的调查研究,完成《雷马屏峨纪略》一书。李安宅也多次在川康地区做田野考察。1940 年即对松潘、理番、茂县、汶川等县藏羌民族的宗教、文化进行考察,撰成《川、甘数县边民分布概况》一文,1944 年秋至次年春,李安宅在西康实地考察,发表《西康德格之历史与人口》,指出"内地与边疆之有效融合实为必要",汉藏关系对国族构建至为重要,他希望通过对德格人口的研究,俾能引起对整个康藏地区的关注,从而将康藏建设上升为国家政策[1]。李安宅的夫人于式玉也是著名的藏学专家,1943 年初与华西大学社会学系副教授蒋旨昂等到川西黑水地区考察近 2 月,后发表《记黑水旅行》《黑水头人——苏永和》《黑水民风》等多篇民族志。李安宅夫妇对边地的考察细致入微,且高度关注边疆教育问题和民族融合问题[2]。与边部有合作关系的胡鉴民教授、冯汉骥教授分别对四川理番、汶川、松潘、茂县羌族社会的调查,林耀华对大、小凉山彝族社会的考察,马长寿等人对四川雷波、美姑、竹核、昭觉藏族及茂县、汶县、理县、松潘等地羌族、藏族的实地调查,都推出了系列论著,对中国边政问题都有认识和建议,对边部开展边疆服务工作也有参考作用。在他们带动下,边部工作人员也对边政有所思考。

　　民国政府在边政方面虽然有所作为,但其边政规划固然完备,但多停于纸面,诸多计划未及实施,而且政出多门,难以统筹,导致成效不彰。那时很多人认为中央政府在边政方面"无策"或"失策",这种

---

　　①　参见李安宅:《西康德格之历史与人口》,《边政公论》第 5 卷第 2 期,1946 年,第 16—43 页。
　　②　参见田利军:《李安宅、于式玉对民国川西北及德格土司头人的调查与特点》,《中国藏学》2015 年第 2 期,第 16—25 页。

"误解"的产生很能说明国民政府的边政成效①。《边疆服务》曾刊发一篇署名文章，作者认为，川康边地离成都仅数百公里，"竟然形同化外"，人民饱受欺压，生活困苦，不知政府，只知土司，"政府一直没有同人民发生直接关系，政府所来往的只有少数特权阶级——土司头人或王公喇嘛。专制时代如此，民国以来似乎还是如此。因此笔者大胆提出这个疑问：我们有没有边政？"②

崔德润担任川西区部主任七年，对"边务"问题有切肤之痛。他对土司制度造成的"黑暗政治"极为不满，认为"今日民主之风弥漫乎全球，而吾国边地之土司，仍如专制之君王，若不想法把边民解放，加以训练，使成现代人民，怎么能实现三民主义呢？"他提出，"边务问题"的根本解决，不能纯恃武力，而必须在政治、经济、文化上积极作为③。崔德润认为，"四土问题的中心在苏永和，他是有野心，有实力的边民领袖。但他的思想很落后，他的心目中只看到他一人一家的利益，而没有认识清楚现在国家的情形，他一心要当太上土司。"不过，崔德润以清代金川之役为史鉴，指出苏永和势力不弱于当年金川土司，全靠武力不能解决问题，根本之计，还是要"发展交通，从事教育文化经济的建设，提高文化水准，改善人民生活，加强政治训练，使边民变成现代的中国国民，使边地变成真正的中国领土"④。崔德润在写出这篇报告前，曾翻阅"关于黑水三番的文献"及地图，1946年随理番县长徐均良视察，历时32天⑤。崔德润发现当地不知民国，只知满清，不由感叹："中华民国的领土内，竟还有成千成万的清朝遗老；民国成立了三十多年，还有人说'当今皇上万岁'"，认为"为政之道，在制先机"，应该

---

① 参见汪洪亮：《1940年代国人对中国边政及其兴革的认识——以〈边政公论〉为中心的考察》，《民国研究》2015年第1期，第148—163页。
② 参见边氓：《我们有没有边政？》，《边疆服务》第19期，1947年，第2页。
③ 参见崔德润：《四土纪行》，《边疆服务》第19期，1947年，第3—26页。
④ 崔德润：《理番县的边务问题》，《边疆服务》第15期，1947年，第3—4页。
⑤ 崔德润：《黑水三番旅行记》，《边疆服务通讯》第9期，1946年，第7页。

采取积极措施，发展交通和教育，提高当地经济与文化，改进人民生活，加强政治训练，此法"虽似劳而拙，却是根本的办法"①。

西康地区的边政问题，矛盾主要集中在"宁属"地区，大致就是今日之凉山地区。边部服务区域就在西昌凉山一带，对该地"夷务"问题有切身体会，认为："夷务问题若不能圆满解决，而谈开发宁属，真是痴人说梦了。"②边部注意到宁属地区彝人几乎个个双枪在手，即"烟枪"和"步枪"。鸦片在宁属康区泛滥，政府如要查铲，往往遭遇"抗铲"。政府驻宁军队不及一万，"以地方的供应情形来说，这些部队已经是感觉太多了，但要用以镇夷，那实在又嫌太少。"③可见康区"夷务"形势严峻。李士达通过对凉山普雄地区的"剿夷"及善后问题的研究，提出解决问题的根本在于使边地与内地经济联系不可分离，"政治的机构，更须建筑在经济的条件上，才能发挥效力"。为此，他提出政治、经济、文教三个方面九点意见：政治上，应对彝族社会有深入的研究，在基层编组保甲以巩固地方政权，对彝族"头人"要进行政治训练以使其接受和服从政府；经济上，政府控制的彝区应明确地权以使耕者有其田，应发展交通以谋商贸、文化往来和化除民族芥蒂，应做好示范农场、畜牧改良场、园艺场、小型加工厂等示范工作；文教上，须注意教育感化以培养彝族居民的公民意识、国家意识，应注重改进施教方法，"就地取材，传习技艺，使其实际操作，学成后可自行构造，改善其生活起居，与汉人享受平等之物质文明"，应传输"崇高的宗教思想"④。其所谓崇高的宗教思想，即基督教思想，可见其仍以教徒立场发言。

不过尽管在具体的研究中，华西坝教会五大学和边部工作人员在边疆考察中有时会以"同化"的思维去谈边政问题的解决，但是边部也

---

① 崔德润：《黑水三番旅行记(续)》，《边疆服务》第 17 期，1947 年，第 17—18 页。

② 贯三：《大桥之行》，《边疆服务》第 23 期，1948 年，第 13 页。

③ 李仕安：《西康宁属概观》，《边疆服务》第 11 期，1946 年，第 13 页。

④ 参见李应三：《对普雄剿夷善后的几点意见》，《边疆服务》第 17 期，1947 年，第 5—9 页。

有认识到，对于"边民固有文化"应有"欣赏学习之态度"①。顾颉刚在其创作的《边疆服务团团歌》中也指出"莫分中原与边疆，整个中华本一邦"，"天下一家，中国一人"。这其实也是他提出"中华民族是一个"之后的一贯立场。边部对民族平等与和谐相处的重要性也是心领神会，强调处理边政应该具备"汉夷平等、四海兄弟"的意识。张伯怀坦率地说，边部虽是宗教团体，应有传教精神，但不可有"武断"与"自是"的心理，"我们到边地'去教'，'去传'，'去服务'；同时也'要看'，'要听'，'要学习'"，要以"实现先圣'四海兄弟'的理想为宗旨"，"因此我们不存着许多国人'重汉轻夷'，和'用夏变夷'的心理……我们希望完成的三部曲是：化除双方的芥蒂，增进双方的友谊，团结双方的实力，以创造快乐的边区。因此我们的实际工作必须让双方都有参加的机会，而在共同事业上增加相互的认识。"②

　　抗战时期华西坝教会五大学都不同程度地介入了中华基督教会全国总会的边疆服务运动，从不同层面给予了精神鼓舞，技术培训和方法指导，从而推动了边疆服务运动的较为深入的专业化发展。这也表明那时不少学人走出书斋，"暂时放弃了纯学术的研究而去从事于实际工作。至于留在学术界的人物，也渐渐转换了研究的方向。"③边疆服务运动一线工作人员流动性大，边部注意到，"全心全意、不计任何艰苦、自愿献身为少数弟兄民族服务之人才"太少，"尤其是具有专长"的人才太少④。从主观上讲，许多工作人员怕苦怕累，缺乏服务的热诚，但客观上讲，边地交通不便，待遇微薄，信息闭塞，精神食粮极为

---

① 《中华基督教会全国总会边疆服务部工作计划大纲》，四川省档案馆藏四川省宗教事务处档案，案卷号：建川50—436。

② 张伯怀：《本部同工应有的心理建设》，《边疆服务》第26期，1948年，第5页。

③ 童书业：《序言》，《禹贡》第7卷第6—7期合刊，1937年，第1页。

④ 崔德润填写：《国际性救济福利团体调查提纲》，载《中华基督教会全国总会边疆服务部登记表、章程、服务规程》，四川省档案馆藏四川省宗教事务处档案，案卷号：建川50—435。

匮乏,这对于在精神有着较高追求的部分边部工作人员来说,的确也是一种折磨。但因为华西坝教会五大学师生不少投身其中,发挥了他们的专业技术优势,使很多工作没有因为人员变动而中断。

他们的边疆研究,是当时边疆研究热潮的重要组成部分,而且具有特殊性。这种特殊性主要体现在他们的边疆研究与边疆服务结合在一起,如张伯怀所说,那时"志在深入边疆,以服务为目的之团体依然不可多见",但他认为,"对于边疆的研究真实可靠,非以服务为基础不可"①。服务区域为其调查研究区域,服务方式是其调查研究方式,而且带动学生和边部工作人员,起到了很好的传帮带作用,通过这种方式培养了人才。按李安宅的观点,就是形成了"研究服务训练合为一体"的突出特色和优势。张伯怀认为,边疆服务运动不应该是封闭性的,应争取民众援助,但"唤醒民众必须以宣传为工具";"宣传不是口号,不是标语,也不是职业性质的文字,它是全体同人们共同努力的事:是将真真实实的边疆介绍给内地的关心人士"②。"边疆研究"在很大程度是服务于"边疆服务"的,具有很强的"实用性"与"宣传性"。边疆研究的许多成果对边部工作地点、方略的选择及具体工作的开展有着直接的助益,同时也为内地国人观察和了解边疆地区提供了窗口。

---

① 张伯怀:《服务运动之重要》,《边疆服务》第 2 期,1943 年。页码不详。
② 张伯怀:《本部同工应有的心理建设》,《边疆服务》第 26 期,1948 年,第 4 页。

第五章　边疆何为:华西坝教会五大学的边疆认识与边政主张

边疆研究是中国人类学、民族学和社会学研究的重要学术领域,也是这些学科中国化和落地化的重要表征。华西坝教会五大学众多边疆学者,到底如何表述边疆,如何建言边政? 笔者拟对华西坝教会五大学相关学者关于边疆问题的若干论述略作梳理,试图探讨他们对民国时中国边疆现状及其成因的认识,从而为讨论他们的治边思想提供语境;而后具体分析他们对开发建设边疆及促进边疆民族社会文化建设的系列边政主张,体会时人对强化国族建设及增强抗战力量的关切和焦虑。

第一节　和而不同:华西坝边疆学人对中国边疆、边政的认识

抗战时期边疆建设面临着前所未有的机遇。由于国家重心的西移,西部边疆尤其是川康地区建设和发展具有人才聚集、政策支持和资源集中的优势。众多高校内迁西部地区,导致了中国学术和高等教育版图变化,促进了边疆研究的复兴,表现在大量边疆研究机构的创立和边疆刊物的发行。华西坝教会五大学学者也是其中的重要力量。

他们对中国边疆、边政的观察,是那时国人边疆观的重要组成部分。华西坝教会五大学学人对边疆含义的认识及对边政现状的考察,是研讨其边政主张的基础。

一、华西坝教会五大学学人对中国边疆含义的认识

笔者曾对南京国民政府时期国人对近代中国边疆局势变迁的观察及对边疆、边政含义的认识进行了梳理。笔者认为,1930 年代边疆危机严重,边疆的国防意义较为凸显,国人界定边疆大多基于地理。但在 1940 年代,边疆建设重要性凸显,西南地区被视作抗战大后方和民族复兴基地,政学两界多从文化视角看边疆,并对其作了基于地理的解释。其意在避免将国内民族问题政治化,而是将其定位在文化上,团结各族民众投入边疆建设和开发,以巩固抗战建国的基础。当然,也有人从其他各个层面来解说边疆,但大体都可归入文化因素。由此,那时国人所言说的"边政"内容涵盖面非常广泛,边疆民族地区的政治、经济、文化和社会建设,都被纳入边政范畴。那时国人也认识到,在边政工作中,民族工作尤其重要,在边政工作中起到了关键性、基础性作用[1]。国人对边疆与边政含义的认知,对当时边疆研究范围的广狭和研究范式的变化都有非常重要的影响[2]。

笔者所做出的结论,其实是基于民国时期部分学人相关论述的抽样调查。华西坝教会五大学的存在,恰处于抗战时期,也就是 1930 年代后期至 1940 年代前半期。那么五大学人对中国边疆和边政含义的认识,是否仍是在这个框架内,是否仍能支持作者以前的论断呢?

在以前讨论民国时期国人对边疆含义的认识时,笔者所引用文献

---

① 参见汪洪亮:《民国时期国人对"边疆"、"边政"含义的认识》,《中国边疆史地研究》2014 年第 1 期,第 21—30 页。《中国社会科学文摘》2014 年第 9 期以《民国时期边疆边政含义流变》为题长篇转载。

② 参见汪洪亮:《中国边疆研究的近代转型——20 世纪 30—40 年代边政学的兴起》,《四川师范大学学报(社会科学版)》2010 年第 5 期,第 137—144 页。

的部分作者即为华西坝教会五大学的学人。但既讨论国人认识,需兼顾政、学两界及其他人士,对华西坝边疆学者并未悉数介绍,对其观点及论证也未全部铺开。本节在讨论相关问题时,即主要引述华西坝学人相关表述。

时任蒙藏委员会秘书周昆田曾指出,"忆自抗战以还,国内学人及从事边政工作之人士,对此问题即不断加以研讨,惟以个人观点的不同,见仁见智互有歧异,迄未获一致的结论"①。大体来看,时人对边疆概念的认识并未统一,分别从地理、文化、政治、民族等要素阐释。边疆的概念并非恒定不变,其范围会随着国家实力的强弱、经济文化的发展以及边疆政策的演变而变化,因而边疆的概念显得丰富而又复杂②。

胡焕庸在其《国防地理》中指出,国人常称边疆为塞外、域外、关外,而称内地为中原、腹地、关内③。高长柱认为:"凡国与国之间标识其领域、主权之区别者曰'国防线',接近'国防线'之领域,即边疆也。边疆有远边近边之分,远边,如吾国之外蒙、新疆、西藏是也;近边如察、绥、青、康是也。无论远边近边,其去内地必远,交通阻塞,自无待言,一切落后,亦意中事。"④

吴文藻认为胡、高的见解乃典型的"地理边疆说",实际上国人心目中的边疆并非都与国界有关联,比如"东南诸省,以海为界,本是国界,而并不被视为边疆;反之,甘青川康,地居腹心,而反被称为边疆"。他认为:"这明明不是指国界上的边疆,而是指文化上的边疆";而"文

---

①　参见蒙藏委员会主编、周昆田编著:《边疆政策概述》,台北"中央"文物供应社印行 1984 年,第 5 页。

②　汪洪亮:《民国时期的边政与边政学(1931—1948)》,第 38 页。

③　参见胡焕庸:《军事学校战时政治教程:国防地理》,国民政府军事委员会政治部 1938 年;《地理与国防》,正中书局 1941 年。

④　高长柱:《筹边政策与边疆现状》,《边疆问题论文集》,正中书局 1941 年,第 1 页。

化上的边疆，系指国内许多语言、风俗、信仰以及生活方式不同的民族言，所以亦是民族上的边疆"①。

顾颉刚也认为："边疆者，一国领土之外缘地带，在地理上与内地异其部位，而在国家主权及政治制度上皆与内地合为一体。然就吾国言，则其事有别。东南滨海，未曾有以边疆一名呼之者；而察、绥、宁、青、康、黔诸地，虽尽在腹地，却无不目之曰边疆。因此，所谓边疆与内地之界划，实以地理环境与生活文化为其标准"②。

顾颉刚和吴文藻，分别作为历史学家与人类学家，对边疆含义有大致相同的认知，不过也有差异：虽然都认可边疆要从文化上来认识，但是吴文藻将文化的边疆等同于民族的边疆，这一点顾颉刚大概是无法认可的。他在来到华西坝前就已发表《中华民族是一个》，认为不应在中华民族之下再分什么民族出来，但可分为几个不同的文化集团，如汉文化集团、回文化集团和藏文化集团。实际上，吴文藻对顾颉刚的观点也不尽认同，故授意费孝通撰文批评顾颉刚，引起论争③。关于"中华民族是一个"的学术论争，近年来屡有学者论及④。由于当时投入这场论争的主角并未在华西坝，暂不赘述。

值得注意的是，尽管在学术见解上未必一致，并不影响他们在学术生活中乃是朋友。顾颉刚和吴文藻都是 1929 年到燕京大学工作

---

① 吴文藻：《边政学发凡》，《边政公论》第 1 卷第 5—6 期合刊，1942 年，第 3—4 页。

② 顾颉刚：《中国边疆学会宣言及会章》，1941 年，第 47—48 页。

③ 参见汪洪亮：《顾颉刚与民国时期的边政研究》，《齐鲁学刊》2013 年第 1 期，第 42—49 页。

④ 较有代表性的论著有黄克武：《民族主义的再发现：抗战时期朝野对中华民族的讨论》，见中共中央党史研究室、中国社会科学院、中国人民解放军军事科学院编：《纪念中国人民抗日战争暨世界反法西斯战争胜利 70 周年国际学术研讨会论文集》，中共党史出版社 2015 年；周文玖、张锦鹏：《关于"中华民族是一个"学术论辩的考察》，《民族研究》2007 年第 3 期；马戎：《如何认识"民族"和"中华民族"：回顾 1939 年关于"中华民族是一个"的讨论》，《中南民族大学学报（人文社会科学版）》2012 年第 5 期。

的，也时有往来，且曾共同组织考察活动。在《顾颉刚日记》中常出现与"文藻"、"孝通"交往的记录，可见顾颉刚与他们曾有着较多的学术互动。我们不必对于他们思想的鸿沟过度阐释，就如新文化运动中看似壁垒森严的对立方，实际上有可能是在唱双簧。尽管我们依据目前史料，无法认为顾颉刚与吴文藻、费孝通等人对这次学术论争有着绸缪的默契，但我们不能因此而夸大他们思想的差异。

李安宅是不赞成"地理边疆说"的。他认为把"边疆"理解为"国界"是一种"误解"①。在其《边疆社会工作》一书中开篇即论"何谓边疆"。他认为边疆是相对内地而言的，其所以不与内地相同，"就自然条件而论，不在方位，而在地形；就人为条件而论，不在部族，而在文化"。从地理角度看，中国东南沿海各省虽位于"边界"却不能算作"边疆"，而新疆、蒙古、西藏"同样到了边界，则又算作边疆，甚至于国土中心如川、甘、青、康的交界藏名安多区者，在四川有松潘、茂县、汶川、理番、懋功之类……也都成了边疆"。从历史角度看，某些"部族"在某一时代为边民，但并不表明他在其他时代还是边民，所以"不能不用地形与文化来作边疆的界范"："河谷、平原、盆地不是边疆；高原、沙碛、茂草、森林才算边疆"，"进行精耕农业者不是边疆，进行粗放游牧者才算边疆。而粗放游牧必据高原、沙碛、茂草、森林一类的地形；精耕农业必据河谷、平原、盆地一类的地形。故文化的边疆实以地形的边疆作基础。"②

李安宅指出，"我国正统文化为以农立国之文化，惟因地理之限制或人工之未尽而未至农工阶段者，其区域吾人率以'边疆'目之。故国人之谈边疆者，多系指文化上之边疆，非国界上之边疆……我国之东北、西南、西北各方面在文化与国界双重意义之下，其可称为边疆之区

---

①　李安宅：《如何建设边疆文化》，《新西康月刊》第 1 卷第 1—4 期合刊，1943 年，第 51 页。

②　李安宅：《边疆社会工作》，第 1—2 页。

域殊多。"①他在这里采用了拉铁摩尔(Owen Lattimore,李安宅译为"赖德懋",《顾颉刚日记》中记为"拉丁摩")的观点,认为中国有精耕细作的农耕文化和粗放的游牧文化,其中有过渡地带,耕牧皆有;农耕文化是正统文化,游牧文化为附从文化,前者就是内地,后者即为边疆。所以二者的区分实际上是社会距离的远近②。

这一点,杨成志和吴泽霖曾有类似的看法。杨成志认为边疆可以分为狭义的边疆和广义的边疆。狭义的边疆是指"中华四方境土凡与外国领土或殖民地接壤或毗连的地方,其政治虽受本国政府所管辖然尚未达到真正直接的支配;其人民虽受本国法律所保障然尚未跻到真正躐等的机会。"换言之,"凡领土、政治及人民尚未能与本国文化、政治、经济和教育发生更加直接或密切关系同列于水平线上的区域,便是边疆。"他提出"较宽大的广义的解释":"凡国家的疆土必有其边界,边界的范围原未固定,却随着时代、权力与疆土的扩张和缩小而变迁的",所以不必"拘泥于字义的边疆",而应"顾及实际上的领土完整","今日的广义边疆界说,便是'领土完整'四个字可作代表。再伸述之,不特包容了狭义解说所指定的地区,而且应概括凡沦陷区和接近沦陷区的各省,尤其是既未开发而尚有无数未受汉化的苗、夷、瑶、藏、回各族群所居的内省各山地,都属于边疆范围的重地。"由此,"边疆"即"国疆","边疆问题亦等于国家问题"③。

吴泽霖指出,如果秉持地理立场,"边疆是一个纯粹空间的概念",以政治观点,"边疆与中枢是对立的名称",部分地区因"离中央遥远"、"或因人口组织的复杂,或因国防上的重要"等"特殊情形","政府在设政施令上不得不略有权宜处置的必要,因而边疆遂成为政治上的特

① 李安宅:《实地研究与边疆》,《边疆通讯》第 1 卷第 1 期,1942 年,第 1 页。
② 李安宅:《边疆社会工作》,第 2—3 页。
③ 杨成志:《边政研究导论》,《广东政治》第 1 卷第 1 期,1941 年,第 53—60 页。关于杨成志的边政研究思想,参见汪洪亮:《民国时期的边政研究与民族学——从杨成志的一篇旧文说起》,《民族研究》2011 年第 4 期,第 34—44 页。

区"。他强调，如果国家之政治中心、地理中心与政治重心不符，政治中心偏重于地理上的边疆者，则边疆会失去政治意义，如东南沿海本是中国边缘地带，但因其为当时中国政治中心及经济命脉所在地，"毫没有边疆社会的特征"，而"甘肃、内蒙一带，在地理上实为中国的中心，但因离政治中枢过于遥远，又因民族及宗教上的特点，强邻势力的侵入，这些地方的应付及对策最可影响国家的命运，在这种情形之下这些中心地带反成为政治上的边疆。"他还说，文化上的边疆比政治上的边疆更接近内地，但因与内地民族、语言、文字、宗教、信仰、风俗习惯不同，故被视为边疆①。

柯象峰指出，"在中国而言边疆之研究，盖不仅以与邻国接壤之区域为限"，不能只以地理的因素来考虑，如东南沿海在地理上显然算得上边疆，但因其"已全为文化进步之国民所据，自不在边疆研究范围之内"；而东三省、内蒙、新疆、西藏等地"固邻接异国，且拥有数量庞大之边区民众，与本部人民间尚未臻人同文车同轨之境地"，"固为边疆研究之主要对象"；但是西南诸省，"文化不同之民众，虽不尽在边疆，而与汉族相处极其错综复杂，且时时发生冲突，引起边患，隐忧堪虞"，如川西北的羌戎，川西西康之"西番"，川西南及云南贵州之"猓猓"，川南湘西云贵之"苗"，云南西南之"摆夷"，广西之"傜"，海南之黎人等，皆应纳入"边疆"，"研究边疆者，固不容忽视者也"。柯象峰进一步"推而广之"，认为"西北至中亚细亚，南至南洋群岛以及东南沿海之岛屿，凡具有远大之眼光者，谅亦注意及之也。故我国边疆之研究，应为一较广之范畴，即除边区各广大之民众外，边省内地，未尽同化之民众，以

<hr>

① 吴泽霖：《边疆的社会建设》，《边政公论》第2卷第1—2期合刊，1943年，第1页。当时不少学者在论述边政相关问题时，往往对边疆都有类似声明，如凌纯声在《中国边政改革刍议》中也指出"本文所称之边省，系指一省内有政治的或文化的边疆之省份而言，其地域之是否在边地，又在其次。"参见《边政公论》第6卷第1期，1947年，第10页。

及在可能范围内,邻近有关之各地民族,均可加以研究。"①

　　徐益棠呼吁更多从文化的民族的等多种角度研究边疆问题。他指出"九一八"前的边疆研究,大多从"纯粹之自然科学"着眼,常将边疆问题"视为属于外交或内政之问题","其时边疆学术之综合的研究,尚无人注意,而民族学在我国之幼稚,在当时亦毋庸讳言也。"他一针见血地指出,已有的边疆研究,与实际边疆问题无甚关系,"于边疆问题之解决,仍未有丝毫裨补","盖当时谈实际的边疆问题者;每每注意于'土地'与'主权',而边地民众之如何认识,如何开化,如何组织与训练,均不甚加以重视也"。他充分肯定了《新亚细亚》杂志的出现,认其为"专门研究边疆问题及民族问题"的杂志。"九一八"后,中国边疆危机四伏,可谓"四壁楚歌,千钧一发!"②

　　可见柯象峰、徐益棠所认定之边疆,与李安宅等人观点相似,但也有不同,其边疆指谓更涵括海外,其具体意思并未详明,但可推断,或有两个层次,一是边界之外,如中亚细亚其他国家和地区,二是华人所至较为集中之所,如南洋。其边疆视野已延伸至海外。时人也有类似见解,略举一二。

　　陶云逵就曾言:"边疆(Frontier)一词,含义甚广,一国之内毗邻政治边界(Boundary)之地带称之为边疆,而一国国民移殖它邦自成一社区,其居住地实亦其国之边疆,如英、法人之殖民它陆,及国人之移居各洲是。有统治权之殖民地为其国之政治的边疆,无统治权之殖民地为其国之社会的边疆。故边疆一词包括国内毗邻边界诸省与海外侨胞社区。"③将侨胞社区也作为边疆,这是一个值得珍视的重要见解,

---

　　① 柯象峰:《中国边疆研究计划与方法之商榷》,《边政公论》第1卷第1期,1941年,第47—48页。

　　② 参见徐益棠:《十年来边疆民族研究之回顾与前瞻》,《边政公论》第1卷第5—6期合刊,1942年,第52—59页。

　　③ 陶云逵:《论边政人员专门训练之必需》,《边政公论》第1卷第3—4期合刊,1941年,第2页。

但在那时,国人最为关注的还是本土的边疆,包括那些并不在"政治边界"的地带。

张廷休分别从地理学、人地学和文化的立场分别辨析了边疆的含义。地理边疆就是"海岸线以外的领土边境","与外国国土毗连",无论其语言、风俗及文化有何差异,"在国防的观点上,其有同样重要之地位,概以边疆名之","此等边疆"可称为"内边"。与"内边"相对应的是"外边"。在他看来,"凡人文风习与中土密合者可以边疆视之",如安南及南洋一带华侨密集区域,"无论此等地域在历史上曾否投入故国之怀抱,共当前宅居之人,确然为中国人民,殆无疑义"。内边是从地理学的立场来说的,外边则是从"人地学"的立场来说的,"苟舍属地主义而言属人主义,当亦以边疆名之。吾人如欲与前举'内边'相对待,则此等边疆,可名为'外边'。"除了内边和外边外,还有文化的边疆,即"开发较迟,文化水准过低之区"①。

陶云逵所谓侨胞社区,大体与张廷休所谓外边类同。这些都充分说明在当时人心目中,是把海外华人或受中华文化影响较深社区作为边疆来看待的。这种看法后来甚至渗透到官方的认识中。如1947年,时任教育部长朱家骅在《论边疆教育》一文中,对边疆含义从地理、政治和文化三个层次作了解读,其中在谈地理边疆时讲到:"海南岛、台湾、澎湖,琉球等等,均为海疆",在谈到文化的边疆时讲到:

> 文化的边疆,系指语言文化具有特殊性质者而言。如谓地理的边疆基于属地主义,则文化的边疆可谓基于属人主义。其包括之范围,约分为内边与外边两种,蒙古人、西藏人、南疆之维,康滇

---

① "故滇之夷,蜀之羌,黔之苗,广西之瑶,海南之黎,虽非全在边地,亦以边疆名。同时,凡语言、文字、风俗、习惯——所谓文化表象与中土殊异者,亦可以边疆视之,如蒙、回、藏者是。蒙也,回也,藏也,各有其特殊文献,自成其文化体系,与中土较,并无优劣之分,而有异同之别。吾人为求民族文化整个性之表现,乃有化异从同之必然要求,凡此两种,吾人概名之为'文化的边疆'。"参见张廷休:《边疆与教育》,《贵州教育》第7—9期合刊,1942年,第1—2页。

之夷,湘黔之苗,两粤之瑶,台湾之高砂,均使用特殊之语文,形成
特殊之文化型,统称内边;越南、缅甸、琉球、朝鲜等地,向受中华
文化之孵育,其后让割分隶,致文化稍稍变质,然其基本生活,仍
不脱中土情调,姑称之为外边。①

朱家骅曾两度担任教育部长,张廷休长时间在教育部工作。朱家
骅或许读到过张廷休的文章,或许未曾读到,或许此文也是由其他人
代写,但由朱家骅名义发表,朱应曾圈阅。总之,朱家骅大致也是认为
外边的边疆也是中国边疆,应纳入中国边疆研究的范畴,与张廷休观
点几无二致。

上述多位并非都是华西坝教会五大学教授,笔者详述至此,意在
表明当时华西坝教会五大学的学者对边疆的认识与当时学界(也包括
政界)主流意见近乎一致,界定边疆含义大体也是兼顾地理、政治和文
化等多种因素,而尤其侧重文化层面,是否在国土边缘并非首选指标;
而且部分学者对文化边疆延伸更远。所谓外边的相关论述,或许潜藏
了国人对中华文化曾经荣光的追慕和怅惘。这在多大程度上成为处
于国家危难中的国人仍然牵挂的思想命题,或宜另文探讨。

二、华西坝教会五大学对中国边疆政策的认识

清代到民国,中国边疆问题趋于严重。金陵大学教授徐益棠就曾
指出:

中国的边疆,三百年来,天天是在非常时期中的,固不自今日
始。不过,到现在更严重了。从前国人对于边疆的概念,以为金
城汤池,有天然的高山大川,可以做极可靠的屏障,到现在,主峰
高达八千八百多尺的喜马拉雅山,流域长达三千七百公里的黑龙
江,早已不守,即二千余年来视为"足以限戎马之足"的万里长城,

---

① 朱家骅:《论边疆教育》,载教育部边疆教育司编印:《边疆教育概况续编》,1947
年,"代序"第1—2页。

亦已失去效力，国际边界已伸入我国中心——河北平原。于是引起国人极度的恐慌，甚至失望，悲观，认为"国亡无日"。①

这种情绪，顾颉刚也曾有。1931年春，他在河北、河南、陕西、山东等地旅行了一圈，看到国计民生的"愁惨暗淡"，比如鸦片流行、梅毒蔓延，感到触目惊心，亡国灭种危机将至。这与徐益棠对其时国人心态的描述何其相似！顾颉刚也察觉"帝国主义的侵略已经成了国民的常识"。都市人已敏锐感觉到"亡国"的危险，但顾颉刚所言"灭种"的忧虑，却被朋友认为"言之过重"。顾颉刚由此立志学范仲淹"以天下为己任"："本来我的精神是集中在学问上的，从此以后，总觉在研究学问之外，应当做些救国救民的事"②。顾颉刚本是民初学界著名的为学问而学问的读书人，在1930年代以后思想有如此大的转变，而后一直拿出很多精力从事与边疆研究有关的工作，即在于这种对国家民族前途命运的深层忧虑。③

对于二十世纪三四十年代中国边疆问题的现象及其成因，华西坝学人也有系列论述。一方面，他们关注中国边疆大势，深知边疆多事，与列强环伺从中搅动有关；另一方面，他们也关注中国边疆内部，洞悉边政困难，成因甚多，其中既有自然条件艰难，也有社会文化工作开展不足，而须全面筹谋以图改变。这种认知中，有一种"反求诸己"的观念转变。

中国边疆问题并非新事物。边政问题不仅是个现实问题，也是个历史问题。在中国历代王朝历史进程中，"边患"一直是中央政权面对的共同挑战，历代疆域盈缩及国家统分，均与"边患"直接相关。历代边政问题反映了中央与地方、内地与边疆、汉族与少数民族三个方面

① 徐益棠：《非常时期之云南边疆》，《中国新论》，第2卷第4期，1936年，第87页。

② 顾颉刚：《我怎样从事民众教育工作》，《顾颉刚自传》，第69—81页。

③ 参见汪洪亮：《顾颉刚与民国时期的边政研究》，《齐鲁学刊》2013年第1期，第42—49页。

利害关系的互动。有效处理边政问题,维护边疆地区稳定,成为历代中央经略边疆的重要任务。历代边疆政策的实施及其成效,历代边政机构的设置及其作用,均值得后人施行边政所借鉴。

顾颉刚曾对传统中国的边疆政策进行了批评。他在中央大学、中组部及边疆学校等多处演讲其对边疆问题的基本看法,认为中国过去的边疆政策,无非就是两种,一是放任,二是分化。其中放任,又可分为三种类型:一是王道,努力"修德"而使边民"不造反",二是"舍弃边疆","那里出了乱子就把那里放弃",三是"自然的同化"。他认为国人有一种不论血统而论文化的观念,"认为中原与边疆的差别只是文化程度和道德阶段的差别","所以各种各族的人们都会融洽起来。"这种精神促成了各族融合,汉族也不过是许多血统的混合结果,中华民族的发扬光大也成于这种同化的力量。不过,"这只是一种文化观念,并不能算做一种政策"。如果说顾颉刚对于所谓"放任"政策还有部分同情和支持的话,那么对于分化政策,顾颉刚则给予了严厉批评。他将分化政策分成三个方面:一是用文化政策牢笼,二是用"愚禁"政策羁縻;三是用残杀政策来削弱。尤其是第三个方面,顾颉刚认为这是一种"恶毒的分化政策",使"同一国家内本当休戚相关的诸民族便互相漠视或仇恨",而且"一旦帝国主义者侵入我们的边疆",也容易受到侵入者的分化。[①]

徐益棠也曾分析"中国历来边疆政策之错误",认为中国历代边疆政策主要就是"羁縻":中央政府强盛时武力征服边疆地方,享有对土地的宗主权,但对于土地上的人口多少及其经济能力和文化程度等,"都置之不问",相安无事,但到了中央政府实力"衰替"之时,边疆多事,往往牵动大局,使国家从此不振,"鉴之历史,屡验不爽。及至今日,还逃不了这个例",如外蒙和西藏闹独立,都是在清末民初中央政

---

① 顾颉刚:《中国边疆问题及其对策(上)》,《西北通讯》(南京),第 3 期,1947 年,第 1—3 页。

府无力他顾之时,哈密事变和南疆独立,都是在国民政府尚未统一或东北沦陷之际。徐益棠指出:

> 不过从前还是内部的问题,现在却有国际的背景;从前的问题简单,现在的问题复杂;从前可以用一种空虚的怀柔政策来羁縻,他们现在却须有实利的获得;从前只须有武力可以平靖,现在却除了武力以外,还须有其他的积极的建设——政治、经济、宗教、教育……①

唐高祖李渊诏书所言"怀柔远人,义在羁縻",道出了古代中国治边之精义。历代中央多数只图"归顺"的名号和边徼的安宁,在边疆经济开发、文化教育发展等方面少有建树。在古代大部分时间里,中央对边疆政策大体就如顾颉刚所言,是一种文化观念,一种"文化主义"的态度,也就是"修其教不易其俗","修文德以来之",相对无为而治。

李安宅也对传统中国边疆政策进行总结,认为中国对待边疆的传统做法,要点有三:一是"歧视边民,成见太深,未将边民看作国民";二是"忽视边民生计,不论重威、重德,或德威并重、军政参用,以及利用羁縻、教导诸法,均未改善边民生计;三是"证明边疆问题至今还是问题。"换言之,"过去对于边疆只有军事与外交的方式,即所谓政治,也限于管与教,而未顾及养与卫;更不用说,即管也未彻底,而教只在形式了。"②

其实不惟"传统中国边疆政策"如此,近代中国依然如是,就是到了抗战前夕,国民政府的边政也难说是积极进取的。时人指出,近代中国边疆沦陷和屡次变乱,中央政府边疆政策的"失当",要负"一大部分的责任",清中叶以来,中央政府对于边疆地域"只取敬而远之的消极态度,甚至漠不关心,完全不知边情",基本仍是传统对策,即羁縻政策(偶用高压的政策,如清末赵尔丰之经略西康和进兵西藏),将"宣

① 徐益棠:《边疆建设的根本问题》,《地理教育》第2卷第3期,1937年,第3页。
② 参见李安宅:《边疆社会工作》,第21—22页。

抚"、"册封"、"赠谥"、"致祭"一类仍作为"法宝"搬出来，"这只表现当局对边疆问题的无策"；"边疆有事变发生，不作釜底抽薪之计，只因循敷衍，想偷安一时，也是大大的失策"。也就是说，近代以来，乃至到了抗战前夕，中国政府对边疆问题仍是"无策"或"失策"，"中央对于边疆既多半取消极的政策，边疆经济的开发，文化的发展自然谈不到"。①这与李安宅对历代边政的看法基本一致。

历代采取这样的政策，除了边疆四至广袤，交通条件拘囿、信息传递缓慢而难以遥制，还与古代中国的边疆观念有关。中央政府对边疆地方缺乏积极开发和平等交流，没有注目于边疆地方的经济发展和文化进步，而是消极追求边地无事，满足于"以御夷狄"、"征贡方物"、"臣奉正朔"。这种立足于消极应对，不尚征伐的边政，固然可以降低边疆管理成本，但也使边疆经济文化难与中原地带并驾齐驱。

徐益棠对民国时期边疆问题的演变有较为全面的描述，并以几个时间节点为序构建了边疆民族研究发展的历程。从其论述来看，国人对边疆问题成因的认识，趋于从外因到内因的视角转换；对边疆研究的入手，趋于从文献研究到实地调查的转变，趋于从自然科学向人文科学（尤其是民族科学）的转换；边政的思路也经过了一个认识到边疆问题的严重性，进而开展边疆实地调研，最终依靠开发与建设边疆，团结各族民众来获得国族认同，从而实现抗战建国的时代使命的转变历程。②

徐益棠注意到，1920 年代，国内边疆研究多侧重自然科学，且开始注重实地调查，但是对边疆学术的综合研究和对策研究并不甚重视。这种情况在 1930 年代有了变化，最主要的是研究者研究立场的变化。徐益棠指出：

① 思慕：《中国边疆问题讲话》，上海生活书店 1937 年，第 16—18 页。
② 本段及下数段，参见徐益棠：《十年来中国边疆民族研究之回顾与前瞻》，《边政公论》第 1 卷第 5—6 期合刊，1942 年，第 51—63 页。

　　往者,论边疆问题者每推其原因于帝国主义者之挑拨,证之
以当时各边区之骚动,或有其显明之理由。迨广西兴安、全县、灌
阳、龙胜等处傜民二次叛变(第一次:二十一年十月,第二次:二十
二年三月),云南邱北侯保全王相等叛变(二十二年一月至八月)
以及湖南永绥苗民发生抗租事件(二十五年六月至二十七年一
月),乃知中国之边疆问题,民族的因子实居其重心,文化之低落,
又为其根本之原因。于是各省乃竞设学校,广训师资,而民族研
究之工作,亦同时为各边省当局所注重。

　　徐益棠此言,其实反映了国人对边疆问题成因从外到内的观察视
角,也揭示了民族因子和文化低落的相通性,也就是暗含了民族学家
希望从文化角度调适民族问题的边政思路。

　　抗战军兴,"国府西迁,各学术机关亦相继迁至后方",关于边疆学
术之综合研究才开始兴盛起来。徐益棠非常敏锐地注意到一个现象,
那就是国民党及其政府虽对边疆民族多次表示密切注意,"然迄未规
定具体的边疆政策设施纲领,故数年以来如关于边疆的行政机构常有
'无所适从'之感。"①

　　他的这一观察,在当时不乏知音。1937 年,思慕陈述了中国各个
边区的严重边疆问题,试图回答"究竟中国政府对边疆是不是有政策,
是甚么政策,政策的效果怎样"②,可见时人对中国有无边疆政策还是
有疑问的,在某种程度上恰好证明其边政成效甚微。国民党及政府在
其施政纲领中倒是有民族政策的明确表述,但对边疆问题却表述模
糊,边疆政策的核心是民族问题,但二者不能等同。国民政府的边疆
政策更多还是停留在纸面,以至于一直有学者呼吁政府确立边疆政
策,或者"向政府要边疆政策"。这并非学者吹毛求疵,对政府政策熟

────────────

　　①　参见徐益棠:《十年来边疆民族研究之回顾与前瞻》,《边政公论》第 1 卷第 5—
6 期合刊,1942 年,第 52—59 页。

　　②　思慕:《中国边疆问题讲话》,第 3—4 页。

视无睹。蒙藏委员会官员周昆田就承认,历届全国代表大会及中央全体会议对边疆问题虽均有涉及,但"有关此项文献,前后散列,易为一般人所忽视,或竟以为现在尚无一定之边疆政策"①。

国民政府在边疆政策上表态比较明确而系统,是在 1941 年国民党五届八中全会上。这次全会于 1941 年 3 月召开,此后国民政府有关边疆政策才开始有比较多的实际措施,所谓边疆建设才开始比较全面铺开。官方学者对于边疆政策的阐释,基本如出一辙。不管是朱家骅的《边疆政策与边疆建设》还是周昆田的《三民主义之边政建设》,都是从"总理遗教"和"总裁言论"和中央历次宣言及决议中"仔细寻求",从而证明"三民主义之边疆政策,早已确立"。②

卫惠林 1943 年指出:"'边疆建设'这口号在最近二三年来由朝野一致的要求与抗战建国的实际需要,已由言论进于行动,由主张变为政府的决策了,自八中全会以来,每次党的,政府的,民意机关的重要集议,总有关于边疆建设的若干决议,若干政治的,经济的,教育的措施,已见诸实行。但边疆还是边疆,一些临时的设施距离时代与国家的要求仍甚遥远。世界改造与国家建设的趋势愈紧迫,对边疆的期望愈深切。"③这再次证明时人对国民党边疆政策之有无尚存疑虑是合乎情理的。

就是抗战结束两年后的 1947 年,还有人写文章质问"政府对边疆有没有根本政策? 有的话,究竟是什么?"④这篇文章的题目就是《向政府要边疆政策》! 可见那时边政至少在政策上还很"不接地气",以

---

① 参见周昆田:《三民主义之边政建设》,《边政公论》第 1 卷第 1 期,1941 年,第 6 页。

② 参见凌纯声:《中国边政改革刍议》,《边政公论》第 6 卷第 1 期,1947 年,第 2 页。

③ 卫惠林:《边疆文化建设区站制度拟议》,《边政公论》第 2 卷第 1—2 期合刊,1943 年,第 8 页。

④ 桑林:《向政府要边疆政策》,《西北通讯》(南京)第 2 期,1947 年,第 19 页。

至于民间以为就没有而向政府伸手来"要"。同年，担任教育部边疆教育司司长的民族学家凌纯声就说："近尚有人认为中央对于边疆，迄今犹未建立一确定之政策者，此实为已定边疆政策，未能见诸实施，而引起之误解。"①这也算是官方对民间以为政府无边疆政策见解的一个解释了，无异于承认了边疆政策的无力与无效。

三、华西坝教会五大学对边疆地理和社会文化的认识

边疆社会经济形式及其发展程度，很大程度上受到其自然环境影响。如《边政公论》编者张承炽所言，"由于边疆社会的地理基础，以及牧畜这个职业的性质，边疆社会生活差不多都直接受物质环境的支配，边疆社会地理基础，是高原丛山，风沙寒雪，衣食住行一切都受了物质环境的限制"。② 徐益棠也曾特意提醒研究边疆离不开边疆地理研究：

> 我们研究边疆的人们，千万不要忘记了边疆的特殊性质——自然的地理环境……近来研究边疆的同志们，往往过于看重人类的活动，"筹边救国"，又成为最近的救国运动中的一个别树一帜的口号。我们当然很表同情于一切"情势危迫"的报告，而很想替国家做一些有效率的工作；我们也很同意于做几篇很动听的文章，劝大家"到边疆去"。但是我们要知道"救国"不止一端，"到边疆去"亦非易事……我在这里并不是反对国人研究边疆，放弃边疆，实在是希望国人进一步的研究边疆，注重边疆。我们在这个时候，当然不能不努力去设法保留这些残余的边疆了。我们能尽几多力便尽几多力，下多少种子便得多少收获；但是我们不要以为研究边疆便是救国的唯一途径，不要以研究边疆为获得名誉地位的时髦的手段，我们要拿"边疆研究"作为"终身以许之"的纯粹

---

① 凌纯声：《中国边政改革刍议》，《边政公论》第 6 卷第 1 期，1947 年，第 2 页。
② 张承炽：《边疆社会的特征》，《历史社会季刊》第 2 期，1947 年，第 42 页。

的专门学术,同时,帮助解决边疆问题的各种工作,也要协同进行。"边疆研究"最基本的学术,当然要算"地学"。现在谈边疆的同志,大都注意到边疆的政治、经济、交通、社会的情形,而忽略了和这些现状有连锁的自然的环境……假使我们不能从地理的环境中去了解其文化,假使我们不能从地理的环境中去决定其政策,空谈"边疆",抑又何益?①

前文讲述民国时期国人对边疆的认识时,即已提到边疆地区往往在地带、气候、民族、语文、政俗等方面都与内地有显著差异。就其地理方面特征而言,李安宅的一段话最为典型:"河谷、平原、盆地不是边疆;高原、沙碛、茂草、森林才算边疆","进行精耕农业者不是边疆,进行粗放游牧者才算边疆。而粗放游牧必据高原、沙碛、茂草、森林一类的地形;精耕农业必据河谷、平原、盆地一类的地形。故文化的边疆实以地形的边疆作基础。"②在一般国人看来,边疆地方往往地处边陲,人口稀少,交通不便,信息阻隔,这些都是导致边疆经济社会发展迟滞的重要因素。③ 这可以说是边疆地理的一个共同特点,但在不同边疆区域也存在明显差异。

徐益棠就曾从地理角度对新疆问题做了一番"观察"。他先从地形、地质与土壤、气候等各个方面阐释新疆之自然地理,认为"颇有几个特殊问题,影响于人文地理"。一是农耕与畜牧的分布,即与新疆省内各地之自然地理状况相关。二是聚落与民族的分布,农业区域人口

---

① 徐益棠:《边疆问题之地理研究的必要》,《边事研究》第 1 卷第 3 期,1935 年,第 13—15 页。

② 李安宅:《边疆社会工作》,第 1—2 页。

③ 正如丁道谦所言,"晚近经济的发展,使其时间与空间的关系越来越密切",促成了"经济地理"的兴起。经济地理"是经济建设的蓝本,也即是经济建设的根据",地上资源与地下资源的蕴藏及其利用,"实为其发展程度的契机","经济发展能至何程度,均待其天然资源——林产、农产、矿产以及水力等的蕴藏量来决定,因为这是经济建设的一种主要资本"。参见丁道谦:《贵州经济地理发凡》,《贵州企业季刊》第 1 卷第 2 期,1943 年,第 31 页。

一般较密，牧业区域人口相对稀疏，各地民族分布情况也颇不同，如准格尔盆地汉回杂居，北部则回族较多，南部汉人渐多，仍少于回族。塔里木盆地人口较密，汉回人数亦悬殊，但汉人政治地位较高。徐益棠认为，由于各族自成集团，文化相互隔阂，政治易起纠纷，当前新疆中心问题是应加强民族团结。三是新疆"水源为新疆居民最重要之需要"，河流上下游往往有争水而致纠纷，故其水利建设非常关键，不仅关乎经济，也关乎政治文化。四是新疆交通建设乃必需但又受限于地形、水源等自然地理条件，"政治家如何信任科学，耗较多之财力与人力，以克制边疆发展上最大之困难，使新疆之自然地理环境为之一变，实为经营新疆最值得考虑之一问题"。五是边防问题，尤其是新疆北部"交通机构不备，道路不治，沿途缺少人烟，给养不易"，"遂成为严重之问题"。六是分省问题。时人因为新疆过大，不易经营，遂有分省之议，以天山分南北两省，但徐益棠提醒，由于新疆特殊的自然地理和人文地理影响，设两省或三省，其省会选址等都还需要重新考虑。①

徐益棠所言新疆经济人文地理情况，在边疆地区具有普遍性。川西北和西康地区因国府内迁以后，成为畿辅重地。政学两界均对该地多有调查，撰写了不少调查报告或游记，对该地的地理和人文状况多有记载。1941 年，教育部曾组织大学生暑期服务团，由边疆教育委员会秘书王文萱担任团长，边疆服务部川西区部主任崔德润担任副团长，编写了调查报告《川西调查记》，介绍杂谷脑河流域、岷江流域茂县、汶川一段地区自然地理及民族状况。该书分为"羌人之部"和"戎人之部"，从族源传说、信仰、建筑、婚嫁丧葬、艺术、岁时、语言等方面介绍了羌人和藏人的生活，分为地理之部、经济之部、农业之部、动物之部，对川西区域的自然与人文环境、耕地与气候、农作物和动物情况作了介绍，其经济之部仅记述了"杂谷脑的汉番贸易"和"杂谷脑的喇

---

① 参见徐益棠：《新疆问题之地理的观察》，《边政公论》第 5 卷第 2 期，1946 年，第 2—6 页。

嘛寺的经济组织",可见在教育部蒙藏教育司所组织的考察团之眼中,杂谷脑在川西边地的经济生活中具有非常重要的位置。[1]

该书由骆美奂作序,其词曰:"三十年夏,大学生暑期边疆服务团深入川西羌戎居地,调查文化、地理、经济、农畜诸部门,历时二个月,足迹遍黑水杂谷流域,归制报告,都十万言,洵创举也。"骆美奂认为川西地方虽非地理的边疆,但"沦为文化之外域",边疆服务团同仁栉风沐雨,跋涉在此人迹罕至之区,历尽艰辛,根据其所见闻,公诸于世,对于改进边务工作具有借鉴意义。[2]

著名女地理学家刘恩兰是我国第一个考察北美及欧亚社会地理、自然环境、风土人情的女学者,曾多次在英美留学,并创办了金陵女子大学地理系。抗战时期女大迁到华西坝,她常到川西地区考察,发表有多篇论文及游记。刘恩兰指出:"昔日之论地理者皆以山川河流出产为研究之中心,今日之论地理者则以人与地之相互关系为研究之对象。故有人称地理学为自然科学,另有人则称之为社会科学。实际上地理学乃居于二者之间,盖地理因素之研究,则属自然科学,但研究此项因素在社会经济上之结果则为社会科学,而研究二者相互关系之学问则为研究地理学之中心。"这是非常通达的认识。地理学科的确是一门非常综合的学科,包括自然地理和人文地理两大部分,而后者又可以包括人口地理、经济地理、历史地理等等。她解释,所谓地理因素,包括位置、地质、地形、气候、土壤及动植物。刘恩兰对地理学的这种理解,贯彻在她的川西北考察系列论著中。可以说,她的观察始终围绕基于地理因素的人文和社会。即如她基于四川若干地理因素考察,认为四川可以划分为以下人文区域。一是"衣食仓库的四川盆地",二是"工业资源丰富之丘陵带",三是"人烟稀少之森林带",四是"游牧为生的草地"。她特别关注交通与民生之关系。一方面,四川可

---

① 参见教育部蒙藏教育司编印:《川西调查记》,1943 年。
② 参见教育部蒙藏教育司编印:《川西调查记》骆美奂所作序文。

谓我国四方交通之枢纽，所以四川人民组成复杂，四川文化乃南北东西之混合，另一方面，交通要道限于河谷地，又为历代防守要塞，成为政府鞭长莫及之地，加上土地肥沃，生息滋繁，"故为历代野心之有据为造乱之原"。不过她澄清："乱川省多非川人，是地势使然也"。她指出交通建设在抗战时期四川发展中的重要作用："川省交通实为战后建设急务之一。总括之，由地理眼光观之，四川省民生与地理因素调整之较当者，厥为成都平原水利之灌溉与航运。急待调整者，则为资源之开发及交通之建设。错用而急待纠正者，则为土壤之冲刷，森林之滥伐，以及□山之蹂躏，实为今后之研究四川地理及社会经济者所当注意者。因人地相关之认识，乃为抗建设计之先决条件也。"①

刘恩兰在《四川西北边区民族之检讨》中同样突出地践行了其地理学的学术理念。她对川西北的区位、沿革、山脉、水系等做了介绍后，即对该区域民族分布及其历史变迁做了梳理。她注意到时空格局之变导致当地族群文化及其生活方式的变迁，包括在语言、文字及法规、习俗等都已经"因地制宜"。比如羌人汉化较早，与藏文化有较大差异，而藏民东迁系从海拔意义上讲也是"低迁"，其生活方式也逐步发生变迁，"其今日生活之环境与其他番族异，盖为适应环境而不得不弃牧从农也，职业既属固定，则其生活方式自与向昔不同。"当然，身处汉藏之间的族群，也会留下多族会通的特殊印记，如"今日之羌戎及黑水蛮等，既处于两种不同文化之间，互相接触，遂产生相互之影响，造成多种特殊活动，而形成特殊势力，故其社会结构亦为汉藏文化之混合体而并异于汉或藏，其差别之大小，则视其混合时期与空间之远近而转移。例如羌民本为青海、川边及西康一代高原之牧人，而今竟纯以农为业，是因其迁移后之栖息地之土壤、气候、地势皆利于农，而不便大规模放牧，且该环境中，麻较毛为易得，故服装亦以麻织物为主。"

---

① 本段参见刘恩兰：《川省人地关系之检讨》，《学思》第 2 卷第 6 期，1943 年，第 5—9 页。

藏人亦如是,其生活方式也因海拔及距离汉人远近而有差异。刘恩兰由此提出,所谓汉藏区别,"乃基于地域而非由自统","由此观之,川西边境之复杂民族,实际上皆中华民族也。若各文化区之居民能互相接近,彼此采取优点,使成一统文化,则国内各民族间之误会及战争定可大量减少。所以,迄今不能达到此理想者,乃由于历代治边政策多有不当处,溯源宋代,多用分化政策治边,至满清更形成显著,如所谓以夷制夷、以汉制汉、以满制汉等策皆是,现时十六区各土司之设立,即唐宋以来分化政策之余迹。处此生活竞争之世界中适我中华民族自力更生之时,国人统一当为建国首策,故亟应联合边区同胞,集中意志及力量,同舟共济,成效必大也。"①

边疆地区生活着很多非汉人族群,过去一般称为"边民"。但"边疆"与"民族"的结合使用,还是在"九一八"之后的事情。国民党多强调实行地方自治而非民族自治,国大代表选举以行政区域为范围而非以民族单位为对象,其目的是希望藉此淡化或消解各民族的独立意识。② 国民党和国民政府虽然不能遏止"民族"和"少数民族"等概念的使用,但极力避免过多使用类似用法,而倾向于使用"边疆民族",更多是简称"边民"或"边胞"。

那时不少学者否定中国存在民族问题。如张廷休赞成顾颉刚的"中华民族是一个",反对提倡"云南民族",认为是对"民族"的滥用:"随便说夷汉是两个民族,中华民族之中又分什么云南民族,这不但忽视了历史,而且在目下对于抗战的影响实在太坏了"。于是他的观点就是"中国没有少数民族问题",中国边疆地区"绝对没有什么民族问

---

① 刘恩兰:《四川西北边区民族之检讨》,《新中华》第 4 卷第 10 期,1946 年,第27—29 页。
② 参见杨思机:《以行政区域统驭国内民族——抗战前国民党对少数民族的基本策略》,《民族研究》2012 年第 3 期。

题，只有教育的问题"。①陈碧笙也认为，云南"客观上不存在"民族问题，如边地官吏的贪污、边地政治的黑暗，以及边地民众负担的日趋繁重，都是全国性的普遍问题，而非边地所独有。边民生活的痛苦更多是边地土司给予的。从边地民族所处地位来说，民族问题无从发生②。

这可能是一个悖论性的论述方式。认为不存在民族问题者，可能恰是注意到其严重性的。正因为顾及其严重性，才矢口否认其存在，并以整体性的中华民族的构建来抵消民族问题的严重性。其实民族问题是客观存在的，包括很多强调中华民族整体性的学者在谈到中国边疆问题时，也往往要讲到"边疆辽阔，民族复杂，语言各殊"。就是认定汉族可作中华民族代名词的张廷休也认为，汉族本身的历史构成，追溯起来，也是复杂到了极点③。复杂二字，颇能表明中国边疆民族社会文化的多元性，不仅与内地不同，就是边疆各族间也有较大差异。正如《边政公论》发刊词中指出，"我边疆文化，因为环境上的差异和隔绝，无论在物质方面或非物质方面，都形成其各式各样的形态。"④

沙戟指出，"我们通常所说的中华民族，是比较笼统地名词。其实，这名词应该包含有生存在中国的许多民族，如同汉、满、蒙、回、藏，以及苗傜、罗罗、僰、掸等等"，这些民族"在种系上，生活上，语言文字和风俗习惯上，都各有其不同的历史传统。虽然经过某些限度的交流作用，仍各自保持着独立的个性，决不可能予以否认或抹杀的"，"汉族以外，只是国内少数民族，由于他们现在大都生活在边疆，所以也被称

① 参见张廷休：《苗夷汉同源论》，《中央周刊》第 1 卷第 33 期，1939 年；《再论夷汉同源》，《西南边疆》第 6 期，1939 年；《边疆教育与民族问题》，《学生之友》第 2 卷第 1 期，1941 年。在这些文章中，张廷休反复推广其同源论。也有人提倡汉藏同源论，见王光璧：《汉藏同源论》，《康导月刊》第 2 卷第 11 期，1940 年。

② 陈碧笙：《滇边散忆》，商务印书馆 1941 年，第 131—140 页。

③ 参见张廷休：《边疆教育与民族问题》，《学生之友》第 2 卷第 1 期，1941 年。

④ 《发刊词》，《边政公论》第 1 卷第 1 期，1941 年，第 4 页。

为边疆民族"①。这就是典型的在中华民族整体性前提下，承认边疆民族的多元性。当时多数学人都不忘做此交代，明显可见学者们对此问题的高度自觉。

抗战时期投入边疆民族调查研究者空前增多，发表论著也是指不胜屈。徐益棠的《十年来边疆民族研究之回顾与前瞻》、马长寿的《十年来边疆研究的回顾与展望》均有胪列②。王建民所著《中国民族学史》更是搜罗详尽③。笔者仅就有关华西坝教会五大学学者有关边疆民族社会文化的研究略作介绍。

顾颉刚早在 1920 年代即对边疆社会文化有过了解，且表示了一定程度的敬意。如 1925 年，九世班禅从西藏流亡到北平，不少蒙古民众前往朝拜。顾颉刚认为蒙古人的信仰刚烈与汉人的懒惰颓废形成鲜明对比，应该鼓励各族通婚。他建议组织汉蒙联欢会，成立蒙藏学院，以增进汉蒙民众的文化沟通和情感交流④。1936 年，顾颉刚对边疆教育工作给予相当关注，因管理中英庚款董事会注重办理边疆教育，董事长恰为顾颉刚当年在中山大学工作时的老校长朱家骅，鉴于禹贡学会注重边疆研究，朱家骅曾给予 1.5 万补助。⑤ 顾颉刚由白寿彝牵线，对回汉问题及其沟通工作较为关注，提出要从文化沟通入手，消除隔阂，其中主要措施就是教育层面和学术研究。在 1937 年发表的《中华民族的团结》一文中，顾颉刚阐述了各族平等的边疆文化观，虽然汉族文化最高，但在信仰热烈、尚武刻苦等方面则不如蒙、回、藏

---

① 沙载：《当前的边疆民族问题》，《中国建设》第 4 卷第 1 期，1947 年，第 22 页。

② 参见徐益棠：《十年来边疆民族研究之回顾与前瞻》，《边政公论》第 1 卷第 5—6 期合刊，1942 年；马长寿：《十年来边疆研究的回顾与展望》，《边疆通讯》第 4 卷第 4 期，1947 年。

③ 参见王建民：《中国民族学史》，云南教育出版社 1997 年；《中国人类学西南田野工作与著述的早期实践》，《西南民族大学学报》2007 年第 12 期。

④ 顾颉刚：《边疆与民族编》，《顾颉刚全集·宝树园文存卷四》，第 24—27 页。

⑤ 参见顾潮编著：《顾颉刚年谱》，第 277 页。

人。他提出要用平等眼光和同情心来看待国内诸族,增进团结而成一个中华民族,其措施有物质、精神和行政层面,精神层面主要就是要彼此充分了解和尊重,保存语言文字和文学艺术①。在西南工作期间,顾颉刚对边疆问题的关注一如既往。在华西坝齐鲁大学担任教授时,他还应允担任边疆服务委员,为边疆服务团写了团歌,其词最能表明他对边疆社会与文化的认识及其对边疆社会文化建设的美好愿景。

据《顾颉刚日记》1941年6月25日,他为边疆服务团作团歌,其词曰:"天何苍苍,野何茫茫,宇宙宽大容徜徉。以幕为屋,以酪为浆,到处都好作家乡。莫分中原与边疆,整个中华本一邦。施医为复健康,立学为造贤良,为民服务总该当。'天下一家,中国一人',孔墨遗训非虚诳。千山不隔,万里一堂,团结起来强更强。"团歌前两句描绘了边疆民族地区的自然环境和生活方式:边疆辽阔,生活粗放,饮食居住均与内地大异,第三句表达中华一邦,"天下一家",到处都是我们的家乡,希望边部工作人员能够尊重边民文化及生活方式,以团结互助的心态帮助边疆建设发展,共同实现抗战建国和民族复兴。第四句介绍了边疆服务的主要内容,即医疗卫生和文化教育。最后两句则立足于传统文化和当前实际,呼吁大家团结起来。整体而言,表明了顾颉刚的国族关怀②。

李安宅早在西北时期也对边疆社会,尤其是宗教层面进行了深入考察,对回汉问题和藏族问题都有论著。在华西坝工作期间,他创立华西边疆研究所,身先士卒对康藏地区做了不少实地调查研究。如其《西康德格之历史与人口》,乃李氏1945年赴西康考察研究报告之一部分,是一篇边疆人口问题研究的重要文献。李安宅明确指出,该文之作是为"将来进一步研究整个社区及社会制度之张本"。他概要介

① 顾颉刚:《边疆与民族编》,《顾颉刚全集·宝树园文存卷四》,第73—74页。
② 参见汪洪亮:《顾颉刚与中华基督教会在西南边疆的社会服务运动——以顾颉刚日记为中心的考察》,《西南民族大学学报(人文社会科学版)》2013年第11期,第11—15页。

绍了德格的得名由来，并对德格地区的政治、经济、交通、教育及寺院
发展历史做了详细考证，再从各类人口比例、寺院在各区分布、寺院人
口年龄组、农牧人口年龄组、人口类型及家庭结构等方面，对其人口问
题进行了分析。此文与其关于拉卜楞寺的调查报告类似，他并不满足
于描述现状和揭示其功能，而是先从历史讲起，娓娓而至①。李安宅
的学术"路数"较阔，超越了"功能学派"的学术范式。他不受门第和学
科之限，善于从多种学科、从各种学术流派和学术领域吸取学术滋养。
这也表明了多学科的交互性和各种知识的相通性，在那时已经被学人
所提倡和实践②。

　　李安宅发现，该地农区单身男子家庭、单身女子都多于牧区，是因
农区生活较为容易。但在牧区之婚媾家庭多过农区，破碎家庭多在农
区。他认为原因在于藏民区域"土地适于畜牧，故畜牧文化为正统文
化，农耕文化为外来文化；正统文化韧性强，而外来文化代表分化势
力，故婚媾家庭之在牧区较农区为重要"。在"身体生活弱点"方面，以
农耕者为多，可证"限界人"（Mergivue Men）产生于"文化边缘"，须有
合理之"文化接触"。李安宅比较藏区康人家庭、汉康合璧家庭和汉人
家庭，发现三者人口数量平均分别为 2.54、4.88、6.5，可见康人家庭人
口最少，汉人家庭人口最多，但是"汉人之在境内具有家室者，为数极
少。然此少数例证，对于文化接触与文化变迁等问题，不无意义。盖

---

　　①　李绍明曾分析李安宅的学术特点，认为学界对李安宅的学术定性并不准确，其
实李安宅的学术路数比较宽阔，不像林耀华或费孝通那样，"完全用功能学派的理念来
做学问"，"不能算是完全的功能学派"。以其代表作《藏族宗教史之实地研究》为例，如
从功能学派的观点来看，只需研究当今现存的情况即可，但李安宅先写藏族宗教的发
展史，再写宗教各个派系的发展史，"这样做已经有很多（美国）历史文化学派的东西在
了"，"因为他在美国念书的时候，也不只是功能学派影响他。所以不能因为他是吴先
生的学生就把李先生完全作为功能学派"。参见李绍明口述、伍婷婷记录：《变革社会
中的人生与学术》，世界图书出版公司 2009 年，第 61—63 页。
　　②　参见汪洪亮：《李安宅的学术转型及时代动因》，《宜宾学院学报》2012 年第
11 期。

康藏人口型既不健全，内地与边疆之有效融合实为必要。"这一点尤其关键，汉藏关系对国族构建至为重要，而康人与内地接触历史悠久，对内地政治也有直接体验，相对安多社区更拥护内地而"反对拉萨干涉"。他进一步指出边疆建设，关键是要因势利导，但要知其形势，明其导向，非有普遍深入的客观研究难作判断，康藏民众早已受到内地影响，如"有现代人类学之技术与观点者，加以文化接触之分析，环境适应之实验，其结果将如何可以限量?!"李安宅指出，康、藏、安多等区域广大，不知十百倍于德格，但对德格人口的研究，俾能引起对整个康藏地区的关注，从而将康藏建设上升为国家政策，即其所谓"使西南、西北边疆进行区域分工之探讨，以有计划之适应，代替'限界人'之接触"，这才是其真正关注所在。在这篇调研报告中，李安宅不仅表现出超凡的学术水准，对德格人口分析非常细腻和深邃，而且也表现了其严谨的学风，他自称"本篇据以探讨之时间不足两月，自难完成比较满意之报告。要知有效工作，即在德格一县亦应时间较久、规模较大，方始可能。"①

当时边政学者对边地社会组织的研究有很多。华西坝教会五大学这方面的研究主要集中在川康地区，尤以凉山彝族为甚。需要说明的是，对于时人对彝族的称谓很多，如倮倮、罗罗、罗族、倮族、夷族等，不一而足。凉山彝族社会在民国时期仍处于奴隶制度占主导地位的社会阶段，被誉为"神秘而危险的区域"②而为各界人士所关注。不少学者也纷至沓来，写下了不少基于实地调查的论著。如曾昭抡《大凉山夷区考察记》（求真书社 1945 年），江应樑《凉山夷族的奴隶制度》、《大小凉山开发方案》（云南省民政厅边疆行政设计委员会 1944 年），毛筠如《大小凉山之夷族》（四川省建设厅 1947 年），任映沧《大小凉山

---

① 本段内容参见李安宅：《西康德格之历史与人口》，《边政公论》第 5 卷第 2 期，1946 年，第 16—17 页。

② 江应樑：《凉山夷族的奴隶制度》，珠海大学出版社 1948 年，第 1 页。

倮族通考》《大小凉山开发概论》(《西南夷务丛书》第一分册,西南夷务丛书社 1947 年),这些论著大多描述了凉山彝族这个原始而神秘的族群的区域、氏族、婚姻、经济、阶级、巫术等社会制度和生活方式。徐益棠《雷波小凉山之倮民》、林耀华《凉山夷家》(《社会学丛刊》乙集第五种,商务印书馆 1947 年)也是当时彝族研究的重要著作。民国以来关于彝族历史文化的学术研究,今人李列已做系统的学术史研究,揭示了作为现代学术的彝族研究的思想内涵和研究方法①。

上述民国时期的彝族研究者,显然以林耀华学术影响最大,屡被后来学者所参考或阐发。若以边政学的应用立场,则任映沧和江应樑的论著更为值得关注。如任映沧的《大小凉山开发概论》分上下卷,上卷为《雷马屏峨利病书》,对"汉地沦陷问题"和"汉地人民夷化问题","夷汉合作种烟问题",建立"垦社"及"夷务"问题等做了专门论述。下卷为《实施军区屯垦开发雷马屏峨大小凉山十年计划书》,对军区屯垦计划的原则与实施方法及开发效益及经费估计都作了详细规划,具有很强的操作性。

江应樑负责主持云南边疆行政设计委员会工作,编写了《边疆行政人员手册》,是为《边政丛刊》之一,以作边疆行政人员之工作指南,从理论和实践讲述了边疆地理及社会文化的特点,边政工作的原则与目标及方法,纠正了过去边疆工作中的一些错误认识和做法。他还根据亲身在彝族地区的实地调查,编写了《大小凉山开发方案》,作为《边政丛刊》之二,提出了川、滇、康三省合组"凉山建设委员会"以统筹凉山开发的建议,其核心内容是要通过开发边疆促进当地发展,通过夷民屯垦和强夷分居内地,逐步使凉山"内域化";另外还有《腾龙边区开发方案》《思普延边开发方案》等,都是根据其自身实地考察而因地制

---

① 参见李列:《民族想像与学术选择——彝族研究现代学术的建立》,人民出版社 2006 年。

宜提出的边政方案,反映了边政学的应用性质①。1940 年,江应樑在中央政治学校边政专修科任教,由学校派遣,中国边疆建设协会协助,"得顾颉刚商于四川博物馆冯汉骥馆长"资助,"只身考察大小凉山","计在边区一百一十余日"。根据实地考察所得资料,江应樑于 1941 年 6 月完成初稿。其能取得成绩,与华西坝上顾颉刚、冯汉骥等前辈学者的扶持是分不开的。

对于凉山彝族的"打冤家",不少学者也十分关注。除了林耀华、江应樑等人在相关专著中提及外,徐益棠曾专文论述。徐益棠对广西象平间瑶民和西康地区社会生活深有研究,成果甚多②。他多次深入凉山考察,著有《雷波小凉山之倮民》。在《打冤家——倮倮氏族间之战争》中,徐益棠分析了氏族间战争的社会背景,考察了战争的原因、过程及结果,尤其是对战争的武器装备,战前的人员召集、占卜及巫术,战中的战术,战后的交结等都有详细分析,可谓细致入微。徐益棠指出,彝族的家族组织,血统区隔基础上的家族观念极强;社会组织则是以白夷劳动为基础的奴隶制度。白夷既是彝族社会中经济生活的主力,也是战争中的主体。就宗教信仰而言,彝族没有庙宇道观,也没有固定时间地点的崇拜,没有宗教理想和"超自然的精神生活",仅有请神驱鬼的巫经,"用以解决其生活之上疑惑与困难",行巫术之人为

---

① 参见林超民:《应对边疆危机的新学科——边政学的兴起与发展》,载黄兴涛、夏明方主编:《清末民国社会调查与现代社会科学兴起》,第 395—401 页。

② 如关涉广西象平瑶民的有:《广西象平间倮民之经济生活》(《地理学报》第 4 卷第 1 期,1937 年),《广西象平间倮民之村落》(《边政公论》第 3 卷第 2 期,1944 年),《广西象平间倮民之住屋》(《金陵学报》第 10 卷第 1—2 期合刊,1940 年),《广西象平间倮民之服饰》(《金陵学报》第 6 卷第 2 期,1936 年),《广西象平间倮民之法律》(《边政公论》第 1 卷第 1 期,1941 年),《广西象平间倮民之宗教及其宗教的文献》(《边疆研究论丛》第 1 期,1941 年),《广西象平间倮民之婚姻》《广西象平间倮民之饮食》(《边疆研究论丛》第 2 期,1945 年);关涉西康地区有《打冤家——倮倮氏族间之战争》(《边政公论》第 1 卷第 7—8 期合刊,1942 年)、《西康行记》(《西南边疆》第 8 期,1940 年)、《康藏一妻多夫制之又一解释》(《边政公论》第 1 卷第 2 期,1941 年)、《罗罗道场图说》(《边疆研究论丛》第 1 期,1941 年)、《大凉山》(《边疆通讯》第 4 卷第 5 期,1947 年)等。

笔母(时人也常写作"比目"、"毕摩")。笔母是彝族中知识水平最高的,也是日常生活中的重要人物,卜卦、问吉、祷神、求福、择婚葬日期、驱鬼及战争中的誓师等仪式,"均惟笔母是赖"。不过笔母都是白夷,黑夷不屑为之①。

彝族战争一般有两种,一种是与外族的战争,一种是氏族内部的战争,后者即是打冤家。通过对彝族战争的综合考察,徐益棠认为,彝族已具有政治集团的雏形,有团结一致的家族观念,有严格的奴隶制度。少数黑夷统治多数白夷,由白夷建设物质生活。黑夷的财产包括白夷、土地和家畜。战争之发生,多因财产之争夺,加之"争强好胜"、"记恨复仇",于是"每因细故,惹起战祸","为国家法律所不及","自出政令,形同化外","更成为抗建时代民族团结之隐忧"。徐益棠严厉批评打冤家为"自相残杀",是"民族精神之污点,边疆建设之大害,淆乱国际观听,阻碍新政推行,盖莫此为甚矣。"②

1938年管理中英庚款董事会董事长朱家骅和总干事杭立武等"拨款十数万元组织川康西南西北之科学考察团",聘请各大学教授担任专家,大学毕业生中优秀且有志边疆研究者任团员。武汉大学历史系主任方壮猷担任社会组专家,参与了考察团工作,历时半年多。1944年乐山警备司令部韩云涛在省主席张群支持下组织雷、马、屏、峨、沐、犍、眉、乐八县边区建设研究会,后因雷波境内发生夷人掠夺汉人入山为奴事件,司令部派兵进剿,研究会随军前往,方壮猷应邀主持其事,为期又约半年,对凉山彝人调查始较详尽,写成《雷波屏山沐川等县土司家谱》《蛮夷司文等九十司家谱》《凉山㑩族系谱》等调查报告③。

---

① 参见徐益棠:《打冤家——㑩㑩氏族间之战争》,《边政公论》第1卷第7—8期合刊,1942年,第77—79页。

② 参见徐益棠:《打冤家——㑩㑩氏族间之战争》,《边政公论》第1卷第7—8期合刊,1942年,第84—85页。

③ 三文分别发表于《边政公论》第4卷第4—6期合刊、第7—8期合刊、第9—12期合刊,1945年,相当于连载。

　　方壮猷对凉山彝族的系谱研究的方法，几年后又有学者运用到凉山周边地区。华西大学边疆研究所陈宗祥认为彝族分布辽阔，人口数字众说纷纭，"调查罗族户口最好的办法，厥在努力调查他们的谱系"，因为彝族社会基础"完全建立在阶级制度的基础上"，门户森严，系谱发达，贵族黑夷会牢记其系谱，奴隶白娃子也会将其主人世系谱熟于心，所以"肯与他们接近而记录他们主人家的系谱，自然是件轻巧的工作。"①他注意到过去已有学人着手此项工作，"发表很多精彩的报告"，如马长寿的《凉山倮夷的族谱》等，其中"较完善的为武汉大学方壮猷先生之《凉山倮族系谱》一文"，其学术价值在于"集合前人之资料，与他本人雷波两次考察之所得，已刻出凉山全部黑夷系谱的轮廓，给我们立下一个方便之门"，但是"沿凉山边缘的县份，例如宁属的会理、宁南，四川的峨边、屏山"等地，"均没有调查"。陈宗祥曾从任乃强、李安宅研习藏学，后由李安宅推荐，到马边"边民生活指导"工作②。

　　据其自述，曾由冯汉骥指导，"注重倮族谱系的搜集，并运用民族学谱系法来研究倮倮社会组织"。他对方壮猷所著《凉山倮族系谱》的后续研究，实是补其不足。在陈看来，研究凉山彝族要有整体观念，对彝汉边缘也不能忽视，如以民族的地理分布来划分，可称凉山边缘与汉人杂居的彝人为"宁属零散倮族"，以之与"大小凉山倮族"相对照；而政治上的宁属行政，应以支系娃子分布趋势为前提。他认为对"宁属倮族"应有详细系谱与户口，特别是系谱"乃倮族全面社会的'龙骨'"；龙骨清楚后，"易于控制其他社会方面的资料"，如社会组织、冤亲家、居住地方、劳力、领导、人口、繁殖与死亡率、迁徙等方面，就说古史研究，也可以在系谱资料中获得材料③。

---

①　陈宗祥:《凉山倮族系谱补（上）》,《边政公论》第 7 卷第 3 期,1948 年,第 38 页。

②　参见李绍明口述、伍婷婷记录:《变革社会中的人生与学术》中的有关李安宅章节。

③　参见陈宗祥:《凉山倮族系谱补》,《边政公论》第 7 卷第 3 期,1948 年,第 38—52 页;第 7 卷第 4 期,1948 年,第 40—54 页。

　　康藏地区存在一妻多夫制，但其主流还是单偶制，一般民族志及地理志中常注意其特殊者而忽视其较普通者，易使人误认当地尽为一妻多夫制。徐益棠发现过去之学术研究"徒拾西人牙慧，因袭陈说"。他从伦理环境、经济生活等方面对既有国内外各种学术观点进行评议。他认为康藏这种婚制的产生，原因不在耕地少、人口性别比例不平衡、聘金多，而在于"宗教势力之伟大"。喇嘛教为康藏地区最具势力者，为其他通行一妻多夫制民族所未有。康藏受喇嘛教影响，产生几种"特殊型"社会生活：一是无姓氏，以名为姓，家族观念不强，财产多供喇嘛；二是崇尚"备受苦难"，享受安乐欲望不高；三是血统观念薄弱，族内、族外婚界限不分明，婚前婚后性生活皆方便，有"贞罗罗狗西番"之谚语；四是喜好游牧、经商、朝山等不安定旅行生活，家庭生活兴趣较淡；五是尊重喇嘛，不事生产，合娶一妻，可减轻责任，所以经济不良并非这种婚制之原因，而恰为这种婚制之果①。陈波认为，徐益棠对康藏一妻多夫制的探讨"隐约有着法国学派人类学的思辨色彩，他通过外来的民族学知识，带着没有明言的自我'亲属'观念来考察"②。

　　语言是构成民族的一个重要特征。各族不同语言的存在也是族际隔阂的重要原因，成为推行边政的主要障碍。正如罗常培所言，"中华民族成长到现在本来已经形成一个浑然不可分的整体了。可是在边地一些少数宗族间，因为语言的隔阂、教育推行的不力、亲民之官的不善抚绥"，"有待于中央或地方政府加以融和的地方尚多"。中国各族要实现融和，必然仰赖于文化的融和，而两种文化融和的第一重要的媒介就是语言。语言和文化的关系是"相辅而行"的，可以"互相协

---

　　①　参见徐益棠：《康藏一妻多夫制之又一解释》，《边政公论》第 1 卷第 2 期，1941年，第 18—23 页。

　　②　参见陈波：《徐益棠的民族学与西康研究》，《西南民族大学学报(人文社会科学版)》2011 年第 12 期；《关于一妻多夫制研究的中国和南亚传统》，载四川大学藏学研究所编：《藏学学刊》第 7 辑，四川大学出版社 2012 年。

助,互相启发"①。

在西南边疆语言研究方面,华西大学中国文化研究所所长闻宥成就最大。兹简要列举其成果如后。闻宥此期发表论著有:《民家语中同义字之研究》《倮㑩译语考》(《华西协合大学中国文化研究所集刊》第 1 卷第 1 期,1940 年),《么些象形文之初步研究》(《民族学研究集刊》第 2 期,1940 年),《论研究西南语言》(《读书通讯》第 5 期,1940年),《哀牢与南诏》(《边政公论》第 1 卷第 2 期,1941 年),《印度支那语族概说》(《边政公论》第 1 卷第 5—6 期合刊,1941 年),《西藏缅甸系语文略说》(《边疆研究论丛》第 1 期,1941 年),《西南边民语言的分类》(连载于《学思》第 2 卷第 1、4—5 期,1942 年),《嘉戎语中动词之方向前置及其羌语中之类似》(《华西协合大学中国文化研究所集刊》第 3卷第 1—4 期合刊,1943 年),《川西羌语之初步分析》《汶川萝葡寨羌语音系》(《华西协合大学中国文化研究所集刊》第 3 卷第 1—4 期合刊,1943 年)。其中多为边疆语言的专业研究,涉及云贵川边疆民族。

闻宥将汉藏语系也称为"印度支那语族",下可分西藏缅甸语系和汉泰语系,曾对该语族作系统介绍②。他认为西南语言虽多,但从语言学角度看,无非汉藏语族和南亚语族两类。前者可分藏缅语组、汉泰语组、苗瑶语组。其中藏缅语组又可分为西藏、整颇、罗麽些三个语派;汉泰语组除汉语外,还有东泰和西泰语派;苗瑶语组可分苗语派和瑶语派。南亚语族主要有三种:安南语、猛达语和 Mon-Kbmer 语。他分别介绍了这些语种及其在西南地区的分布情况,并指出这些语言有的没有文字,有文字者有的有历史根据,有的是近年新造,由于语言背景参差,接受汉文难易程度不一,所以"单以一种单纯的方式来解决这

---

① 参见罗莘田:《推行语政与宗族融和》,《边政公论》第 3 卷第 1 期,1944 年,第14 页。

② 参见闻宥:《印度支那语族概说》,《边政公论》第 1 卷第 5—6 期合刊,1942 年,第 83—86 页;《西藏缅甸系语文略说》,《边疆研究论丛》第 1 期,1941 年,第 1 页。

些边民教化的问题，是绝对收不到效果的"，换言之，"我们应该先认识他们语言的本身"，知道语言间相差程度，才能"对症下药"和"药到病除"，而要"认识清楚"，就得有专门学者"先为一种严密的研究"①。

作为区域的中国边疆与作为族群的少数民族具有交互性。除了自然环境和交通阻塞外，边政的核心在于民族问题。民族与宗教虽然是两个不同的范畴，但在现实生活中，民族问题与宗教问题又多交织在一起，因为少数民族普遍具有宗教信仰。民族作为社会文化共同体，一般具有共同语言、共同地域、共同经济基础和共同心理文化素质等要素。宗教是构成民族共同心理文化素质的重要内容，甚至是核心内容。所以，宗教往往是边政中的基础性工作。

藏传佛教不仅分布在西藏地区，在其他藏区也较为普遍。李安宅关于拉卜楞寺和康藏佛教的研究堪称经典。拉卜楞寺是拉萨以外最大的黄教寺院，是蒙、藏正统佛教，"在黄教内最大便是在一切佛寺内最大"，但因其不在拉萨，而在甘肃，故少为外界所知。拉卜楞寺范围极广，"不但大于县境，而且若依所属一百零八寺而论，已多伸入青海、西康、蒙古各地，也不仅在一省之内"，其寺庙数量也远不止 108 个，而在 200 个以上。拉卜楞寺建于 1709 年，塔尔寺建于 1578 年，后者是黄教始祖宗喀巴诞生地，故久闻名于世，但比较"规模与内容"，前者"远超塔尔寺之上"。李安宅指出，"任何一个像样的黄教寺院，除了是信仰中心以外，都是一个大学或学院。因为如此，所以其中组织的复杂，绝非只见内地寺院（即黄教徒目为'青教'者）之人所可想象。"②李安宅、于式玉夫妇在拉卜楞寺调研前后 3 年，对其各方面都有精细

---

① 参见闻宥：《西南边民语言的分类》，《学思》第 2 卷 1942 年第 1、4—5 期，1942 年。

② 李安宅：《拉卜楞寺的僧官暨各级职员的类别》，《责善半月刊》第 1 卷第 2 期，1940 年，载李安宅、于式玉：《李安宅、于式玉藏学文论选》，中国藏学出版社 2002 年，第 10—11 页。

考察①。

　　李安宅注意到，拉卜楞寺僧侣分类，"因为所根据的基础不同，名目至为混淆"，按受戒多少，有守五戒者，为"格宁"（相当于内地的居士），守十戒者为"拉卜熊"，再加三戒为"格楚"（均相当于内地的沙弥），然后是正式僧侣名"格隆"（相当于内地比丘）。此外，还有按走经堂多少，念经多少，考取学位高低等来分等级，还有按职务来分者，又分政府封赠和寺院委派两种，不一而足。政府封赠当然不限于拉卜楞寺。就拉卜楞寺而论，最高当局为寺主嘉木祥佛及香佐，香佐而下，又分两种：经堂（学院）范围内的僧官，侍候活佛与治理百姓的僧官。他对两类僧官一一作了介绍，此不赘言②。

　　拉卜楞寺院建筑包括经堂、佛殿及喇嘛住所。经堂中的大经堂，是各经堂的总会所，"譬之大学各院，它相当于大学本部"。经堂一般有单独地址，即"扎仓"，属密教。但帖萨木朗扎仓，没有单独会所，乃借用大经堂，属显教。帖萨木朗扎仓，即佛学院，李安宅认为，可译作"闻思堂"。闻思堂的学制包括五部经次，分十三级，最少十五年才能修完。五部，包括因明部（即论理，或谓逻辑，学程五年，分五级）、般若部（即智慧，要能通晓一切法，断惑证理，属广行派，学程四年，分四级）、中论部（即在"断见"和"常见"中取中道，属深观派，学程两年，非两级）、俱舍部（包括颂、论，学程四年，只一级）、律学部（律即戒律，学程一年，一级）。以上前四部为"学"，第五种为"行"，"先学后行，为佛教的次第"。上述学程共十三级，期限至少十五年，学而未及者，以降级求精通。俱舍部以下，可考"饶将巴"，即学士，俱舍部卒业者可考"多仁巴"，即硕士。李安宅认为藏传佛学，注重辩论，互相发明，经典

---

　　①　参见汪洪亮：《藏学界的天涯同命鸟——于式玉与李安宅的人生与学术》，《民族学刊》2011年第3期，第32—42页。
　　②　李安宅：《拉卜楞寺的僧官暨各级职员的类别》，载李安宅、于式玉：《李安宅、于式玉藏学文论选》，第10—18页。

意蕴不致误解，发布著述不致"主观用事"；注重专精，经典容易彻悟，"专精而后博涉，则干壮根牢，自必枝叶扶疏"；注重背诵，"词不存于胸臆，义必无所属从"，词义烂熟，又注重辩论，故能口若悬河，胜义日出①。

李安宅批评初到边地者"不知道他们已有的民风、民仪及其制度，每每以所不知者视为无有"，常以边地没有礼教、没有教育为当然情况。李安宅认为："站在沟通文化的立场，这是十分可惜而需要纠正的事"。在他看来，边地自有其传统的礼教和教育，甚至有其高明之处。如喇嘛教育制度，就其内容而言，注重辩论、专精和背诵；就其机构而论，不仅兼有书院制和课室制的长处而无其短处，而且还有"两者所没有的长处"。他特别提醒，"这一层，不但从事边疆工作的人需要知道，且在我们整个教育制度需要重新估价的时候，大有取来参考的价值"，可见其对喇嘛教育制度的推崇。他认为蒙藏区域的宗教寺院具有多重功能：是宗教中心、政治中心、经济中心，尤其是教育中心，一个寺院就是一个大学或专门学校。在安多藏区，拉卜楞寺显然是个大学，有六个学院，最大为闻思堂，其余五个属于密教，但其总人数还不如闻思堂多。五个密教学院包括两个神学院，两个天文学院，一个医学院。显教重理解，为大学教育，密教重修持，为技术或专门教育。他经过对拉卜楞寺僧徒入寺规程、进修生活、师徒关系的观察，认为如不管内容，单就制度而论，喇嘛教育优点很多：一是德智并重，不是贩卖知识；二是训导从全体师生出发，不是单轨范学生；三是"师生道义集合，不似学校教育以学分为重"；四是纪律严明；五是学生可有"个别适应，进退自由"；六是"公开甄别，合班讲辩，可收标准化的利益"，七是"标准化的影响，不只及于生徒，而且及于师长，大家锻炼出来的学问，的确

① 本段参见李安宅：《西藏系佛教僧侣教育制度——拉卜楞寺大经堂闻思堂的学制》，《海潮音》第21卷第5—6期合刊，1940年。也可参见李安宅、于式玉：《李安宅、于式玉藏学文论选》，第19—30页。

科班造诣，从无海派名流的危险"；八是"重专精，尚雄辩，没有浮光掠影之嫌，或者词不达意之弊，而是触类旁通之乐，以及相观而善之益"。李安宅连续举出八个优点，又特意"大书特书"喇嘛教育制度的师长进修制度。壮年以上学者例行工作外都是授徒以学，但在"关经"期，学生忙于聚会和研究，学者即可有充分时间自修，"假定这一批学者算作正式教授，还有更加少数德高望重、学问渊博的学者可作研究教授或退休教授之用"。李安宅指出，虽然寺院对学者"所责甚苛"，但也"所得甚厚"，而内地学者的进修生活却很难得到重视，"无启发，惯因循，岂属偶然"？当然，李安宅并非只见其长，而未见其短，单就制度而论，固然喇嘛教育制度优点甚多，但就其内容而言，也有其缺点。如在课程内容上自成系统，闭门造车，缺乏现代化常识和比较文化学的观点；缺乏心理学基础与语文学便利，进步太慢；知识分子集中于寺庙，民众知识水准低落；注重口辩，"即所谓学者亦视操笔达意为畏途"，他认为这些问题与"内地八股时代"没有分别，喇嘛教育也需要一次"新文化运动"①。

在李安宅看来，只有这样才能培养"具有创化观点而热心边胞的志士"，实现他一贯强调的边疆建设关键是在"自助助人"的主张。他认为教育工作并不仅是"传递文化"，如果仅是一味传递，就"只有旧的文化，没有新的文化"，就只能"制造出方板的'学生'，成就不了足以应付活的事体的'君子不器'的活'人'来"，"对于原有的文化，不只是传递，而要接着它去作积极适应的工夫，才有创新的作用，才配叫作继往开来，才是真正教育应有的含义"，这里的"新"并非标新立异，而是要在原有的基础上"继长增高不求新而自新。"他称前者为形式教育，后者为创化教育，遗憾的是，形式教育因学校的制度化、机关化而占据了主导地位，"尽管从新文化运动以来，大家都在喊，都在批评，然而传统

---

① 本段参见李安宅：《喇嘛教育制度》，《力行月刊》第 5 期，1943 年。也可参见李安宅、于式玉：《李安宅、于式玉藏学文论选》，第 109—119 页。

的思想继续作怪,名词花样虽然常常翻新,积极适应的工作则少作,即作也更少有舆论的拥护"。他批评新文化运动在很多方面破得多,立得少,某种程度上成了一"新名词运动"。他指出:"内地与边疆原有文化本有异点,内地去的普通形式教育绝不为功。在旁处固然也不为功,可是不易觉察。在边疆不为功,则是有目共睹的。我们希望在边疆逼出来的教育问题,使我们认清真正教育的使命。不但直接促成边疆的现代化,也间接促成内地教育的创化作用"。①

　　李安宅关于藏族宗教实地研究的论著还有《拉卜楞寺护法神——佛教象征主义举例》《拉卜楞寺概况》《拉卜楞寺公开大会》《萨迦派喇嘛教》等,大多刊发于《边政公论》,限于篇幅,介绍从略。有意思的是,他在回应并非专研佛学为何老在研究喇嘛教时,谈了两点看法:第一,佛学非专行之人所能容易了解,喇嘛教犹然,"这在沟通文化与比较宗教的立场,乃是极大的损失",而"非专行的人加以研究,才以一般人的需要为出发点","对于沟通文化与比较宗教学上可有好处,即对于佛学的宏扬,亦应有非专行的裨益"。第二,喇嘛教是蒙、藏社会"最为有力的社会制度,其功能非只限于宗教范围之内,"是康藏地区教育中心、经济中心、政治中心,是"一切舆论、价值、权衡的枢纽",因此"若不能了解喇嘛教,必不能了解蒙、藏的社会生活。倘不了解他们的社会生活,哪里能够有事于边政的建设呢?所以为了建设蒙、藏,我们不能不用社会制度的观点研究喇嘛教。这样做,当然不是专行的佛学者所肯于作的范围了"②。这话不仅表明了他研究喇嘛教的切入点,同时也表明其着力研究喇嘛教的用心所在。他不是佛学专家,事实上为研究喇嘛教,他克服了常人所难想象的语言和知识的困难。他不会为了研究喇嘛教而研究喇嘛教,研究喇嘛教的目的是在研究蒙、藏社会,从

---

　　① 参见李安宅:《谈边疆教育》,《边疆通讯》第4卷第2期,1947年,第1—2页。
　　② 参见李安宅:《萨迦派喇嘛教》,《边政公论》第4卷第7—8期合刊,1945年,第1页。

而为边政工作和边疆建设提供借鉴。这或许可以揭示其研究重心所在。

佛教势力在西北曾盛极一时，但其地位后被回教所取代。中国和西亚关系发生很早，来自阿拉伯的回教也逐渐进入中国，宋代无力顾及西域，回教大力渗透，明初开国将领信奉回教者甚多，以公款修建清真寺，回教信仰在西域逐渐风行①。回教问题在西北边疆是个突出问题，主要表现为回教徒与非回教徒的冲突，常以"回汉仇杀"的形式，造成西北社会时常变乱动荡。抗战时期国人既以西北边疆为抗战后方，自然寄望于西北各族团结、社会安定。那时学人对于回教问题十分关注。

顾颉刚曾在《独立评论》发表文章指出，"回汉问题，无论从整个中华民族的发展上说，或是从现在社会生活的调协上说，都决非一个小问题……在西北数省，回汉间的问题更大。"他认为，"同是中国国民，竟像是属于两个毫不相干或竟是互不相容的团体……在百废待兴而且边防日紧的今日，这种现象决不该长此放任下去的。我们亟应寻觅解决这个问题的正当途径。"他认为回汉关系本来圆满，是清代边疆政策的恶果导致回汉的仇怼，现在应调整错误观念，要从文化上，从相互关系上，使大家明了回汉一家，两族有"不可分性"②。白寿彝在民国时期发表的诸多有关回教与回族的论著均可看到他所受顾颉刚这一论断的影响。

南京国民政府宁夏省主席马鸿逵曾发表演讲《西北之两大问题》。所谓两大问题，一是汉回问题，二是禁烟问题。在他看来，汉回问题"是西北最大的问题，也可以说是西北最大的耻辱"。他认为"历来汉回纠纷，都是少数不明白的念经人（阿衡）讲错了教理"，回教并非中国

---

① 参见黎琴南：《西北民族与宗教问题之史的考察》，《青年中国季刊》第 2 卷第 1 期，1940 年，第 191 页。

② 参见顾颉刚：《回汉问题与目前应有的工作》，《独立评论》总第 227 期，1936 年，第 8—9 页。

本土宗教，其教理是在宗教战争时期形成的，"所有一切的敌对精神，都是对当时的敌人而讲，并不是对中国同胞讲的，如果拿战时的作为尽用于平时，绝对不可行的"，马鸿逵认为念经人应讲出穆罕默德的真教理真精神，而不是将战时特殊作为来应付一切，建设时期拿战时破坏手段来处理，就如六月天穿棉袄，不合时宜。他特别强调，"宗教是宗教，民族是民族，不能混为一谈。中国的人民，因信仰自由，信仰了回教，仍然还是中华民族，不因信教而变为阿剌伯民族，这正好比中国人信仰佛教信仰耶教，并不能因为信教而变为印度人和犹太人是同样的道理。"他提出："我们只知道我们是中华民族，是四万万人里的一部分。我们世忠国家，不能忘其祖宗。不能忘其国家，无所谓回，无所谓汉，同是被人欺凌的弱小民族。只有团结救国，抵御外侮，并无所谓回汉的隔阂"，应该"竭力的改正一般人的错误思想，铲除汉回间的界线，洗涤汉回间的隔阂，共同一体，尽忠国家，永远消弭隐患。"①

李安宅在《回教与"回族"》一文中开篇即引用马鸿逵的这一观点，认为马鸿逵的观点明白清楚，但是"一般观念中仍有许多误解"，"敌人仍有根据误解的谬论"。他从种族、宗教和分布状态等方面对此问题进行了"概括的叙述"。他驳斥"回教即回族"的观点，认为这种观点混淆了种族和宗教乃两个不同问题。种族观念是纠纷起点，此义不明，则言者与听者都不知所云。种族是生物学名词，研究种族的，是体质人类学。人类总在杂交之中，却有人以血统纯粹自居。种族观念往往为人所利用，与民族等同观之，如德国以此鼓动民族主义，如日本以此妄图分裂中国。种族与民族观念的混淆，是"帝国主义的学说只图目的不择手段的结果"。李安宅追问，"我们中国既不要国家主义的预备以侵略旁人，又不要上了旁人的当以分裂自己，为甚么还要对于种族的观念纠缠一个不清呢?"他认为，"根据文化科学的立场"，应提倡一个快刀斩乱麻的办法，就是"取消种族的观念于国家观念之外"。他认

① 马鸿逵：《西北之两大问题》，《西北问题》第 1 卷第 1 期，1934 年，第 3—6 页

为国家是政治的文化现象，不与"种界"相关，"因为政治的目的而结合的国家，我们用不着必说里面的分子是同一的或不同的种族"。而宗教则是"人为的文化现象，即以信仰来适应于超自然的势力者"，与其他文化现象一样，宗教也是"顺时而兴，背时而亡"。李安宅认为世界六大宗教可分两种，一种是向外人传教的，一种是维持纯种而不向外人传教的。后者有犹太教、婆罗门教和拜火教，这三种宗教"都可以代表信徒的种族或民族，教就是族，族就是教"。佛教、基督教和回教都是要向外传教的，都经过部落宗教时期，因向外传教称为世界性的宗教，换言之，"一种人不必都信同一的宗教，信同一的宗教的也可以包括各种各族的人，所以教不是族，族也不是教"。单就回族而论，其教徒有两亿之众，虽由阿拉伯传出，但信教者却是多种民族。中国回教同胞，有自居为外人者，问题就出来了，"以阿拉伯人为一体呢？还是以埃及、波斯、土耳其为一体？与其一为一体，即不能与其他为一体。倘这些都可为一体，则一体者是宗教，不是种族"。李安宅这番强有力的论证和严密的逻辑，自然而然得出结论："回"是"教的名称，不是种的名称。信回教的既不同种，故无'回族'这个事实。"他批评这种夹杂种族的宗教观念，是一种"文化的幼稚病"。李安宅还从人口来探讨"回教非回族"这个问题，认为两者确非相等概念，如果狭隘将之等同，必然导致回教变成不向外的宗教，难以发扬光大。国家是政治文化的地缘集团，超越血缘的种族界限。中国包容有众多的民族和宗教及其他"文化上的不同"，恰是"我们的长处"，"值得自豪，而不必掩饰"。在李安宅看来，他倒不避讳民族在中国的存在，但他又不认可回族的说法，可见其与顾颉刚主张"中华民族是一个"的立意还有不同，是因为"回族"并不符合他认知的历史事实和人类学的学理。他认为"徒然保持一个是非不明意义落伍（血统观念较地缘观念为原始）的'回族'观念，又有甚么好处呢？哪如直截了当以国民的资格要求国民所应享的权利（个别的与一切的），努力国民所应尽的义务(也是双重的)呢?"①

"回教非回族"并非李安宅独有的见解。黎琴南认为:"根本就没有所谓'回族'这一民族的存在,回教吸收了各国各族的份子为教徒,形成了它的世界宗教的势力。我们只有(从)宗教关系,及当时的社会习尚,乃至政治情况中,才能找出纠纷发生的渊源。"他认为,历来中国西北各部族是同一血缘关系的,"只有先后从很远的北方来的突厥蒙古各族,才各自另有其血缘系统",但在历史发展过程中都已逐步融和,"我们可以勇敢的这样说:在地域这样广大,人口这样众多,又经过这样长久斗争历程的中国国境内,现在已没有任何一个'纯血统'的民族存在着,不过因为生活习惯及语言信仰等有不同,把有些部分和这一大族区别开来,在西北尤其是如此;现在所有的,仅是这整个受帝国主义压迫的中国民族,共同的要求是一致团结对外,力争全民族的解放"。他还指出,宗教与民族并无绝对的对应关系,"宗教绝不是一个民族的标志,任何一个民族,也不会始终只奉一种宗教,永远不变",改信宗教者很多,"我们可以肯定地说,在中国只有大量的回教教徒,绝对没有什么'回族',新疆亦复如是。喇嘛教也并不等于就蒙、藏人民。"②

与西藏与西北地区宗教相对单一相较,西南少数民族杂居和宗教信仰复杂的状况更为显著。相对而言,还是具有原始教色彩的巫教更为深入人心,但在某些地区,基督教势力也不可小觑。由于原先不存在很强大的宗教,所以基督教在近代以来的渗透比较厉害。齐鲁大学《田家半月报》编辑兼边疆服务部秘书刘龄九认为,基督教势力难以进入青海、西藏等地,因为这些地方"喇嘛教组织严密,它有着外在的压

---

① 参见李安宅:《回教与"回族"》,《学思》第 3 卷第 5 期,1943 年,第 9—16 页。

② 参见黎琴南:《西北民族与宗教问题之史的考察》,《青年中国季刊》第 2 卷第 1 期,1940 年,第 191—193 页。

迫力和内地的反对力联合抗拒"①。

20 世纪 30—40 年代，研究民族宗教，取得成果最多的领域应该就是在西南地区。这一地区的重要性为过去所估计不足，而其神秘性也吸引了不少从事人类学民族学的学者。

徐益棠是那时西南民族研究中相当活跃的民族学家，他对彝族和瑶族都有调查研究。他对广西瑶人的社会文化研究都有较为深入的研究，陆续发表多篇文章，集中讨论宗教的有《广西象平间傜民之宗教及其宗教的文献》《广西象平间瑶民之占卜、符咒与禁忌》等②。他发表在《西南边疆》（第 13 期，1941 年）的《雷波小凉山倮族调查》对夷族巫教的神灵、法器和宗教仪式等作了详细论述。

语言学家马学良在夷区常观摩笔母的宗教活动，发表多篇关于夷族宗教的调查报告，如《倮族的招魂和放蛊》（《边政公论》第 7 卷第 2 期，1948 年）、《倮民的祭礼研究》（《学原》第 2 卷第 2 期，1948 年）、《从倮倮氏族名称所见的图腾制度》（《边政公论》第 6 卷第 4 期，1947 年）、《倮族的巫师"呗耄"和"天书"》（《边政公论》第 6 卷第 1 期，1947 年）等多篇，充分发挥其语言学家的特长，对彝族宗教文化进行了深入解读③。

第二节　经略边疆：华西坝边疆学人对边疆治理及开发的认识

笔者在以前的研究中曾经提到，中国古代对边疆的经营，主要持

---

①　刘龄九《边疆服务部工作简报》，载《中华基督教会全国总会第五届总议会议录（苏州）》，上海市档案馆藏档案，案卷号：U102－0－16，第 164 页。

②　参见徐益棠：《广西象平间傜民之宗教及其宗教的文献》，《边疆研究论丛》第 2 期，1941 年，第 53 页。

③　关于马学良的彝族研究成绩及其"以俗释经"的特点，可参考李列：《民族想像与学术选择：彝族研究现代学术的建立》，第 296—357 页。

文化主义态度,较少以主动积极参与边疆建设发展的方式来进行。但是在抗战时期,由于东部大片国土的沦陷,国民政府把西部地区视作抗战建国大后方和民族复兴基地,把开发边疆、建设边疆作为抗战能够持久进行的重要基础①。

蒋介石在抗战期间曾两度提出要完成国家建设就要推行"五大建设"。1938 年,他在武汉指出五大建设是心理建设、物质建设、社会建设、政治建设和武力建设,分别形成精神力量、物质力量、社会力量、政治力和武力等五大力量,五大力量的总和就是国力,其中以武力为基础,所以五大建设也应以武力建设为中心②。这番表态发表在抗战刚进行一年的时候,正是中日之间战争进入持久相持阶段,决胜因素当然主要取决于武力。

在 1944 年,中日战争已经形成了有利于中国的转向。蒋介石在《中国之命运》中所提到的五大建设变成了心理建设、伦理建设、社会建设、政治建设和经济建设,武力建设不在其中。这很能说明时局变化之下国家建设的重心转移。不过,蒋的这两番表态是针对整个国家建设而言。在 1938 年时,边疆建设还没怎么提上议事日程,至少国民政府还没有腾出精力来落实这些事情。就抗战时期的边疆而言,首要目标仍在建设和开放,团结边疆各族人民,释放边疆地区的经济潜力,为抗战持续进行并争取最后胜利提供物质保障。

在边疆建设中,所谓五大建设主要是指后者。朱家骅在 1943 年 4 月 28 日的第四次边疆会报演讲中强调的五大建设也是后者。次年,朱家骅又表态,边务工作百端待举,内容应该包括五个要目,即心理建设、伦理建设、社会建设、政治建设和经济建设③。

边政建设是要谋求边疆的整体进步,所以五大建设应该是齐头并

---

① 参见汪洪亮:《民国时期的边政与边政学(1931—1948)》,第 23—30 页。

② 蒋中正:《五大建设》,《华侨先锋》第 4 期,1938 年,第 2 页。

③ 本段及下段,参见朱家骅:《边疆政策与边疆建设》,《中央党务公报》第 5 卷第 12 期,1943 年,第 4—9 页。

进。朱家骅认为，边疆心理建设是一切建设的基础，必须筑牢这个基础。边疆建设工作首先要使"边疆同胞认识他们自己是组成国族的一部分，也就是中华民国的主人；尤其是要使他们能了解国内各民族存亡与共的休戚关系"，使其产生民族主义情愫，拥戴中央和热爱国家，还要培育自决自治的能力，"共同发扬整个中华民族的民主精神"。朱家骅认为从事这项工作，首先要"从教育文化和党务工作入手"，然后所有工作应该密切配合才能奏效。边疆伦理建设，就是要尊重边民宗教信仰，引导其"爱国家爱民族"，发扬其诚朴德性和尚武精神，"矫正其萎靡自暴的病态"。朱家骅指出，"整个中国的社会建设，目的在求中国国民的现代化，在边疆也要如此"，但因宗教信仰及自然环境，边疆民众生活方式与内地不同，则其现代化形态也不必强求与内地一律，应在其社会基础上"从事一些新的设施"，如开展新生活运动、推行国民教育、兴办畜牧卫生等，丰富其社会生活。边疆政治建设，则是"培养边疆同胞的自治能力，使他们能够做现代中国的国民"。他强调，"要把边疆政治形成为整个国防体制中的重要环节，然后我们的边疆的政治建设，才算成功"。至于经济建设，目标有二，一是内地与边疆"结为国防经济的整体"；二是"边疆人民的生活问题得到圆满的解决"。朱家骅这番表态，相当强调边疆建设的国防意义，无论是从政治还是经济意义上讲，边疆建设都不容忽视。没有边疆的政治建设，中国就无法完成国族建设，而继续维持多种特殊边疆政治形式的存在；没有边疆的经济建设，边疆人民的生活水平就得不到有效改善，而支持国家长治久安和打赢抗日持久战的经济基础也就无法牢固。

不过当时就有学者察觉到，国民政府的边疆政策其实还是偏重在政治层面，心理建设和经济建设的"分量"相对"略嫌轻了一点"。心理建设在广义上固然可算是政治建设之内容，但过去政治建设多注重狭义的政治设施，而且边务政策"如果不与经济政策相配合，把他的基础放在经济方面，可以说，永久不会有真正的成功。因为在宣传中央德意，集中意识，提高边疆民族内向的情绪，单单自政治上用功夫，固然也可以收效于一时,决不能收效于长久。"只有搞好经济建设,边疆民生改善,"边疆民族才能够了解大中华一统的利益",只有经济联系日益密切,内地与边疆的联系"才能有了真实的基础",所以经济建设"在边务政策中间应该占一个绝对重要的地位"①。

徐益棠强调,开放边疆与建设边疆,最终还是要落实到"民"上。他说:"基于复兴民族的方案,自然千头万绪",但作为"我们今后共同努力的目标"还是在"养民"、"教民"、"保民"三个方面。建设之本,最终还是要落实到民生。他认为,国以民为本,民以食为天,治国之道,欲国强必先民强,欲民强必充裕人民生计,所以政府应该"施行养民之政,完成国民经济建设,以裕民生"。他又指出:"国家之重要政纲既取决于民,而庶政之推行,又赖民协作,假使人民没有受过相当教育,将如何担任这种艰难重大的工作;所以我们要救亡复兴,必须加紧实施教民的工作,使全国民众,深切认识中华民族过去失败的原因,目前危险的程度,而反省自振,决定改善的方针,以求解除过去所受之重重束缚;具体的说,这种雪耻教育的目的,在培养民族的德性,提高民族的知识,强健民族的体魄,而创造中华民族本位的文化。"就"保民"而言,不仅是社会稳定,安居乐业,还在于抵御外侮,延续民族生存,"我们应当一方面组织民众,训练民众,造成一般能忍受饥寒,不避艰辛的铁汉,以资捍卫国家,一方面尤须整饬武备,充实国防,俾能战胜侵略者,达到最后的成功。"徐益棠讲到的这些内容,既涉及经济建设的,也涉及心理建设。他呼吁:

> 边疆的民众离开政府的心一天远一天了,我们应赶快想法把他们的心收回来,使他们对于政府发生信仰,对国家竭诚爱护,使他们和国家发生不可分离的团结,知道个人不能离开了国家而

---

① 参见罗敦伟:《新边务政策》,《边政公论》第1卷第1期,1941年,第22—23页。

独存。①

李安宅对于国民党五大建设也有论述。他认为所谓五大建设，其实可以归结为工具之学和人本之学："吾党首倡五大建设，经济建设即工具之学之实现，其它心理、伦理、社会、政治等建设，归根结底，若以工具之学与人本之学相提并论，均可归纳于上述社会建设之中。"②

为了便于讨论华西教会五大学关于边疆边政问题的认识，我们便借用李安宅所言"工具之学"与"人本之学"，分成两节来讨论这个问题。工具之学，侧重经济建设，而"人本之学"即"社会建设"，又涵盖心理、伦理、社会和政治建设等。徐益棠提醒注重"民"的工作，主要也是人本之学。人本之学之核心，在笔者看来，主要是在民生与民族，对于边疆地区而言，重点又在族群整合上。

作为"工具之学"的边疆经济建设是个系统工程，绝非单方面的某项工作即可竣事。徐益棠认为："开发边疆，而不顾到其它帮助开发的一切建设事业，这是很不容易成功的。我在这里提出几点，请大家注意：一、我们应当考察自然的环境；二、我们应当有积极的计划和一贯的政策；三、我们应当有大规模的资本和极搏节的用法；四、我们应当利用科学；五、我们应有良好的官吏和良好的税则；六、我们应顾及大多数民众的利益。"③

要开发和建设边疆，首先要了解和研究边疆。边疆研究非常重要。有学者认识到，过去边疆建设之所以难有成效，部分原因即在于我们对边疆了解甚少，研究不深，所谈边疆建设方案即如隔靴搔痒，着手进行则束手无策。华西坝边疆学人主导的中华基督教会全国总会边疆服务部所办刊物《边疆服务》上即刊载文章追问："究竟有多少学

---

① 徐益棠：《边疆建设的根本问题》，《蒙藏学校校刊》第 13 期，1937 年，第 15—16 页。

② 李安宅：《边疆社会建设》，《社会建设》（重庆）第 1 期，1944 年，第 69 页。

③ 徐益棠：《边疆建设的根本问题》，《蒙藏学校校刊》第 13 期，1937 年，第 3—4 页。

人深入边疆埋头研究自己的边疆？究竟有多少专家能真正了解本国边疆的实在情形？国外的探险没有中国人，还可以（中国）科学落后为说词；国内的考察仍然藉重于外人，我们将何以自解？"①

李安宅指出："进行任何事功都不外两种活动，一种是行政，一种是实施。行政是发号施令的本体，实施是本体活动的表现。欲求表现成功，必要健全行政。边疆的工作的作法，亦复如此。"他认为边疆工作行政要有"长久的计划"，"边疆工作过去的毛病，病在朝令夕改，以致无所适从；机关换得太快，以致无法捉摸"，"边疆'情形特殊'，每每变成边疆工作员透过卸责的口实，这就他们各尽职守而论，固然是不应该的；但就行政观点而论，计划不能长久，也就无法专其责成。故欲边疆工作有效，起码的行政要求，非有长久的计划不可。"②

其实所谓计划，即是在有研究的情况下所作的设计。当时就有人提出"计划政治"的观念。说得宏观一点，"计划政治的实质，是学术政治。学术政治是政治与学术的统一，也是哲学政治与科学政治的统一。"③说得具体一点，就是"政府运用科学管理方法，按部就班能够实践为人民管理政事一种科学的行政"，如此则"政府本着社会福利和社会进化的原则和需要，运用科学的管理方法，去为人民管理一切的政事，达到社会大众快乐幸福之境域。"④也就是要做到科学规划、科学决策，提出切实可行的方案，关键就在于加强学术研究，因地制宜，对症下药。如时人所论："要有学术政治，才能有计划政治；计划政治的达成，深赖学术政治的建立。"⑤

李安宅针对边疆工作，提出了一套研究、服务和训练三位一体的实施原则，一要有"研究工夫"，"以便明了边地问题之所在，以及解决

①　《几点感想》，《边疆服务》第 16 期，1947 年，第 2 页。
②　李安宅：《论边疆工作如何作法》，《大学》第 11—12 期合刊，1943 年，第 67 页。
③　严明：《计划政治的达成》，《民族文化》第 3 期，1941 年，第 2 页。
④　黄益中：《计划政治与专家行政》，《防空军人》第 1 卷第 7 期，1940 年，第 8 页。
⑤　严明：《计划政治的达成》，《民族文化》第 3 期，1941 年，第 2 页。

问题的手段与方法"，二要有"服务活动"，三要有"训练热情"，"即训练同工——使同工充分发挥力量，使边民优秀分子变成同工，以便自助。"他认为三者缺一不可，且应"合而为一"，由此得到学术研究支撑的服务才不是盲目的，而得到服务应用的研究才不是抽象的，在研究和服务中训练才不是形式的，"如此，便收即工作，即启发，即表证，即能善与人同创化功效。"①李安宅所言非常具有针对性，尤其是针对纸上谈兵或盲目从事两种倾向的"边疆建设"。李安宅的这些想法，或与其在中华基督教会边疆服务部担任顾问的思想与实践有关②。

　　1937 年初，徐益棠在电台演讲，指出中国边疆问题严重，"整个边疆，破碎不全"，"国家前途，岌岌可危"。他认为中国"近十年来"，实际上就是蒋介石南京政府成立以后，"各方面都突飞猛进，而尤以建设方面，为世界各国所称道；将来逐渐推及边疆，则今日荒凉之地，不难成为繁荣之区域；不过时机急迫，偌大土地，我不经营，人将图之。"那么如何开发与建设边疆，徐益棠梳理了当时存在的"几种普通的论调"：一是"开发边疆首在建设交通"，二是"开发边疆必须大批移民"，三是"开发边疆应当注意矿藏"，他逐一分析了这几种"论调"的"有理由"和"实不易"，也就是说要考虑到边疆地方的各种条件，要对边疆有足够的研究，或利用好边疆地区现有的资源③。徐益棠此论实具有超前预判，边疆经营很快就被国家提上日程。

　　边疆开发是个系统工程，且因其自然条件艰难而绝难速成，需要统筹规划，逐步落实。边疆开发，主要是在经济建设方面。徐益棠指出政府对边疆经济建设，既须有"极大的努力"，也要有"极久之耐心"，"成效之显著，须待之十年或二十年之后。且其进行之步骤，经营之方法，亦必审慎稳健，否则利益未著而祸害先见，经国大计，于焉顿挫，国

---

①　李安宅：《论边疆工作如何作法》，《大学》第 11—12 期合刊，1943 年，第 71 页。

②　有关内容可以参见汪洪亮：《应用人类学视野中的民国边疆服务运动——以李安宅的相关论述为中心》，《思想战线》2010 年第 5 期，第 8—12 页。

③　徐益棠：《边疆建设的根本问题》，《广播周报》第 119 期，1937 年，第 14—16 页。

家损失，莫此为甚。"他强调，经济建设必须处理好国家利益和边区民众的利益，应寻找二者结合点。他强调："开发边疆经济，当有两方面的看法：第一，当为国家着想，第二，当为边区土人着想，此种想法，并非绝对相反，其中尽有不少互相关联，互为裨补之处；且亦有因一方面获得较少的利益与幸福，而于另一方面反能更发展其较多之利益与幸福者。如能利用边区经济原有之基础，使其有更多顺利之进展，则更为最理想之结果。"如何做到"发展边疆经济而至于两利"？徐益棠提出以下几个原则：一是"不与边民争利"，政府"不能随意移垦民于牧场，造森林于耕地，即开发荒地荒山，亦必须审明其有无某民族或某部落之习惯的土地权；如政府必须收用此种荒地与荒山，亦必须觅一相当的土地以为交换，或仍袭用彼等遗传之租佃的习惯法。"二是"从最接近于边民之利益做起——科学方法与科学知识"，尽管"尚不能于最短时间骤然接受"。三是"诚意扶植良好的经济组织，努力铲除现代化之资本主义"。四是"尽量训练土人"，"必须使土人从被动的享受人的服务，而至于自动的参加服务"，"不能专养成依赖中央或地方政府之扶助，而必须使能自动使用地方集团以解决其本身所待解决的问题"。五是"机构有系统而直接，赋税须合理而单一"。[1]

边疆经济建设之成效，很大程度上取决于边疆地理。时人对边疆地理研究甚多，涉及内容甚广，笔者在《民国时期的边政与边政学（1931—1948）》一书中已有论述。综合言之，西部边疆地理大体有以下几个共同点：一是自然条件普遍较为恶劣，如地形多高山、草原和沙漠，气候干燥，降水量少，交通建设滞后，与内地通达性差；二是民族复杂，除了蒙、藏、回等族外，尚有众多其他民族，内部纠纷较多，与内地经济文化往来较少；三是农、工、商业水平较为落后，地旷人稀，但矿产资源丰富。显然，边疆经济最大障碍，在其自然环境限制，要发展边疆

---

[1] 徐益棠：《边疆经济之相对的发展》，《边政公论》第 3 卷第 6 期，1944 年，第 1—2 页。

经济，就要在突破自然环境上下功夫，就要切实改善边疆交通条件，加强边疆水利建设。人的因素至关重要，要加强边疆教育，促成各族团结，进一步做好移民实边的工作，提高边疆居民参与经济建设的水平与能力。边疆虽然自然条件恶劣，但地下资源较为丰富，边疆建设仍有一定基础，应积极开发边疆富源，因地制宜发展农工商业。

边疆地区地广人稀，"移民垦殖"是当时众多学者聚焦的一个议题，政、学两界论述很多。任乃强认为中国边疆辽阔但人口不多，且半数集居于东北农业区。其他边疆地区人口密度极低，"其亟待移民垦殖，甚明"。因此他撰文论述"所有一切边疆新事业，皆以垦场为出发点"，"以具有固定性之垦场为边疆社会工作基点"，"以垦场容纳自腹地移殖之边疆社会工作人员"。任乃强认为，边疆垦殖自然需要部署移民，否则所需人力资源无法自足。"我国边疆面积，大于腹地二倍。人口不及腹地十分之二。可利用之荒地面积，超过四十万方公里，可容人口，在一千万以上。目前分属于各省。边省幅员广阔，交通不便，人力与经费缺乏。省府精力，仅能集注于人口分布较密之一隅，绝无开垦荒地之力。苟必责边疆各省府以垦殖，犹责短视者以瞭望，麻痹者以捕捉，虽多与经费，亦无益耳。且夫垦殖者，资劳力于腹地，用土地于边疆，而目的又在强固边疆，以卫腹地。此其为事，亦非边省单方面而所能完成。运用推展，实为国家最高政府之责。是故垦殖大计，归诸国营。"①他对垦场在边疆建设中的作用评价甚高：

> 以垦地植谷，安定工作人员之基本生活。以垦场为实验室，策动牧畜、森林、药材与交通、工矿、商业等开发边疆富源之各种产业。以垦场为研究室，研究边民习俗信仰，政教之宜，推寻因势利导之术，供献政府。以垦场为社会工作站，推行一切边民福利与合作事业，调协边民情感，以达化除民族畛域之目的。以垦场

① 任乃强：《边疆垦殖与社会工作（中）》，《社会建设》（重庆）第 2 期，1944 年，第 55 页。

为新社会之示范区，一切社会行政，悉依现代公民之标准施行。俾边疆社会，追随垦场，捷速进达于现代社会之新阶段。由垦场之发展连缀，成为国防之长城，外可以杜异国之觊觎，内足以镇边民之反侧。①

徐益棠提醒，移民垦殖固然重要，但也要注意到因地制宜，不能一概而论：

因为土地、天气，以及一切农作方法之不同，当然会发生许多应考虑的问题；西北因土性地形的关系，容纳人口的量，远不及东北，现在一般学家都已说过，即如东北，浙江人去的失败，而山东人则成功；间岛方面的稻田，朝鲜人成功，而山东人失败；这许多事实里面，包括着不少的问题。②

郑象铣对西康高原区的农业与移殖进行了调查研究。他指出西康在国防上有重要地位，由于地旷人稀、生齿日减、农牧落后，移民实边很有必要，但应首先解决移民生活问题，除了发展边地农业外，还要注意以下几点：一是"移入人口须饬令携带家眷，以资永久"；二是"移入居民须身壮力强，并为富有进取心之青年"；三是"移入人口须自成村落，暂不与土著混居"，以免过快被"康人同化"；四是移民应分配较多土地以维持生计；五是改进交通③。其中第一和第三点，皆为其他人较少提及者，颇有警示价值。

任乃强主张政府应"划一边疆行政机构，统筹规画，确立经边政策"，"奖励腹地过剩人口与有志青年实行殖边"，"分区选定适当地点，建设垦场"，"即以垦场为发育边疆新生命之基点"。也就是说，在任乃强心目中，边疆是安置腹地移民的重要场所，而垦场则将是边疆人口

---

① 任乃强：《边疆垦殖与社会工作（上）》，《社会建设》（重庆）第 1 期，1944 年，第 77 页。

② 徐益棠：《边疆建设的根本问题》，《广播周报》第 119 期，1937 年，第 15 页。

③ 参见郑象铣：《西康高原区之农业与移殖》，《边政公论》第 2 卷第 11—12 期合刊，1943 年，第 41—50 页。

维持与发展的重要载体。对于垦场产业形态及其对边疆时候建设的重要价值，任乃强再次强化其观点，即以垦场为中心推动边疆建设。首先，垦场可以兼营牧业，"创造新时代之示范牧场，诱导边区牧民进达现代牧民之新阶段"；其次，"以垦场为开发边疆经济事业之研究机关，实地考察并研究所有土产利用，交通建设，社会厚生诸问题，设计改进之"；再次，"以垦场为开发边疆经济事业之实验机关"，即因应附近地理，办理药材栽培、野兽养殖、土产加工制造、采矿、畜运、进出口贸易、生产合作等事业；另外，"以垦场为边疆社会工作之中心站，办理垦场与土民间一切福利事业，藉以融洽情感，增进互信合作之程度，以达组织土民，训练土民之目的"。由此"各垦场由点的展拓以为线，线的展拓以为面，使整个边疆化为腹地，且即为新时代之腹地，为达于现代公民水准之腹地。"任乃强特别提醒在边疆工作一定要入乡随俗，不能强人就己。他说："用夏变夷，为国人经边通病：即在近世，犹不能免。往往不问边民之生活习惯如何，一概以施于内地者施诸边疆。其结果，使边民发生绝大之误解。至于凡属国家颁行之政令，一律加以怀疑，多方规避之。"①

边疆虽然自然条件恶劣，但地下资源较为丰富，边疆建设仍有一定基础，应积极开发边疆富源，因地制宜发展农、工、商业。但是边疆经济受到自然环境极大限制，如欲发展边疆经济，就要在突破自然环境上下功夫，特别是要切实改善边疆交通条件，加强边疆水利建设。时人认为，国人对边疆情况隔膜，中央政令在偏僻省区难以推行，可以说是交通不便的自然结果。抗战以前，中国内地与边疆省区之交通，"大多假道异邦"②。不仅内地与边疆交通隔绝，就是边疆省区之间，

---

① 任乃强：《边疆垦殖与社会工作（上）》，《社会建设》（重庆）第 1 期，1944 年，第 71—81 页。

② 如到云南，则多经过越南，到西藏则多经过印度，到新疆多经过苏联。如从内地径行，所需时日反而更多。参见严廷一：《抗战与我国边疆之交通》，《边政公论》第 3 卷第 3 期，1944 年，第 16—17 页。

甚至是边省内部，都存在交通困难。王沿津认为，"边疆问题所以困难，是由于边疆与中央的联系不够"，要破除这种困难，最重要的就是要加强边疆交通建设，因此"边疆问题的中心问题就是边疆交通问题"①。

顾颉刚对此也深有感触。他提出了两个问题："今后我们政府的边疆政策应当如何？我们人民的边疆工作又应当如何？"并且表示，"这都是大问题"。他谈了九个方面的"尤其迫切"的工作。其中，一是训练调查人才，"要训练有志青年，使他们具有调查的各种技能，而又有恒心，才能做成有系统而又极确切的著作，才可有利于我们的国家。"二是发展交通，边疆问题很大程度是由交通不便而发生的，当时内地人要到西藏、新疆、蒙古往往要借道于外国，"因为内地与边疆的交通如此困难，所以彼此就不甚往来，彼此的关系就渐渐疏远"，"其实只要交通方便，风俗习惯就自会转变融合。"顾颉刚强调，"最重要的边疆问题只是一个交通问题！固然实业、教育等问题都很重要，但是交通问题没有得到一个相当的解决时，别的问题实在无从谈起。"三是振兴实业，"交通便利以后，工业、农业、商业都可以随着发展。"其他尚有清除疾病、普及教育、公平交易、清除外国传教士、加强内地与边疆的文化交流、通婚等主张，政治、经济、文化教育等诸多方面②。就交通建设而言，顾颉刚认为是边疆问题中"最重要的"，因为交通不畅，教育普及和经济开发都是空中楼阁，无法实现。这些都是富有远见的看法。中央政府对边疆地区的有效施治，在交通改进后就可以得到加强。

除了自然条件局限，人的因素也是边疆开发的一个制约因素。徐益棠特别提到"边官"问题。边官与边政成效关联密切，因为边政实施

---

① 王沿津：《泛论边疆交通》，《边政公论》第1卷第2期，1941年，第41页。
② 顾颉刚：《中国边疆问题及其对策》，《顾颉刚全集·宝树园文存卷四》，第183—192页。按：该文由李文实整理陆续发表在《西北通讯》（南京）第3—4期，1947年。

离不开边官的作为。徐益棠指出，国人论边疆问题，多归咎边政腐败，而腐败却多因边官庸碌；但他认为应讨论的是"边疆何以多庸碌之官；边官是否均为庸碌"。他认为，边官的不作为固然有多种原因，诸如缺乏边疆工作的志愿和服务精神，缺乏建设边疆的技术与学识，缺乏改进边疆计划，但是"不能专责之于边疆官吏之本身，当转而期诸于政府"。政府"当为边疆着想而训练官吏，保障官吏，鼓励官吏，使边疆处处事得其才，才尽其用"。但过去政府没有将边疆问题纳入国民教育，没有"以从事边疆事业为终身志职"来训练官吏，没有以良好的保障与待遇来鼓励边疆工作者，在经费、人事等方面也都没有形成促进有志青年的推动力量①。

除了边官之外，还有大量的边疆工作者，也需要提高边地工作意识和能力。时人提出要加强边疆教育，促成各族团结，进一步做好移民实边的工作，提高边疆居民参与经济建设的水平与能力。因为任何工作都需要人来推动，尤其是边疆政策的制定者，边疆开发的实施者，其能力如何，将决定边疆工作的成效。李安宅曾论述边疆工作所需条件，就提到要"克服边疆工作所有之困难，需要两种准备条件"，"第一种条件是属于工作人员的，第二种条件是属于工作机构的"。李安宅指出："就工作人员而论，第一要有适应于自然的体魄，第二要有适应于人群的态度，第三要有适应于工作本身的技能。"②这三者分别对应工作人员的身体、态度和技能，缺一不可：没有好的身体，无法适应边疆的自然生态；没有积极的态度，对边疆工作自然也就漫不经心；没有好的技能，对边疆工作自然也就束手无策。

李安宅如此强调身体的重要性："根据我们的认识，边疆的自然条件是凭籍高原，沙碛，茂草，森林等地形而有粗放游牧的经济。在这种

---

① 　徐益棠：《边官边民与边政》，《边政公论》第 7 卷第 1 期，1948 年，第 1—3 页。

② 　本段及下两段，参见李安宅：《论边疆工作所需要之条件》，《文化先锋》第 4 卷第 4 期，1944 年，第 8—11 页。

充分接近自然的经济生活之中,一切衣食住行,都是盘根错节而利器乃见的奋斗。能斗者愈斗愈勇,不能斗者便动辄失败。"也就是说,对边疆的身体适应,是边疆工作的第一步。他认为:"如欲建设边疆,必得深入边疆;若要深入边疆,必在物质生活先能迁就边疆,化于边疆。化于边疆,方能适应于边疆。盖必先有消极的适应,然后才有积极的适应。积极的适应是改造环境,消极的适应是顺乎环境。"身体的适应之后,李安宅又强调了文化的适应:"然在适应于一般人群之外,适应于边民者更需要两点特别认识,第一即所谓部族问题,第二即所谓宗教问题。"关于宗教问题,李安宅又曾撰文《宗教与边疆建设》讨论。关于这部分内容,笔者拟在下一节加以讨论。

第三节　整合族群:华西坝边疆学人对
边疆社会文化建设的认识

边疆建设离不开社会建设。李安宅指出,边疆建设主要就是社会建设。社会乃人的集合,人是社会的主体,边疆建设的关键在边疆民族社会,社会建设不能推动,经济建设就成空话。他批评那种注重物质建设而忽视社会建设的所谓建设,是"舍本求末",认为人既生活在群体中,应该以人为本,手段为末。人本之学之实现,就要造就现代公民,"相互提携,和衷共济,则平等博爱自在其中"。他认为,国民党的"五大建设"可以划分为工具之学和人本之学:"吾党首倡五大建设,经济建设即工具之学之实现,其它心理、伦理、社会、政治等建设,归根结底,若以工具之学与人本之学相提并论,均可归纳于上述社会建设之中。此种含义的社会建设,所以能够涵盖其它四种建设的缘故,乃因其有自动自发的质性。"他进一步对其特点进行分析:"盖就由上而下言,一切均为政治建设,即经济建设亦在其中。若就政府因势利导而使人民自助自主言,则四种建设乃系软的功夫,创造新的人群习惯的工夫。在此种观点之下,政治社会两项不必论,心理建设与伦理建设,岂非公民的心理,公民的关系吗?"①

　　中国的社会建设与西方国家相比,有更加丰富的内涵。由于中国
积贫积弱,物质文明和精神文明均需进步,所以任务更加艰巨。李安
宅认识到,"在西洋各国,物质建设已有相当基础,唯一需要乃在建设
合理的社会关系,以便利用此等工具而期福世惠民的效果。社会建设
能够与之相配,则物质建设自可百尺竿头更进一步。在我国,广大的
群众还以小社区经济自足为基础,而生活于家族主义的行为型态之
中。就人伦关系说,我们缺乏现代公民。就自然控制说,我们又缺乏
机械工业。两感不足的局面,即有轩轾,亦如所谓小贫大贫,非由单面
建设所得为功。在我们是吃饭问题,在他们是分配问题。我们连吃饭
都有问题,自较人家稍逊一筹。而我们的吃饭能力必与作人水平一同
提高,方始有济,正是我们建国工作特别艰巨的地方。此亦有如人家
只须抗战,而我们必待抗战建国变成同一过程,担负便不能不特别艰
巨了。"他指出欠发达国家的发展更为艰难,必须最大程度上发掘社会
力量:"只有大贫小贫的国家,乃欲发奋为雄,则其建国工作,自非单独
由上而下的行政,所得充分有效。必须国民自主,风起云涌,共济时
艰,方能大踏一步而跻于康乐之途。即就行政而言,亦以社会行政为
主。故演化阶段愈落后,其需要于社会建设者亦愈严重。"②

　　边疆工作尤其需要注重社会工作。因为经济建设脱离了社会建
设,无法进行。而在边疆地区,更是如此。边疆除了自然条件相对较
差外,对于边疆建设而言,更重要的还在于族群认知和文化认同的弥
合问题。一切在边疆地区开展的开发和建设工作,都应该取得边疆民
众的认可。他借交通做喻,如果边疆民众不明用意,"边民视同化为侵
略,则组成文化接触的交通,在未使之明了以前,自要视为侵略的工

---

①　李安宅:《边疆社会建设》,《社会建设》(重庆)第 1 期,1944 年,第 69 页。

②　本段及下段,参见李安宅:《边疆社会建设》,《社会建设》(重庆)第 1 期,1944
年,第 69—70 页。

具。视为侵略工具，交通便无望了。"所以，"为接近边民，取得他们的信任起见，必先有事于'社会工程'，即社会工作"。交通如此，其他工作亦如此：

> 发展生产技术，培植或利用天然富源，下手功夫均不在专门知识的运用，而在怎样被人接受，怎样使人欢迎进步的表证。倘若下手不得，则有天大本领，且将何所用之？……故为使人乐于接受，争取表证机会起见，必自接近边民，获得他们的信任始。这样作，而且自觉地，有条理地，忍耐而不懈怠地作，便是社会工作。有了普遍的社会工作在边疆，才会创造出分工合作的沟通文化的基础，才会实现了生产建设与精神建设，而使一般法律一般政治树立得起来，推行得下去。

李安宅干脆下了一个更为斩钉截铁的结论："归根结底地说，边疆工作主要乃是社会工作。"①

李安宅强调："边疆之所以为边疆，即在生产基础尚滞于畜牧阶段，而人群关系尚限于部落之中。欲以现代技术增加其畜产，改良其品种，以收因地制宜之效，而且使之工业化，以与一般建国要求相适应，自非凭藉社会行政，推动社会工作，使之超过部落生活，实现公民原则，自动自助，发动新文化运动不为功。是故边疆建设，主要乃是社会建设。"他进一步反证之："倘不社会建设之道是由，过去只有冠盖往还，甚或兵戎相见，而无实质上之融和，姑不具论。即就发展交通，推动实业而言，边民没有欣赏的反应，自发的参加，还不是尔为尔，我为我，只有空虚的机构，而无内容的变化吗？所以部落的分立，信仰的入主出奴，非由公民的权利义务为之统整调协不为功。即物质的建设，亦非离开现代化的公民原则，不能单独举办。所以一切边疆工作，只要是建设性的，永久性的，均为社会建设的工作。"正是因为如此，李安宅强调所谓人本之学在我国当时所必需："只是人本之学即就世界而

① 李安宅：《边疆社会工作》，第 26 页。

论,已属比较落后,且在我国一般心目之中尚未引起充分注意,而谓普通认为物质落后的边疆非此社会建设之道莫由,其为难上加难,自亦理之所宜。"他指出:"畏难者无成,不知其难者偾事,知其难而求所以克服之道,是从事于人本之学者之努力。不徒边疆建设,实利赖之,即全盘建国工作,促进世界于大同之工作,亦惟此道之是否实现是取";"为治之道不在恢复原始生活,或只于要求物质建设,而在社会建设。因为造就现代公民,使在彼此权界中得到自由,以便互相提携,和衷共济,而涵盖乎平等博爱等实际,乃是社会建设的具体诠释。"①

这一点,任乃强也有认识。他说:"窃谓今日经边,当取政治工作与社会工作并进之双重办法。建省设县,以政府力推行政令于力所能及之地。是为政治工作,国家所已施行者也。移殖腹民于边疆,以经济文化力,吸引边民向外,以助政治之发展,是为社会工作。过去国家所未施行,未来所必当施行者也。"②

在笔者看来,社会建设中尤其重要者,即在于文化之沟通,族群之凝聚。李安宅所谓的"交通",部分即指族群间的文化和情感沟通。边疆建设之困难,除了自然条件之外,主要就在于族际隔阂。徐益棠在论述中国边疆学术史时,提到在 1930 年代前,学者对民族问题认识并不充分:"往者,论边疆问题者每推其原因于帝国主义者之挑拨,证之以当时各边区之骚动,或有其显明之理由。"但后来大家逐步认识到:"中国之边疆问题,民族的因子实居其重心,文化之低落,又为其根本原因"③。

任乃强从语言的角度来论证族群间的文化隔阂:"边民之所以为边民,正由其不谙国文国语","打通语文隔阂之方法,固莫善于使边民

---

① 参见李安宅:《边疆社会建设》,《社会建设》(重庆)第 1 期,1944 年,第 70 页。

② 任乃强:《边疆垦殖与社会工作(上)》,《社会建设》(重庆)第 1 期,1944 年,第 75 页。

③ 徐益棠:《十年来边疆民族研究之回顾与前瞻》,《边政公论》第 1 卷第 5—6 期合刊,1942 年,第53 页。

学习国文国语。惟此目的,非有旷日持久之时间,不能完成。当前打破语文隔阂之方法,莫捷于由推行边疆政化工作人员,先自学习边民之语文。""边民之欲明了国家行政化意义,当然之情也。今能以边民之语文直接解释之,自必乐于接受。岂惟接受,由了解其语文故,更可进一步探得其情志而适应之,使因势利导之义,格外圆融。俟边民已能接受国家政化之后,自然感觉使用国文国语之必要,不必强之学而自学,不必教之能而自能矣。"①可见边疆语文工作在边疆文化沟通工作中也是极其重要的。任乃强的这一认知,或许受到了李安宅的影响。李安宅聘请任乃强在华西大学边疆研究所工作。李安宅对边疆工作有更为宏阔的想法,且其学科视野开阔,传统文化修养和西学素养俱佳,任乃强主要是做康藏地区的史地研究工作,相对注重更为具体的实地研究,故此番见解或有与李安宅交流的习得在内。

李安宅在民国边政学界有着特殊地位,如谢燕清所指出:"李安宅是吴门弟子中在实践上最投入边政学的一个了,他不仅身体力行而且编写了《边疆社会工作》,提出了一套具体的工作模式",边政学突破了最初一些学者主张的失之粗略的同化战略,到"吴文藻高屋建瓴地提出边政学的理论目标和参照体系;最终在李安宅这里形成以西方为榜样的比较成熟的边疆工作模式。"②李安宅善于由虚入实,整合理论和实际,提炼出工作模式,这是其重要学术特质,他也几乎没有很多民族学者所常有的"中心民族"心态,从其表述中也难以看到"同化"的字眼,更多是一种区域分工的互惠。关于边疆社会建设,李安宅提出了一整套的工作思路。这主要体现在《边疆社会工作》一书中。该书作

---

① 任乃强:《边疆垦殖与社会工作(上)》,《社会建设》(重庆)第 1 期 ,1944 年,第 74 页。

② 参见谢燕清:《中国人类学的自我反思》,载王建民主编《学科重建以来的中国人类学》,中央民族大学出版社 2008 年,第 116 页。按:关于李安宅"吴门弟子"论,笔者以为并不科学,拟另文讨论。

为国民政府社会部研究室编的《社会行政丛书》中的一本。时人评价该书的"最大特色，在于不是为边疆而论边疆，乃是从整个国家去看边疆，将边疆工作与整个国家的要求联系起来"①。

李安宅指出社会建设与经济建设等相较，是"一套软工夫，一套软中有硬的工夫"，其特点有四：(1)不是一劳永逸的，而是逐步积累的；(2)不是形式主义的，需要深入实地；(3)不是包办主义的，要用社会化的态度促成客观界的成功；(4)不是感情冲动的，需要知道社会现象的因果关系。因此社会工作的性质"乃是一点一滴，经常创新的，一步一步，不求近效的，避名求实，善与人同的；助人自助，而不越俎代庖的。"这些观点对于边疆地区社会建设尤其切用，因为存在交通险阻，文化隔膜，经济形态等差异，边疆建设是个长期的过程，如果不能发动边疆民众参与，不能转化为边民的追求和向往，即所谓助人目的在于使其自助，那么边疆建设也就是一句空话，无法持之以恒。李安宅认为那时社会工作趋势是"由私人走入公家，由救济走入预防，由散漫走入组织，由慈善走入专业化，由包罗走入个别化，由热心走入技术化了"，"惟公家举办始有力量，惟预防设施始造福利，惟组织社区始得普及，惟专业成就始能客观，惟个别处置始可收效，惟技术清晰始得具体而能推广，亦惟六者备，始获研究、服务、训练三位一体，一面解决社会问题，一面造福社会各阶层，而且明了透彻，日进人类于健举高翔之域"②。社会工作的专业化和组织化，既是其特性也应该是边疆社会工作的基本要求。

李安宅分析了边疆社会工作的困难。内在困难有两点：一是边地物质条件不够，二是边民了解程度不高，其实就是分别对应边疆地区自然环境相对恶劣而社会文化与内地迥然不同。外在困难，即"边疆

---

① 王先强：《边疆工作与国家政策——读李安宅著〈边疆社会工作〉纪要并代介绍》，《文化先锋》第 6 卷第 5 期，1946 年，第 17 页。

② 本段引文，参见李安宅：《边疆社会工作》，第 10—18 页。

工作本身条件以外者",有历史背景、工作机构和工作方法三个方面。他认为,我们对边疆和同胞都很少熟习,缺乏长期相处的文化机构,在工作方法上也缺乏规划和准备。边疆社会工作之困难既明,则其准备工作就需"事先筹谋"。就工作人员而论,第一要有适应于自然的体魄,第二要有适应于人群的态度,第三要有适应于工作本身的技能。在边疆地区工作,除了与自然界的接触,主要是对于人群的接触,因为文化差异和社会距离,对其态度须"格外适当",最基本的就是要"自重自爱因而爱人利人",还要对"部族问题"和宗教问题有"特别认识"。至于工作技能,包括综合的技术(社会行政)和专业的技术①。他认为"过去边疆的困难","宗教问题为主要因素之一",针对边疆地区宗教派别较多,时有争斗的局面②,他认为应当"调适个别完整不致彼此冲突而要彼此了解",应"借助于比较文化学的观点,给每一单位一个应有的地位,而同时求其汇通综合之道"。他反复强调,教外人士若对宗教怀着敌视或歧视,"必致引起教内人对于一切教外人的怀疑,以致沟通文化的事功,至于宗教而独难。"这种居间破坏建设工作的弊害,在任何文化接触场合均属难免,但因"在于边疆为患更大",从事建设工作者便需格外注意。边疆建设包括物质的和精神的,则宗教工作是精神建设的一种。"就受者而论,就是关于边疆建设的心理基础,就施者而论,我们有了这样提纲挈领的原则,便可笼罩整个边疆建设的全局。"③

  李安宅认为,边疆工作机构应该发挥两种功能:一是推行工作,一

---

  ① 李安宅:《边疆社会工作》,第28—50页。

  ② 如李所说"派与派争(如西北回教历次祸变),教与教争(如佛、道、回、耶之间各种教案),再加以各种神学的宇宙观与近代科学的宇宙观冲突(各种宗教每易反对科学,新近的科学学生亦以破除迷信为口实反对宗教),而宗教便似乎成了乱源。"参见李安宅:《宗教与边疆建设》,《边政公论》第2卷第9—10期合刊,1943年,第13—17页。

  ③ 本段参见李安宅:《宗教与边疆建设》,《边政公论》第2卷第9—10期合刊,1943年,第13—17页。

是诱导人才。就诱导人才而言，"第一应使正式工作员在参加边疆工作之时得到充分发展的机会，第二应使预准工作员在未参加边疆工作之前得到有效训练的机会"。就前者而言，一是采取学徒制，使其"胜任而愉快"，二是采取督导制，"自应任之以专，使其责有攸归，然必经常督导，方收纲举目张之效"。李安宅强调，边疆工作人才除了专业技术外，还要有"社会工作的训练"，因为社会工作是"实用的社会学或人类学"，故对二者"应有起码的造诣"，"先由社会学养成社会化的态度，且由人类学取得文化型类的比较观点，然后由社会工作，练习社会行政的技术"。李安宅认为人才培训"最属合理，最为经济的办法"是委托"靠近边地或于边疆研究较有历史之大学"帮助训练，"学术行政合而为一，减轻大量糜费。政治训练权在国家，技术训练委诸大学；大学既有事作，国家亦得各种专家的直接利用，为计之善，莫过于此"。为人才实习实训方便，"训练边疆人才，自以边疆为宜"，但最好先在乡间训练，再到边疆，以便循序渐进、逐步适应。他提倡建立"乡村研习站"，开展"实验教学"，"所研究即研究如何取得此类适应本领，所服务即使这种本领普遍化，所训练即训练学生如此研究，如此服务"。他把这种方式提炼为"研究、服务、训练三位一体的社会学、人类学"，认为这才是"兑现的人事科学"①。

边疆工作如何实施，李安宅再次强调他的"三位一体"原则，研究工夫、服务活动和训练热情，一个都不能少，"尤要者，乃在三者合而为一，使研究为了服务，使服务得到研究的资助，服务才不是盲目的，即以资助研究，研究才不是抽象的，且使同工即在研究与服务中得到训练，训练才不是形式的。如此，便收即工作，即启发，即表证，即能善与人同的创化功效"，"倘若三者合一，则其成效之著，或可不待例证而周知"。李安宅提出，边疆工作在实施步骤上也应考究，"第一应该先以医药入手，第二改良生产技术，第三组训民众，而均以综合的教育原则

<hr>

① 李安宅：《边疆社会工作》，第51—55页。

出之"。原因在于"我国治边政策，原来只采形式主义，未能打成一片，现在纵有良法美意，亦难骤尔接受"，所以建立信任是第一步，而医药工作为最好的媒介。边疆地区疾病众多，特别是性病、眼病、消化病、骨酸背痛、难产、甲状腺肿等较为普遍，牲畜传染病最为影响边民生计，故巡回边区、设备充分的医疗队、防疫队，最受边民欢迎。西洋传教士，不管是在边疆还是在内地，其入手方法，均为医疗服务，足证医药服务之"有前途"①。改良生产技术者，要因地制宜，在农牧及资源开发方面"想办法"：农耕应根据气候、土壤所宜，改良品种；畜牧方面要做好畜种改良和畜产加工；开发边疆要注意资源和生态保护。组训民众是就"边民原有不自觉的生活加以组织训练"，"由着血缘的宗亲原则进步到公民原则"②。

由于边疆工作的特殊性和艰巨性，专家的参与具有重要意义。李安宅提出应有一个"富有机动性的团体"，最好是由各方面专家组成的"边疆文化团"来实施边疆工作。这些专家包括医学家，尤其是传染病、兽医以及公共卫生一方面的人；社会科学家，尤其是兼有实用与理论两方面的社会学家与人类学家；地学家，尤其是矿物学家与土壤学家；生物学家尤其是畜牧学家与林艺学家；工业学家尤其是制造皮革、肥皂、乳产品、毛织品一类的人；语言学家，尤其是精通边地宗教经典的人，"这些专家，配合在边疆，即学习，即同化，即服务，即表证，即改进，即扶植，分工合作，比较参证，勿忘互助，名利不居，以使边民归于自助自动之途"。专家来源有中研院或各地大学，边地寺院或就近学

---

① 其实不只是西洋传教士，中国基督徒也在寻求教会发展，在开展社会服务时也多以医药工作打开局面。关于这一点，中华基督教会边疆服务部在川康地区长达十多年的活动最能生动说明此点，参看杨天宏：《救赎与自救——中华基督教会边疆服务研究》。

② 李安宅：《边疆社会工作》，第65—72页。

者，"既可以吸引内地学者，亦可提拔边地青年"①。

基于以上的若干表述，我们可以看到华西坝教会五大学普遍参与的中华基督教会边疆服务运动，非常符合李安宅所提出的相关构想。华西坝教会五大学与边疆服务部的密切合作，正处于李绍明所言华西学派的形成与成熟阶段。华西坝教会五大学边疆学者的参与，是边疆服务的重要智囊；反过来，边疆服务也为五大学提供了必要的资助和实地研究的舞台。李安宅是华西坝的后来者，1941 年才来到华西大学。甚至他来之前，除了燕京大学以外，金陵大学、金陵女大和齐鲁大学已经迁到了华西坝。但因他具有良好的旧学新知功底，与国内外学界都有密切关联，且担任华西大学社会学系主任及边疆研究所所长，有段时间还兼任燕大社会学系主任，其学术成就与声望及其东道主的角色，使他在华西坝教会五大学的边疆研究与人类学领域具有牵串者的枢纽地位，被认为是边疆研究的权威和边疆服务的灵魂人物。②

李安宅指出，边疆建设是"建国大业的一环"，其主要工作就是"由着我们的协助，促进边民的自助，而使边疆工作者成为一般的专业工作者"。协助可分为物质与精神两方面。在物质方面采取"区域分工"

---

① 李安宅认为，边疆文化团采取服务的方式，既有综合的技术又本着学者的态度，以医药服务为媒介，短期"感性融合"后，即可根据问题所在与"当地热心有为"者沟通尝试解决问题，如农具、籽种、土壤的改良，畜种的选择、培育，传染病的隔离预防，林木草原的培植，水土利用，药材采集，以及部落纠纷的处理，工业品制造，等等，"都可选择有目共睹，轻而易举者，共试共办，继复共同讨论，共同评议，善者设法推广，不善者力求改进，然后由浅入深，再试难度大者，目的总在引起当地逼视问题，积极解放那种具有创化性的机动作用"。一地有成，则交由该地自行推动，再到另地推动，"周而复始，返转原地，考其成功如何？失败如何？根据旁处的经验，前途再进一步的展望如何？如此，当时没有办法的，反躬自问缺陷在哪里？自己有办法而当地不能执行的，客观研究，毛病在哪里？于是干部也长进，助手也长进，边民更长进。所谓研究、服务、训练三者合一的理论与实际，基础即在于此"。参见李安宅：《边疆社会工作》，第 73—78 页。

② 《最近消息·研究工作指导有人》，《边疆服务通讯》第 2 期，1945 年，第 2—3 页。

的方法,"因用边疆所宜,使其地无弃利,同时使其当地产品就近工业化,以冀与内地经济平衡";在精神方面采取"边民原则"的方法,"充分利用乡土教材,使其发挥所长,同时授以现代常识,使其明了现代国民应有的权利与义务而且养成这种习惯"。如此,则"就全国论,统一中有复异,就地方论,复异中有统一"。长此以往,则"边疆一词也就不需要了——即有,也只是地理的名词,而无文化上的意义了",而边疆工作也就成了各种专业工作,边疆社会工作也就失掉其"边疆性",边疆工作主要是社会工作,"边疆社会工作之成功,即在边疆性之逐渐消失而归于乌有"。①

李安宅对边疆工作前景的描述与胡耐安的观念有相似之处。胡认为边疆工作者应认识到"国土是一块整土"、"国族是一个整体"。②边疆失去边疆性,也就是边疆只是个地理的名词,而不再有文化意义。边疆工作成为无差别的社会工作,也就是边疆居民与内地居民都成为现代的国民。在李安宅、胡耐安等人心目中,这就是边疆社会工作的归宿③。

李安宅对边疆社会工作的论述具有相当的完整性和可操作性,涉及边疆工作的实施原则与步骤、机构设置与人员安排等方面。时人指出,这是李安宅"十余年人类学素养和三年藏民区实地研究的结晶,它是量少而质高的一种作品",对"边疆社会工作或应用人类学"有着许多"特殊贡献之点"④。

---

① 李安宅:《边疆社会工作》,第 81—83 页。

② 胡耐安:《边疆问题与边疆社会问题》,《边政公论》第 3 卷第 1 期,1944 年,第 22 页。

③ 有学者认为,李安宅对边疆与内地关系的理解,走出了一元化、绝对主义和自我中心主义的误区,阐明两者互惠平等的关系。参见陈波:《"坝上"的人类学:李安宅的区域与边疆文化思想》,《西南民族大学学报(人文社会科学版)》2008 年第 2 期,第 36—41 页。

④ 参见窦季良:《读过〈边疆社会工作〉以后》,《边政公论》第 4 卷第 2—3 期合刊,1945 年,第 61 页。

李安宅在论著中的表达方式,大概因其曾受到黄子通哲学训练的缘故,大多旨趣高远,需要我们认真领悟。在我理解,其所言社会建设,很大一部分工作实质上就是要做好族群整合的工作,就是要做好边区民众对国家与国族的认同工作,就是要做好民众对边疆建设的政策及其实施办法的理解和支持工作。

正如吴泽霖所言,"边疆的社会建设是一件千头万绪的复杂事业,中国历代殖边的经验,西方类似的经营,都可以供给我们作参考借镜的资料,但大部分的方法,还有待我们在实际工作时推陈出新,因地制宜,随时修正,以臻至善。时间不同,空间不同,过去的陈规,异地的新政,对于我们今天的处境,未必即能恰到好处,完全适用,不过拿来比较参考惩前毖后,也未始没有裨益,以上所举的几个原则,仅就学理上的常谈,聊供行政者的参考,至于在实际应用之时,自然要加上必要的运用上的修正。"①那时众多学者所提出的边疆社会建设的方策都可以作如是理解。

边疆文化建设与边疆社会建设相辅相成。凌纯声认为,国人注意民族还是在孙中山提出三民主义之后,边疆文化研究也就"应运而发达"。在他看来,成就可述者至少有两个,一是过去视为无稽之谈的"夷汉同源论"现今有了科学的根据;二是过去认为日渐衰老的中华民族,现今被乐观地认为因各族融合而造成"日在生长,历久而未曾衰老"②。凌纯声所言"夷汉同源"论确有不少拥护者,就是国民政府也在极力倡导此种理论③;但也有相当多的不同看法,如顾颉刚就认为

① 吴泽霖:《边疆的社会建设》,《边政公论》第 2 卷第 1—2 期合刊,1943 年,第 6 页。

② 参见凌纯声:《中国边疆文化(下)》,《边政公论》第 1 卷第 11—12 期合刊,1942 年,第 62 页。

③ 参见汪洪亮:《国族建构语境下国人对边疆地区多元文化及教育方略的认识——侧重 20 世纪 30—40 年代的西南地区》,《四川大学学报(哲学社会科学版)》2011 年第 4 期,第 56—62 页。

中华民族并非同源,而是在长期融合中汇流而成。但他在中国通史的编写工作中确实经过了"中华民族已经衰老"到"中华民族正在少壮"的认识转变①。

与同时期的顾颉刚一样,徐益棠亦认为"中华民族是一个",各民族殊途同归。他认为"中国边区民族与汉族同为震旦语系,与汉族同为蒙古利亚种,从较宽泛之范围言,其语言体质已有相同之根基",只是在物质文化上有些微差异,于整体而言这是无伤大雅的②。也就是说,解决民族问题,不在于鼓励各民族独立发展,而在于各民族融合而成为整个国族,树立统一的国家观念。在他看来,我们应放弃以前的羁縻政策,"尽量采用建设的殖民政策","制定一贯永久的计划,不仅顾及物质的建设,更注意于心理的建设"③。

徐益棠认为,边疆治理不外乎文治和武治,"文治亦须赖有武力之辅助,武力亦须有文治为之善后",两者相辅相成。文治即"侧重文化政治之谓,然无文化之政治,其基础亦不稳固",实际实施过程中,收效也甚微,因此,"政治虽与文化并重,然文化宜先于政治,盖政治易而文化工作难也"④。要言之,徐益棠更为看重文化于民族的作用,因为,"文化之性质极不稳定,易于改变,文化改变,则语言体质亦将随之而变,少数文化不尽相同之民族与多数文化相同之民族同隶于一国家之下,其文化既变之于先,其语言,体质,势必渐趋于一致。于是汇种族而成国家,民族分类之争,亦遂无形消灭矣",治理边疆者亦"不妨认文

---

① 参见汪洪亮:《顾颉刚与民国时期的边政研究》,《齐鲁学刊》2013 年第 1 期,第 42—49 页。

② 徐益棠:《汉族服饰之演变:物质文化与民族分类》,《学思》第 1 卷第 5 期,1942 年,第 12 页。

③ 徐益棠:《边疆建设的根本问题》,《地理教育》第 2 卷第 3 期,1937 年,第 5—6 页。

④ 徐益棠:《雷波小凉山倮族调查》,《西南边疆》第 13 期,1941 年,第 16—17 页。

化为泯灭民族界线之主要因子"①。

不管是否"夷汉同源"，现实中却存在"夷汉之别"，如何能消弭这种文化界限，实现中华民族团结？凌纯声认为，"不仅边地资源为国家生命线，而边疆民族尤为国族的新生命。且边民乃我同宗兄弟，至今流落在化外者，亟应加以教养，使其能得归宗入族，早日实现国父的国内民族一律平等之遗教"。他理想中的边疆政策要点，即边疆文化国族化、边疆政治民主化、边疆经济工业化。后两者易于理解，但所谓边疆文化"国族化"，就相对敏感，易被理解为是大汉族文化同化主义。凌纯声表示其所谓国族化，是在保持各族固有文化的基础上，接受现代文化，而非传统的"汉化"及"消灭边疆文化而代以中原文化"②。

凌纯声提出的边疆文化政策，其实主要是边疆教育政策。相对于前文所讲的社会建设来讲，可以说是更"软"的工夫，也是更加"软中见硬"的工夫。按今人"十年树木，百年树人"的说法，教育确非可以短期见效。然过去国民政府在此方面最为忽视，启动太晚，以至于1942年还有人认为边疆教育"尚在初创时代"③。凌纯声就批评"今日的边疆教育"多数过于偏重汉化而忽视边疆民族实际情况，"边民不易接受，故推行边教，已历十有余年，殊少成效之可言"④。

国族建构可以说是20世纪三四十年代中国学术的重要语境。民国时期，国内边疆危机严重，民族问题复杂，此为其时政、学两界之共识。边疆民族问题直接关系到国家统一和政局稳定，在抗战时期更关

---

① 徐益棠：《汉族服饰之演变：物质文化与民族分类》，《学思》第1卷第5期，1942年，第12页。

② 参见凌纯声：《中国边疆文化（下）》，《边政公论》第1卷第11—12期合刊，1942年，第62—63页。

③ 参见徐益棠：《边疆教育的几个原则》，《学思》第2卷第3期，1942年，第20—23页。

④ 本段参见凌纯声：《中国边疆文化（下）》，《边政公论》第1卷第11—12期合刊，1942年，第62页。

注到国运兴衰和民族前途。国民党人,自孙中山、蒋介石以还,对国族建构问题多有论述。抗战时期政学两界对过多讨论"民族问题"多了一层隐忧,傅斯年和顾颉刚的信函往来中对此揭发甚明。"中华民族是一个"的学术论争以及费孝通后来的陈述,均可见其中问题之严峻及国人心态之微妙①。其时,民族问题不宜多谈(除非是谈中华民族),但又无可回避。我们如将这次学术论争置于整个语境中,就不难理解各方所欲表达的核心思想。

时人对边疆教育的探讨,也是在这个语境下展开的,其中富有重要思想史意义。笔者曾以西南边疆地区为中心,回顾时人关于边疆教育的论说,体认时人言论中的边疆教育之语境及其关怀②。时人指出,抗战时期各类教育机构及公私立学术团体与中央研究机关向边区的迁移及其工作,"对于边疆民众见闻之增广,智识之启迪,迷信之破除,思想之改变与夫边民日常生活习惯之影响,至为重大,非抗战兴起未能有如是之建设也。"③很多学术领域呈现了以建构国族为旨归,多学科交融整合的新局面。关于边疆教育的讨论,也是其中的重要组成部分;且多与国族建构联系起来讨论。一方面,国族需要建构,另一方面,中国边疆文化多元,不利于重建。所以国族建构的一个重要任务就是要通过教育(当然不仅是教育),来促进各族人民的相互了解和团结。由于边疆文化的多元存在,自然边疆教育的实施与常轨教育就应

---

① 参见马戎主编:《"中华民族是一个":围绕 1939 年这一议题的大讨论》。该书汇集了围绕 1939 年这一议题发表的重要论文以及对当年那场争论进行回顾的文章,希望读者能够了解当年那场大争论的原貌并思考应如何理解今天中国的民族问题。

② 参见汪洪亮:《国族建构语境下国人对边疆地区多元文化及教育方略的认识——侧重 20 世纪 30—40 年代的西南地区》,《四川大学学报(哲学社会科学版)》2011年第 4 期,第 56—62 页。

③ 参见西尊:《边疆政治与教育问题——边疆开发与国防问题研究之一》,《地方行政》第 2 卷第 2 期,1941 年,第 113—115 页。

当有差别①。

国民政府教育部长朱家骅曾说,"普通教育,系一种文化的传授、改进与创造,其文化内容为一元的。边疆教育除保存及传授各族之固有文化或地域文化之外,并须灌输民族国家所需的统一文化与现代文化,其文化的内容为二元的,如何使二元文化同时传授而不相冲突,如何使二元文化趋于一元而创造国族文化之最高型式,则应确守下述两大原则——谋适应,求交融。"②边疆文化的多元特性及其与汉族地区的明显差异,注定其边疆教育将有着明显区别,而西南边疆又与一般边疆地区有着更为复杂多元的文化,则其教育更需多费周章。

对边疆民族多元文化的准确认识是边疆工作的重要基础。吴文藻之所以强调边疆文化变迁研究是"边政设计的中心工作","应该是与边政学直接有关的一种重要工作",就是认识到了这一点。边疆开发的目标,其实就是要实现边疆的工业化和现代化,在文化方面,则是要对边疆文化因势利导,"使之与中原文化混合为一,完成一个中华民族文化,造成一个现代化的中华民族国家"③。在承认和尊重边疆文化的基础上,增强边地居民对国家和中华民族的认同,促进边疆与内地的情感和文化交流,是进行边疆建设的必要条件。

在一篇专门论述边疆教育的文章中,吴文藻强调沟通边疆文化和促进边疆教育的重要性。作为人类学社会学家,他的观点与顾颉刚等人又有不同。他非常注重边疆民族文化的保存和发展,但也注重边疆各族文化的沟通。其实,后来费孝通表达的"多元一体",在吴文藻这篇文章里已经呼之欲出了。吴文藻认为:"发展边疆各民族的文化,乃

---

①　参见汪洪亮:《国族建构语境下国人对边疆地区多元文化及教育方略的认识——侧重 20 世纪 30—40 年代的西南地区》,《四川大学学报(哲学社会科学版)》2011年第 4 期,第 59 页。

②　教育部边疆教育司编印:《边疆教育概况续编》,1947 年,"代序"第 2 页。

③　参见吴文藻:《边政学发凡》,《边政公论》第 1 卷第 5—6 期合刊,1942 年,第11 页。

是建设现代化民族国家之当前急务",由于边疆地区"种族宗教复杂"、"语言文字歧异"、"经济水平不齐"、"文化程度不等",故"欲铲除各民族间互相猜忌的心理,而融洽其向来隔阂的感情,亟须在根本上,扶植边地人民。改善边民生活,启发边民智识,阐明'中华民国境内各民族一律平等'的要旨,晓示'中华民族完成一个民族国家'的真义。能如是,则思想可以统一,组织可以健全,畛域可以化除,团结可以实现,国力既充,边圉自固。惟欲团结各民族精神,使'多元文化',冶于一炉,成为'政治一体',当自沟通各民族文化始。而欲沟通各民族文化,必先发扬中国的民族文化及时代精神,造成一个中心势力;有了中心势力,就可消极的防止离心运动,积极的促成向心运动。"①

对于边疆教育工作,吴文藻定性为"发展国内民族文化的基本工作。"他认为:"民族文化的发展,既以建立一个民族国家为职志,则关于边疆各族文化的振兴,必以实行发展教育为入学办法。边疆教育的对象,系中国边地各种浅化民族,经济文化比较落后的弱小民族。"他强调中国边疆的特殊性,"对中央不是殖民地的关系,不是藩属的关系,亦不是如欧美人或日本人所说保护国和宗主权的关系,而是整个中华民族或一个中华民国地方与中央的关系。"这就把中国边疆的地位和特性定位得非常清楚而准确,由此中国政府所倡行的边疆教育也就与奴化教育/殖民地教育区分开来,是"中国文化与土著文化双方并重同时并行的边地义务教育"。他认为边疆教育不应以学校教育为限度,"正当完善的教育,必以适应实际生活环境为目标",主张边疆教育与各民族生活密切配合,并努力发现各族特性,"使之与汉族的个性,沟通相成,而互相的发扬光大"。如何调适汉化与土化教育,他认为焦点在于尊重土著民族的价值观念,"各民族有其一己的文化中心,例如宗教信仰,风俗风尚,务须同时加以相当注重,好使他们心悦诚服的接

---

① 本段及下段,参见吴文藻:《论边疆教育》,《益世周报》第 10 期,1938 年,第 150—151 页。

受汉化，真正改善他们的生活……提高土人原有的生活态度，使之超于一般水平之上；刺激其在经济上，政治上，及文化上的需要。"他还指出边疆教育是一种特殊教育："必须先建设一套边疆教育学的理论作为科学研究的张本。然后在应用一方面，始作根据确定一种或多种比较适当的边疆教育政策。"

马长寿也分享着类似的见解。他认为人类学虽然是一种产生于帝国殖民行政的技术科学，但是中国边疆与列强殖民地则有本质不同。从根本上讲，中国边疆问题只是内政问题，不是民族问题。他认为边疆问题的导因乃是"政治不健全，内部不修明"，"边区是中国社会的边缘，中国文化的边际"。既然如此，我们应该以改革的精神，在边政改良和文化发展上下功夫。他指出，中国学者要建立中国的人类学，除了坚守共同的一方面，也需注重中国独有的一方面，要借鉴英、美人类学的若干原则，比如"人类唯一、文明则殊"，承认中华民族内部也有若干不同文化模式，同时也要秉持文化价值相对原则和文化变动原则等在边疆工作中的运用[1]。

李安宅认为边疆教育至关重要，搞好了"不但直接促成边疆的现代化，也间接促成内地教育的创化作用"，"边疆教育是解决边政与避免或减轻军费的惟一根本大计"[2]。边地"形同化外"，边政不善，社会极不稳定，政府采羁縻或弹压政策，糜费浩大而收效甚微。崔德润认为"所谓根本解决不是征服或歼灭，而是施以教化，使之成为现代化之国民。政府若以用兵的费用来办教育，提倡文化，收效定较今日为大"[3]。柯象峰也说："边疆教育，为边疆文化建设的原动力，而建设文化又是治边的根本企图，所以，边疆教育的重视和提倡，上自政府，下至边民，以及热心边疆的人士，都在大声疾呼着，这确是一个良好的现

---

① 参见马长寿：《人类学在我国边政上的应用》，《边政公论》第 6 卷第 3 期，1947 年，第 24—28 页。

② 李安宅：《谈边疆教育》，《边疆通讯》第 4 卷第 2 期，1947 年，第 1—2 页。

③ 崔德润：《黑水三番旅行记》，《边疆服务通讯》第 9 期，1946 年，第 9—10 页。

象。然而兴办边疆教育是千端万绪，非本文所能全部提及，换言之，建设边疆教育，也就是建设边疆社会之一环，彼此息息相关，不能独美。"①

徐益棠对此也有清晰的认识，深知边疆教育之旨趣所在。他注意到，当时边疆教育大致有三种趋势：一是按照普通教育办理，二是因地制宜，略加修改而不彻底，三是"稍近研究"性质的"特种教育"，"或从生产入手，或从宗教入手，或从军事入手，或从语言文化入手，均归此类"。第一种"常为主张'汉夷一家'者所乐道，所谓'研究不妨分立，行政必须统一'也，然削足就履，每苦不适"；第二种"则彷徨歧路：一方须逢迎部令，一方又须适应环境，而常用消极的方法，以解除困难，未能积极的以谋改进，故其成绩，亦不甚显著"；第三种"则为有志者特殊之创造，近来国人群谋边疆的开发，不论其为政治的，经济的，或文化的，均从功利的观点于短时期间求其实现，且为效率计，往往仅注重其一端，而忽略其他认为不甚重要之各点……教育即生活，各方面均须求其平衡的发展，而生活之特殊的训练，实为畸形的非健全的人生，亦非教育之最高的理想，最高的境界"。可见他是赞同第三种教育趋势的。他提出边教的七个原则，较为重要而与国族文化构建有关者，首先是"以民族特性为背景"，做到因势利导；其次是"物质与精神并重"，边民"生活之构成，半由于自然环境之适应，半由于历史成训之传袭"，"如欲用教育的方法以使此二种生活之改进与协调，则物质易而精神难"，应将两者"连系为整个生活之单元"，求其平衡发展；再次是"以民族一员为始点，以国家一员为终点"，这点最为关键，与朱家骅的"增益国族文化"若合符节。他指出："边民教育最大之困难，亦为边民教育最应注意之点"就是民族隔阂成见，"我辈治边疆教育者，当努力设法消灭各民族隔阂之成见，而为大中华民族唯一单元之团结。此种团结，当

---

① 柯象峰、符气雄：《西康省边民教育之研究》，中国第二历史档案馆藏档案，案卷号：5—12454。

从'公民'责任观念培植之,边民学校教师,当从各民族'小单元'观念
渐渐求其扩大,从各个人在其'小单元'中的活动——忠实的服务精
神,引诱其加入社会,为地方、为政府机关服务,如筑公路、看护病人、
组织国民兵等。边疆教育最后之责任,为边民个人谋福利,为中华民
国求团结"①。此处又依稀可见徐益棠与李安宅等人主张的相通之处。

今人刘波儿认为边疆教育是近代新型民族国家建构过程中的重
要一环。国民政府推行边疆教育的最终目的就是要构建一个统一的
国族。她还说:"在主管边疆教育的边疆教育委员会中,民族学家始终
是重要的参与力量",如吴文藻、凌纯声、吴景超、徐益棠、韩儒林、吴泽
霖、李安宅、林耀华、吴定良、梁瓯第、李方桂等人先后担任过委员,凌
纯声还曾担任边疆教育司司长②。此言略有差池。边疆教育委员会
仅为教育部涉及边疆教育的一个咨询部门,类似今日之专家委员会,
理解成"主管",显然思出其位了。但若说众多民族学家(当然也包括
其他学科学者,如顾颉刚)是边疆教育重要策划与参与者,则符合事实
的。边疆教育委员会中就有多位学者属于华西坝边疆学者,如顾颉
刚、徐益棠和李安宅等人,也都对边疆教育有过专门的论述。

相对于政府政策的刚性而言,学者的认识相对周延。与政府层面
对边疆教育的要求"一体单元"相比,学者们的思路更多是一种"一体
多元"。实际上,正是因为国家政策一般趋于刚性,且其统筹资源的能
力也不足,故其用意虽好,但对各地差异认识不足,成效难彰。其边疆
教育政策较为生硬地要求强化国族建设,淡化边疆民族文化。试举数

① 他认为,"边民观念固定,对于种族之成见极深,阶级之差别极强,而民族之异
同,常视为仇敌,故对于'我群'常视死如归,牺牲勇敢;而对于'他群'常猜疑、破坏而毁
灭之,故学校常不能容纳两个不同之集团",导致"学校不能于教育最大目标——民族
团结——尽其丝毫之努力,而校长教师常因此而增加其人事上之困难,使学校不能发
挥其效力。"参见徐益棠:《边疆教育的几个原则》,《学思》第2卷第3期,1942年,第
20—23页。
② 刘波儿:《构建国族国家:民国时期民族学家的边疆教育实践》,载刘迎胜主编:
《元史及民族与边疆研究集刊》第29辑,上海古籍出版社2015年,第227—237页。

例。1937 年,教育部要求:"边疆各族小学应按照本部小学规程以地名为校名,不得冠以任何族别字样,以泯界限。"①1941 年教育部再次强调:"边小校名,不得冠以边地种族及宗教名词",而且要求"边小一律推行国语教育","公民训练及公民知识须依据中华民族为一整个国族之理论,以阐发爱国精神,泯除地域观念与狭义的民族观念所生之隔阂"②。同年,教育部颁布文件强调:"彻底培养国族意义,以求全国文化之统一",要求小学教科书都以国语为主,地方语文为辅③。

有学者注意到国民政府边疆教育政策过于划一的弊端。1940 年,金陵大学社会学系主任柯象峰教授随四川省政府边区施教团,到雷、马、屏、峨地区考察,就注意到该地边疆教育"成就实微"的原因,一是边地教材搬用内地,脱离边区实际,二是教师大多不懂边地民族语文,导致边民学生求学愿望淡薄④。他还发现,西康地区民众视上学如同差役,有人"向政府陈请豁免或减免充学差的名额,甚而有些人家不愿其子弟当学差,而出资请人顶替"⑤。

教材脱离边区实际的问题,徐益棠也有注意。他认为,边疆地区办学授课距离边民的实际生活过于遥远,教学方法也是按部就班,没有做到因地制宜和因材施教,"近来各边民学校学生逃学者以及出钱顶替者之多,大都此为主要原因"。由此,他开出的"药方"就是:教材

---

① 《教育部廿六年度推行边疆教育计划大纲》,载中国第二历史档案馆编:《中华民国史档案资料汇编》第五辑第一编,《教育(二)》,江苏古籍出版社 1994 年,第 905 页。

② 《教育部订定的边远区域初等教育实施纲要》,载中国第二历史档案馆编:《中华民国史档案资料汇编》第五辑第二编,《教育(二)》,江苏古籍出版社 1997 年,第 99—100 页。

③ 《边地青年教育及人事行政实施纲领》,载教育部边疆教育司编印:《边疆教育概况续编》,第 5—6 页。

④ 柯象峰《参观省立马边小学后——关于边民教育的一个客观的分析及建议》,载四川省政府边区施教团主编:《雷马屏峨纪略》,西南印书局 1940 年。转引自李列《民族想像与学术选择:彝族研究现代学术的建立》,第 137 页。

⑤ 柯象峰、符气雄:《西康省边民教育之研究》,中国第二历史档案馆藏档案,案卷号:5—12454。

要就地选取，教法要因地制宜和因势利导①。语言不通是个大问题。金陵女大教授刘恩兰注意到，川西松、理、茂、汶地区，"种族复杂，语言文字各异"，羌族只有语言而无文字，而其语言又极为复杂，"此山与彼山居民所用之语言亦有不同"②。

　　语文学习蕴含着丰富的民族学、教育学原理和方法和策略考量。不仅是边疆民众需要学习以国文国语为主的语文，边疆工作者也需要有民族语文基础，否则强人就己，也难以奏效。待交流沟通便易后，所谓国家民族观念方可潜移默化，否则变成了强行灌输，徒增反感和警觉。对此，其时政、学两界都有观察。教育部专门设立蒙藏教育司（后更名边疆教育司）统摄边疆教育事宜。国民政府重视边疆教育相对晚近，其要义不在科学普及，而在边疆民众国家意识之形成。

　　就当时边疆教育中突出的汉语教育问题，民族学家们各抒己见，提出了不同的语言教学策略。一部分民族学家主张在保留少数民族语言文字的基础上，缓缓推行汉语汉字。卫惠林认为应该"树立正确的语言政策"，可以"一面切实推行国语，一面选择重要边族语言为并行语言，划定通用区域，并促进其现代化"③。马长寿则主张强力推行国语。在他看来，很多边疆语文没有传播的必要性："现代的许多边疆文字都成为文化的残骸了……一般平民占人口中之大多数，都不识字，都不用文，乃至于都不读书"。那么，"现在中央机关所发行的边文边报教什么人去读呢？又在筹划中的边文教科书教什么人去念呢？我敢斗胆地说：一般人民读不懂，当然是不读。僧侣、阿訇虽然能读懂了，但他们都偏见很深，而不屑读。而一般年轻的边童呢，他们不准备作僧侣作阿訇的，读了蒙、藏、回文有什么用？去进一步读经典吗？我

---

　　①　徐益棠《边疆教育的几个原则》，《学思》第 2 卷第 3 期，1942 年，第 22 页。

　　②　刘恩兰：《松理茂汶的介绍》，《边疆服务》第 2 期，1943 年，第 3 页。

　　③　卫惠林：《如何确立三民主义的边疆民族政策》，《边政公论》第 4 卷第 1 期，1945 年，第 4 页。

们是否应望他们都作喇嘛、阿訇? 去研究边疆的学问吗? 请问蒙文、藏文、伊斯兰文的书籍,除了经典之外还有什么? 过去我们骂官僚政治,以官僚的管见去理边政固然不行,但现在提倡边文的边政都是一种书痴子的边政"[1]。

上述问题的存在,即在于师资不能实现本地化。内地师资到边疆地区往往"水土不服",一是难以适应边疆地区的物质生活和精神生活,二是教材教法难以入乡随俗,又不肯学习当地语言(学习语言本身也比较困难),所以较好的办法就是训练当地师资。基于此,李安宅提出了"造就当地人才以维永久,训练内地人才以应急需"的原则[2]。

1941 年,作为边疆教育委员会委员,徐益棠应四川省教育厅建议,起草了《国立边地文化教育馆组织大纲草案》,提出成立边地文化教育馆,加强全国边民文化与边民教育发展研究。在他的设计中,边地文化教育馆应由总务、训导、研究、陈列四部组成,其中,训导部可设置汉文班、边地语文班、补习班及短期训练班。分而述之,汉文班招收边地小学毕业生,"授以汉文(语)及中学程度之边地特种教育",毕业后部分升入大学,未能升学者则"回乡办理行政、生产及教育事业",成为"边地社会之指导人物";边地语文班则招收内地中等学校毕业生,学习边地语文,培养目标是边地行政、建设、教育干部。徐益棠这种思路与杨成志的区别在于,更加注重内地汉人和边疆民族学生的会通,既让边地学生有机会融入汉人社会,也使内地学生有机会服务边疆[3]。

次年,卫惠林着眼于社会服务工作,提出了分级设立"边疆文化建设区站"的设想。他根据地理环境、民族分布、语言系统、文化类型,把全国分为 7 个区域,每个区设立文化建设总站,从事研究、设计、文化

---

① 马长寿:《论统一与同化》,《边政公论》第 6 卷第 2 期,1947 年,第 12 页。
② 李安宅:《宗教与边疆建设》,《边政公论》第 2 卷第 9—10 期合刊,1943 年,第 19—21 页。
③ 徐益棠:《试拟国立边地文化教育馆组织大纲》,《边政公论》第 1 卷第 5—6 期合刊,1942 年,第 105—106 页。

供应等工作，其下再划分 26 个亚区，亚区下又根据民族聚居中心再设工作站。文化建设区站以学术研究为最基本工作，包括史地、民族、语言、经济与政教建设，在此基础上开展教育训练、社会建设、经济技术指导、医药卫生服务工作①。

徐益棠和卫惠林都从文化教育机构的角度对推动边疆文化建设和国族建构提出了看法。相对于前述学者对边疆教育侧重学校教育而言，二人在这里所论述的实际上侧重社会教育。学校教育一般影响到学龄青少年，社会教育若有成效则能影响到社会舆论和氛围。当年边疆教育部在策划实施文化教育工作时，就有了会通学校教育和社会教育的工作思路，认为"小学校为施行公民教育之基础，应自幼稚班开办"，提倡"生活教育与成人教育"，开设民众学校，实施社会教育，"特别注重流动式的教育团"，并充分利用各种科学工具和手段②。边部坚持"学校教育与社会教育须兼筹并顾，以免偏废"，将小学作为"所在地一切服务活动之中心"，原则上社会教育"一切活动亦应与小学取得密切合作"③。边部兼顾儿童教育与成人教育，以小学为中心，开办各类夜校、半日制民校，或者办各类培训班、研讨会，使教育对象扩大、教学内容深化延伸，而且与生产挂钩④。

当时学界对边疆民族问题的研究大致有两种倾向，一是强调中华民族整体性，认为中国只有一个民族；二是强调中国民族的多元性，认为中国有若干具有不同社会文化的民族。但他们的共同点是，基本都认可国人应该团结起来，共同建设中华民族。也就是中华民族在学者

---

① 卫惠林：《边疆文化建设区站制度拟议》，《边政公论》第 2 卷第 1—2 期合刊，1942 年，第 7—9 页。

② 《中华基督教会全国总会边疆服务部工作计划大纲》，四川省档案馆藏四川省宗教事务处档案，案卷号：建川 50—436；《中华基督教会全国总会边疆服务部服务规程》，上海市档案馆藏档案，案卷号：U102—0—27。

③ 刘龄九：《关于检讨工作的几点概括意见》，《边疆服务》1943 年第 4 期，第 22 页。

④ 参见汪洪亮：《1940 年代川西羌族地区的教会教育——以中华基督教会全国总会边疆服务运动为例》，《抗日战争研究》2010 年第 3 期，第 106—110 页。

们心目中是基本得到认可的，只是对其内部"多元"与"一体"的意见差别。强调中华民族整体性，乃势所必然，无可厚非。但若片面强调整体性，而否认边疆民族存在的多元性，对其社会文化特征视而不见，则有违于实事求是的态度，且也不利于边疆问题的解决。顾颉刚在强调"中华民族是一个"的同时，也谈到了边疆民族社会文化的差异，并认为可以分为三个文化集团；他所提出的融合之法就是他所认知的社会文化建设的路径①。

---

① 参见汪洪亮：《顾颉刚与民国时期的边政研究》，《齐鲁学刊》2013 年第 1 期，第 42—49 页。

第六章 格物致知:华西坝教会五大学 对边疆研究学科化的努力

　　抗战时期华西坝教会五大学集聚了一批学者,除了对中国西部边疆尤其是康藏地区做了大量实地研究外,还对中国边疆研究的理论与方法问题做了富有学科价值的探索,诸如边疆研究应该包含哪些内容,在研究中应该注意哪些事项,边疆研究应该涉及哪些学科,这些学科间的各自地位及其相互关系,提出了边疆学术科学化和学科化的诸多构想,对于我们今日提倡的中国边疆学的创建具有重要的借鉴意义。

　　通过前面的研究,我们不难看出,华西坝教会五大学的边疆研究反映了政、学两界构建中华国族的努力和中国边疆民族文化多元的事实,他们在论证民族文化多元性的同时,很注意寻求其与中华文化同一或相通的一面;他们基于边疆地区实地调研提出的众多发展稳定边疆、改良边疆政治的对策方案,对于时人了解和关怀边疆及边疆人民认同国家和中华民族,具有重要意义。

　　从学术史和学科史的立场来看,我们还可以看到,华西坝教会五大学的边疆研究,体现了近代中国边疆研究的转型及西学东渐的本土化以及五校学者在国家民族问题上的社会担当和学术自觉。五校学者大多兼通中西学,能从跨学科的多元视野考察边疆,能对照历史来审视现实,且常以国外的边政和民族政策来观照中国边政。他们对于边疆研究相关理论与方法的探索,相当程度上代表了那个时代在建构中国边疆研究学科上的学术努力。

第一节　避虚就实:华西坝边疆学者对边疆研究学科体系的认识

笔者曾提出,对边疆及边政含义的认识,将决定边疆研究的范围和范式。道理很简单,不同定义下的边疆,其广狭范围是大相径庭的,所适用的理论和方法可能就是千差万别。据笔者所研究,那时学界对边疆问题的主流认识,还是站在文化的立场上。所以那时的边疆,实际上类似于今日习称的边疆民族地区,所以所谓边疆研究,也就可以理解为边疆民族研究了。华西坝学人几乎分享了那个时代南北派人类学家对边疆的定义,也和顾颉刚等历史学家对边疆的观感大体一致,尽管其中仍然会有分歧,如费孝通就曾对顾颉刚的"中华民族是一个"的论断有过质疑,但是在边疆问题的严重性和边疆研究的必要性上是有共识的。当然,我们也没有必要把华西坝学人的边疆研究当作一个别具一格的个体,没必要把华西坝学人内部描述得整齐划一。

正如周昆田所指出,"忆自抗战以还,国内学人及从事边政工作之人士,对此问题即不断加以研讨,惟以个人观点的不同,见仁见智互有歧异,迄未获一致的结论"①。那时国人对边疆的认识依然是驳杂的,但是依然有条主线,那就是在肯定边疆地理含义的情况下,非常重视文化意义上的边疆②。

边疆含义的丰富性,华西坝学人都有觉察,但都注意到其地理意

---

① 参见蒙藏委员会主编、周昆田编著:《边疆政策概述》,第5页。

② 汪洪亮:《民国时期国人对"边疆"、"边政"含义的认识》,《中国边疆史地研究》2014年第1期。

义和文化意义，也都注意到边疆和民族的密切关联。但是也要认识到，边疆问题对中国来讲，是内政问题，如马长寿所讲，中国边疆有其特殊性，中国边疆并非中国的殖民地，中国不仅没有殖民地，反而自己就是列强的"变形的殖民地"，面对列强入侵，中国各族人民同仇敌忾，为国家独立和民族解放而努力奋斗，因此"今日中国的边疆民族，可以说是一些少数民族，但这也仅于人口多寡之上有一点少数的意义罢了"。他指出："中国今日所闹的边疆问题，我们当认识清楚是内政问题，不是民族问题。"[1]马长寿发表此文虽是在抗战结束以后，但其有关思想却是在抗战期间对边疆民族问题的长期体察和思索中形成的，其所谓"变形的殖民地"实际上与近代中国社会的"半殖民地半封建"性质的表述意思相差不离。

华西坝学人对边疆含义的认识，大体秉持文化的立场。除了当时主流学界的见解本是如此，更为直接的原因是他们所接触的边疆主要乃是"华西"，实际上就是今日学界所谓藏羌彝走廊区域，或者学界最近流行称谓的"藏边社会"。

华西坝学人没有专门提出所谓边疆学或边政学，主要还是以平实而保守的"边疆研究"来表述他们从事的边疆民族方面学术活动。这与杨成志和吴文藻不约而同都提出"边政学"或"边政研究"概念，并试图对此作出学科性解释不同。顾颉刚早年曾提出要建设"边疆学"，但基本上是自说自话。尽管他在边疆学术的组织与业绩，使他广为人知。但他对边疆研究学科性的具体擘画，仅在一个圈子内流传，未能产生较大的学术反响[2]。

相对来说，华西坝学者们比较务实和理性，虽未在学科建设上抱有太多的雄心，但对边疆研究的理论和方法的探索上，却并不逊于南

---

① 马长寿：《人类学在我国边政中的应用》，《边政公论》第 6 卷第 3 期，1947 年，第 27 页。

② 参见娄贵品：《近代中国"边疆学"概念提出与传播的历史考察》，《学术探索》2012 年第 8 期，第 85—90 页。

杨北吴。实际上华西坝学人的边疆观念与南北两派的见解都具有一定的亲缘性，因为华西坝学人与南北两派人类学家渊源颇深，如李安宅、林耀华等本来出自燕京大学，徐益棠、卫惠林等初本属南派学风。这让我们可以理解李绍明所言华西学派的"兼收并蓄"。我们不妨对民国学界所提出的边疆学、边政学的学术概念及其流传情况略作介绍。

顾颉刚曾提出过边疆学的概念。1936 年，顾颉刚指出，清代道光以后"中国学术界曾激发边疆学之运动，群以研究边事相号召；甚至国家开科取士亦每以此等问题为策论。察此种运动之起因，实由于外患之压迫"，那时国人认定沙俄因国土毗邻，"为中国之大患"，故"当时学者之精神群集中于西北"，"及俄患稍纾"，"此轰轰烈烈之边疆学运动乃渐就消沉矣"，但是外国人对中国边疆调查研究却未曾停止，迄今"吾人苟欲认识自己之边疆问题，已不得不借材于外国"，此为"大可耻之事"、"大可怵目而伤心之事"。顾颉刚呼吁"我国研究边疆学之第二回发动"，且深信"此第二回发动之收效必远胜于第一回"[①]。边疆研究在 1936 年还需要发动，可见在顾颉刚看来，边疆研究在那时还远未形成运动。民国边政学就是近代中国第二次边疆研究高潮的重要组成部分，是边疆研究复兴后发展到一定阶段的产物。顾颉刚此文是回顾"百年来中国之边疆学"，也颇能表明两次边疆研究高潮的内在联系，其所言第二回发动，相对于曾经激发而后消沉的第一次边疆研究，民国时期边疆研究的兴起可谓是复兴。

顾颉刚的这个计划书，是在冯家昇所撰初稿基础修订而成。观其日记，1935 年 12 月 30 日"根据伯平所起稿，重写《研究边疆计划书》"；31 日"修改《计划书》"。1936 年 1 月 1 日"到研究院，草《研究边疆计划书》"，"点改履安、自珍所抄《边疆计划书》"。2 日"草《研究边疆计划

① 顾颉刚：《禹贡学会研究边疆学计划书》，《顾颉刚全集·宝树园文存卷四》，第 215—222 页。

书》毕，凡九千言"。4 日，"抄《禹贡学会研究边疆计划书》，日夜写六千字。"5 日"抄《研究边疆计划书》三千字，毕，即付晒"，"耿贻斋来，为扎寄英庚款会书，装订《计划书》成册"。6 日"修改《研究边疆计划书》"，"修改《计划书》毕，付抄"。11 日"此次到南京，为募禹贡学会款。张石公先生谓予，'要募款，须论今，勿论古。'予因其言，作《禹贡学会研究边疆计划书》"。13 日"校《禹贡学会研究边疆计划书》两份"。17 日"校《研究边疆计划书》一份"，"校《计划书》一册"。我们无法判断冯家昇的初稿与顾颉刚最后修订本的差异，也难以确知初稿中是否明确提出边疆学的学科概念并给予论证。

文章梳理了百年来国人对边疆的研究及外国人对我国边疆的调查研究工作，尤其介绍了日本人的中国边疆研究，在"我国研究边疆学之第二回发动"一节中详细谈了对开展中国边疆学研究的若干看法。虽然该文内容曾在小范围内传播，且在燕京大学边疆问题研究会上作为宣言，但大体上是属于内部传播，未曾公开发表①。所以我们不能对顾颉刚所提出的边疆学概念流传及其影响评价过高。如果不纠缠于"边疆"是否成"学"，则我们可以断定，1930 年代后期，相对于晚清西北边疆研究而言，中国边疆研究已再度兴起。顾颉刚 1941 年组织中国边疆学会时，其身份是齐鲁大学国学研究所主任、教授，他指出那个时代是"边疆学的启蒙时代"②，可见其一面对边疆研究的前景非常看好，寄予厚望，同时也对其时边疆研究的成绩还不够满意，从启蒙到繁荣显然还有距离。

杨成志在 1941 年发表《边政研究导论》前，也曾提出边疆学学科建设的规划。1939 年 3 月至 6 月，杨成志拟定《国立中山大学文学院边疆学系组织计划纲要》，建议在中国高校设置边疆学系，希望把边疆

---

① 参见娄贵品：《近代中国"边疆学"概念提出与传播的历史考察》，《学术探索》2012 年第 8 期，第 89 页。

② 顾颉刚：《中国边疆学会丛书总序》，《中国边疆》第 2 卷第 1—3 期合刊，1943 年，第 3 页。

学建成一个学科。这应该是在中国高校设置边疆学学科最早的倡议,但未获准。杨成志还曾提出要在西部地区建立一所西南边疆学院或民族学院,也未获准①。

相对于民国时期边疆学学科概念并未得到充分论证和广泛传播,边政学则有两位学者专文论述其学科性质及其建构。一般学者认为吴文藻的《边政学发凡》为该学科的奠基之作。但笔者要指出,比吴文藻此文更早,杨成志已有性质类似、意趣合合的论述。此间详细情况,笔者早前已有专论②。

杨成志的《边政研究导论》,1941 年 9 月发表在《广东政治》创刊号上。文章以名词解释的形式,对边政研究的对象、内容、理论与方法等各个层面进行了条分缕析。吴文藻的《边政学发凡》,1942 年 1 月发表在《边政公论》第 1 卷第 5—6 期合刊,比杨文发表要晚 4 个月。两文发表时间相近,都是民族学者对边政研究作发凡性质的论述,呈现了南北人类学者的许多共识。杨成志在《边政研究导论》的开篇即言,该文"是一种发凡性质的论述,把边疆研究的各项部门,一一略加解释,俾望国内一般人士得明了边政研究为如何的事业。"吴文藻在《边政学发凡》中也提出,边政研究能否成为一门独立学问,"国内学者尚未加以讨论。本篇之作,亦属初步尝试性质,只能先给边政学划出一个轮廓"③。两文均对边政研究的重要性、研究内容及涉及学科做了概述。需要说明的是,杨文并没明确提出边政学这个专有名词。不仅如此,据笔者所见,除吴文藻外,民国时期其他学者在论著中均未明确提出边政学,而多以边疆研究或边疆社会研究论之。

① 杨成志:《西南边疆文化建设之三个建议》,《青年中国季刊》第 1 卷第 1 期,1939 年,第 284—292 页。
② 参见汪洪亮:《民国时期的边政研究与民族学——从杨成志的一篇旧文说起》,《民族研究》2011 年第 4 期。本节凡引用杨成志观点,未特别注明者,皆引自该文。
③ 吴文藻:《边政学发凡》,《边政公论》第 1 卷第 5—6 期合刊,1942 年,第 1 页。本节凡引自该文的不再另注出处。

　　两文均自称属"发凡性质"或"初步尝试形式"，均对边政研究中所涉若干关键词进行了阐释，并对边政研究的内容与方法及所涉学科进行了分析。阅读对比两文，我们可以归纳出以下几点：一是两人均指出边政研究为时代所必需，其重要性和迫切性也为时人所共见。两人均有"为政由学始"的观念，认为要改良边政，促进边疆现代化，非加强边政研究不为功；同时在服务与贡献于国家和民族需要的应用过程中，学术也能得到更好发展。二是两人均指出人类学（民族学）研究具有理论和应用研究的两种趋势，在"抗战建国"关键时期应用研究更为急需。吴文通篇采用"人类学"，杨文则多采用"民族学"，其实二人旨趣一致，提法有别源于他们分别在美国与法国接受学术训练。他们都注意到人类学（民族学）和社会学关系密切，应为边政研究所倚重。杨成志在文中多次强调边疆调查，而吴在此方面则论述不多。三是两人均认为边疆研究中相关概念混乱不明，对边政研究所涉及的相关概念做了辨析，都认为边疆不是个简单的地理概念，而是具有政治和文化意义。在边政研究中，他们都格外注意边疆民族及文化，认为这是解决边疆问题的关键，也是边政研究中的核心议题。四是两人均认为边政研究中既要以民族学为基础和核心，又要有相关学科的广泛参与。不过，吴文藻在肯定人类学的基础上，还提出以政治学为副。杨成志虽未明确列举边政研究相关学科，但在论述边疆调查和边疆干部培养时，表达了类似观点。既然调查是研究边疆之士及从事开发边疆的工作者"应该履行的唯一先决步骤"，则其所需学科知识同样为边政研究者所必需。总体来讲，杨成志和吴文藻的这两篇文章，尽管其具体的论述有些差异，但其基本的关怀和学科构想是较为一致的，而且都是专门针对边政研究学科建构所作的努力，具有很强的系统性，堪为边政学建立的理论宣言①。

---

　　①　参见汪洪亮：《民国时期的边政研究与民族学——从杨成志的一篇旧文说起》，《民族研究》2011 年第 4 期，第 34—44 页。

李安宅的经典名作《边疆社会工作》集中展现了他的边疆观念及其边政主张。他的主张是一种人类学的主张，是基于文化的理解和互惠，是一种社会建设先导的体系。他指出，他所谓的边疆社会工作，也可以说是应用人类学。他在论证"边疆工作的需要"时指出，"边疆需要内地的扶植与发扬"，而"内地需要边疆的充实与洗练"。李安宅认为且不论抗战建国需要，单就知识立场而言，我们就应该改变过去对边疆了解太少，多有误解或偏见的情况，抓住"我们获得边疆知识，进行边疆建设千载一时的良好机会"，而且边疆地区各方面条件恶劣，实际上也是"训练技术的优点"，"盖在整齐单调的文化中可以习而不察，在错综复异的文化中便会处处觉到问题，随时都有启发"，"对于一切文化的认识也是如此"。他提出："边疆的特点乃是实地研究的乐园，尤其是应用人类学（边疆社会工作）的正式对象。"他在阐明"边疆工作所需要的条件及其实际方法"，所贡献的意见，就是"不但根据实地经验，亦且依照'应用人类学'的通则"，接下来，他斩钉截铁地表态："应用人类学就是边疆社会工作学，只因舆论不够开明，所以热心边疆的人与机关尚多彷徨歧途，而不知有所取法。"①该书的章节安排，也可以看出是朝着一个学科导论的方向走的，其落脚点就在于消除边疆的"边疆性"，让边疆仅仅是个地理的名词而失去文化的意义。边疆性的消失，需要持续的社会文化建设工作。前文已有论述，此不赘。

李安宅有着建构立足应用的边疆学科的雄心。这在华西坝学人中大概是个例外。但是在学界对此问题的讨论还不够。笔者以为，从学科角度来说，边疆社会工作即使成为一个学科，也是今天所谓的二级学科，没有边疆学或边政学的内涵丰富，而且应用人类学和边疆社会工作学也难以画等号。尽管如此，李安宅的这个学科设想仍然具有丰富的思想史意义，反映了那个时局中一个学者对于多种潜在的学术

① 李安宅：《边疆社会工作》，第7—8,36页。

话语困境的突围选择。这点，笔者也将另文详论。

　　那么边疆研究到底包含哪些内容呢？抗战时期最有影响的边疆研究刊物《边政公论》的发刊词中陈述了该刊宗旨及研究的范畴，就很具有代表性。该刊期待的边疆研究包括两个大的方面：一是边疆政策和边政机构；一是政治所寄托的社会。就前者而言，"政治的实施必凭藉着政策和机构，盖政策是指导政治活动的方向，机构是执行政策推动政治的工具。如果政策正确，机构健全，则其最后的成功必可预期；否则，其失败之来，亦不难前知，故政策和机构两者，为政治成败的决定要素。"就后者而言，政治是一种社会现象，"欲推动政治，则必对其所寄托的社会有彻底的认识。而欲认识一个社会，又必须从'人'、'地'和'文化'三个要素上面去研究"，其中"人"是社会活动的主体，"地"是社会存在的空间，文化是社会"纵的历史和横的交互关系之总和，即表现于外的各社会形态"。就边疆社会而言，"人"即边疆民族，编者认为边疆各族"亦为大中华民族之一支系，在初本出一源……中间复经过几千年来的往来接触，使其混合融铸，成为一个国族。只因历史相沿，畛域未尽泯除"，现在"应一本民族主义团结国内各民族为一大中华民族的伟大方针，积极研求有效的团结办法；同时更应以学理上事实上的证明，益坚我国人团结的信念，而打破敌人分化挑拨的企图。"而"地"即自然环境，包括地形、地质、气候、物产等。我国边疆地域广袤，自然环境差异很大，"因缺乏实际的调查和统计，致对其内部的秘奥，尚少详确的载籍"，导致各方虽然重视边疆建设，"但在面着实行的场合时，便不禁有无处下手之憾"，所以应努力于"边疆自然环境的考察和介绍"。所谓"文化"，则包括物质文化和非物质文化，前者包括衣、食、住、行，后者包括语言、信仰、道德、习俗和法律规范等，无论在物质方面还是在非物质方面，中国边疆文化"都形成其各式各样的形态"，如何改良边民生活和提高边疆文化，"亦必须先有分别的研究，精确的探讨，然后才能得到妥善的方案。"编者声明："上述各节，为本刊所拟研讨的范畴"①,可见在《边政公论》的办刊方案中,其边政范畴就是上述几个方面,往大里说就是边疆政治与边疆政治所寄托的社会,分得再细些,就是边疆政策、边政机构、边疆民族、边疆自然环境、边疆文化等五个方面。如果用今人习用的话语体系,那时的边疆研究也有基础研究和应用研究两个层面,所涉及学科方向也有边疆史地研究和边疆社会文化研究等。

《边政公论》也是华西坝边疆学人发表论著的主要阵地之一。华西坝学人虽然也主办有杂志,但大多规模较小,持续时间也短,如金陵大学所办边疆刊物也仅数期而已。华西边疆研究所同人致力于康藏研究成绩卓著,但囿于经费缺乏,李安宅一直想办理一个边疆刊物而未成。《边政公论》及当时存在的若干边疆刊物,也都成了华西坝边疆学人的发表园地。待到抗战结束后华西大学边疆研究所研究员任乃强独立门户创办《康藏研究》月刊时,华西坝教会五大学已经不再是一个办学联合体了。

华西边疆学人大多也与《边政公论》发刊词所言有着相类的立场。林耀华认为,人类社会无论在上面区域或者什么时代,都包括环境、人和文化三个要素的交互作用,这三个要素"好像三角关系一样,彼此之间发生交互作用,并且相为因果","所谓边疆,非即地理名词,亦指人类社会。边区社会也一样的包括以上三个要素的交互作用,只因边区或有特殊情形,三个要素的交互作用即和中心区域不同"②。由此他指出边疆研究应根据三要素来确定步骤或途径。他认为边疆研究者"必须首先知道的就是边区地理环境和历史沿革","史地学识即为研究区域社会的基本条件","研究边区社会需要史地的基础学识,系无容疑议的事实。"此后即应划分区域、民族或团体作专题考察研究,但

---

① 《发刊词》,《边政公论》第1卷第1期,1941年,第2—4页。
② 林耀华:《边疆研究的途径》,《边政公论》第2卷第1—2期合刊,1943年,第15页。

"要精确的考察人类社会,先要知道人类本身",所以边疆研究的第二个途径就是要"考究边民的个人行为方式"。第三个途径是语言。语言学可以包括语音学、文字学和意义学。林耀华特别介绍了李安宅所阐发的吕嘉慈的意义学基本原理,即记载、字眼、符号和圈局、定义等的区别和联系,认为"如果具有意义学的训练和眼光,穷根究底的分析语言符号,考察边区社会的时候,不但学会了边民的说话,并能真懂得说话的意义;那么,我们就可以搜索可靠的材料了。"研究者有了史地、生理和语言的学识基础,即可进入边区研究第四个途径,就是研究人群团体的机构。林耀华重申环境是供给人类生存的根据点,人类机体需要适应环境变化的文化,文化累积造成文化环境,又控制人类行为支配团体活动,因此环境、人类、文化三者交互作用,循环不息。他提醒,科学训练使人在研究方法上追求精到,但研究方法是在不同时地临机运用,并非生搬硬套,所以边疆研究亟需方法的训练和眼光的培养。他主张边疆研究最好有一个实用目标,以便确定并纵横拓展考察研究范围,"再则,历史背景的学识,也常不足以分析制度的变迁;所以需要实地考察的材料,而实地考察又须相当时日,才能精切的看到变迁的过程。"①

边疆研究者除研究边疆政治外,还需研究边疆社会,即研究边疆地理、边疆民族和边疆文化。这当然是扩大化的社会概念,因为社会是一个具有"团结情绪"和功能的人群整体。陶云逵认为:"一个社会的主干是这个社会所规定的行为模式",社会体系和社会制度交织便是社会组织,社会制度包括社会需要(亲族、法律、政治)、生存需要(经济)和心理需要(教育、宗教)等,体现了人与人之间关系的行为模式的规定,或是根据一定理念与方式而规定的价值标准,而文化是人对人,对自然以及超自然的行为模式,所以文化包括社会制度,"文化正如社

① 本段更详细的论述可以参见林耀华:《边疆研究的途径》,《边政公论》第3卷第1—2期合刊,1943年,第15—27页。

会，只有从行为上可以看得出来，而行为是要个人去动作的。"①

徐益棠曾指出 1930 年前国内虽有科学考察团深入边区，但其"所注意者，大都为纯粹之自然科学，边疆上之实际问题，常被视为属于外交或内政之问题，科学家不甚加以注意"，"其时边疆学术之综合的研究，尚无人注意，而民族学在我国之幼稚，在当时亦毋庸讳言"，那时论边疆问题者，"每推其原因于帝国主义者之挑拨"。但 1931 年后，国人逐步认识到"中国之边疆问题，民族的因子实居其重心，文化之低落，又为其根本之原因"，民族研究，"亦同时为各边省当局所注重"，民族学家"一方面撰述通俗之文字，以引起一般人之兴趣；一方面发表学术的研究，以奠定民族学之基础"。此言，也表明边疆研究中的重要内容应该是研究边疆文化。

柯象峰也明确提出边疆研究范围并不以"与邻国接壤之区域为限也"，明确提出东南沿海因为"全为文化进步之国民所据，自不在边疆研究范围之内"，但东三省、内外蒙古、新疆、西藏等地及其民众，"固为边疆研究之主要对象"，而"西南各省，文化不同之民众"，"研究边疆者，固不容忽视者也"。他更进一步指出："如再推而广之，西北至中亚细亚，南至南洋群岛以及东南沿海之岛屿，凡具有远大之眼光者，谅亦注意及之也"。由此，他提出我国边疆研究应有较广之范畴，也就是"边区"及"边省内地，未尽同化之民众，以及在可能范围内，临近有关之各地民族，均可加以研究"。很显然，柯象峰所认可的边疆概念，还是侧重于文化的，自然边疆研究也当以文化为重要内容，故他在论述边疆研究中的参与学科学者时，即指出"研究员中任主角者，据愚意应推民族学及社会学家"，对边疆研究，"人文当重于自然，而人文学科中民族、社会之研究当先于其他各方面，而处于一种先锋的地位，即同时

---

① 陶云逵：《社会文化之性质及其研究方法》，《边政公论》第 3 卷第 9 期，1944年，第 13 页。

进行，亦应有主客之分"①。

卫惠林认为，那时学术界的中国边疆研究虽有一定成绩，但是存在"零星片断，缺乏有计划的发展，与适当的分工与连系"的问题，因此可以说，"一直到现在为止，中国边疆研究或中国民族学，尚滞留在幼年时代"。有意思的是，卫惠林与徐益棠均为留法人类学家，且受徐益棠延请到金陵大学从事民族学与边疆研究工作，但对当时中国民族学与边疆研究的成绩与"段位"的判断是如此不同。卫惠林对现状略显悲观，但对前景依然充满希望："我们还没有一张民族分布地图，及文化分布地图。对于语言，经济等特质，虽有简要地图，但离正确的程度，还差得很远，民族称谓与分类问题也都还没有满意的解决。凡此皆可说明我们应加倍努力，迎头赶上，才能配合边疆政治，经济与文化建设的需要，唯我们可以引以为慰者，中国民族学已经产生，也正在一天一天成长着。"他指出中国边疆研究中有几个基本问题需要探讨。一是观念问题。他认为在政治原则上早已确定了国内民族一律平等的民族主义，但在学术上却存在一种"中华民族一元论"，"从学术的立场，觉得其既不合政治原则，也不合科学精神。"卫惠林认为，民族学与边疆研究工作"对政府的民族政策亦只有裨益绝无妨碍，即当前建国工作中一个重要部门的边疆建设必须建立在对边疆更多的认识与理解上"。二是技术问题，主要包含语言问题、风俗习惯问题、研究技术本身的问题。卫惠林认为，如果不具备边疆民族语文能力，也不善于使用"通译"，如果不能了解和尊重边地风俗习惯，尤其是禁忌和礼俗，如果对研究对象没有完整的计划和充分的技术准备，那么边疆研究很难顺利开展，也很难写出"真有贡献的文章"②。

---

① 柯象峰：《中国边疆研究计划与方法之商榷》，《边政公论》第 1 卷第 1 期，1941年，第 47—50 页。

② 卫惠林：《中国边疆研究的几个问题》，《边疆研究通讯》第 1 卷第 1 期，1942年，第 2—3 页。

由上可见,华西坝学人虽未明确提出边政学或边疆学的学科概念,但在对边疆研究的研究范围的论述中可见他们与当时人类学南北两派及顾颉刚等史学家大体仍然分享着相似的观念,对于边疆研究也比较注重边疆社会文化的调查研究。尽管卫惠林未明言,实际上对顾颉刚所提出的"中华民族是一个"对民族文化研究的有所遮蔽是不满的,但顾颉刚也正视了民族文化的差异,并将中国民族文化分为三个文化集团。他后来对其立场有所解释,参与论辩的对方费孝通未再回应,或是因为对那时的形势需要心领神会①。我们在回顾这一段学术史时,或许可以更多从他们的立场相同或相通的角度来理解。

第二节　趋于规范:华西坝边疆学者
对边疆研究方法的探索

民国时期边疆研究与晚清时期的西北史地研究有明显不同,无论边疆学术研究的内容与形式,还是组织与运行,都发生了极大变化。此前中国边疆研究,主要由研究者个人兴趣驱动,个人经费支持;研究活动主要是一种个人行为,非常依赖个人能力,包括身体、经济及研究等方面的能力。而其研究成果,发表途径也相对单一。但在民国时期由于众多边疆研究机构、学术刊物及出版机构的出现,使边疆研究开始从个体行为向群体行为,从书斋研究为主到实地调查为主转变,促进了边疆社会调查运动的兴起。边疆学术研究主体和载体均有前所未有之变化,诸如职业化的学者群体、大学的学科和专业,专门研究机构、新式学会、图书馆、学术期刊,报纸等,都是清季所没有或不普遍的②。边疆研究群体学科及研究方向经历了由单一向复异,以史地学

---

① 　参见汪洪亮:《民国时期的边政与边政学(1931—1948)》,第64—82页。

② 　相关论述参见汪洪亮:《中国边疆研究的近代转型——20世纪30—40年代边政学的兴起》,《四川师范大学学报(社会科学版)》2010年第5期,第137—144页。

者为主向以社会文化学者为主转变的过程。清代边疆学者几乎是清一色的文史学者型的官员。

仅以 1920 年代即已成立,且存在 20 多年的华西边疆研究学会为例。该学会前期以西方学者为主,后期以中国学者为主。西方学者有汉学家叶长青、陶然士,藏学家顾富华,体质人类学家莫尔斯,宗教学家布礼士,人类学家、考古学家葛维汉,博物学家戴谦和等。中国学者有社会学家李安宅,语言学家李方桂,动物学家刘承钊,医学家侯宝璋、陈耀真,地理学家刘恩兰,考古学家吴金鼎、郑德坤、冯汉骥,语言学家闻宥,植物学家方文培等。边疆学者成员构成变化实际上也是边疆研究理论与方法转型的外在表现,表明边疆研究已逐步发展成为一个多学科参与的研究领域。边疆学术刊物的创办,也便利了时人关于边疆民族调查报告及边疆研究理论探索成果的发表和传播。马长寿就注意到,抗战时期,尽管专门的研究报告与专著并不多,但因"边疆研究的机构、团体、会社既多","出版物随而众多",因此"研究边疆的专门期刊,无论在数量或品质上皆较战前进步多倍"[1]。

不管那时学者构建的边疆学还是边政学,实际上都是综合性的关于边疆问题的研究,并非特指边疆史地或边疆政治,而是广泛涉及与边疆民族地区的建设、发展和稳定等诸多方面。吴文藻在《边政学发凡》中所说的边疆学倾向于边疆史地研究。但是顾颉刚本人其实并没有如此界定[2],他在北平燕大期间、在华西坝期间,与众多民族学者、人类学家有密切往来,尤其与吴文藻及徐益棠、李安宅、柯象峰等华西坝边疆学人有学术交集,对边疆研究自然也有共同语言,尽管其学术谱系有所不同。顾颉刚的边疆学术圈异常庞大,从《顾颉刚日记》中也可清晰窥见。笔者以他与李安宅的人生交集与思想学术异同为个案

---

① 　参见马长寿:《十年来边疆研究的回顾与展望》,《边疆通讯》第 4 卷第 4 期,1947 年,第 3 页。

② 　吴文藻:《边政学发凡》,《边政公论》第 1 卷第 5—6 期合刊,1942 年,第 10 页,第 2 页。

已作初步分析，还计划推出其边疆学术"朋友圈"系列①。

华西坝学人对边疆研究的学科属性的认识虽未必有吴文藻、杨成志表述得那么清晰，但其研究对象和范畴却基本相似。就边疆研究所涉及学科而言，华西坝学人也认识到需要众多学科合力而为。吴文藻指出，边政学要成为一门独立学科，应与相关的学科密切联系，"始克有成"。人类学、社会学、政治学、经济学、法学、教育学、史学、地理学及其他有关国防的科学，都是边政学研究所需仰赖的学科，"非如此不足以建立边政学的学术基础"。吴文藻非常看重"边教学"，认为其与边政学"同样重要"；"社会事业"对边民福利事业和边疆福利行政有着重要助益，"已成为一门应用社会科学"；边疆文化变迁研究是"边政涉及的中心工作"，"是与边政学直接有关的一种主要工作"，"海外华侨社会的研究，亦可为边政学的借鉴。"他还强调，"人类学是研究边疆民族及文化的中心科学，而从事边政的人就必须具有关于边疆民族及文化的充分知识"，其中功能学派"实用性尤大"，可"考察边疆民族接触及文化交流的过程，尤其须研究边缘文化及边缘人在开发边疆事业上的地位"，社会学的区位学派"研究人口、地理及社会经济组织三者之如何配合"，"此种区位入手法"，在边疆文化研究中"可与功能入手法参酌并用。"②

杨成志虽未明确列举边政研究相关学科，但在论述边疆调查和边疆干部培养时，表达了类似观点。他认为，调查是研究边疆之士及从事开发边疆的工作者"应该履行的唯一先决步骤"，"边疆调查的范围包括了自然的和社会的环境，与居住在这个环境里的人民——边民，这无疑地已经指明边疆调查简直综合了自然科学、社会科学及以人为

---

① 参见汪洪亮：《顾颉刚与民国时期的边政研究》，《齐鲁学刊》2013 年第 1 期，第42—49 页；《顾颉刚与李安宅的人生交集和思想学术异同》，《中国藏学》2015 年第 2 期，第37—45 页。

② 吴文藻：《边政学发凡》，《边政公论》第 1 卷第 5—6 期合刊，1942 年，第 9—11 页。

对象的民族学为其基础的"①。这些表述，无疑与林耀华在《边疆研究的途径》中的观点是基本一致的。杨成志指出："要使边疆调查能得到一个正确的结果，应先使调查者具有民族学的基本认识及技术的应用"，"我们对边疆族群的认识似应本中国民族学研究为出发点——即血统的互相交流与混化，文化的互相传播与影响，语言的互相采用与保留三种因素去分析和综合才较为科学。我们不特要求出大中华国族中各个族群真真正正面目，同时也应尽量利用民族科学的理论与方法，应用到抗建伟业的推进和引起国族的族群自动起来，同站在国家第一的团结的阵线上，各尽国民义务为一个政府效力，这种基本信仰若能从根建立起来，边疆民族的研究效果才见得有出路。"他所指出的"三种因素"实际上可概括为人类学的三大分支：体质、文化、语言。

杨成志与吴文藻都注意到民族学和社会学关系密切，在研究对象和研究方法都有很多相似点，研究中也互相启发、互相借鉴。杨成志说，"我们应明白边政的设施，不能不以现代科学为根据，这便是我要介绍人类学上的民族考察与社会学上的'同化政策'（Assimilation）的研究为出发点。"吴文藻强调，其所言"以人类学观点为主"，改作"以社会学观点为主"完全一样，在他看来，"人类学、社会学实在是二而一的东西，尤其在中国是应该为此"。这是一个非常重要的观点，两门学科在西洋以前被视为两种学术训练，"以为人类学是研究有色人种的初民社会及低级文化，而社会学则研究白种人的近代社会及高等文明"，"人类学研究社会起源，社会学研究社会演化"，但是后来"这种说法，渐被摒弃，最近两种学术日益接近，不久定将混合为一。因为二者所研究的目的、题材、观点及方法，越来越趋一致，几乎无分彼此。所谓'文化社会学'与'文化人类学'，不过是异名同义的词儿，目前大家都在讲求科学方法，尊重实地考察：一方面社会学家去简单社会考察初

---

① 本节凡引用杨成志文字，皆出自杨成志：《边政研究导论》，《广东政治》第 1 卷第 1 期，1941 年，第 53—61 页。

民土人；一方面人类学家回到现代社会考察农民、工人。一个社区，不论其类型之为部落，为乡村，或为都市，都已成为共同考察的对象。即如吾国，抗战以还，考察边疆社会最为热心的人，就是社会学者，这绝不是一件偶然的事情！"实际上，社会学和人类学的研究对象和研究志趣，有着相当的差异；但在抗战时期，学者们少有强调两个学科间的分野，这在某种程度上也表明各学科学者对边疆问题的共同关注①。

关于人类学和社会学及民族学的学科分野，早在民国时期就有不少学者对此有过讨论。比如卫惠林在《民族学的对象领域及其关联的问题》对此即有详论。他在介绍了民族学的形成与发展历程后，指出民族学也经历了"若干纠纷与意义上的变迁"，尤其是"民族学与人类学中间的纠纷，非常复杂"。他将二者关系划分为四个"时代"：一是"民族学包括人类学的时代"，以 1839 年巴黎民族学会纲领为例，民族学定义是"关于人类体质与智慧之'社会的'研究"，研究内容"包括人类科学的全部要素，即人类学亦应包括在民族学之内"，这是相当广义的定义，"内容应包含着社会学、文化史、人种学、语言学以及人类学的要素"。二是"民族学与人类学对立的时代"，英、德等国学者对两个学科的分野有不同的表述，但都认为二者有区分和侧重，如有认为，民族学研究"种族与民族"，人类学则研究"人类起源的博物学"，或认为民族学重在研究社会，而人类学则主要研究人，或认为人类学侧重研究人类自然史，民族学则研究民族的心理、精神特质。三是"人类学包括民族学的时代"，1859 年成立的巴黎人类学会，把一切关于人类的科学包括在内，认为"人类学是研究人类的中心科学，可以运用一切知识。民族学只是人类学内的一部门，是研究种族的科学"，不过这种见解在法国共鸣者甚少，但在英、美所获得支持和承继。四是"姊妹科学时代"，自 1889 年巴黎召开的民族学大会上后，学界倾向认为人类学和民族学是"一般人类学的二大分支，即人类学是研究人类之起源、变异

---

① 吴文藻：《边政学发凡》，《边政公论》第 1 卷第 5—6 期合刊，1942 年，第 9 页。

与种族的科学"，民族学是"对于民族文化的研究"，"两者联合起来，构成一般人类学"①。

　　大体而言，民族学和人类学研究的内涵基本一致，都是以研究初民社会或相对落后社会为主旨，而社会学研究则以主流或进步社会为研究对象。对于这些学科发源地的学者而言，中国研究就全为人类学研究对象，因为在他们看来，中国就是个较为落后的地方。但中国是个内部区域发展不平衡，族群众多且文化差异明显，尤其是在存在"中国本部"、"十八行省"及边疆地区的区域划分，和中原文化和边疆文化的文化分野，对中国学者而言，中国内部似乎也还是有区分社会学和人类学研究对象的必要。加上民国时期虽然边疆研究复兴，但是民族学、人类学在高校学科课程设置中却往往从属于社会学，故民族学家、人类学家也基本都在高校社会学系，相关学者也就相应地多具有三种"学家"的身份：既是社会学家，也是民族学、人类学家。关于此点，王建民所著《中国民族学史》是国内民族学最早的学科史专著，对此有非常清晰的说明②。

　　边疆研究是个需要多学科参与但民族学任主角的综合研究领域，是当时学界比较一致的见解。《边政公论》发刊词中明确指出边疆研究"使命十分重大，工作亦十分艰巨，兹当草创伊始，切盼我国内从事边疆工作和注意边疆问题的贤达，以及研究政治、经济、社会、人类、民族、语言、史地等等学问的鸿博之士，予以多多的鼓励指示和帮助"③。边疆地区地域广袤、民族众多、文化多元、经济落后，自然期待多种学科共襄盛举。马长寿注意到，"抗战之顷，各科人士皆谈边疆，无论社会学家、历史学家、语言学家，其所学学科与边疆有密切之关系，其谈也固无不宜。然一般不相干的人士，或劳驾远征，或闭门坐谈，亦往往

────────

　　①　卫惠林：《民族学的对象领域及其关联的问题》，《民族学研究集刊》第1期，1936年，第27—34页。

　　②　参见王建民：《中国民族学史》。

　　③　《发刊词》，《边政公论》第1卷第1期，1941年，第4页。

以边事边情为集注之点。此殆把握现实，揣摩时髦，以自列于通达之流。"①

边疆研究需要多种学科参与，但各种学科也有轻重缓急之分。当时普遍认为，民族学应在边政研究中居于主角地位。柯象峰认为，虽然在边疆研究中各种学科"均应各占重要之一席"，但"研究员中任主角者"，"应推民族学及社会学家"，这是因为"边疆研究之方面虽多，其间实有先后轻重缓急之分"，"对于边疆之初步研究，人文当重于自然，而人文学科中民族、社会之研究当先于其他各方面，而处于一种先锋的地位，即同时进行，亦应有主客之分"，"民族学者、社会学者之主要任务，即在研究边民文化之内容（物质的精神的均在内），社会组成之实质以及民俗信仰各项制度生活实况等问题，以求深切之了解，进而求解决之方案，一旦有成，其他各方面之研究均可继之，循序而进矣。"②

徐益棠注意到，当时民族学界有两种现象"颇为可喜"：一是"虽非民族学者而其所研究者为与民族学有深切关系之科学，亦利用其专门之知识与方法，以从事于边疆民族学术之探讨"，二是"此种专业的研究，颇能使民族学之范围扩大，内容充实，此种趋势，对于中国民族学之发展史上，当进入另一个建设性的新阶段。"③换言之，当时各类学科的学者都有不少投入到边疆研究中，既使边疆研究更加全面深入，也使民族学研究范围和内涵得到扩展。徐益棠进一步指出，民族学本身也是一个需要众多学者共同努力的学科。他说："民族学之科学的建设，依方法言之，则读书与考察并重；依内容言之，则主科与辅科俱进"，"民族学主辅各科，包涵相当广大，自体质以至文化，就理论以至

---

① 马长寿：《十年来边疆研究的回顾与展望》，《边疆通讯》第 4 卷第 4 期，1947年，第 1 页。

② 柯象峰：《中国边疆研究计划与方法之商榷》，《边政公论》第 1 卷第 1 期，1941年，第 48—49 页。

③ 徐益棠：《中国民族学之发展》，《民族学研究集刊》第 5 期，1946 年，第 160 页。

应用,凡语言心理、社会、人文地理、古生物学、考古等科,莫不与之有密切之关系"①。可见华西坝边疆学者已具有"科际整合"观念。在中国人类学的学术版图中,可能华西坝边疆学者的跨学科思维表现得最为突出(这点笔者将另文讨论)。这种跨学科思维实际上也是学术现代转型的重要特征。

民族学被公认为是一门应用性、实践性很强的学科。特别是20世纪二三十年代,民族学家逐渐将视点转移到当代社会。一些中国留学生在国外修习民族学、社会学时,也已注意到实地调查和现实问题研究。杨成志认为,"欧美学者,不特努力于集团理论的研究,且极注重应用的工作。例如伦敦与巴黎的'殖民学校',关于人类学一科至为重视,凡出任各殖民地服务的官吏,均宜先受过人类学的洗礼,至优生、遗传、犯罪各实用科学,均与人类学关联,所以在欧美人类学的功用,已与殖民政策及人种改良,发生密切的关系。因此,至今日人类学已被公认为一种应用的科学(Applied Science)了。"②黄文山指出:"民族学不只为一种文化理论的科学,而亦是一种应用的科学,其与实际政治与近代思潮之关系,最为深切,吾人稍涉人类学史,当无不知之者",在中国,"民族学之纯理论研究,可以供给社会科学以无数之可靠的假定","民族学之实地调查,尤其可以供给民族改造之妥善的计划以及达到三民主义之切实的根据。"③

据徐益棠所见,在边疆危机逐步加重,民族问题凸显,边疆综合研究兴起的背景下,"幼稚"的中国民族学逐步奠定学科基础,直到抗战军兴方得以确立其科学地位。民族学在中国科学地位之确立时间是否如此之晚,尚可讨论,但民族学在中国的发展,确与边疆问题及边政

---

①　徐益棠:《十年来中国边疆民族研究之回顾与前瞻》,《边政公论》第1卷第5—6期合刊,1942年,第61—62页。

②　杨成志:《民族学与中国西南民族》,载刘昭瑞编:《杨成志文集》,第138页。

③　黄文山:《民族学与中国民族研究》,《民族学研究集刊》第1期,1936年,第9页,23页。

演进有着密切关联，当无疑义。中国广袤的边疆，为中国民族学发展提供了肥沃的土壤，而政府对边政的逐步重视，也为民族学提供了更多用武之地。正如徐益棠所言，"我国忝居人后，藉席丰履厚之余荫，复加以悠久之文化，广大之边疆，繁伙复杂之民族，研究机会之良适，为任何国家所不及，且处此重要时代，边民生活亟待改进，边疆富源亟待开发，而建设边疆政治，提高边疆文化，又刻不容缓，凡此种种，均须应用民族学之知识与方法以解决之。"[①]

不少学者提出要发展中国的应用民族学，如吴文藻呼吁中国学人"急起直追，迎头赶上，使人类学的研究，在理论及应用上，同时并进，以边政学为根据，来奠定新边政的基础，而辅助新边政的推行"；西洋所谓应用人类学，大都以殖民行政、殖民教育、殖民福利事业以及殖民地文化变迁等题目为研究范围，"在中国另换一种眼光，人类学的应用，将为边政、边教、边民福利事业，以及边疆文化变迁的研究"[②]；马长寿认为，中国边疆有异于列强殖民地，"故中国边政于人类学的应用不当限于应用人类学，而须一方面修正应用人类学，另一方面于此科学之广泛领导中寻求适合于中国边政的特殊情况"[③]。民族学的应用性，已经成为当时众多学者的共同见解。

徐益棠对民国时期边疆问题的演变有较为全面的描述，并以几个时间节点为序构建了边疆民族研究发展的历程。一是"民国二十年之前夕"，"边疆问题之发生与中国民族学之萌芽"；二是"民国二十年至二十六年"，"边疆问题之严重与民族的科学研究之开展"；三是"民国二十六年至三十年"，"边疆调查之猛进及民族学科学地位之确立"；四

---

① 徐益棠：《十年来中国边疆民族研究之回顾与前瞻》，《边政公论》第 1 卷第 5—6 期合刊，1942 年，第 61 页。

② 吴文藻：《边政学发凡》，《边政公论》第 1 卷第 5—6 期合刊，1942 年，第 2 页。

③ 马长寿：《人类学在我国边政上的应用》，《边政公论》第 6 卷第 3 期，1947 年，第 28 页。

是"民国三十年以后","边疆建设与民族研究之连系与调整"①。从徐益棠的论述来看,对边疆问题成因的认识,趋于从外因到内因的视角转换;对边疆研究的入手,趋于从文献研究到实地调查的转变,趋于从自然科学向人文科学(尤其是民族科学)的转换。

徐益棠注意到,1920 年代,国内处在多事之秋,边疆也是岌岌可危,国人科学研究突飞猛进,在生物学、地质学、古生物学、语言文字学及心理学、生理学等方面都有显著成绩,当时考察边区的考察团也多。但是徐益棠注意到,这些考察团所关注重心往往在自然科学方面,"边疆上之实际问题,常被视为属于外交或内政之问题,科学家不甚加以注意;偶或有所记述,大都由于好奇,零星简略,不足以供参考;盖其时边疆学术之综合的研究,尚无人注意,而民族学在我国之幼稚,在当时亦毋庸讳言也。"即使有一些"谈实际的边疆问题者","每每注意于'土地'与'主权',而边地民众之如何认识,如何开化,如何组织与训练,均不甚加以重视也。"但是在 1930 年代,这种情况有了变化,最主要的是研究者研究立场的变化,"乃知中国之边疆问题,民族的因子实居其重心,文化之低落,又为其根本之原因。于是各省乃竞设学校,广训师资,而民族研究之工作,亦同时为各边省当局所注重"。徐益棠此言,其实反映了国人对边疆问题成因从外到内的观察视角,也揭示了民族因子和文化低落的相通性,也就是暗含了民族学家希望从文化角度调适民族问题的边政思路。

在这一时期,中国民族学家也成长起来。徐益棠认为民族学界在学术研究和社科普及两个方面同时着力:"惟一般民族学家已于此时期内尽其最大之努力,一方面撰述通俗之文字,以引起一般人之兴趣;一方面发表学术的研究,以奠定民族学之基础。"那时资讯不如现在发达,但徐益棠对两方面的学界内情如数家珍,对其中有关研究成果"报

---

① 本段及以下数段凡徐益棠之论述未注明者皆引自徐益棠:《十年来中国边疆民族研究之回顾与前瞻》,《边政公论》第 1 卷第 5—6 期合刊,1942 年,第 51—63 页。

告尚未出版"、"尚未整理完毕"等也都有所论列，可见其学术视野开阔，信息来源广泛。徐益棠还注意到这一时期有多位新闻记者也涉足边区而写出有关民族方面的作品，如大公报记者范长江的《中国之西北角》，中国日报摄影记者庄学本的《羌戎考察记》，申报记者顾执中、陆诒的《到青海去》，西京日报记者徐弋吾的《新疆印象》，等等。这时期"系统的民族学专籍"和"民族学整部之著作"益形发达，"不仅移译而国人亦有撰著者"。中国民族学会之成立，是那时民族学界的一件大事，"研究民族学诸同志，各就其研究范围，分工合作"，取得了丰硕成果。

整个1930年代边疆研究在理论和方法上确实还不成熟，虽已有一些基于实地考察的作品，但从边疆研究成果来看，却不能令人乐观。至少在那时还很难见到专门讨论边疆研究理论和方法的论说，也未见严格按照后来众多学者指出的边疆研究若干原则、途径所撰著的作品。但是到了1940年代，这一现象幡然改观，许多学者撰写文章讨论边疆研究的理论和方法。笔者认为出现这一现象的原因应有以下几点：一是边疆研究理论方法的形成，是众学者在长期的学术实践活动中提炼总结的结果。从现代学术眼光来看，不少学者对1930年代边疆研究论著尚存的诸多缺陷已有省视和反思，注意到应有专门的学术规范。二是西方学问在中国的入乡随俗并形成学术规范，有一个长期实践落地落实的过程，尽管民族学、人类学和政治学等诸多学科进入中国，进入大学课程和专业，是在1920年代，但是都经历了一个学科本土化的过程，中国学者能够自觉应用这些学科知识到中国边疆研究中，也需要学术训练和意识培养。三是日本全面侵华导致大批高校和研究机构内迁，各科学者云集西部地区，研究边疆的群体扩大，研究边疆的机会更多，自然有更多学术实践经验。

综合上述原因，1940年代不少学者撰写了以边疆研究方法论为主题的论著。这些论著表明边疆研究在方法论上趋于规范化和科学化，有了专门的学术规范。正如柯象峰所述，"在研究方法方面，初期间固可任其摸索,但一旦成熟,仍宜有一统一之研究方法,庶几所获之资料,无有遗漏,以及轻重倒置之弊,且可将各方所得之资料,加以比较,对于学术上及致用方面,定有裨益"①。这似乎也旁证了边疆研究在1930年代处于"任其摸索"的"初期",而其撰文之时,则是接近成熟期了。

柯象峰认为,应有步骤地进行边疆研究:(一)整理已有资料;(二)搜集新资料;(三)实地调查技术。我国边疆研究经数十年中外人士之努力,已有卷帙浩繁之宝贵文献,包括各类游记、专著、专文,"尤可注意者","外人对于我国边区各民族文化之研究及对于边区情形之人士颇有不少极有价值之记载",如地理风土、民族文化之记录及文字宗教之研究等,"其深刻处,有非吾国人士所能望其项背者",如英、法人士对西藏西南,日人对东北,俄人对蒙古、新疆,"均较吾人有更深刻之了解"。如不分门别类认真整理这些材料,则使研究失去重要参考,也易重蹈覆辙。其整理可以依地理区域、民族类别进行,还须参酌年代顺序、文字种类、著作性质、内容等。在柯象峰看来,新资料搜集主要依赖实地调查,故其"搜求新资料"后直接以括号"实地调查"表明二者关系。他主张拟定统一研究项目,"关于学术研究固不应有所限制,然为统筹全局,可资比较计,在可能范围内,对于研究的主要方面或项目如有'指南'类之研究项目要览,亦自有其价值"。他列举英国皇家人类学会出版的《人类学札记及询问要览》及美国耶鲁大学出版社的《文化资料大纲》之主要项目,供国人实际调查拟定研究项目表时参考。不过他认为上述两者所列项目"尚欠严整,有待重行编制",而英国人类学家马林诺夫斯基所列《文化总表》,对于文化模式之内涵"布局生动而严密,较以往各家,另具风格,可供参考。"

除了上述研究项目须明确外,研究者还须具备自身素养、时间、经

---

① 参见柯象峰:《中国边疆研究计划与方法之商榷》,《边政公论》第1卷第1期,1941年,第49页。

费、语言、技能等多方面的条件。由于边疆研究往往需要"深入蛮荒,实地访问",普通学人尚难担任,研究者除了专门学识外,还要富有田野工作(特别是社会调查)之训练;"富于学识与机警","应对初民"须"临机应变,胆大而心细";具有忍耐性,"研究边民如欲深刻而精细,决非一朝一夕所能完成而应有较长时间之体认";具有"同情心"。此处所谓同情,并非情感上的怜悯与关爱。柯象峰指出,往昔研究者多犯主观病,认为初民行动文化多系"野蛮可鄙"而轻忽,导致隔阂与误解,或以"高等民族"地位居高临下,所得调查易失真,惟有对人则胞与为怀,对事则设身处地,才能获得边民信任与友谊,获取真实资料。五是具备明断与鉴别力,否则材料芜杂,易指鹿为马。除了自身素养外,边疆研究者还需有充分时间,一般"民族学研究应在拟定研究之社区作长期居住一二年以上参加共同生活学习语言,细心访问","如无充分时间,极难取得预期之效果"。研究经费也不可或缺,边地汇兑不便,中途难以接济。经费除设备费及食宿费外应有充分之赏赐费及酬劳费,用于礼品赠送及翻译酬劳等。语言工具在边疆研究中"至为切要",如不明土语,则易误解与遗漏,故学者应多从事当地语言学习,或请翻译协助。当然学者如有一技之长,如医术、射击、音乐等,利于联络土人感情。对于具体研究方法,柯象峰有七条建议:一是入手法:边疆研究对象主要是文化,文化包括物质部分、社会部分和精神部分,物质部分,可由器物入手,社会部分,可由制度入手,精神部分,可由语言入手。二是观察法:须"具备社会民族学之观点,及注意精确"。三是访问法:访问法多以闲谈方式进行,"使人于不知不觉间,将真相述出"。四是系谱学方法:主要适用于研究社区血缘关系、亲属关系、家系、家庭及婚姻制度、男女地位、亲属称谓等。五是传记法:新近功能学派主张利用此法。六是记录法:搜集材料应予以记录,以日记或分题记录等形式"每日随时记下",亦可以绘图与摄影等补文字记录之不足。七是考证:对所搜材料之疑点或不准确处，应予考证和纠正①。

华西坝边疆学者还对如何组织和协调边疆研究提出过非常深入的思考。如柯象峰指出："我国边疆之研究园地既广，而研究之方面亦多。举凡自然科学及社会科学中重要部门之学者，均可参加"。但是，如果缺乏组织与合作，也难以建功。他强调："我国边疆之研究范畴，既如是之广，绝非一二专家或少数之士所能应付，亦非一二学术机关或大学所能担当，故如不能严密其组织，集中人才作分工之合作，颇难期望此庞大事业之克底于有成也"。面对那时学界边疆研究机构虽多但叠床架屋，人才分散、工作零落的状况，他建议组织全国性的边疆学会，"网罗全国精英，和衷共济，协力进行"，统筹兼顾相关研究工作：一是对相关研究工作进行分配和调整，二是聚集权威学者，参与"各方研究之指导与咨询"，三是提供边疆研究资料之交换场所。他还建议："在全国性之学会统筹下，将全国边疆划分为若干区域，分由各大学或其他学术团体任研究之专责"，比如川康区可以由四川大学和华西大学分任，云南区可有云南大学和西南联大负责，两广及海南，可由中山大学负责，西北和"将来之东北"，"各亦可加以分配"。他认为分配标准是："除地域上之接近关系及交通便利外，可再斟酌各大学及学术团体人才之专长及设备之内容以为调整之依据"②。

卫惠林也专门讲到边疆研究中的"组织与连系问题"。他认为："中国的边疆区域实在太大了，从兴安岭到阿尔泰，从天山到喜马拉雅，从高黎贡山到五岭，所包含的民族，北系有通古斯、蒙古、突厥；南系在藏、缅、苗、傜、泰、掸，部族称谓每以百计，绝非一二学术机关，少数学者在短期内，所能作整个研究的。近来国内学术机关团体以至个

① 上述两段，参见柯象峰：《中国边疆研究计划与方法之商榷》，《边政公论》第1卷第1期，1941年，第47—57页。其所征引之多种"研究项目"，因篇幅限制，此处未详引。

② 柯象峰：《中国边疆研究计划与方法之商榷》，《边政公论》第1卷第1期，1941年，第48—49页。

人努力边疆研究者风起云涌，唯缺乏组织与连系，致大家在那里捉迷藏，有的地方整个没有人过问，有的地方接接连连的去做重复工作。有些机关有人有计划没有钱，有些机关有钱没有人。这种现象有急待调整改善的必要"。具体而言，卫惠林所提出的方案有以下几条：一是要有一个工作指导中心，"现有指导学术文化的中央机关如中研院与教育部，对此项研究工作应予以提倡指导，并代谋工作上之便利，如各大学加设民族学边疆语文学课程，或专设系组，资助边疆调查，研究机关或工作，决定研究计划大纲，划分研究区域等"；二是在分工与连系方面，可以依地区，或依民族，或依问题，分工合作，"至少在原则上分区研究为最适当的办法。同时相互间的互相连系亦可减少若干冤枉工作，所以直接的互相连系，互相通知，与间接的经过一个指导机关的总连系更属必要"；三是要建立边疆研究工作站和资料中心，应在各边疆省区主要中心地区，"由研究指导机关筹设工作站与资料中心，使无论从哪一个机关团体前往该地从事研究者获得各种方便，藉得收事半功倍之效。此工作站应包含一个研究所，一个图书馆，一个博物馆，一个招待站"①。

综合上述，华西坝边疆学者对边疆研究的学科化努力有以下几个特征：一是相对平实，大多没有刻意提出建设一个学科的名称，而多以边疆研究论之。李安宅虽曾在其《边疆社会工作》一书中提及边疆社会学就是应用人类学，但其辞隐约在书中，未能一以贯之地明示。二是虽然大多未明确建设一个学科，但是对边疆研究的对象、理论和方法都有较为系统的思考，极大地推动了当时华西坝边疆研究的开展，同时也借助《边政公论》等学术刊物强化了华西坝边疆学人与各地边疆学人的学术交往和思想交流。

---

① 卫惠林：《中国边疆研究的几个问题》，《边疆研究通讯》第 1 卷第 1 期，1942 年，第 3—4 页。

结　语

　　华西坝教会五大学既然是抗战时期国家组织机构西迁所致高等教育研究机构地图变化的产物,也因抗战结束以后国家政治重心回迁东部而自然解体。随着迁来华西坝的四所教会大学东返复员,昔日云集华西坝的学人,因此而分散。华西坝的边疆学术经历了多年的繁盛后,开始走向萧索。以1950年以李安宅为首的华西大学边疆研究所同仁参加十八军进藏为标志,华西坝的边疆学术近乎风流云散。

　　1945年抗战胜利,无疑是中华民族的福音。华西坝教会五大学广大师生闻此喜讯,欢呼雀跃,奔走相告。被迫内迁的高校,大多开始筹划"从哪里来,回哪里去",开展复员工作。华西坝教会五大学中,除了东道主华西大学外,其他四所教会大学都先后迁离成都,"华西五大学"亦成绝响。1952年,由于朝鲜战争持续进行及国际形势变化,中国政府调整内外政策,完全接管教会大学,在全国范围的高校院系调整中以关停并转等多种形式拆解了教会大学,使教会大学在中国内地成为历史名词。

　　据齐鲁大学校长吴克明1947年所述:"本校自三十四年八月,敌人投降以后,即在蓉组织复员委员会,进行一切复员事宜。先后委托联合托事部代表方维廉博士,及罗世琦、温福立、林仰山、裴礼伯诸教授,在济进行接收事宜。嗣后又委派孙恩三教务长、杜儒德院长,由蓉飞济，主持一切。直至三十五年五月间，始接收完毕”，“本校以一校分于济、蓉两地办理，教务及行政方面，均感不便。是以自三十六年度起，决将蓉校结束，各院系各年级，均于济南办理。八月份起，教员及学生，先后由蓉来济，至此复员之事，乃告一段落也。”①

一年后，吴克明又说：“迨胜利后，在成都流亡的几个基督教大学均准备复员，齐大于三十四年八月十日得到日本投降的消息，一周内便组成了复员委员会。三十五年四月至六月，金大、金女大、燕大，均提前结束学生课业，先后复员。而当时去济南竟无一条陆路可通，且此后山东局势，每况愈下。至八月中，于无可奈何之中，始决定先空运一部分职教员返济，在济开办一年级，其余教职员及二年级以上学生均留成都，与华大合作，继续办理。”可见齐大复员并非一气呵成。1947 年秋季学期“名义上完全复员”，但实际上仍有不少高年级学生因课程关系“继续在成都借读”②。

一方面内迁的教会大学归心似箭，在抗战结束后很快就启动复员工作；另一方面，复员工作并非一蹴而就，经历了较多的曲折。抗战结束后的中国，并没有告别战争的烽火。教会大学度过了短暂的安宁，也在动荡局势中观望。各校情况大体相似，都经历了一段两地办学的时光。新中国成立后，中央人民政府陆续接收国民政府统治下的和外国人开办的各级学校，并接收了其他一些文教机构。金陵大学在 1945 年秋季学期如常在华西坝开学。同时派贝德士在南京处理接收校产事宜，仅一月余就处置完毕③。同年 11 月，金陵大学组织迁校委员会，以总务长朱庸章为召集人。1946 年 4 月，金陵大学停课进行复员工作。1946 年 9 月，金陵大学在南京开学。金陵女大与金陵大学几乎步调一致，4 月返回南京，9 月复课。1952 年高校院系调整时，金陵大学

---

① 吴克明：《齐大复员以来之概况》，《齐鲁大学校刊》第 59—60 期合刊，1947 年，第 1—2 页。

② 吴克明：《奋斗中之齐大》，《齐鲁大学校刊》第 68—69 期合刊，1948 年，第 1 页。

③ 参见《金陵大学校刊》总第 355 期，1945 年，第 1—2 页。

并入南京大学,金陵女大原址上建立了南京师范学院。燕京大学也是
1946年迁回北平,1951年被批准为公立大学,次年在高校院系调整中
相关学科分散划入各校,校园划为北京大学所有,燕京大学亦因此归
隐。华西大学也在1951年由政府接管,1953年更名为四川医学院,
1985年改名为华西医科大学,2000年并入四川大学。华西边疆研究
所1950年初收归国有,其主要成员李安宅、于式玉、任乃强、刘立千、
谢国安等参军入藏,随18军张国华部队参与到解放西藏的活动中,玉
文华、陈宗祥等后调到西南民族学院(今西南民族大学)任教。

抗战结束后,作为一个办学联合体的华西坝教会五大学已不存
在。但是各校的边疆研究仍有不同程度的持续。如1946年燕京大学
复校北平后,社会学系边疆实地考察工作并未中断。1950年,以林耀
华和陈永龄带领的燕大、清华、北大三校调查团,前往内蒙古呼伦贝尔
考察,写成研究报告《内蒙古呼纳盟民族调查研究》。1951年,林耀华
参加西藏科学工作队,著有《西藏社会概况》①。

华西大学边疆研究初受抗战胜利影响不大。李安宅等对当时在
川康地区活动的中华基督教会全国总会边疆服务部支持力度很大。
但他1947年赴耶鲁大学教授人类学,此后又赴英,于1949年10月返
回华西大学。李安宅在美国开设藏民文化课程,整理其藏族宗教研究
的论著,并撰写了考察美国人类学发展情况的论文②。李安宅不在华
西坝的时间里,社会学系由蒋旨昂主持。蒋之研究方向,侧重在社会
学和社会工作,其代表性著作有《社会工作导论》《战时的乡村社区政
治》等,对专门的边疆研究关注不多。华西边疆研究所其实工作条件
较差,全赖李安宅四处争取经费及其个人学术努力维持。在李安宅出
国的时段里,该所工作也基本陷于停顿。尽管有资料显示,华西大学

---

① 参见林耀华:《林耀华学述》;王建民、王珩:《陈永龄评传》。
② 参见汪洪亮:《李安宅未刊手稿〈十年来美国的人类学〉及其解读》,《民族学刊》
2019年第1期,第72—80页。

对边疆研究有扩大和加强的倾向,1949 年时曾"拟成立边疆学院,内分边政、印藏哲学、乡建、新闻、书馆五系,以文辉堂为院址,现已筹备就绪云"[1],但未见具体实施。华西大学如此,其他大学可想而知。尽管徐益棠等人在抗战结束后还有零星文章发表,但可以裁定多写于抗战时期。可见总体而言,华西坝教会五大学边疆研究也随抗战结束而进入低谷。

风流云散,抗战时期华西坝高校云集、学人汇聚的场面虽已不再,但当年众多学人孜孜于边疆民族问题研究的文字依然闪耀着思想的光辉。本书着力于回溯那时华西坝教会五大学的边疆民族研究,发掘其时学人关于中国边疆问题尤其是西南边疆问题的思想观念及治理主张。但总体来看,本书仍系线条性的描述。也就是本书的研究定位,目前是在学术史和思想史之间的探索,着眼于政、学之间学人的学术选择及其关怀。对于华西坝教会五大学的边疆民族研究的学术成绩及其中的学科成就,笔者暂未将其列入研究重点。假以时日,笔者将清理其中若干学者的学术渊源、知识结构、边政主张及其背后的各类人事经纬,届时或能反哺当前所作的粗浅研究。

其实说到华西坝教会五大学的边疆民族研究,很能让人想起最近学界试图探索并解答的一个问题,就是中国的人类学是否存在北派、南派之外的华西学派。这个问题来自十多年前李绍明先生的追问。李绍明在 2007 年提出,20 世纪三四十年代聚集在华西坝的学者以康藏为主的人类学研究,在广度与深度上均与当时的南北两派大体相当。所以,区别于既有的认识,人类学史上应当还存在一个尚未被广泛认知的新学派——华西学派。他梳理了华西学派的形成与发展历程,并将其分为 1911—1937 年的萌芽阶段中,1937—1945 年的形成与成熟阶段和 1946—1952 年的继续发展阶段,细数了每个阶段的代表

---

[1] 参见《佛教消息·华西大学成立边疆学院》,《佛教人间》第 2 卷第 1 期,1949 年,第 154 页。

性学者和他们的代表性作品,总结了华西学派研究的整体特点,分别是理论上的兼收并蓄、方法上的史志结合、领域上注重康藏①。

如今李先生已魂归故里,追随的声音不绝如缕。陈波著有《李安宅与华西学派人类学》,明确使用了人类学的华西学派概念,不过其论述以李安宅的学术史为脉络和主要内容,认为华西学派的学派特征就体现在李安宅个人身上,似乎将华西学派人类学狭义化为"李安宅人类学"。与李绍明之文相比,该书的学科立场就显得薄弱许多。2017年,李锦教授申报获准了国家社科基金重大招标项目"20世纪20—40年代人类学'华西学派'的学术体系研究",笔者应邀参与其中,并承担子课题"人类学华西学派的形成与发展",其实就是在事实上支撑该学派存在的客观依据。也就是说,华西坝上的确存在一个人类学群体,自1920年代初华西大学设立博物馆和成立华西边疆研究学会并创办《华西边疆研究学会杂志》以来,人类学家就一直在华西坝活动,存续而未曾断裂,耕耘在边疆研究领域,尤其对中国西南边疆民族地区调查研究甚多,产出众多学术成果。而且稍作梳理,即不难发现,华西坝上学者们投入的人类学研究,涵盖了人类学学科的几大分支,形成了较为庞杂的体系。至于这个体系是否形成了学派,是否具有与南北两派可以比肩的高度,则需要众多高明来考察。

笔者仅从边疆民族研究的角度,对华西坝上学者与学术略作延伸性的叙述和讨论,作为本课题研究的下一步拓展的方向。

华西大学建校不久就进行了人类学与社会学的教学研究,建立了以华西边疆自然与人文为主要内容的博物部(馆),1922年又成立以华西边疆研究为重点的华西边疆研究学会并出版发行《华西边疆研究学会杂志》(自1922年创刊,1946年停刊,共出刊16卷20册),1942年又建立了华西边疆研究所。华西边疆成为这批学人学术研究和实地

---

① 李绍明:《略论中国人类学的华西学派》,《广西民族研究》2007年第3期,第43—52页。

调查的重要场域。加之抗日战争期间华西坝教会五大学的联合办学体，以及当时常与华西大学师资交换共享的四川大学，华西坝聚集了规模可观的边疆学者群。该学者群覆盖了体质人类学、文化人类学（民族学）、语言学和考古学四大人类学门类以及历史、地理等学科领域，其活跃时期起自 20 世纪 20 年代初，止于 20 世纪 40 年代末，横跨整整三十年。其中 1920 年代以叶长青、葛维汉、莫尔斯等国外人类学者兼传教士为主，20 世纪三四十年代则以李安宅、任乃强、冯汉骥、闻宥、徐益棠、柯象峰等中国学者为主。三十年间，学者们累积了丰富的田野调查资料和研究成果，为中国人类学的学科发展、国家与边疆建设、民族文化政策的制定做出了巨大贡献。

作为华西坝上学者发布华西边疆研究成果的重要学术平台及其载体，华西边疆研究学会及其会刊《华西边疆研究学会杂志》，为传播研究成果并扩大影响至海外，可谓功勋卓著。学会不仅组织和支持了各式各样的康藏调查，还举办了各种主题的演讲，其中以人类学为主题的几乎占总数一半。学者们也将自己的调查报告、研究论文，甚至是一些零散的但却能够引起共鸣或争议的初始观点发表在会刊上，涉及领域宽广，人文、自然科学囊括其中。华西边疆研究学会也经历了中国本土学者逐步成长的过程，刚开始是以具有传教士身份的西方学者为主体，受到教会大学本土化进程的影响，学会逐步接纳中国籍学者，后期则几乎是以中国学者为主力了[1]。

李安宅是华西坝的后来者，1941 年才来到华西大学。在他到来之前，除了燕大以外，金陵大学、金陵女大和齐鲁大学已经迁到了华西坝。但因他具有良好的旧学新知功底，与国内外学界都有密切关联，且担任华西大学社会学系主任及边疆研究所所长，还一度兼任燕大社会学系主任，其学术成就与声望及其东道主的角色，使他在华西坝教会五大学办学时期的边疆研究与人类学领域居于牵串者的枢纽地位。

---

[1] 参见周蜀蓉著：《发现边疆：华西边疆研究学会研究》。

中华基督教会全国总会设立边疆服务部，发起了一场旨在推进中国西部少数民族地区社会经济文化发展，支持国民政府抗战的边疆服务运动。华西坝教会五大学边疆学者的参与，是边疆服务的重要智囊，反过来，边疆服务也为五大学提供了必要的资助和实地研究的舞台①。李安宅在其中被认为是边疆研究的权威和边疆服务的灵魂人物。边部编印的通讯称"根据本部同华西大学边疆研究所的合作原则，华大社会系主任兼边疆研究所副主任李安宅先生已允担任本部研究调查指导工作。李先生是本部委员，是边疆工作的真同志，更是边疆问题研究的权威，各地同工如有任何有关工作和研究的问题，都可直接向李先生请教。"②我认为华西学派人类学到了李安宅时期才算真正走向成熟。因为到了这时期，作为中国人类学的华西学术共同体才真正形成了，之前的华西人类学，中国籍学者还很难说已占据主导地位。

　　如果说，华西学派存在的话，那么其最大特征就是形成和存在时间长。我们无法忽视华西大学自成立以来，即开展以西部边疆和博物为主体的人类学研究，其人类学活动一直持续到 1950 年代初。这个时间长度是民国时代其他高校的人类学和边疆研究所无法比拟的。中国人类学华西学派是个复杂的存在。其早期以外国人为主体，主要力量就是华西大学的博物馆和华西边疆研究学会及其会刊。但随着教会大学立案的进行，教会大学本色化持续推进，华西大学 1931 年向教育部立案，并推举张凌高为校长，于 1933 年获批。中国学者的加入，推进了学会本土化的进程，并逐步成为华西边疆研究领域的主力军。华西学派的复杂性，除了时间跨度大，中外学者多外，还特别体现在抗战时期，多个大学迁到成都，形成一个社会学、人类学和边疆民族学者的学术共同体，具体包括华西坝教会五大学及邻近的四川大学

---

① 汪洪亮：《抗战时期华西坝教会五大学与中华基督教会边疆服务运动》，《中国边疆史地研究》2019 年第 2 期，第 179—193 页。
② 《最近消息·研究工作指导有人》，《边疆服务通讯》第 2 期，1945 年，第 2—3 页。

（比如胡鉴民和冯汉骥），对西部边疆尤其是康藏地区做了大量卓有成效的实地研究。这个时期华西坝人类学和边疆研究在全国具有重要地位。

华西学派的复杂性，很大程度上取决于这个学术共同体持续存在时间的长度和参与学者学科的宽度。由于学者的知识结构、学科背景、人生经历的差异，华西学者的人类学和边疆民族研究，体现了多元的风貌，其间既有历史学和考古学的学者，也有社会学、人类学的学者，还有语言学、民俗学、地理学等学科学者，他们来自全国各地，部分来自海外。这与以前学术史书写中的人类学南北两派不同。两派都有相对一致的学术取向，或者干脆就是围绕一个老师为中心的志同道合的学生群体。但是华西学派基本没有这些，它兼容并包，和而不同。

那么华西学派是否成立，还将取决于华西坝上持续数十年，孜孜不倦地耕耘在中国西部边疆这块土地上的边疆研究群体，所作出的众多研究成果及其对中国人类学本土化及边疆研究学科化建设的努力，在多大程度上代表了中国人类学的较高水准，又在多大程度上具备了学派的特色，在哪些维度上体现了与中国人类学所谓南北两派的异同。也就是说，华西坝学者群的人类学和边疆研究，在理论建设和实地研究等方面达到的学术高度和应用实践的深度，将决定其是否成功构建了一个华西学派。这也将是以李锦教授为首席专家的研究团队已经"大胆假设"，但仍需"小心求证"的问题。

总之，华西坝教会五大学的边疆民族研究，是抗战时期方兴未艾的中国人类学与边疆研究的重要组成部分，体现了中国学者在应对国家民族构建和边疆开发建设中所作的学术努力，其间的政学关系和学术内部知识层面的派系紧张，尚值得我们继续深入发掘。

参考文献

一、档案

《边疆服务部二十九年五六月工作报告》,中国第二历史档案馆藏私立金陵大学档案,案卷号:649－336.

崔德润:《边疆服务部简史》,四川省档案馆藏四川省宗教事务处档案,案卷号:建川50－435。

《东西文化学社简章》,四川省档案馆藏敌伪政治档案,案卷号:9－2－10645。

《华西、齐鲁、燕京大学给私立金陵大学的课程参考表》,中国第二历史档案馆藏私立金陵大学档案,案卷号649－478。

《金陵大学教职员名册(三十年度)》,中国第二历史档案馆藏私立金陵大学档案,案卷号:649－175。

《金陵大学教职员为兼校外职务及聘请校外人员来校兼课与有关单位的来往信函(1928.9—1948.3)》,中国第二历史档案馆藏私立金陵大学档案,案卷号:649－150。

《金陵大学文学院行政计划(1941)》,中国第二历史档案馆藏私立金陵大学档案,案卷号:649－1628。

《金陵大学文学院自二十三年度起至现在工作述要》，中国第二历史档案馆藏私立金陵大学档案，案卷号：649－1626。

《金陵大学校长陈裕光邀请学者名流来校讲演的函件底稿（1934.4—1939.6）》，中国第二历史档案馆藏私立金陵大学档案，案卷号：649－2。

《金陵、华西、齐鲁三大学中国文化研究所会议记录及中国文化研究所联合出版委员会简章（1941.1—1941.3）》，中国第二历史档案馆藏私立金陵大学档案，案卷号：649－1646。

柯象峰、符气雄：《西康省边民教育之研究》，中国第二历史档案馆藏档案，案卷号：5－12454。

《齐鲁大学概况及齐大教职员录（1939 年度）》，山东大学档案馆藏齐鲁大学档案，案卷号：J109－1－302。

《齐鲁大学文学院国学研究所 1934 年报告书》，山东大学档案馆藏齐鲁大学档案，案卷号：J9－3－3。

《私立金陵大学关于讲习、补助、各科研究经费与教育部的来往文书（内有英文）（1935.9—1947.11）》，中国第二历史档案馆藏私立金陵大学档案，案卷号：649－250。

《私立金陵大学文学院社会学系边疆社会组扩充计划》，中国第二历史档案馆藏私立金陵大学档案，案卷号：5－13172。

《西昌中心医院计划大纲》，载《边疆服务部（1940 年）五六月工作报告》，中国第二历史档案馆藏私立金陵大学档案：案卷号：649－336。

"亚洲基督教高等教育联合董事会档案"（Archive of the United Board for Christian Higher Education in Asia）。

《一九三七年度金陵大学文学院概况及该校迁校成都后事业报告》，中国第二历史档案馆藏私立金陵大学档案，案卷号：649－1625。

《云南大学、私立华西协合大学等院校呈报设置边疆教育研究计划用费预算及设置边疆建设科目讲座概况纲目的有关文书（1941.6—1943.7）》，中国第二历史档案馆藏档案，案卷号：5－13172。

中国第二历史档案馆编:《中华民国史档案资料汇编》第五辑第一编,
　　《教育(二)》,江苏古籍出版社,1994年。

中国第二历史档案馆编:《中华民国史档案资料汇编》第五辑第二编,
　　《教育(二)》,江苏古籍出版社,1997年。

中国第二历史档案馆编:《中华民国史档案资料汇编》第五辑第二编,
　　《文化(二)》,江苏古籍出版社,1998年。

《中国园艺学会中国植物病理学会中国地政学会等团体组织给金陵大
　　学的文书材料(1933.8—1948.3)》,中国第二历史档案馆藏私立金
　　陵大学档案,案卷号:649—124。

《中华基督教会边疆服务部1951至1953年工作报告及申请结束报
　　告》,四川省档案馆藏四川省宗教事务处档案,案卷号:建川
　　50—436。

《中华基督教会边疆服务部及计划川西区工作报告、暑期服务团筹备
　　经过》,四川省档案馆藏四川省民政厅档案,案卷号:54—1—2。

《中华基督教会全国总会边疆服务部登记表、章程、服务规程》,四川省
　　档案馆藏四川省宗教事务处档案,案卷号:建川50—435。

《中华基督教会全国总会边疆服务部工作计划大纲》,四川省档案馆藏
　　四川省宗教事务处档案,案卷号:建川50—436。

《中华基督教会全国总会边疆服务部总部会议记录》,四川省档案馆藏
　　四川省宗教事务处档案,案卷号:建川50—436。

《中华基督教会全国总会第五届总议会议录(苏州)》,上海市档案馆藏
　　档案,案卷号:U102—0—16。

二、民国期刊

《边疆服务》

《边疆研究论丛》

《边疆研究通讯》

《边事研究》

《边政公论》

《大学》

《地方行政》

《地理教育》

《读书通讯》

《贵州教育》

《国立中山大学语言历史学研究所周刊》

《华侨先锋》

《华西协合大学校刊》

《金陵大学校刊》

《旅行杂志》

《蒙藏月刊》

《民族文化》

《民族学研究集刊》

《齐鲁大学校刊》

《社会建设》（重庆）

《社会学杂志》

《时事汇报》

《史学季刊》

《田家半月报》

《文化先锋》

《文史杂志》

《文献》

《西北通讯》（南京）

《西南边疆》

《现代史学》

《现代医学》

《乡村建设旬刊》

《协进》

《学思》

《训练月刊》

《燕京新闻》

《禹贡》

《责善半月刊》

《中国边疆》

《中国社会学通讯》

《中国文化研究所集刊》

《中华基督教教育季刊》

三、著作

［美］艾德敷著、刘天路译:《燕京大学》,珠海出版社 2005 年。

安琪:《博物馆民族志:中国西南地区的物象叙事与族群历史》,民族出版社 2014 年。

［日］白鸟库吉著、王古鲁译:《塞外史地论文译丛》,商务印书馆 1939、1940 年。

曹树勋:《边疆教育新论》,正中书局 1945 年。

陈波:《李安宅与华西学派人类学》,巴蜀书社 2010 年。

陈明章:《私立燕京大学》,南京出版有限公司 1982 年。

陈远:《燕京大学 1919—1952》,浙江人民出版社 2013 年。

岱峻:《风过华西坝:战时教会五大学纪》,江苏文艺出版社 2013 年。

岱峻:《弦诵复骊歌——教会大学学人往事》,商务印书馆 2017 年。

［美］德本康夫人、蔡路德著,杨天宏译:《金陵女子大学》,珠海出版社 1999 年。

丁守和、马勇、左玉河等主编:《抗战时期期刊介绍》,社会科学文献出版社 2009 年。

冯楠主编:《抗战时期西南的教育事业》,贵州文史书店 1994 年。

高澎主编:《永恒的魅力——校友回忆文集》,南京大学出版社
    2002 年。

顾潮编著:《顾颉刚年谱》,中国社会科学出版社 1993 年。

顾颉刚:《古史辨》,朴社 1926 年。

顾颉刚:《顾颉刚全集集》,中华书局 2011 年。

顾颉刚:《顾颉刚自传》,北京大学出版社 2012 年。

郭查理:《齐鲁大学》,珠海出版社 1999 年。

韩丛耀、赵迎新主编,吴强、刘亚编著:《中国影像史·第七卷 1937—
    1945》,中国摄影出版社 2015 年。

侯德础:《抗日战争时期中国高校内迁史略》,四川教育出版社
    2001 年。

华西校史编委会:《华西医科大学校史》,四川教育出版社 1990 年。

黄思礼:《华西协合大学》,珠海出版社 1999 年。

黄兴涛、夏明方主编:《清末民国社会调查与现代社会科学兴起》,福建
    教育出版社 2008 年。

惠世如主编:《抗战时期内迁西南的高等院校》,贵州民族出版社
    1988 年。

蒋宝麟:《民国时期中央大学的学术与政治(1927—1949)》,南京大学
    出版社 2016 年。

教育部边疆教育司编印:《边疆教育概况续编》,1947 年。

李安宅:《边疆社会工作》,中华书局 1944 年。

李列:《民族想像与学术选择:彝族研究现代学术的建立》,人民出版社
    2006 年。

李小缘编辑、云南省社会科学院校补:《云南书目》,云南人民出版社
    1988 年。

林耀华:《林耀华学述》,浙江人民出版社 1999 年。

刘继宣、束世澄:《中华民族拓殖南洋史》,商务印书馆 1934 年。

刘家峰、刘天路:《抗日战争时期的基督教大学》,福建教育出版社 2003 年。

刘义棠:《中国边疆民族史》,台湾中华书局 1982 年。

刘昭瑞编:《杨成志文集》,中山大学出版社 2004 年。

[美]卢茨著、曾钜生译:《中国教会大学史(1850—1950)》,浙江教育出版社 1987 年。

鲁彦:《金陵大学农学院对中国近代农业的影响》,南京农业大学出版社 2005 年。

马敏:《基督教与中西文化的融合》,华中师范大学出版社 2013 年。

马戎主编:《"中华民族是一个":围绕 1939 年这一议题的大讨论》,社会科学文献出版社 2016 年。

南京大学高教研究所校史编写组编:《金陵大学史料集》,南京大学出版社 1989 年。

牛力:《罗家伦与国立中央大学》,南京大学出版社 2015 年。

彭明辉:《历史地理学与现代中国史学》,东大图书股份有限公司 1995 年。

钱穆:《八十忆双亲·师友杂忆》,岳麓书社 1980 年。

苏智良、毛剑峰、蔡亮编著:《中国抗战内迁实录》,上海人民出版社 2015 年。

涂文学、邓正兵主编:《抗战时期的中国文化》,人民出版社 2006 年。

万仁元、方庆秋、王奇生编:《中国抗日战争大辞典》,湖北教育出版社 1995 年。

汪洪亮:《民国时期的边政与边政学(1931—1948)》,人民出版社 2014 年。

王翠艳:《燕京大学与"五四"新文学》,文化艺术出版社 2015 年。

王建民、王珩:《陈永龄评传》,民族出版社 2009 年。

王建民主编:《学科重建以来的中国人类学》,中央民族大学出版社

2008 年。

王觉源编:《战时全国各大学鸟瞰》,独立出版社 1941 年。

王振刚:《民国学人西南边疆问题研究》,人民出版社 2013 年。

王忠欣:《基督教与中国近现代教育》,湖北教育出版社 2002 年。

魏本权、柳敏主编:《青岛模式与邹平模式:民国山东乡村建设模式的
    比较研究》,山东人民出版社 2013 年。

魏红珊、冯宪光、马晶:《四川抗战文化地理学研究》,中国文联出版社
    2015 年。

闻黎明:《抗日战争与中国知识分子——西南联合大学的抗战轨迹》,
    社会科学文献出版社 2009 年。

吴梓明编著:《基督教大学华人校长研究》,福建教育出版社 2001 年。

西北大学西北联大研究所编:《西北联大史料汇编》,西北大学出版社
    2012 年。

谢本书、温贤美主编:《抗战时期的西南大后方》,北京出版社 1997 年。

谢树强、黄柯云、黄在军:《走过硝烟的大学:浙江大学西迁纪事》,人民
    文学出版社 2008 年。

谢泳:《西南联大与中国现代知识分子》,湖南文艺出版社 1998 年。

徐保安:《教会大学与民族主义——以齐鲁大学学生群体为中心
    (1864—1937)》,南京大学出版社 2015 年。

徐以骅:《教会大学与神学教育》,福建教育出版社 1999 年。

徐益棠著、徐畅整理:《民族学大纲》,辽宁人民出版社 2014 年。

许小青:《政局与学府:从东南大学到中央大学(1919—1937)》,中国社
    会科学出版社 2009 年。

严耕望:《治史三书》,上海人民出版社 2008 年。

杨绍军:《战时思想与学术人物:西南联大人文学科学术史研究》,社会
    科学文献出版社 2012 年。

杨雅彬:《近代中国社会学(增订本)》,中国社会科学出版社 2001 年。

杨筑慧:《宋蜀华评传》,民族出版社 2009 年。

［美］易社强著、饶佳荣译：《战争与革命中的西南联大》，九州出版社
　　2012 年。

余子侠：《民族危机下的教育应对》，华中师范大学出版社 2001 年。

余子侠、冉存：《中国近代西部教育开发史——以抗日战争时期为重
　　心》，人民教育出版社 2008 年。

张丽萍编著：《相思华西坝：华西协合大学》，河北教育出版社 2004 年。

张丽萍：《中西合冶：华西协合大学》，巴蜀书社 2013 年。

张宪文主编：《金陵大学史》，南京大学出版社 2002 年。

张宪文、方庆秋、黄美真主编：《中华民国史大辞典》，江苏古籍出版社
　　2001 年。

周蜀蓉：《发现边疆：华西边疆研究学会研究》，中华书局 2018 年。

章开沅：《传播与植根：基督教与中西文化交流论集》，广东人民出版社
　　2005 年。

章开沅、马敏主编：《基督教与中国文化丛刊》，湖北教育出版社
　　2000 年。

章开沅、马敏主编：《社会转型与教会大学》，湖北教育出版社 1998 年。

章开沅主编：《文化传播与教会大学》，湖北教育出版社 1996 年。

中国博物馆学会编：《回顾与展望：中国博物馆发展百年——2005 年中
　　国博物馆学会学术讨论会文集》，紫禁城出版社 2005 年。

朱峰：《基督教与近代中国女子高等教育——金陵女大与华南女大比
　　较研究》，福建教育出版社 2002 年。

庄孔韶主编：《人类学通论》，山西教育出版社 2002 年。

四、论文

（一）期刊论文

冰心：《我的老伴——吴文藻》，《民族教育研究》1994 年第 2 期。

陈波：《"坝上"的人类学：李安宅的区域与边疆文化思想》，《西南民族

大学学报（人文社会科学版）》2008 年第 2 期。

陈宗祥答，覃影、张强问：《70 年致力于民族学研究的学者——西南民族大学陈宗祥先生专访》，《民族学刊》2012 年第 3 期。

成恩元、易艾迪：《华西边疆研究学会始末记》，《南方民族考古》2015 年第 11 辑。

杜敦科：《顾颉刚与驻蓉时期的齐鲁大学国学所》，《西华师范大学学报（哲学社会科学版）》2015 年第 1 期。

段金生：《20 世纪 40 年代中国边疆研究的方法与理论——以〈边政公论〉为中心》，《北方民族大学学报（哲学社会科学版）》2010 年第 6 期。

傅愫冬：《燕京大学社会学系三十年》，《社会》1982 年第 4 期。

耿静：《在羌族地区的外国传教士》，《阿坝师范高等专科学校学报》2006 年第 4 期。

侯德础、张勤：《高校内迁与战时西南科技文化事业》，《抗日战争研究》1998 年第 2 期。

蒋正虎：《论二十世纪三四十年代大学的边疆研究机构》，《烟台大学学报（哲学社会科学版）》2015 年第 6 期。

［美］杰夫·麦克莱恩著、肖坤冰译，彭文斌校：《形塑中国社会：民国时期华西协合大学社会学系的城市工作》，《西南民族大学学报（人文社会科学版）》2011 年第 5 期。

经盛鸿：《抗战期间沦陷区的高校内迁》，《南京师大学报（社会科学版）》1989 年第 2 期。

雷洁琼、水世铮：《燕京大学社会服务工作三十年》，《中国社会工作》1998 年第 4 期。

李军平：《中国边疆建设研究——以林耀华的边疆研究为例》，《四川民族学院学报》2010 年 6 期；

李绍明：《略论中国人类学的华西学派》，《广西民族研究》2007 年第 3 期。

梁严冰:《西北联大与边政学研究》,《西北大学学报(哲学社会科学版)》2016 年第 2 期。

林宗锦、潘守永:《林耀华学术行年简谱与主要著作目录》,《广西民族大学学报(哲学社会科学版)》2010 年 3 期。

刘波儿:《构建国族国家:民国时期民族学家的边疆教育实践》,载刘迎胜主编:《元史及民族与边疆研究集刊》第 29 辑,上海古籍出版社 2015 年。

刘海峰:《历史需要诉说:西北联大的命运与意义》,《高等教育研究》2013 年第 9 期。

刘家峰:《基督教与近代农业科技传播——以金陵大学农林科为中心的研究》,《近代史研究》2000 年第 2 期。

马大正:《略论禹贡学会的学术组织工作》,《中国边疆史地研究》1992 年第 1 期。

马戎:《如何认识"民族"和"中华民族":回顾 1939 年关于"中华民族是一个"的讨论》,《中南民族大学学报(人文社会科学版)》2012 年第 5 期。

马玉华:《西南联大与西南边疆研究》,《中南民族大学学报(人文社会科学版)》2009 年第 3 期。

戚荣达:《梅贻宝与燕大 1942 年在成都复校》,《书屋》2016 年第 7 期。

秦和平:《张凌高与华西协合大学》,《华中师范大学学报(人文社会科学版)》1997 年第 3 期。

任新建:《康藏研究社介绍》,《中国藏学》1996 年第 3 期。

任新建:《任乃强先生对西康建省的贡献》,《西南民族大学学报(人文社会科学版)》2010 年第 10 期。

孙庆忠:《林耀华教授和他的凉山彝族研究》,《中央民族大学学报》2000 年 6 期。

孙喆:《全国抗战前夕边疆话语的构建与传播——以〈禹贡〉与〈新亚细亚〉的比较为中心》,《中国边疆史地研究》2013 年第 2 期。

田利军：《李安宅、于式玉对民国川西北及德格土司头人的调查与特点》，《中国藏学》2015 年第 2 期。

田亮：《禹贡学会和〈禹贡〉半月刊》，《史学史研究》1999 年第 3 期。

汪洪亮：《20 世纪三四十年代中国学术地图变化与边疆研究的复兴》，《四川师范大学学报（社会科学版）》2015 年第 2 期。

汪洪亮：《藏学界的天涯同命鸟——于式玉与李安宅的人生与学术》，《民族学刊》2011 年第 3 期。

汪洪亮：《顾颉刚与李安宅的人生交集和学术异同》，《中国藏学》2015 年第 2 期。

汪洪亮：《顾颉刚与民国时期的边政研究》，《齐鲁学刊》2013 年第 1 期。

汪洪亮：《顾颉刚与中华基督教会在西南边疆的社会服务运动——以顾颉刚日记为中心的考察》，《西南民族大学学报（人文社会科学版）》2013 年第 11 期。

汪洪亮：《国族建构语境下国人对边疆地区多元文化及教育方略的认识——侧重 20 世纪 30—40 年代的西南地区》，《四川大学学报（哲学社会科学版）》2011 年第 4 期。

汪洪亮：《建设科学理论与寻求"活的人生"——李安宅的人生轨迹与学术历程》，《民族学刊》2010 年第 1 期。

汪洪亮：《抗战时期华西坝教会五大学与中华基督教会边疆服务运动》，《中国边疆史地研究》2019 年第 2 期。

汪洪亮：《李安宅边疆思想要略》，《西藏大学学报（汉文版）》2006 年第 4 期。

汪洪亮：《李安宅、于式玉先生编年事辑》，《民族学刊》2013 年第 6 期。

汪洪亮：《民国时期边疆研究机构的兴起及对边疆学术之形塑》，《北方民族大学学报（哲学社会科学版）》2017 年第 4 期。

汪洪亮：《民国时期的边政研究与民族学——从杨成志的一篇旧文说起》，《民族研究》2011 年第 4 期。

汪洪亮：《民国时期国人对"边疆"、"边政"含义的认识》，《中国边疆史地研究》2014 年第 1 期。

汪洪亮:《殊途同归:华西坝教会五大学的边疆学术传统》,《四川师范大学学报(社会科学版)》2019 年第 1 期。

汪洪亮:《蜀中学人罗忠恕人生史研究的学术意义》,《四川师范大学学报(社会科学版)》2017 年第 4 期。

汪洪亮:《应用人类学视野中的民国边疆服务运动——以李安宅的相关论述为中心》,《思想战线》2010 年第 5 期。

汪洪亮:《中国边疆研究的近代转型——20 世纪 30—40 年代边政学的兴起》,《四川师范大学学报(社会科学版)》2010 年第 5 期。

王京强:《抗战时期在四川的〈田家半月报〉》,《宗教学研究》2006 年第 4 期。

王振刚:《从〈边事研究〉看民国学人对西南边疆问题的认识》,《云南行政学院学报》2017 年第 1 期。

吴文藻:《吴文藻自传》,《晋阳学刊》1982 年第 6 期。

谢敏:《〈康藏研究月刊〉与民国时期的"康藏研究"》,《社会科学研究》2014 年第 2 期。

熊贤君:《抗战时期内迁高校的西部开发》,《河北师范大学学报(教育科学版)》2003 年第 1 期。

徐国利:《关于"抗战时期高校内迁"的几个问题》,《抗日战争研究》1998 年第 2 期。

徐国利:《抗战时期高校内迁概述》,《天津师大学报(社会科学版)》1996 年第 1 期。

徐国利:《浅析抗战时期高校内迁的作用和意义》,《安徽史学》1996 年第 4 期。

杨绍军:《"魁阁"和"边疆人文研究室"之比较研究》,《贵州民族研究》2011 年第 1 期。

杨思机:《以行政区域统驭国内民族——抗战前国民党对少数民族的基本策略》,《民族研究》2012 年第 3 期。

余子侠:《抗战时期高校内迁及历史意义》,《近代史研究》1995 年第
    6 期。

张海洋:《林耀华教授的学术生涯》,《民族教育研究》2000 年第 2 期。

张海洋:《林耀华与少数民族和民族研究》,《中国民族》2001 年 1 期。

周蜀蓉:《传教士与华西边疆研究——以华西边疆研究学会为例》,《宗
    教学研究》2011 年第 1 期。

周蜀蓉:《基督教与华西边疆研究中的本土化进程——以华西边疆研
    究学会为例》,《四川大学学报》2012 年第 4 期。

周蜀蓉:《中国近代第一份研究华西边疆的珍贵文献——〈华西边疆研
    究学会杂志〉》,《南方民族考古》2013 年第 9 辑。

周文玖、张锦鹏:《关于"中华民族是一个学术"论辩的考察》,《民族研
    究》2007 年第 3 期。

朱慧敏、彭秀良:《李安宅与边疆社会工作研究》,《中国社会工作》2016
    年 19 期。

(二)学位论文

封磊:《20 世纪三四十年代边政研究的学术转型——基于〈新亚细亚〉
    与〈边政公论〉的比较研究》,兰州大学硕士学位论文 2013 年。

耿宪文:《时局与边政——〈边政公论〉研究》,华中师范大学硕士学位
    论文 2011 年。

李怡婷:《功能与区位——1922—1952 年燕京大学社会学系的乡村研
    究》,中国农业大学硕士学位论文 2009 年。

刘楠:《民国时期燕京大学社会学系的社会服务与改造》,西北师范大
    学硕士学位论文 2014 年。

马琴:《顾颉刚与齐鲁大学(1939—1945)》,四川师范大学硕士学位论
    文 2016 年。

蒙永才:《燕京大学社会学系乡村建设研究》,北京师范大学硕士学位
    论文 2010 年。

牛和清:《民国时期山东乡村建设研究(1931—1937)》,山东师范大学

硕士学位论文 2011 年。

王修彦:《燕京大学社会学系乡村建设理念与实践研究》,南开大学硕
　　士学位论文 2011 年。

邬萌:《华西坝与抗战文化》,四川大学硕士学位论文 2007 年。

徐振燕:《任乃强的西南图景——对一位二十世纪前期民族学家的研
　　究》,中央民族大学博士学位论文 2011 年。

詹丽萍:《吴贻芳高等教育思想研究》,湖南师范大学硕士学位论文
　　2013 年。

藏乃措:《民国时期华西边疆研究所考述》,陕西师范大学硕士学位论
　　文 2013 年。

后　记

　　本书是在笔者博士后出站报告的基础上修改而成的,同时也是受国家社科基金重大项目"中国人类学'华西学派'的学术体系研究"中国博士后基金面上项目和四川省哲学社会科学研究重点项目资助的成果。笔者的工作单位四川师范大学近年来关注边疆研究团队的成长,对本书的出版也给予了大力支持,纳入了学科建设专项"边疆研究书系"的出版资助范围。

　　写作这个研究报告,是一个长途的精神跋涉。本应坐在中央民族大学校园里心无旁骛地读书写作,但属于自筹经费博士后的我,连住宿问题都没有得到解决,于是很多时间实际上是"远程"研究。在博士后流动站的三年间,我也参与不少工作事务。如本人工作单位的校史及读本编写,中国史学科评估和一级学科申博,迎接教育部本科教学工作审核评估,筹备四川省武则天研究会等,无一不耗费大量精力。而且,日常的教学、科研和研究生指导工作,更是不可能落下的。开展此项研究,实乃"拨冗"而为。在"忙里偷闲"中利用各种休息时间,比别人多干一点,少耍一点,终于交出这一份研究报告。若非众多师友的指导、支持和帮助,要完成这个报告几乎是难以想象的。

　　首先要感谢博士后合作教授王建民老师。早在撰写以《中华基督教会全国总会边疆服务运动》为题的硕士学位论文时,我即参阅了王建民老师的《中国民族学史》。后来撰写基于国家社科基金青年项目的博士学位论文《民国时期的边政与边政学（1931—1948）》更是将该书常置案头。该书是国内第一本全面回顾与反思中国民族学的学科史的奠基性著作。自己的研究领域越来越倾向于边疆学术史，或许是当年拜读王老师大作后潜滋暗长的问题意识所致。2010年在贵州大学开会，大佬云集，群星璀璨。或因为此，主办方未给予我们年轻学人报告机会。虽有人忿忿不平，但我恰好如释重负。会议间隙向王建民老师请教，倒也颇受教益。恰好与我同室的年轻学人海力波是王建民老师已毕业的博士，与我讲述了随王老师读博的若干经历与思考，为我提供了更多的想象空间。

后来有幸在王门受学，果然如沐春风。我有历史学背景，但缺乏艺术细胞，课堂上跑马艺术人类学，神游八荒而忘返，课下在小灶煮酒时聆听王老师谈往说旧，思接千载再回首。王老师对中国民族学发展的儒林内史、外史如数家珍，对于其中之重要关切多有深入思考。其间之朴拙与绚丽，温润与激烈，文本与田野，在谈笑间切换流转，竟至觞筹无数。

得知进站工作还得自带干粮（自筹学费），一时踟蹰之后便是义无反顾。王老师体恤我养家糊口，鼓励我申报中国博士后科学基金资助。没想到运气还算不错，先后拿到面上一等资助项目和特别资助项目。手中有粮，心中不慌，本应从容研究，但因杂务缠身，未能全力以赴。王老师确定将面上一等资助项目作为博士后报告题目，我便着手撰写，时写时辍，乃竟三载始草就。尽管王老师多次提点，但其中仍存不少粗疏之处，当由我个人负全责。

感谢我的硕导、博导杨天宏教授。他是我最重要的引路人。博士毕业后，我即询问他是否有必要再做个博士后。他认为"四川虽然物华天宝，夔门之外也是海阔天空"，希望我能广交师友，不要只做个"蜀山秀才"（参见《民国时期的边政与边政学（1931—1948）》序），还建议我如果继续研究边疆民族史问题，可以转到民族学方向吸收新的学术和知识资源。他的建议坚定了我拓展个人学术领域的信心,也使我更有底气继续在边疆学术史这个领域耕耘。

感谢彭文斌教授。其人学问淹博,热情率直,游走在多学科,穿插在海内外,行踪难定,但与我时有信息联通。他曾经主持多个刊物的人类学民族学栏目,自称我的经纪人,为我安排多篇论文发表,对于当时写作热情高涨但发表渠道并不畅通的我来说,可谓雪中送炭。现在却只能抱怨风声雨声声声入耳,公事家事事事操心,面对众多学术会议和发表机会,苦于生产力低下,知易行难,无法满足学界师友的期待。

感谢潘蛟、赵旭东、潘守永、巫达等多位教授在开题报告时提出的宝贵意见。感谢朱晓阳、翁乃群、彭文斌、潘蛟等多位教授在博士后报告出站答辩时所提出的修改建议。

感谢在我进站研究的三年来为我提供论文发表机会的《中国边疆史地研究》《中国藏学》《民族学刊》《齐鲁学刊》及多家学报的编辑老师。李大龙、刘清涛、王启涛、黄维忠、凌兴珍、王珏、杨春梅、杨春蓉等老师在文稿编作往来中给予的指点,亦使我受益良多。

感谢为我提供学习和工作便利的中央民族大学人事处杨怡老师和"王老集"的同学们。

感谢袁剑、刘海涛、任羽中、张玉亮兄,每次赴京都能得到大快朵颐的机会,并在觥筹交错中得到道的感觉。

感谢同期在清华大学访问学习中给予学业及生活方面关怀的欧阳军喜老师及"至善路上"的同学们。

感谢家人和同事。感谢生活。感谢美好的日常点滴。

最后自然是感谢中华书局的吴冰清、李闻辛老师,他们的认真把关,使本书减少了一些不该有的瑕疵。

汪洪亮

2018 年 6 月 18 日初撰,于北京魏公村

2019 年 2 月 5 日修订,于成都狮子山